I0762230

Marta Astfalck-Vietz
Inszeniertes Selbst
[Staging the Self]

Herausgegeben von
Edited by Thomas Köhler
und and Katia Reich

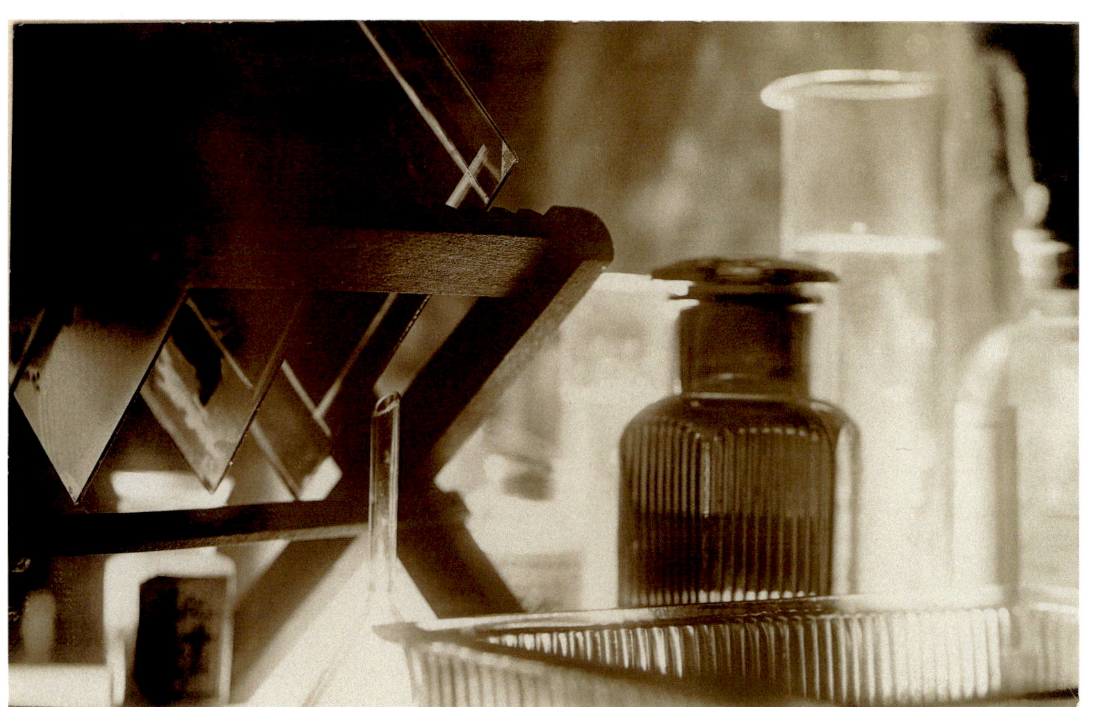

Inszeniertes Selbst

[Staging the Self]

Marta Astfalck-Vietz

BG
HIRMER

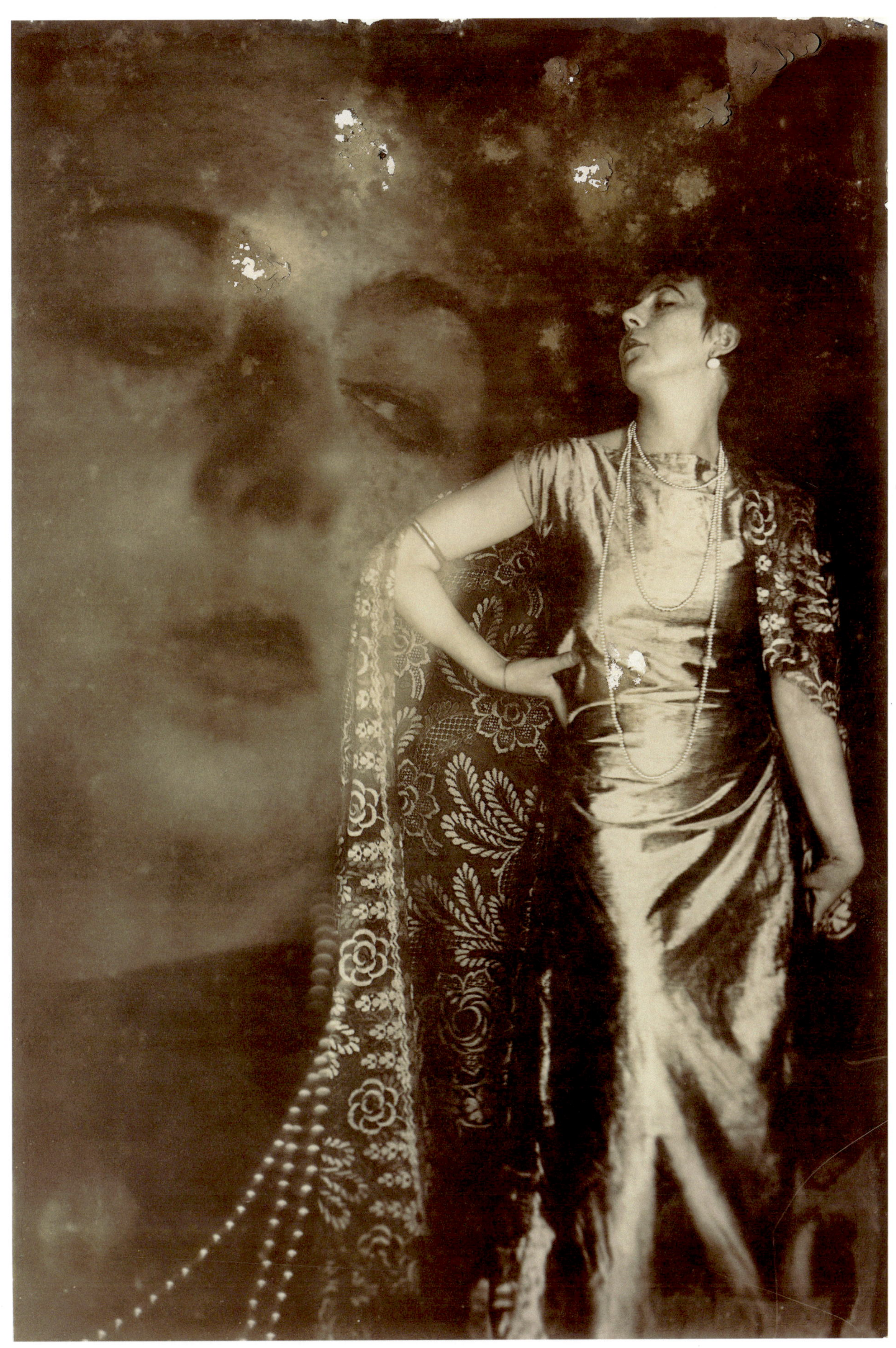

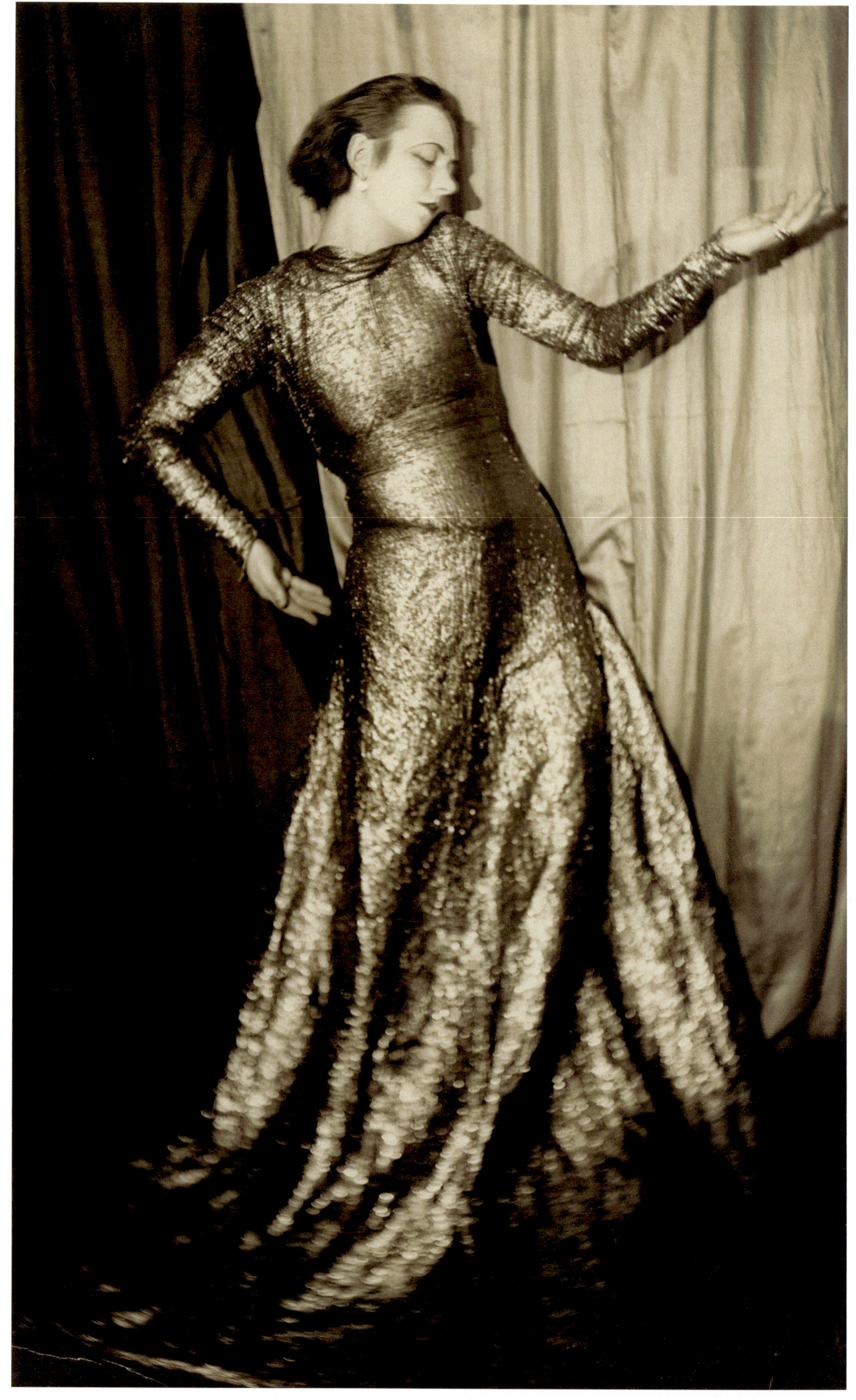

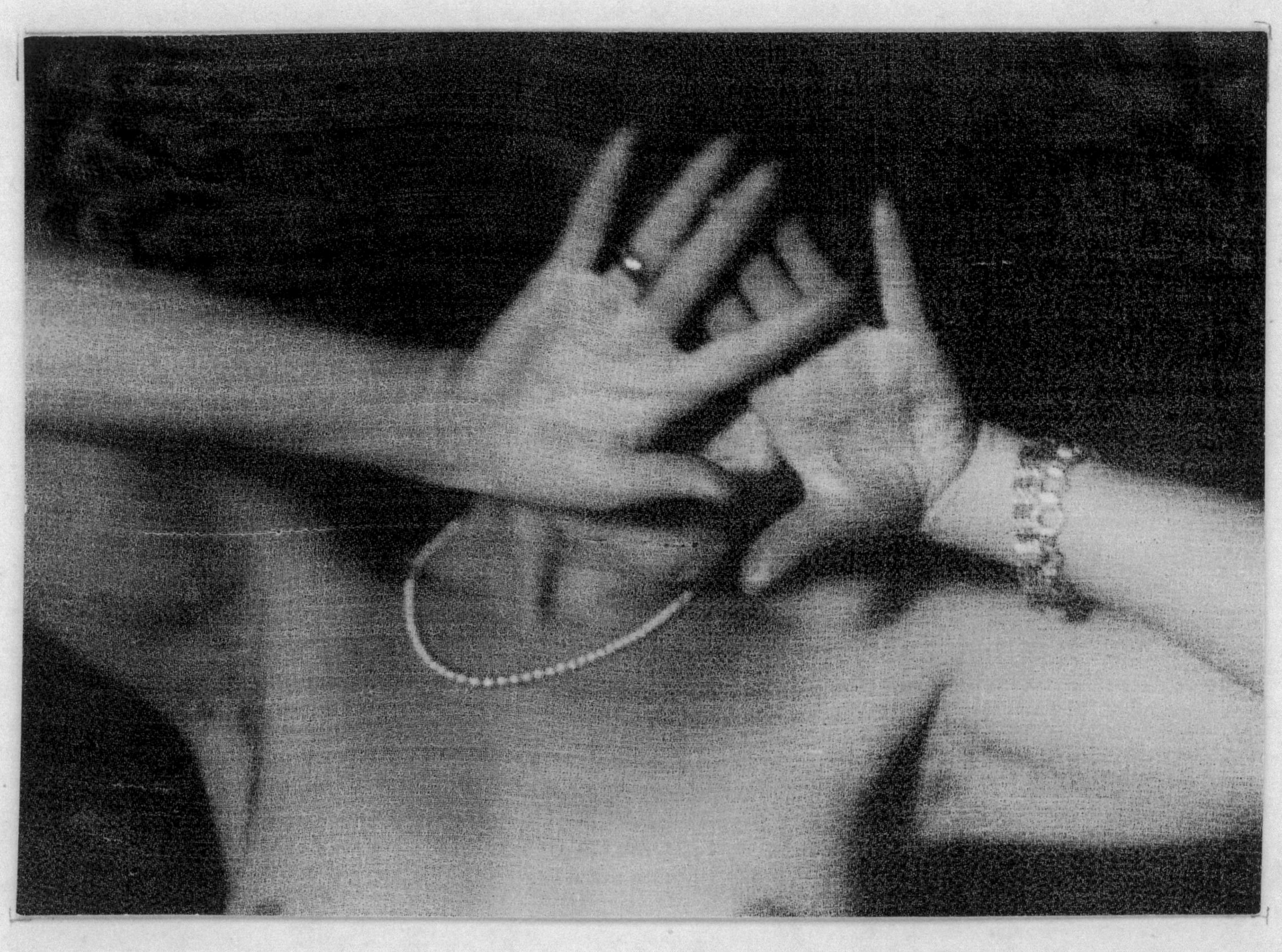

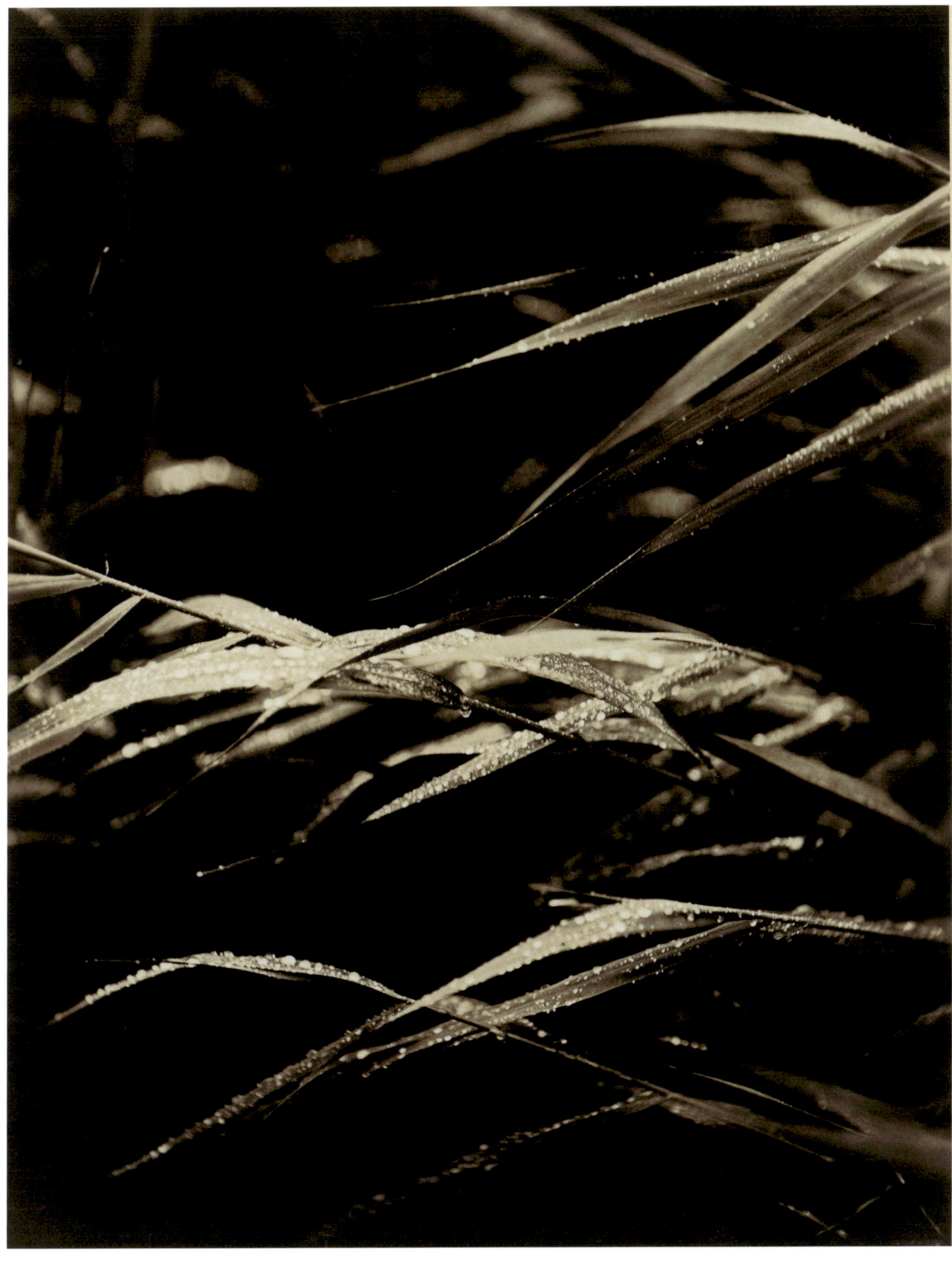

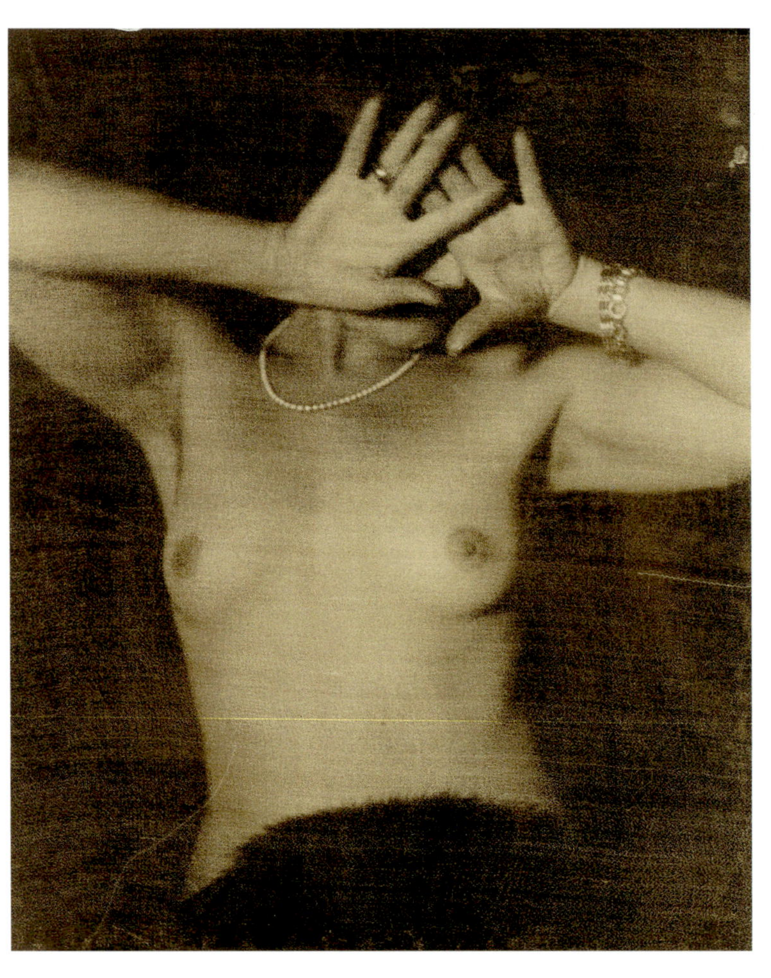

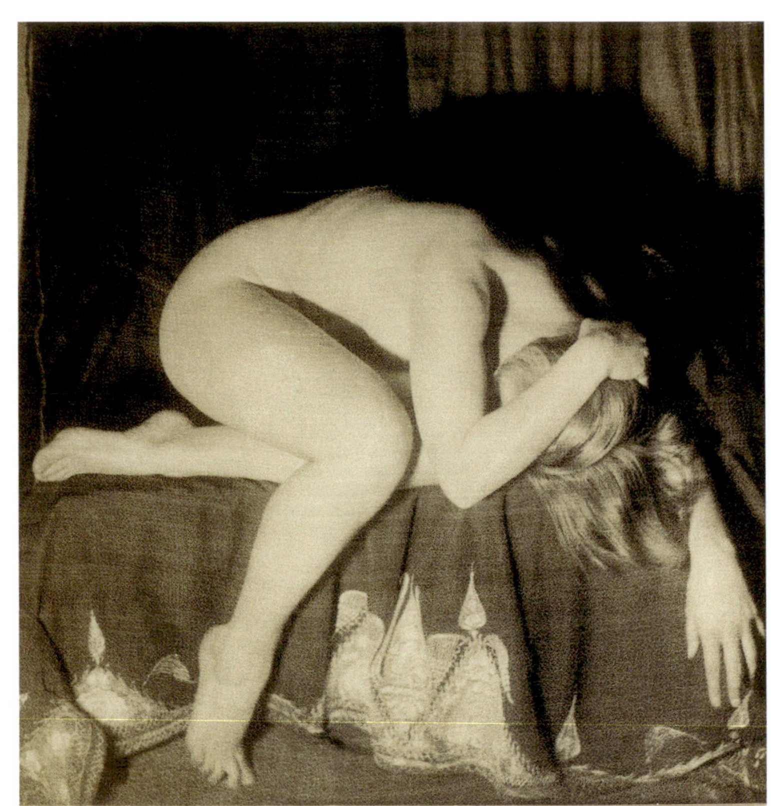

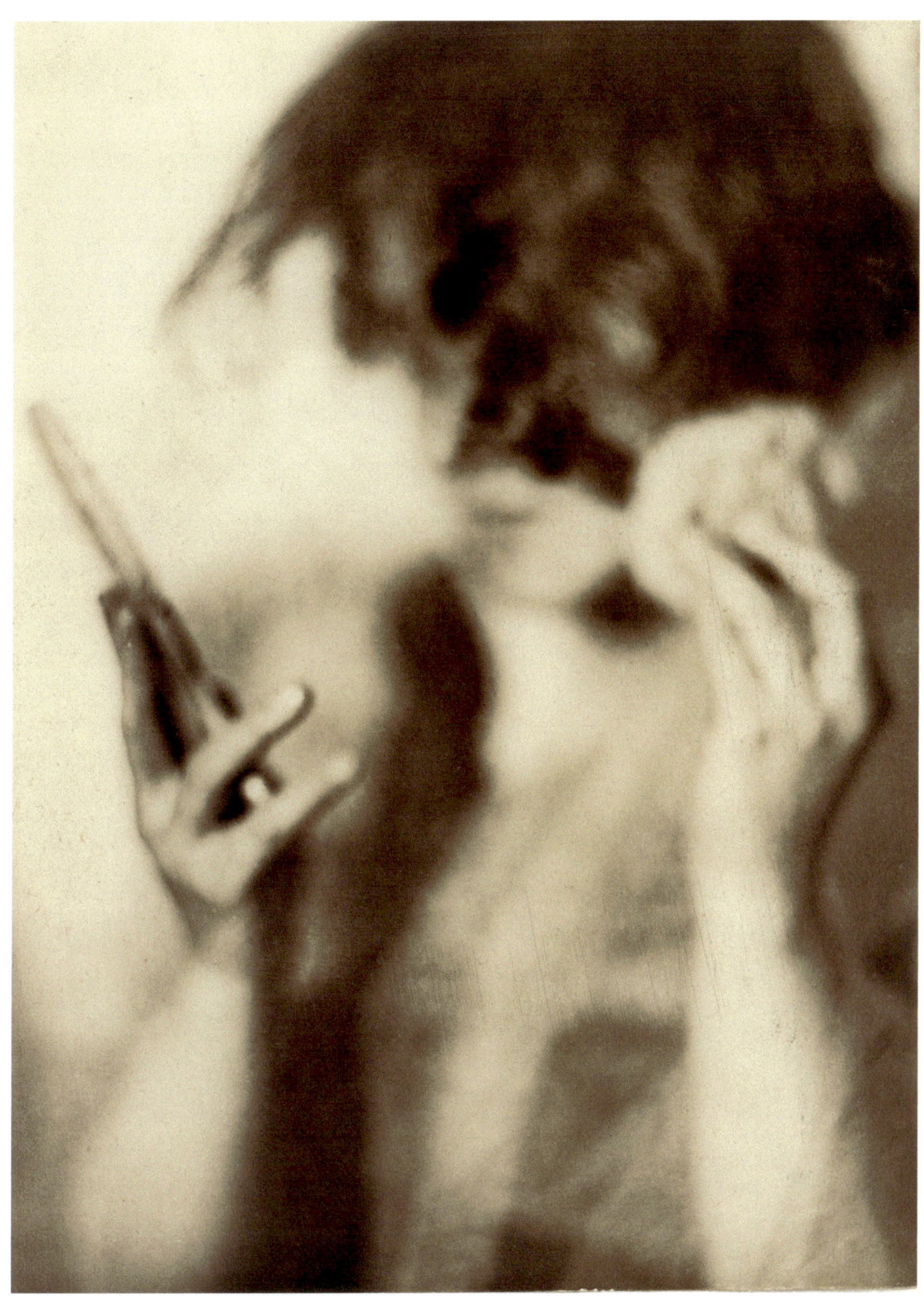

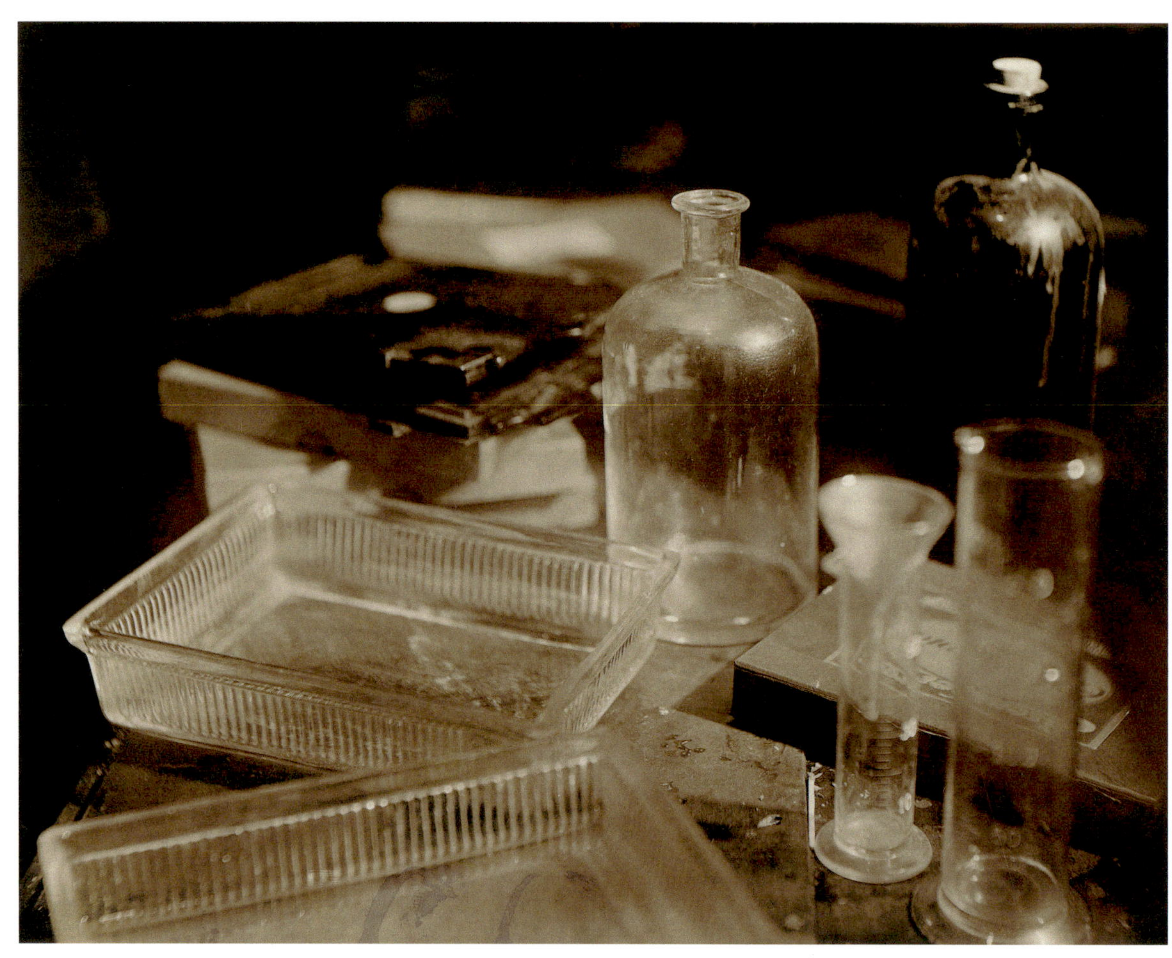

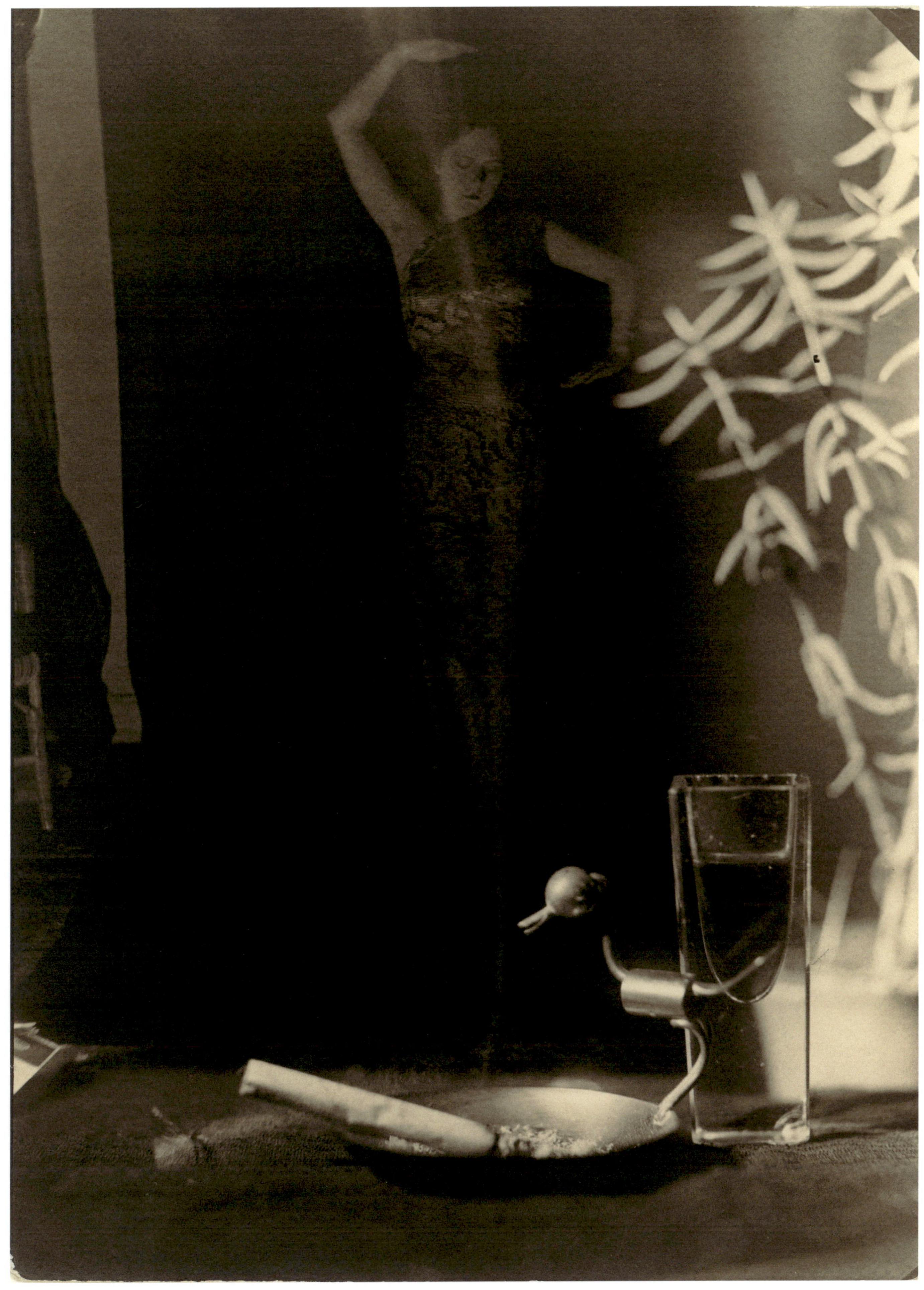

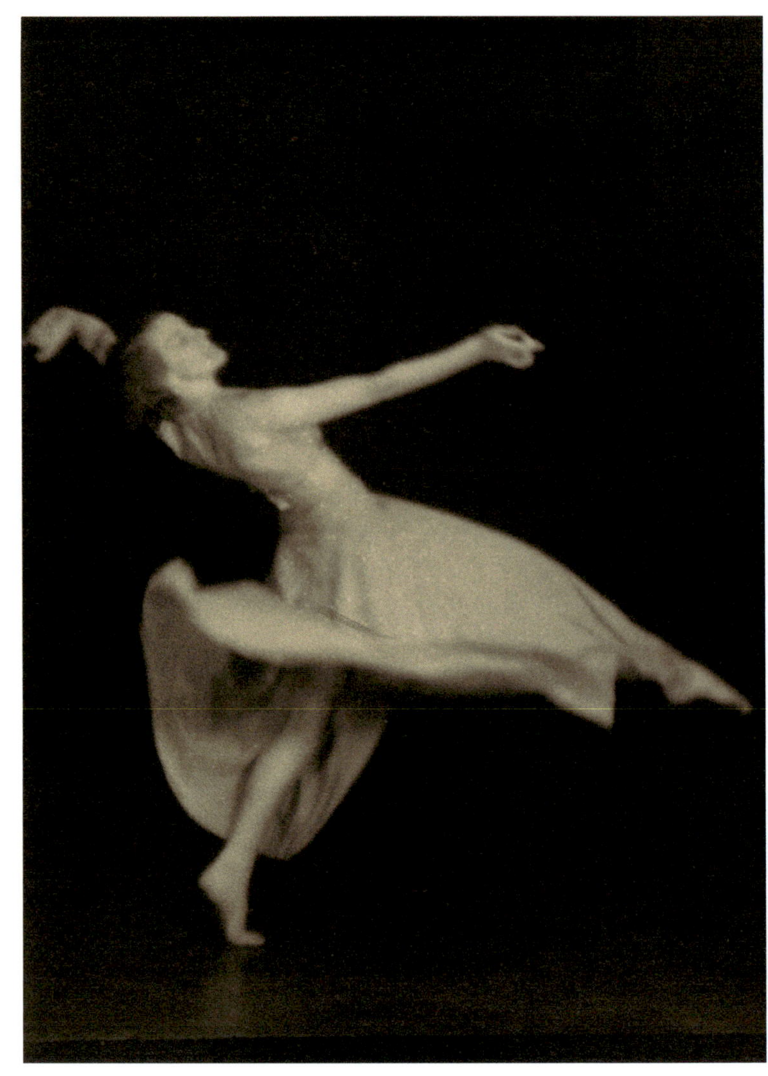

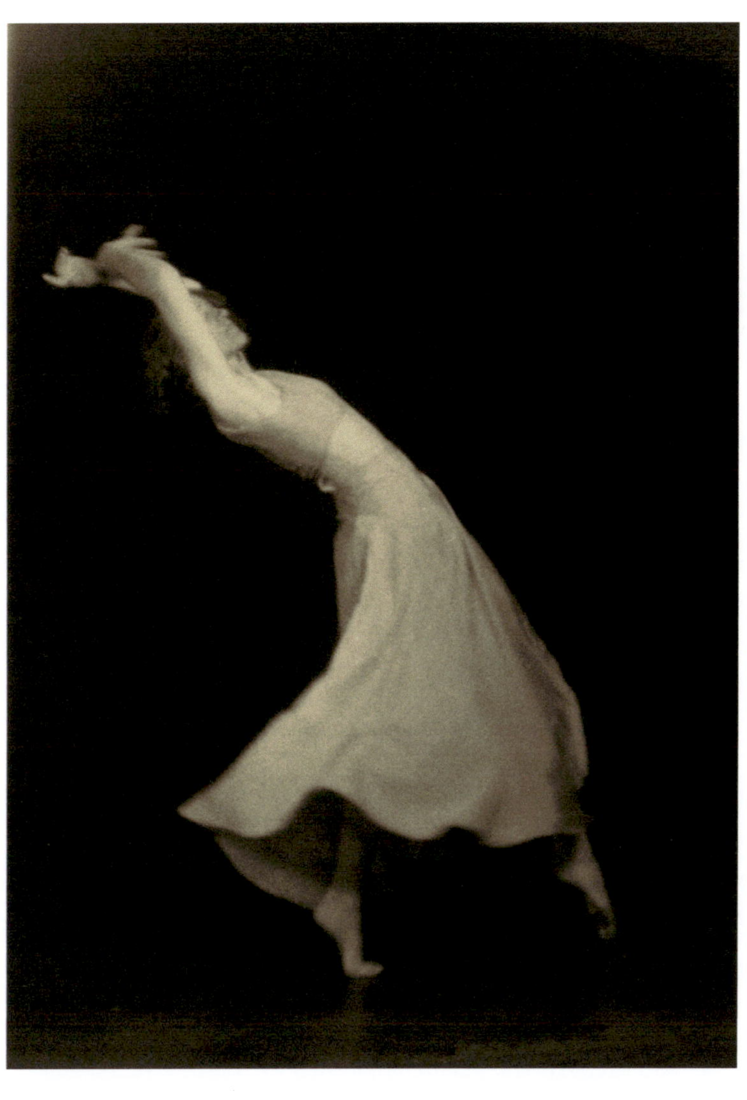

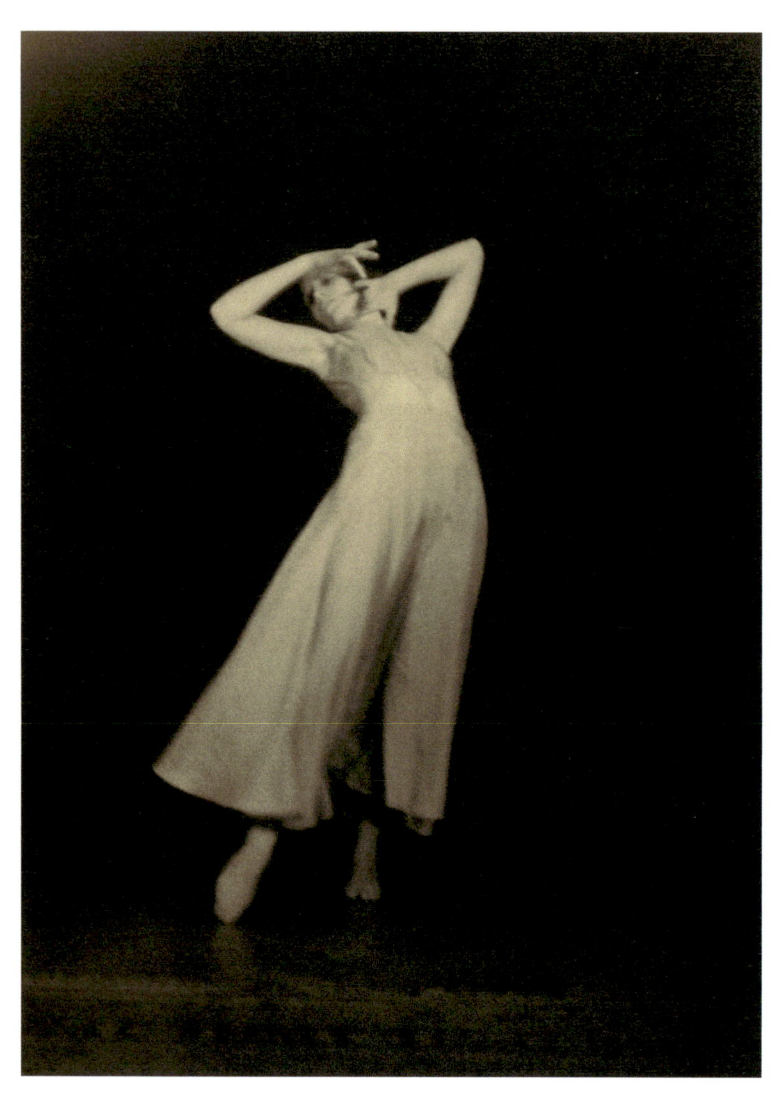

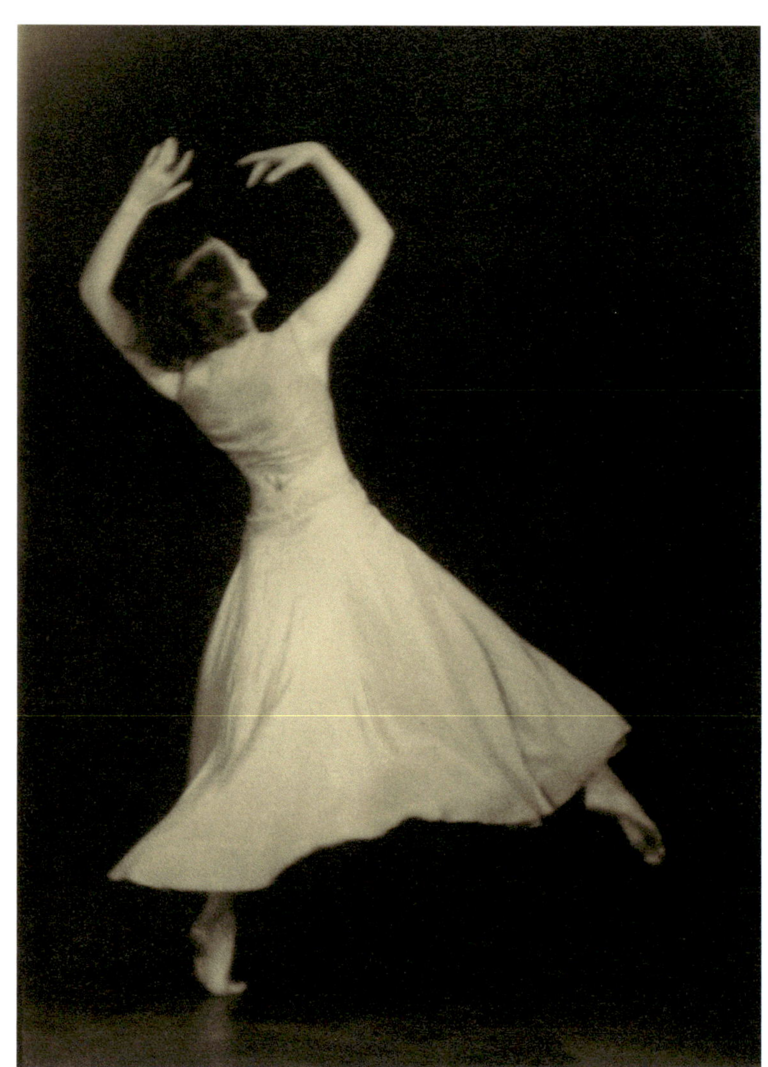

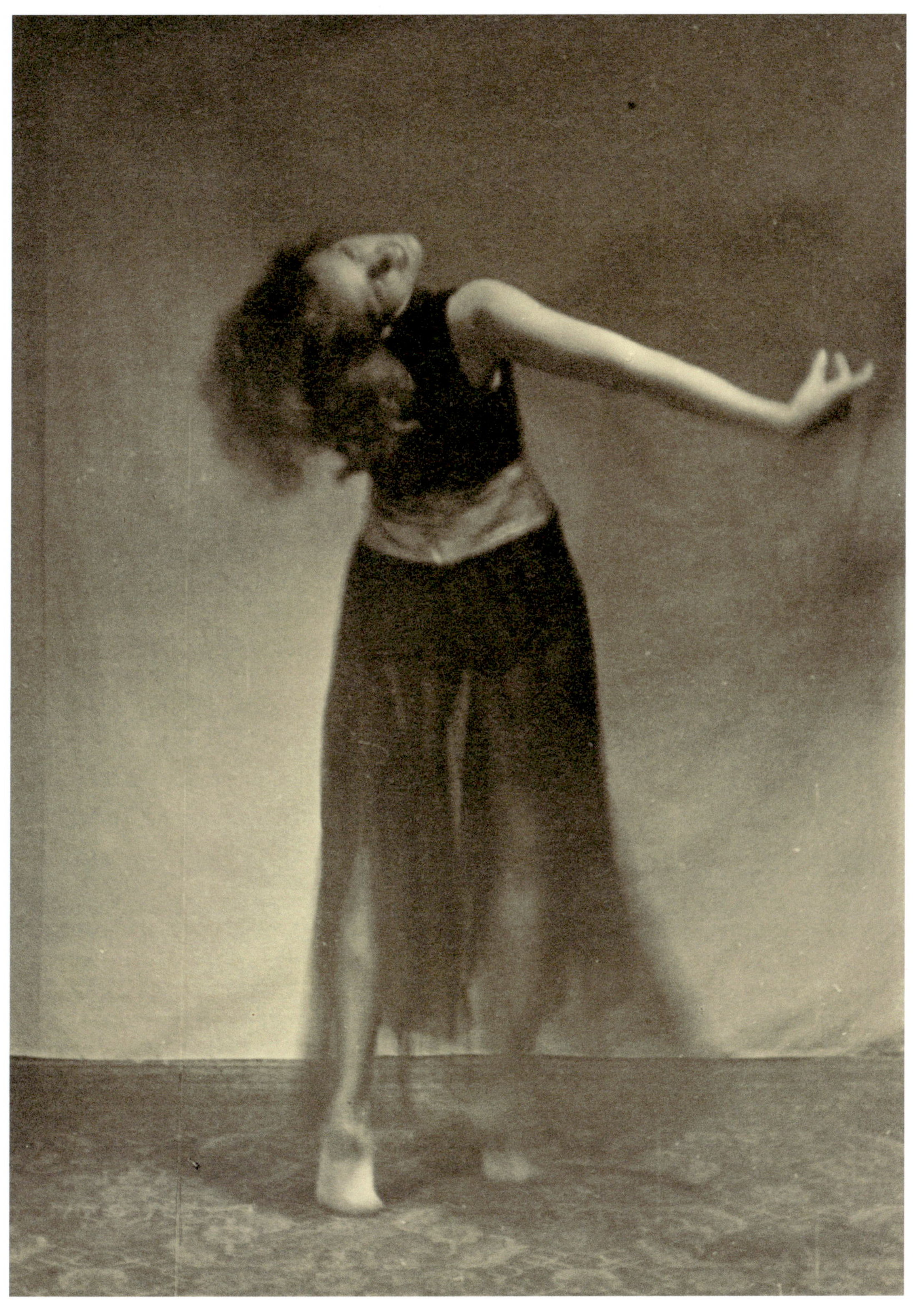

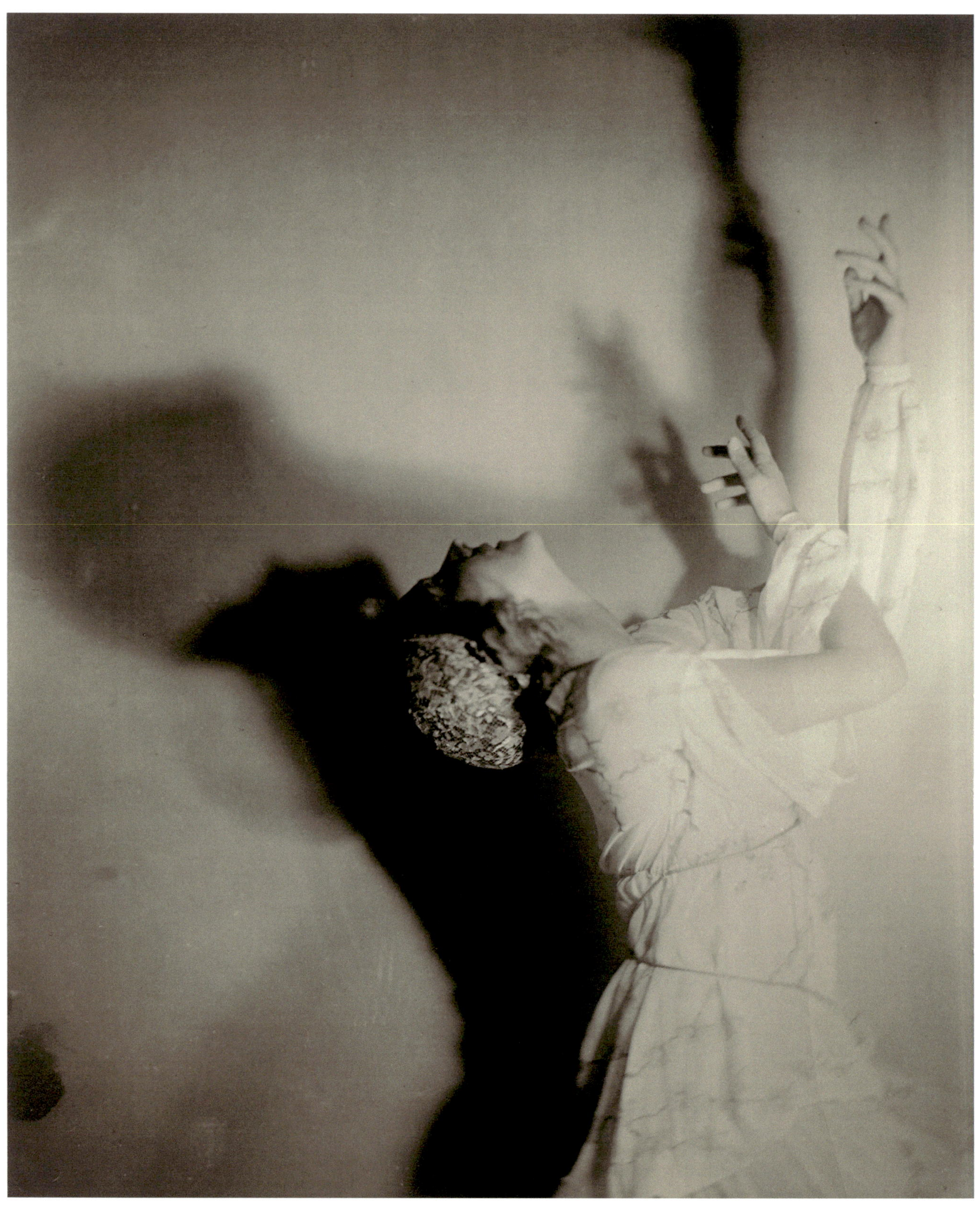

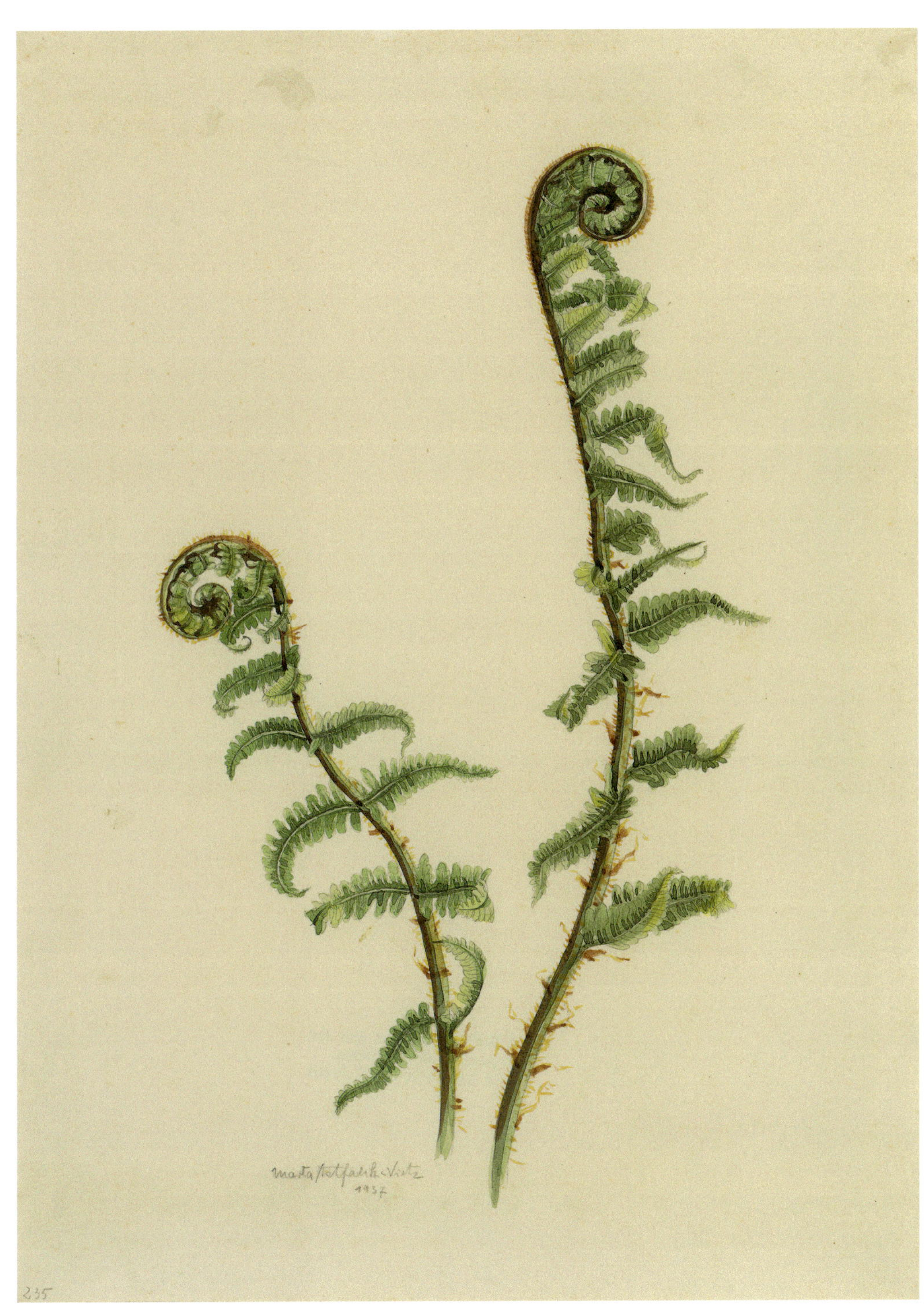

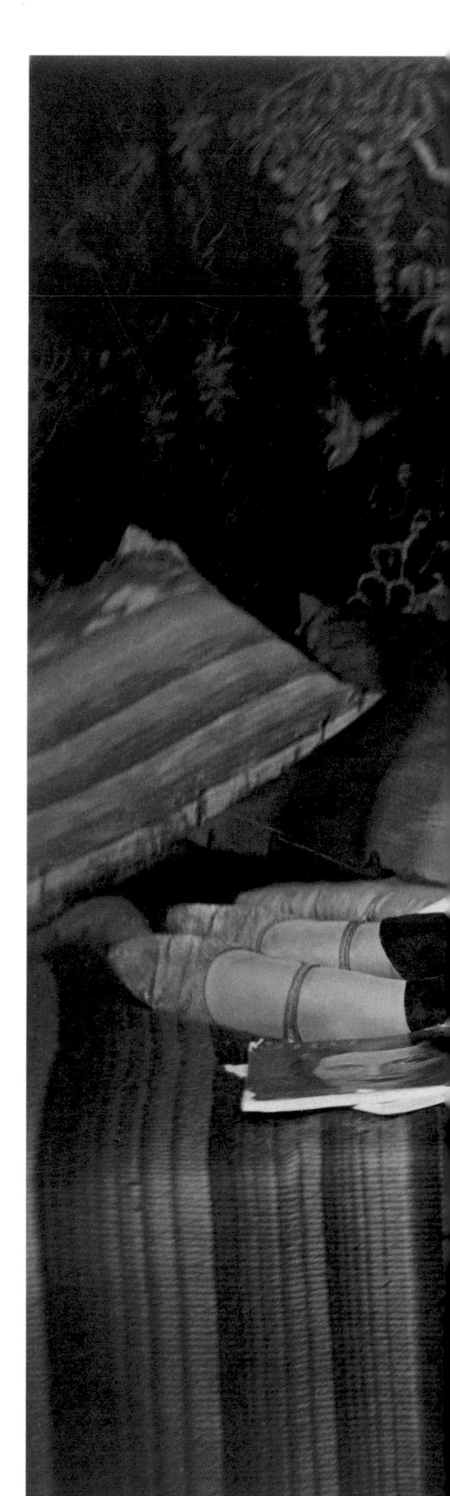

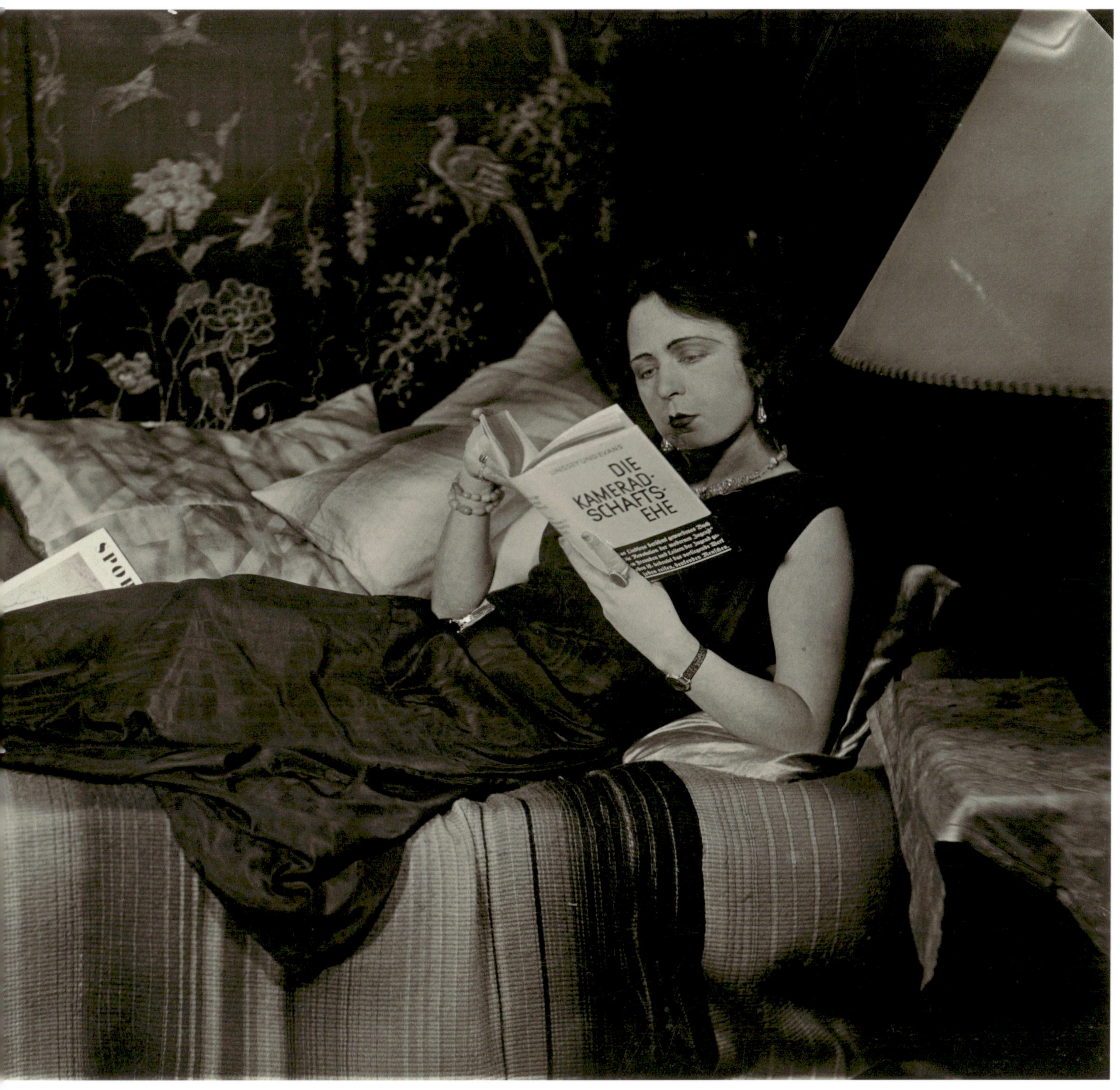
DIE
KAMERAD-
SCHAFTS-
EHE

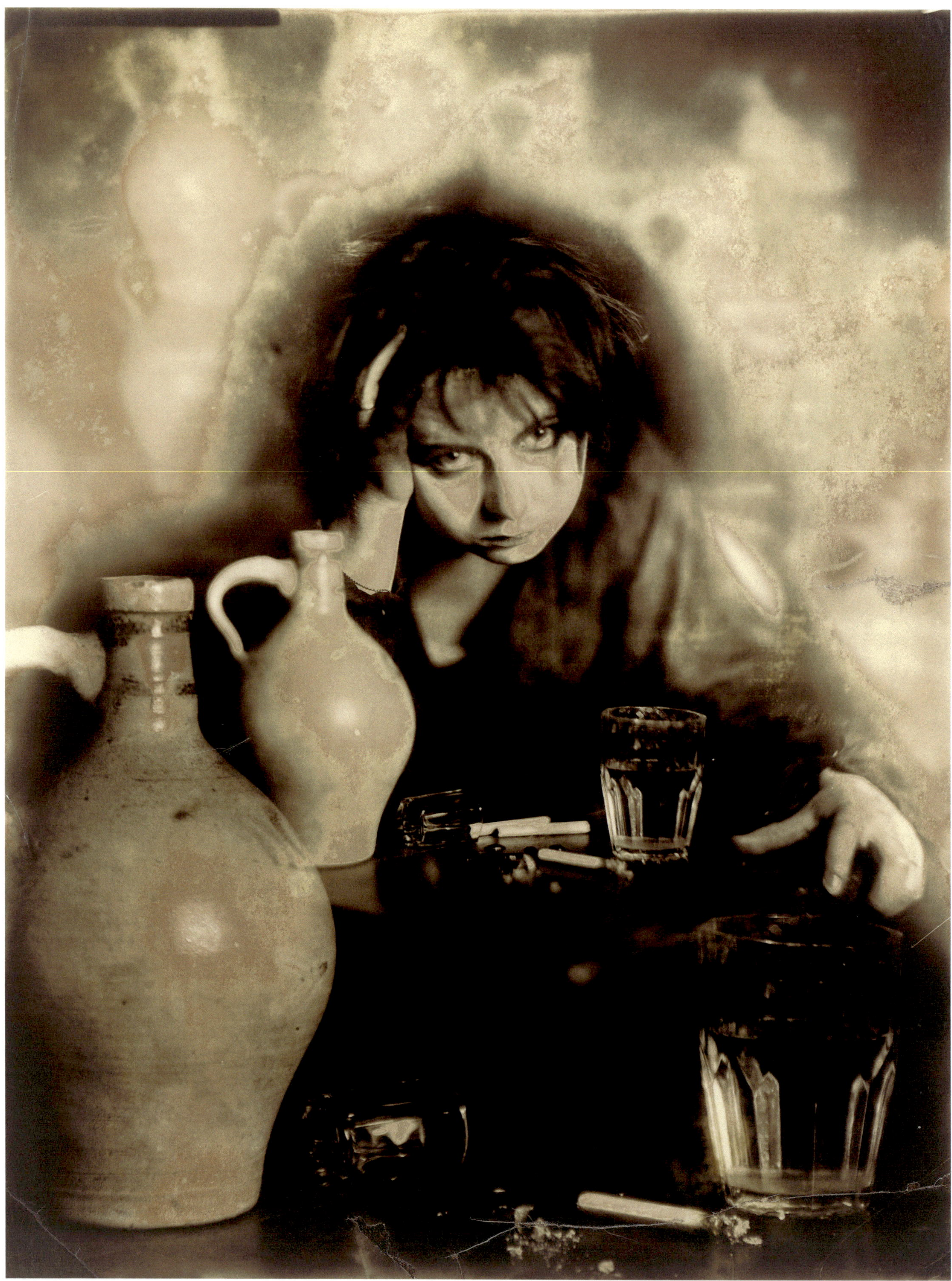

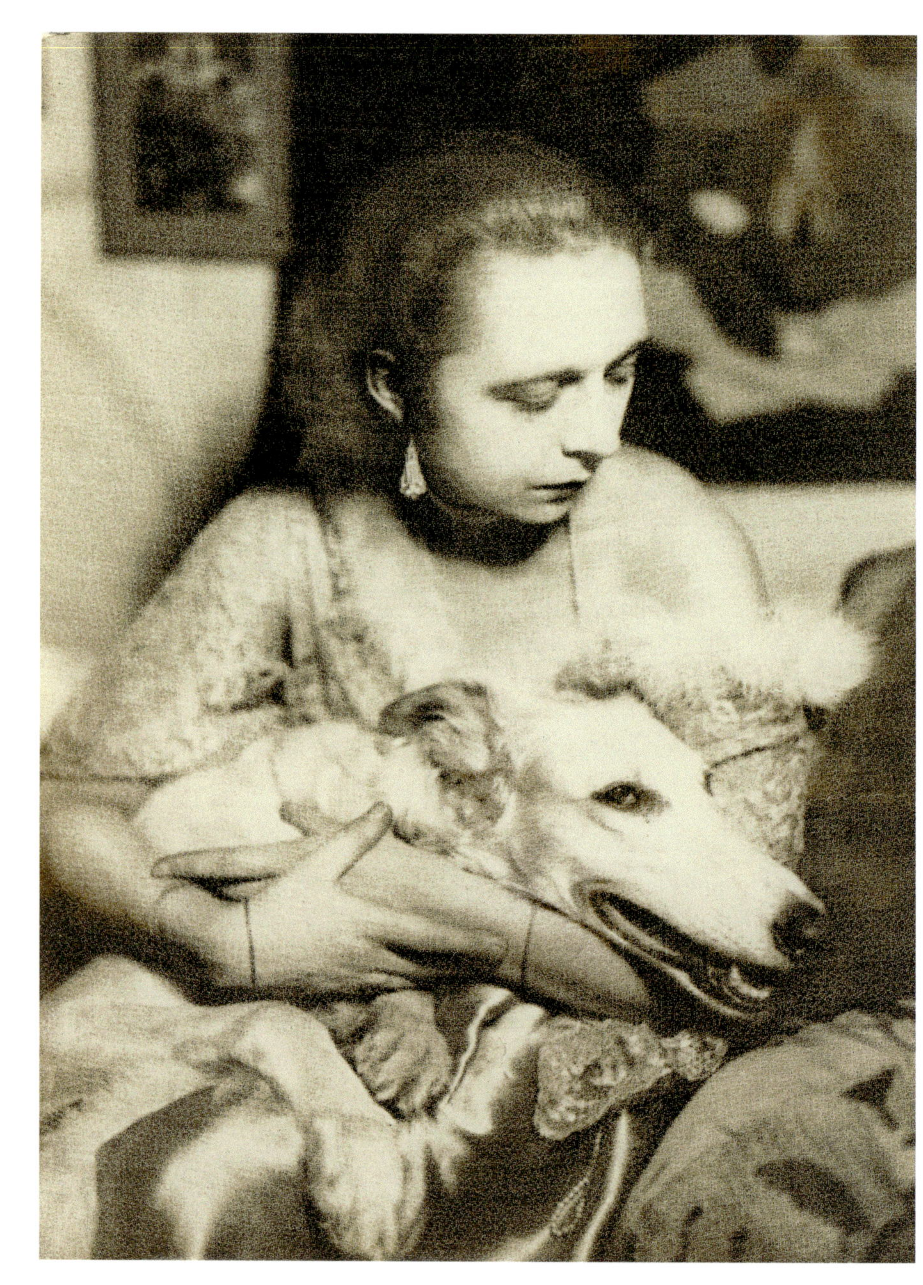

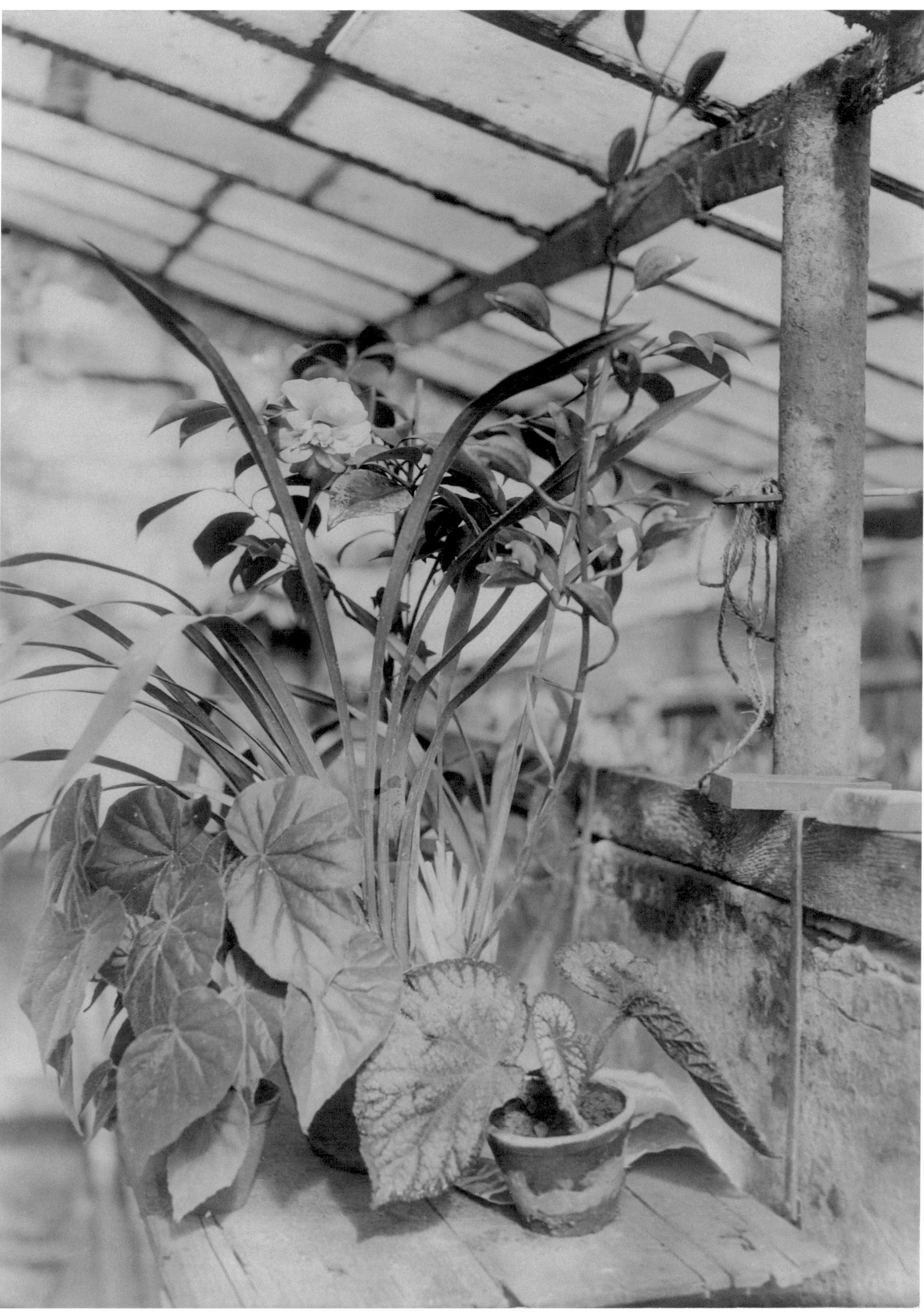

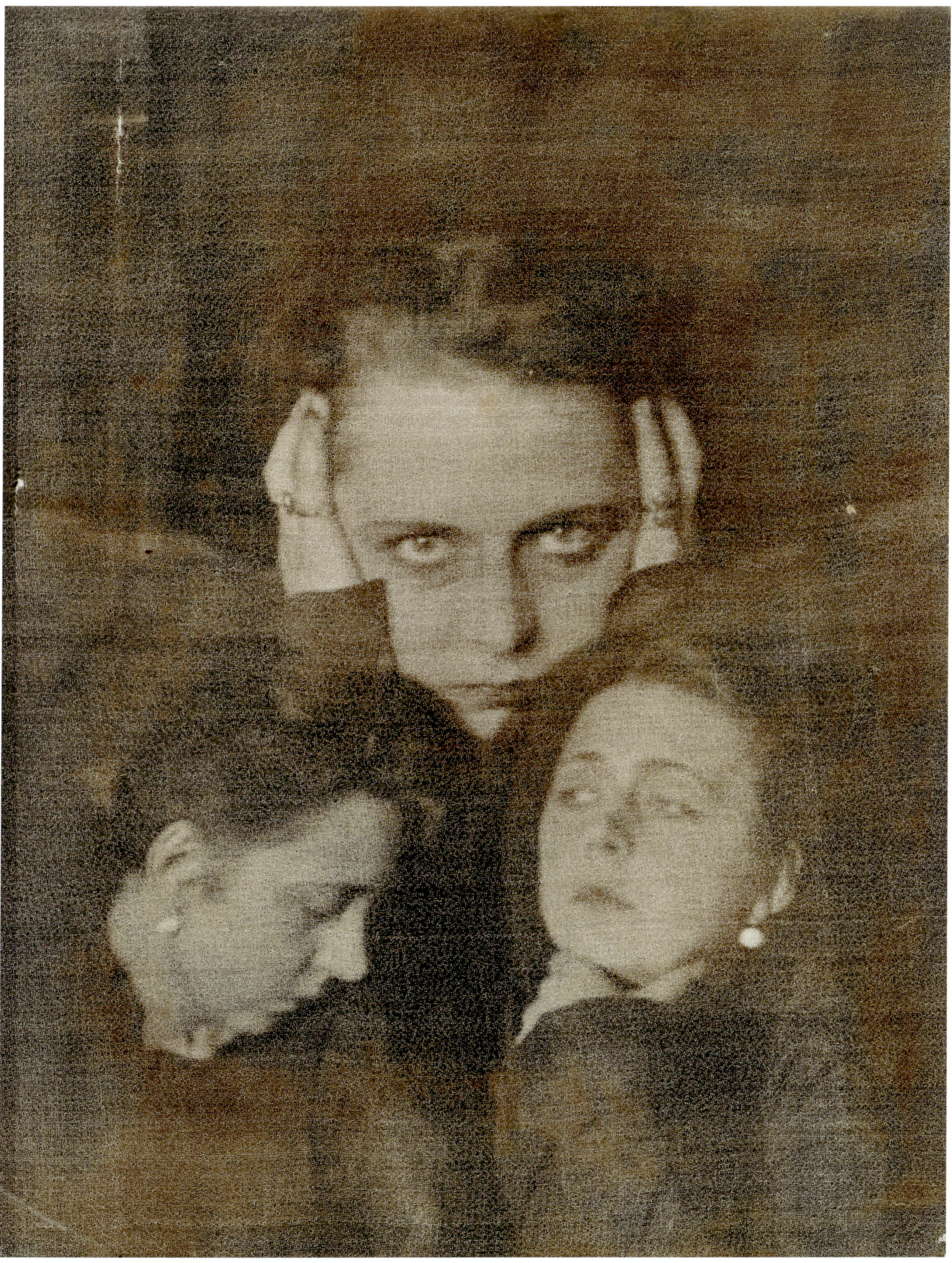

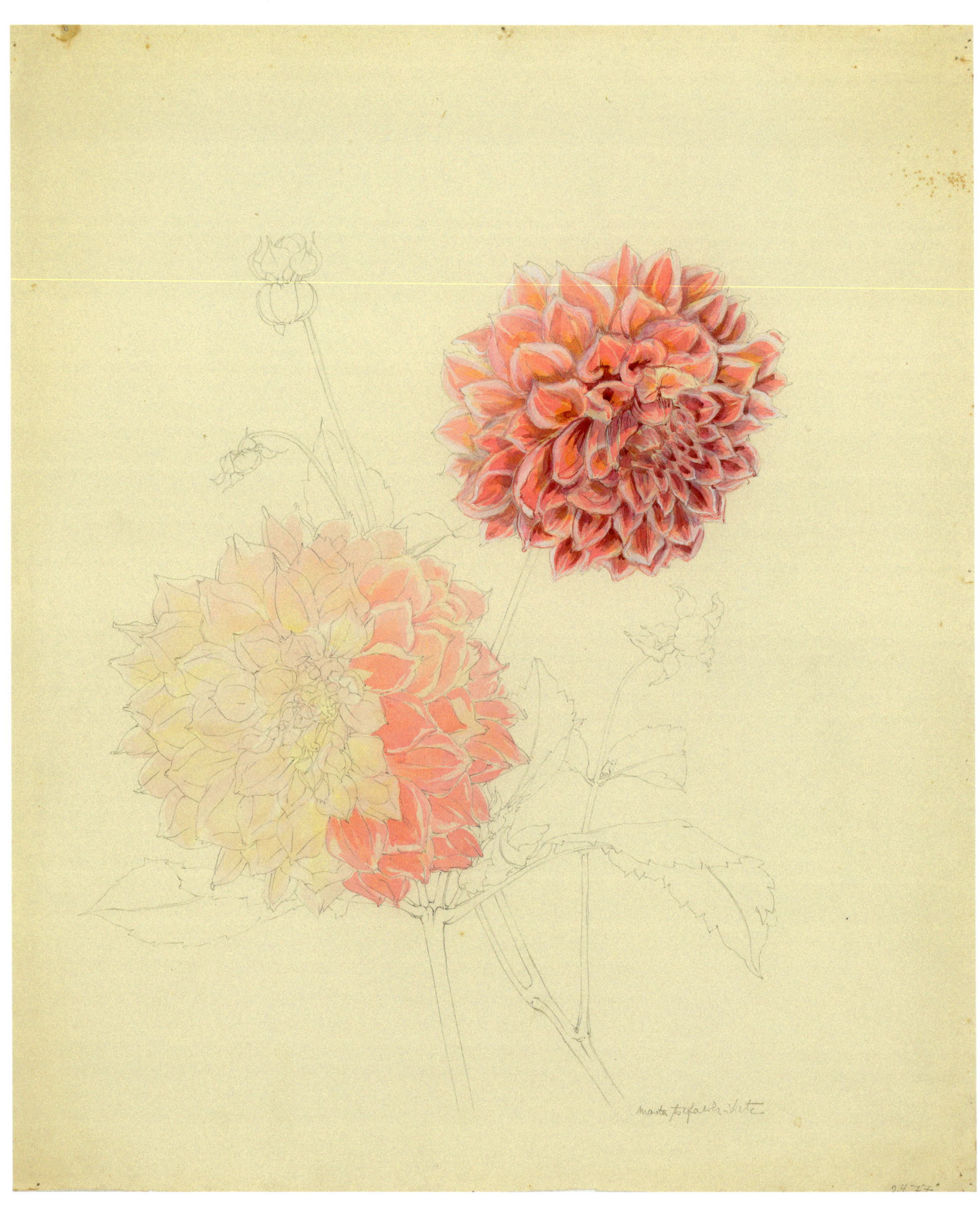

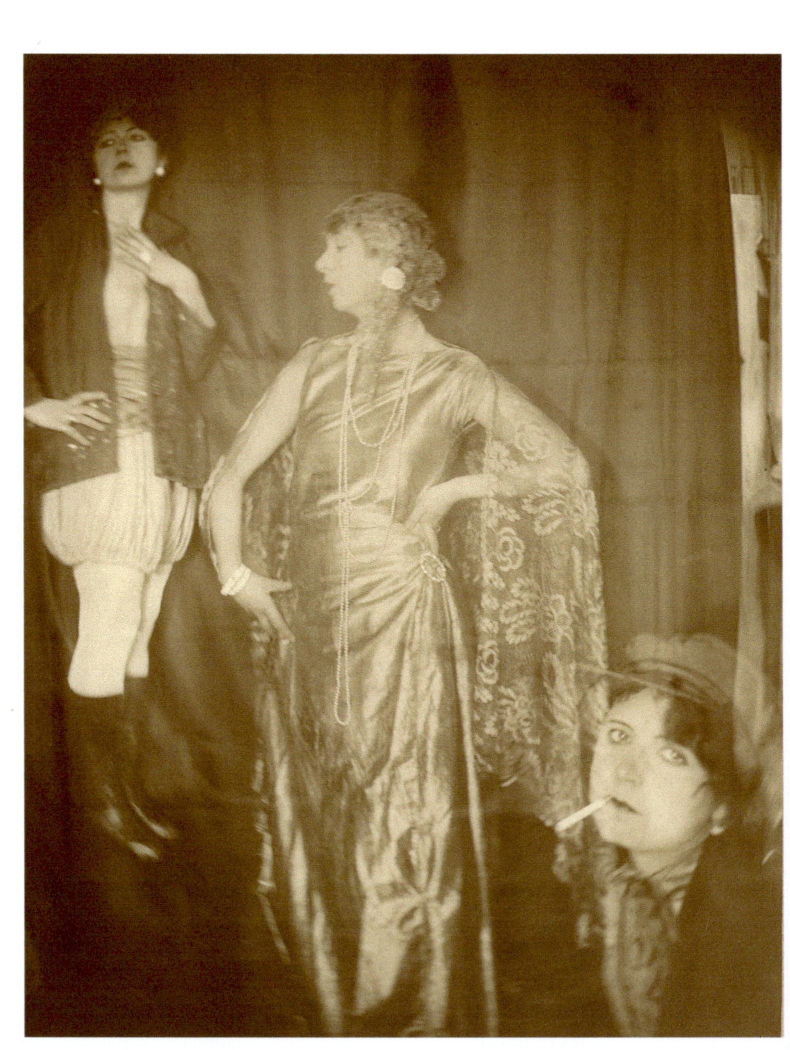

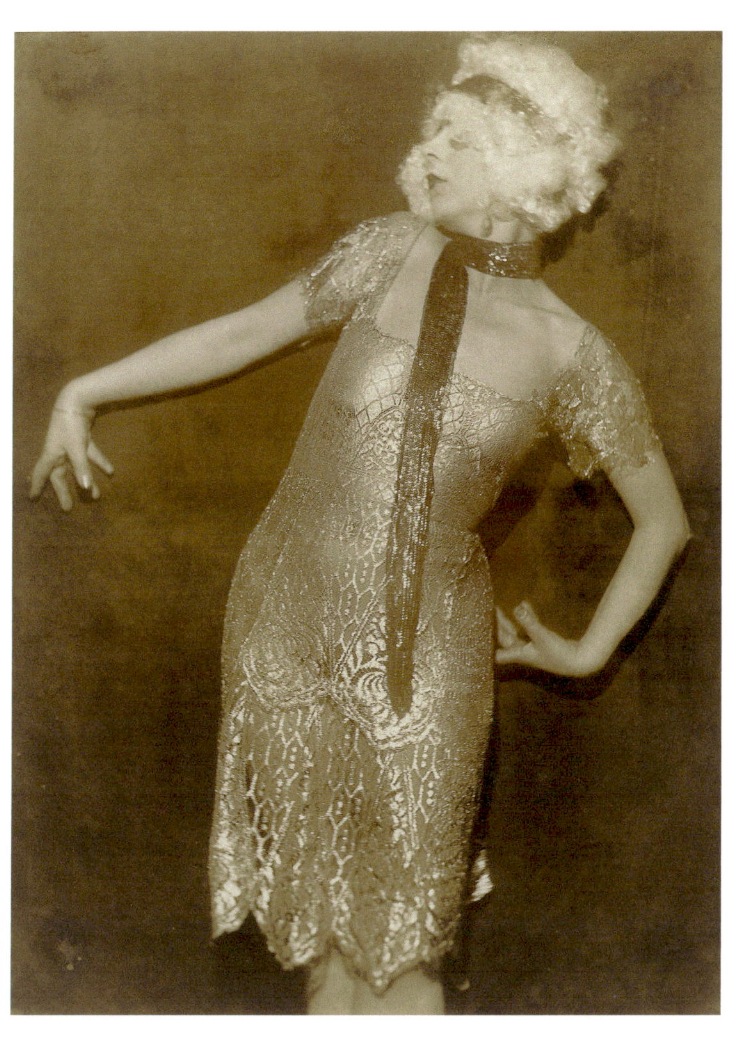
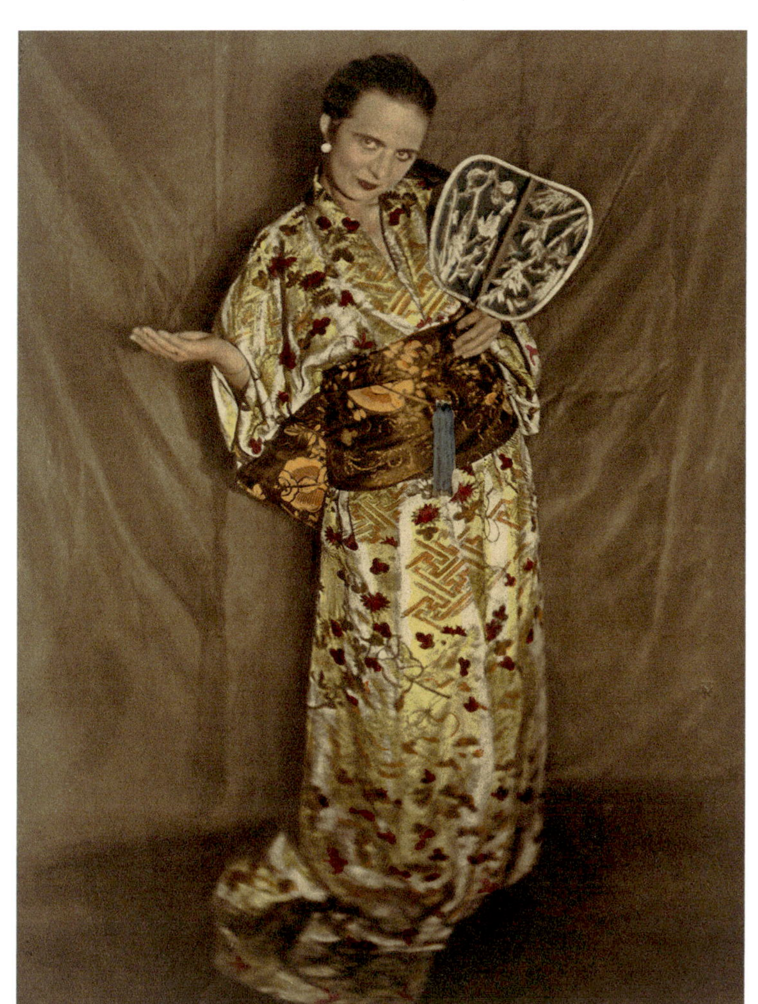
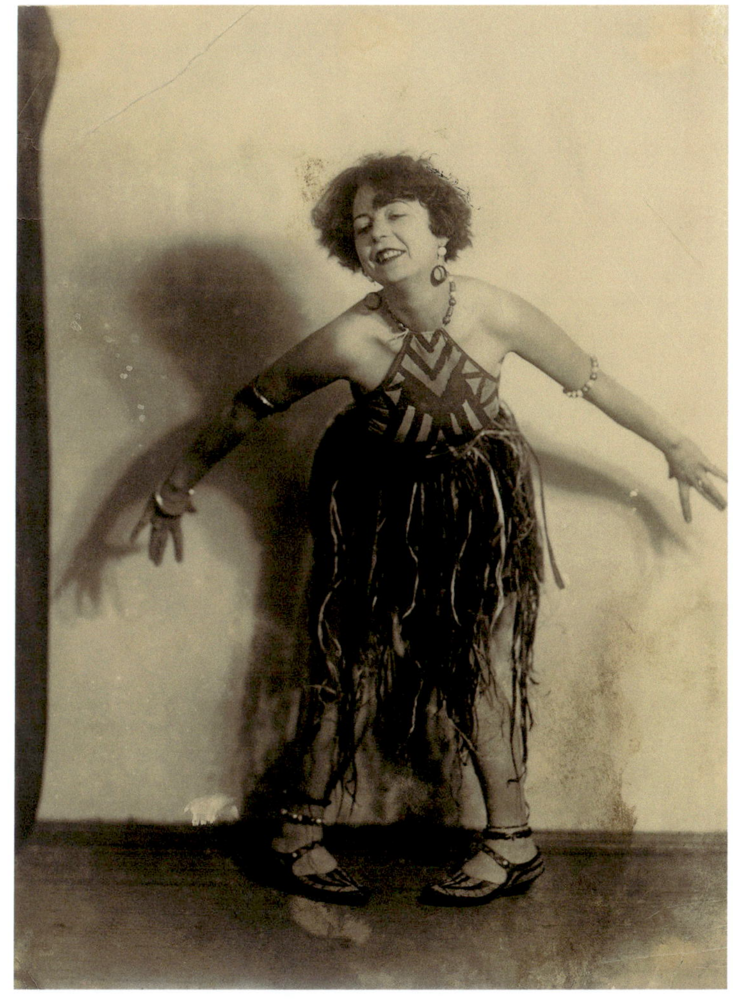
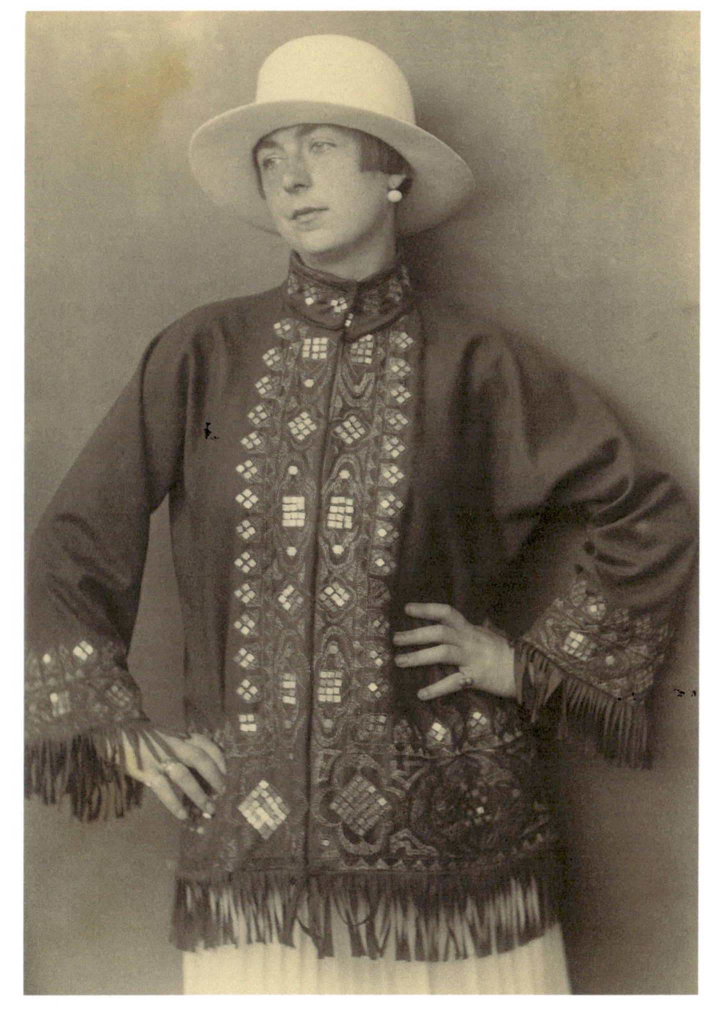

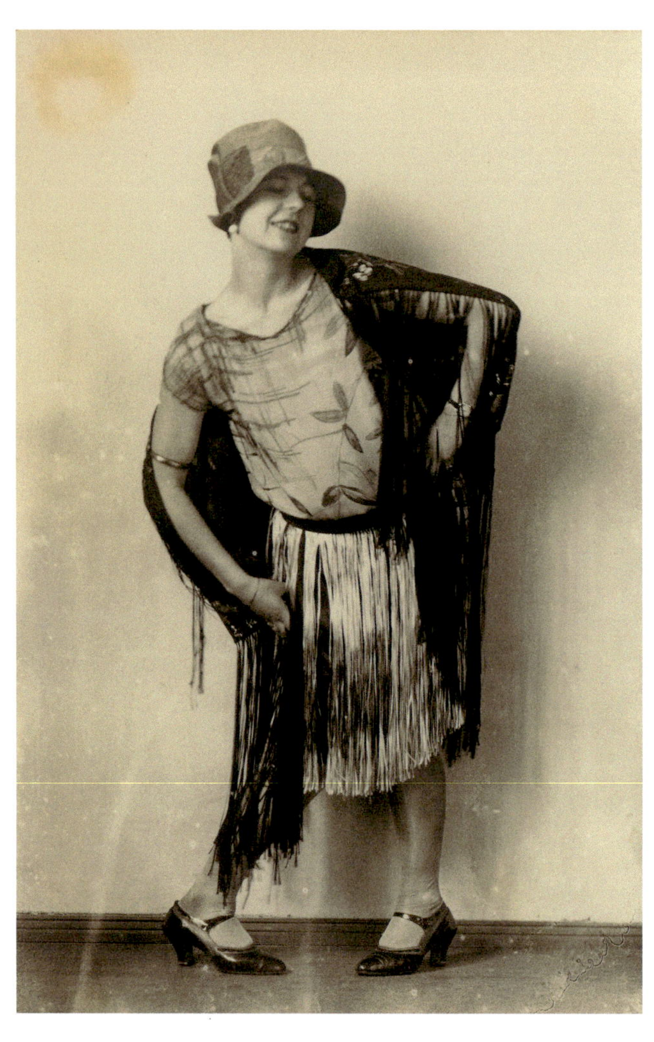

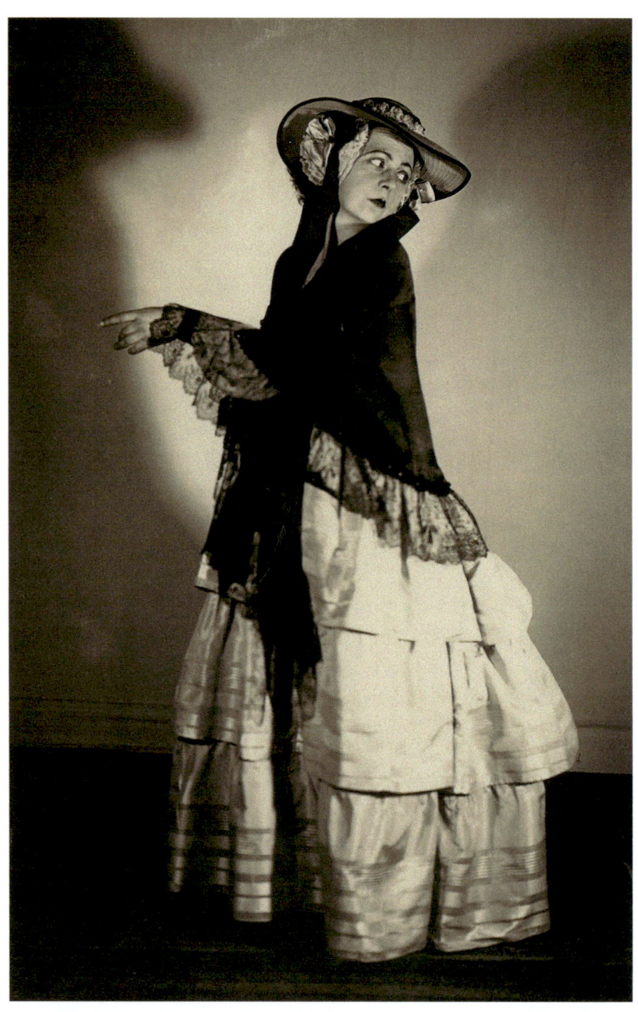

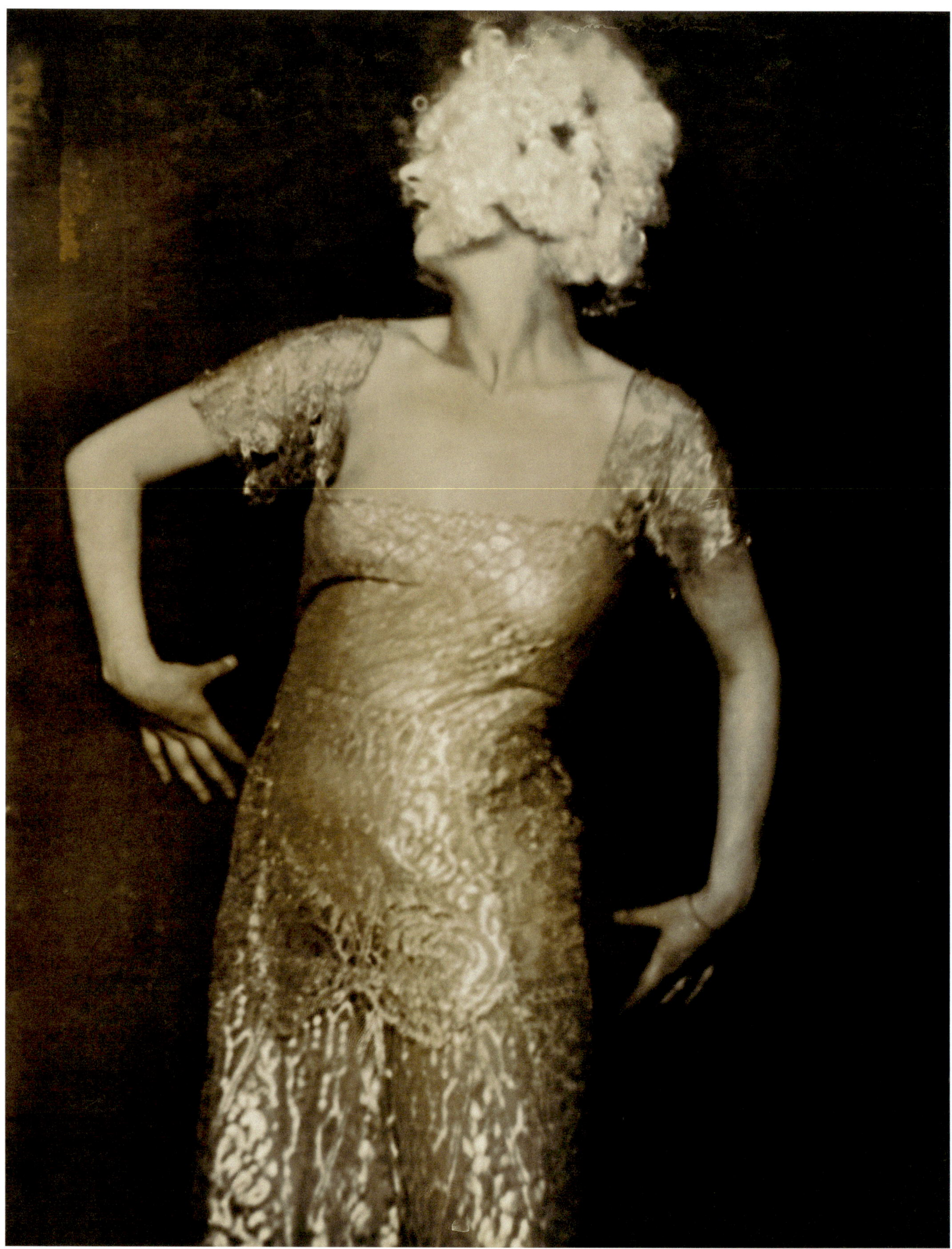

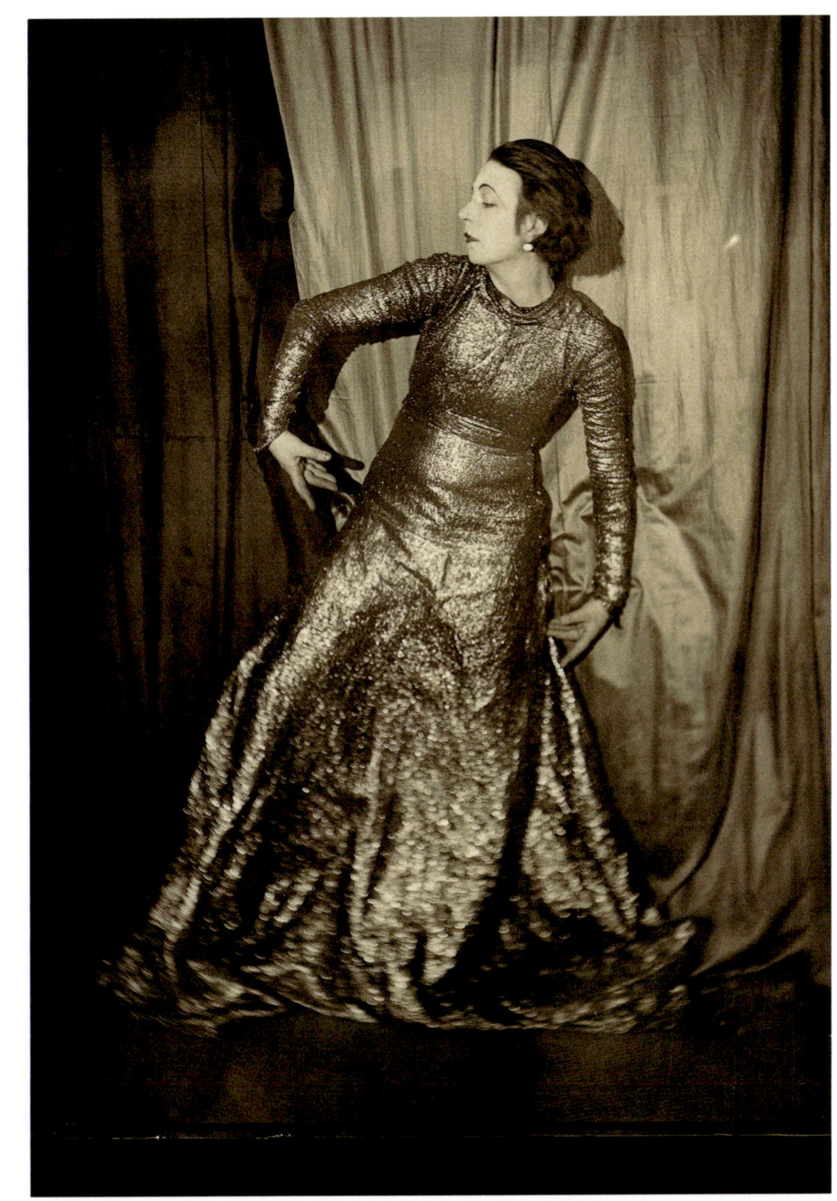

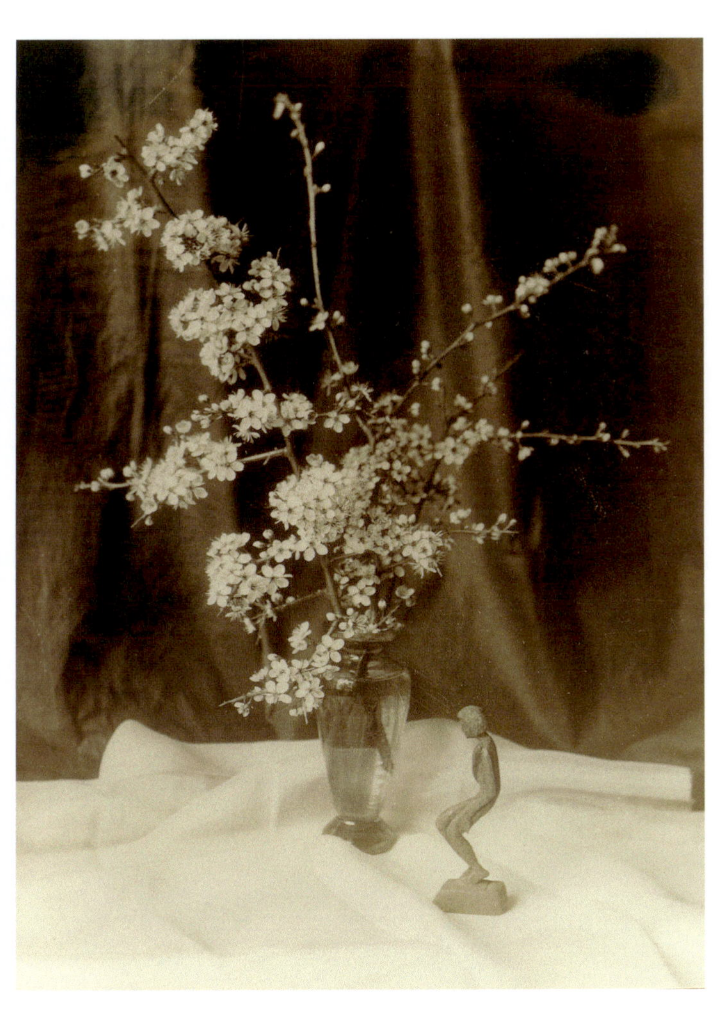

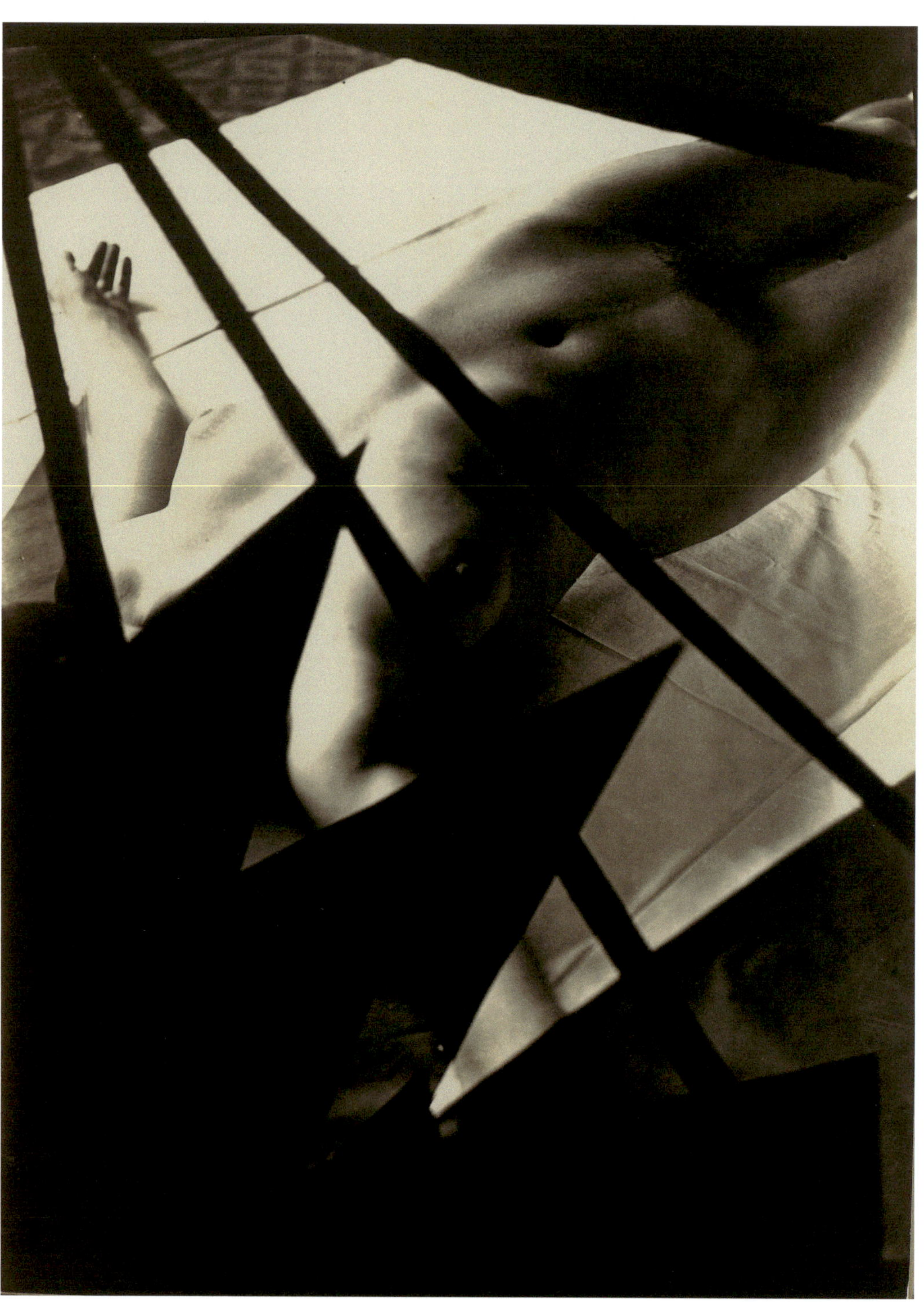

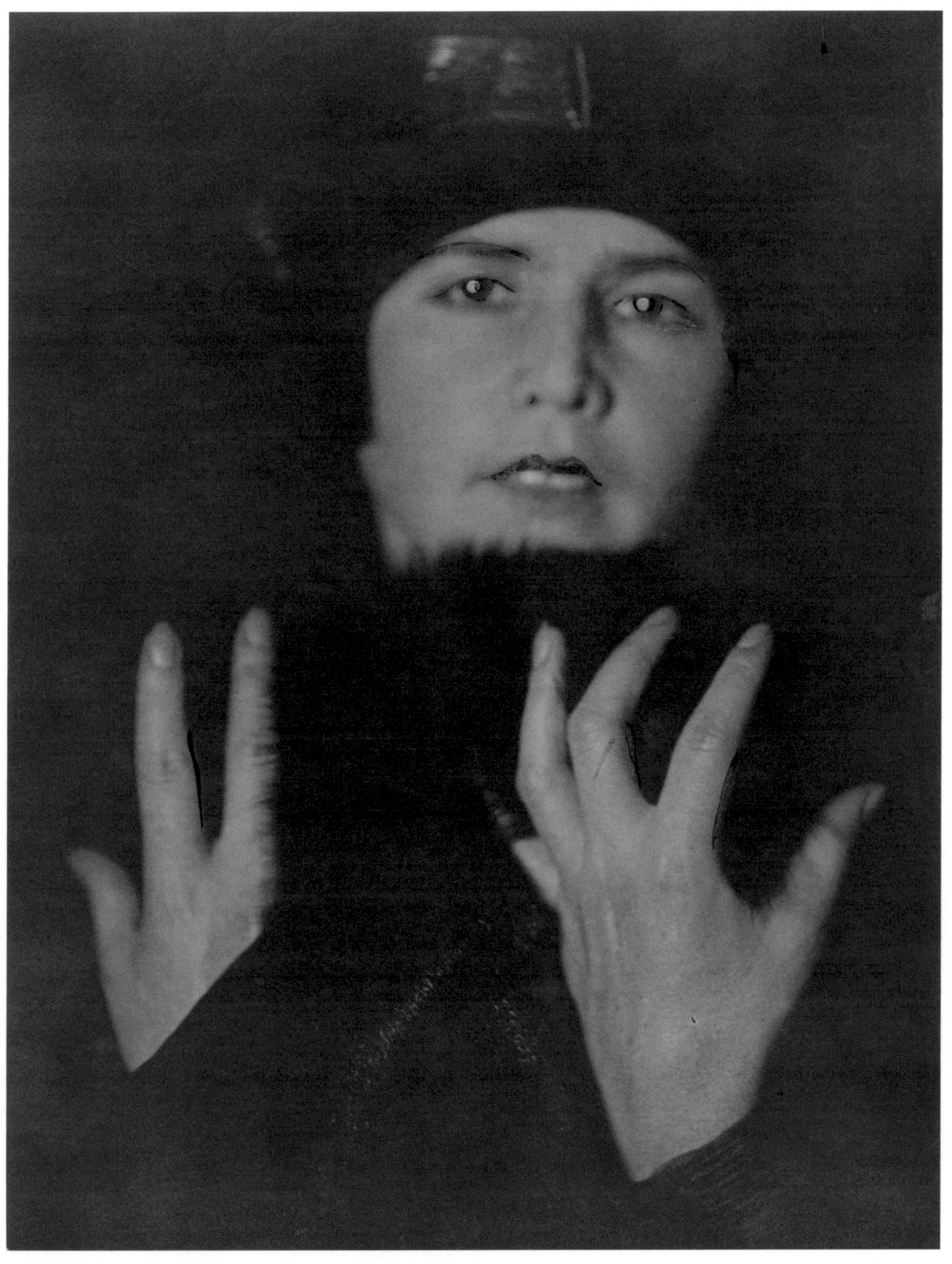

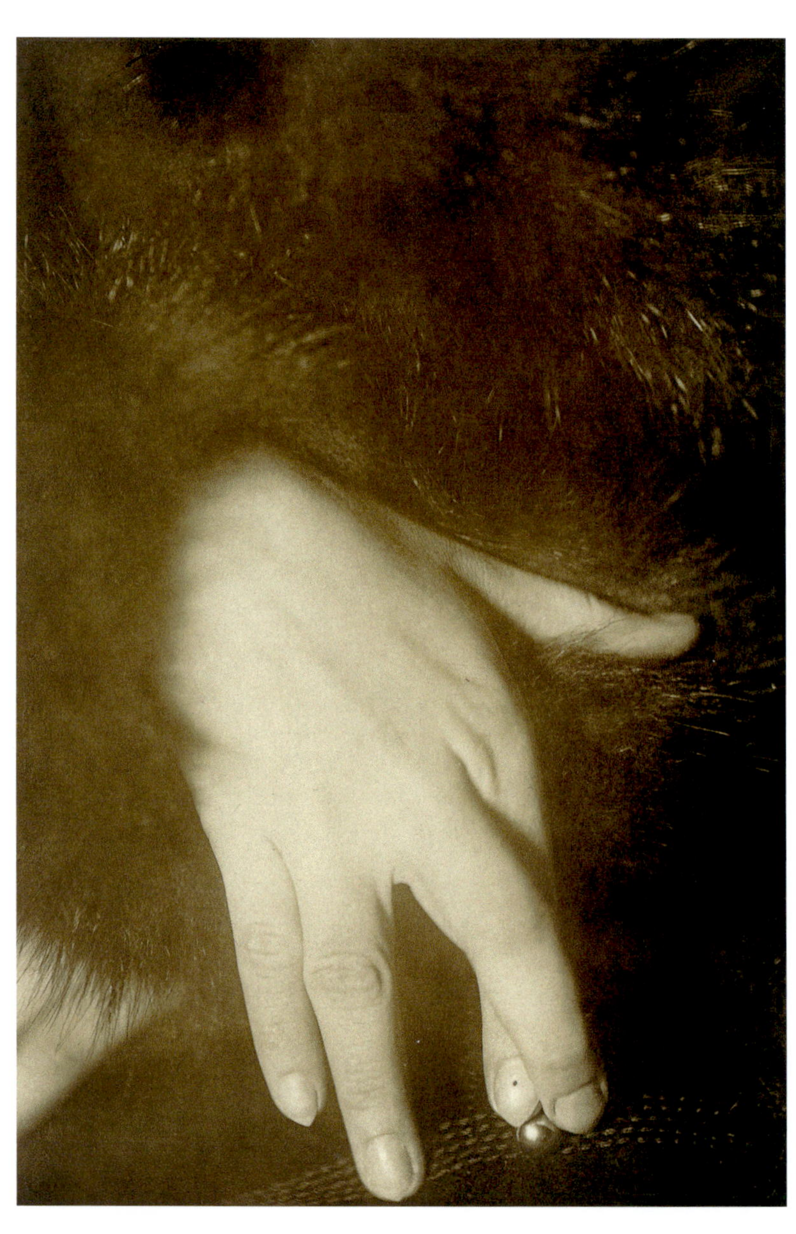

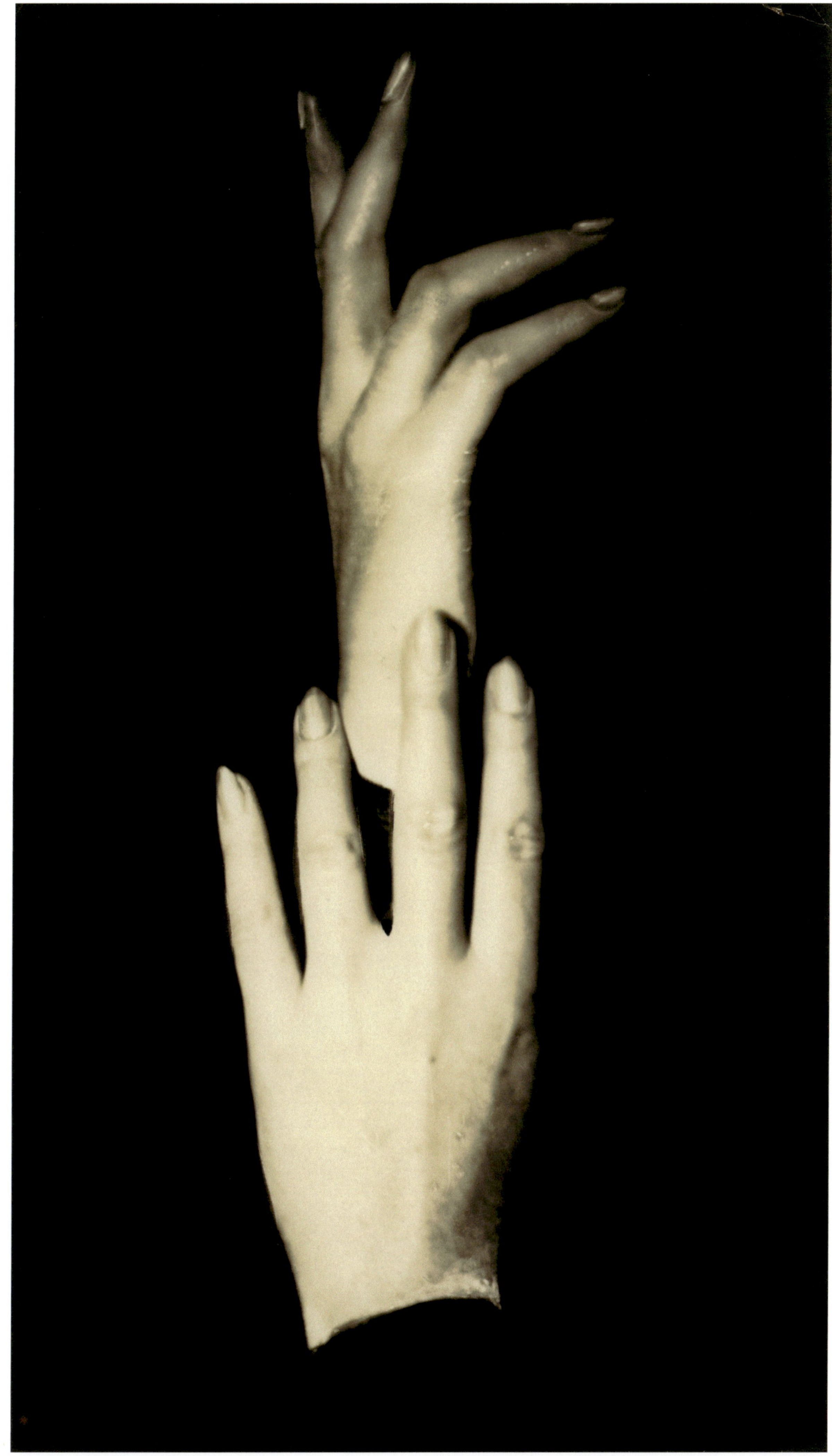

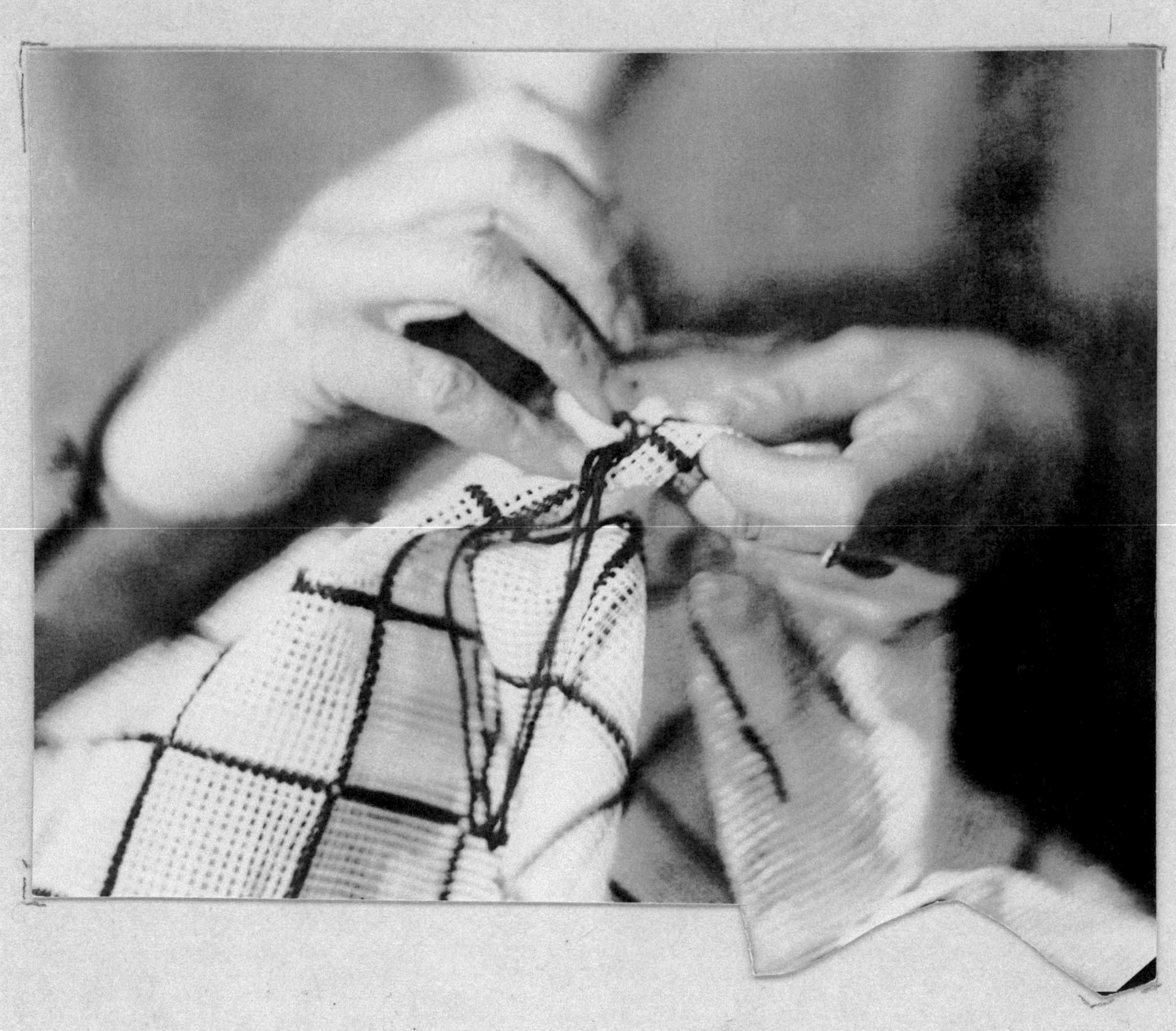

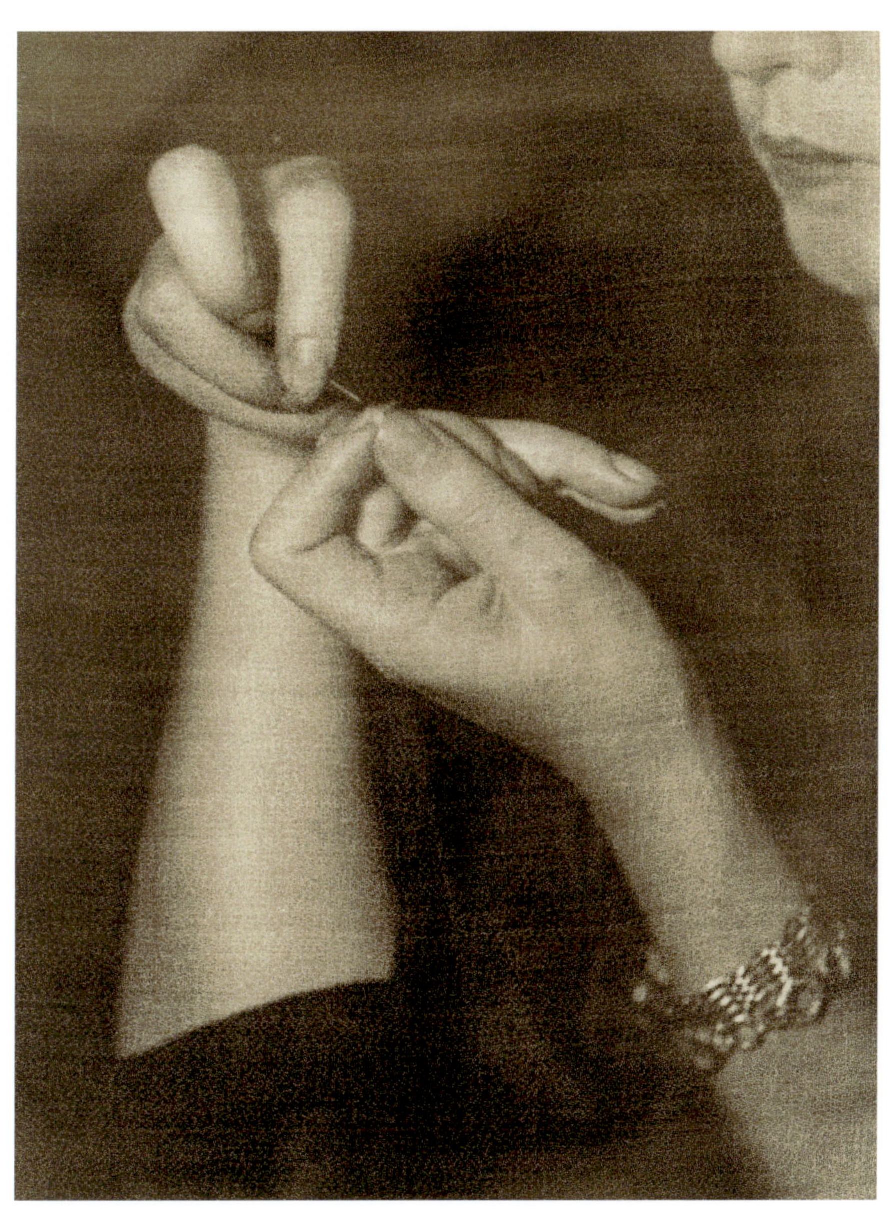

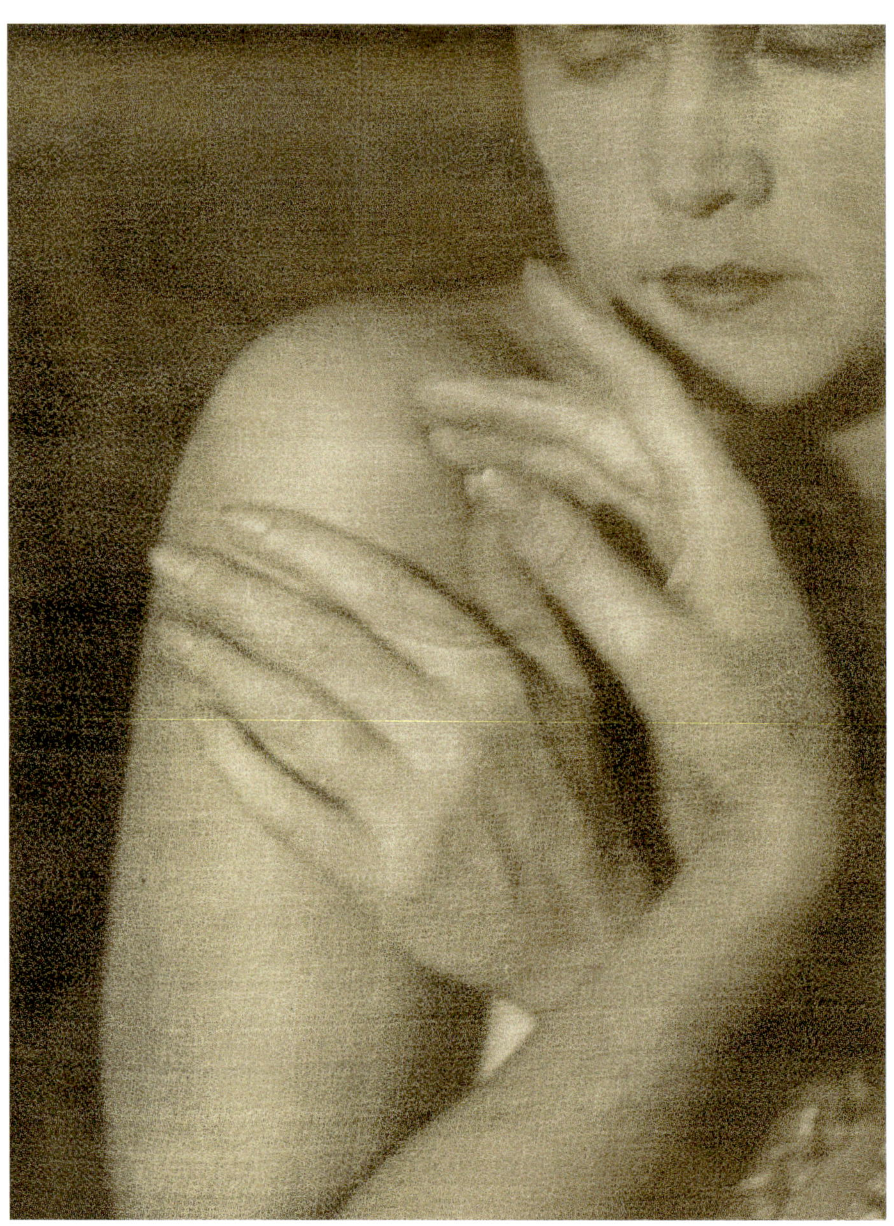

Inhaltsverzeichnis
Table of Contents

Grußwort

In einer Stadt der vielfachen und vielfältigen Selbstinszenierungen bietet eine Ausstellung mit dem Titel *Inszeniertes Selbst* eine gute Gelegenheit, das Werk einer Avantgardekünstlerin zu erkunden und dabei das Gestern und Heute zu reflektieren. Mit Freude hat sich der Förderverein der Berlinischen Galerie anlässlich unseres 50-jährigen Bestehens dafür entschieden, diese umfassende Schau zum Werk von Marta Astfalck-Vietz mit den Beiträgen unserer Mitglieder zu ermöglichen. Die Werke dieser außergewöhnlichen Künstlerin wurden erst 1990 per Zufall wiederentdeckt.

»Ein guter Photograph ist ein bildnerischer Gestalter.« Dies war eine Grundidee von Astfalck-Vietz. Ihre Bilder zeichnen sich durch große Experimentierfreude und eine sorgfältige Inszenierung aus. Sie spiegeln die avantgardistische Atmosphäre der 1920er-Jahre in Berlin wider. Damals wie heute ist die Stadt ein Zentrum für Kunst und Kultur in Deutschland. Mit dieser Ausstellung möchten wir – gerade in Zeiten einer massiven Kürzung der öffentlichen Mittel für die Kultur in Berlin – weiterhin dazu beizutragen, dass das so bleibt.

Wie schon in vielen anderen vom Förderverein unterstützten Ausstellungen ermöglichen wir dem großartigen Team der Berlinischen Galerie die Präsentation einer starken weiblichen Position in der Kunst. Durch ihre kritische Auseinandersetzung mit den Geschlechterrollen sowie ihre ironische und subversive Darstellung von Weiblichkeit, Mode und gesellschaftlichen Normen fügt sich Marta Astfalck-Vietz gut in unsere bisher geförderten Ausstellungen bedeutender Fotografinnen ein, die in der Sammlung der Berlinischen Galerie vertreten sind. Dazu zählen unter anderen Marianne Breslauer (2010), Loredana Nemes (2018) und Sibylle Bergemann (2022). Erwähnenswert in einer politisch bewegten Zeit, in der nationalistische und antidemokratische Überzeugungen an Boden gewinnen, ist auch der mutige Widerstand von Marta Astfalck-Vietz gegen den Nationalsozialismus: In ihrer Wohnung unterrichtete sie jüdische Kinder und unterstützte den antifaschistischen Widerstand aktiv, indem sie ihre Dunkelkammer nachts Aktivist*innen für Umkopierarbeiten zur Verfügung stellte.

Mein Dank gilt allen, die mit ihrem Engagement und ihrer Leidenschaft zur Verwirklichung dieses Projekts beigetragen haben: der Kuratorin Katia Reich, den Autor*innen dieses Katalogs, dem gesamten Team der Berlinischen Galerie und natürlich vor allen den vielen Freund*innen der Berlinischen Galerie, die diese wunderbare Ausstellung mit ihrer Großzügigkeit möglich gemacht haben.

Ich wünsche Ihnen eine inspirierende Begegnung mit den Werken einer Pionierin der modernen Fotografie.

Jens-Rainer Jänig
Vorsitzender des Fördervereins Berlinische Galerie e.V.

Welcoming Remarks

In a city known for self-enactment—at once multifaceted and diverse—the mounting of an exhibition titled *Staging the Self* presents an excellent opportunity to explore the work of an avant-garde woman artist and simultaneously reflect upon past and present. To mark the 50th anniversary of our institution, the Förderverein Berlinische Galerie (Friends of the Berlinische Galerie) took great pleasure in deciding to allocate contributions from our members to enable this comprehensive survey of Marta Astfalck-Vietz's work. This extraordinary artist was only rediscovered in 1990 through a fortunate coincidence.

'A good photographer is an artistic creator.' This was one of Astfalck-Vietz's core beliefs. Her photographs are characterized by meticulous staging and a remarkable passion for experimentation. They reflect the avant-garde spirit that flourished in Berlin during the 1920s. The city was, and continues to be, a major centre for art and culture in Germany. It is our wish that this exhibition helps sustain this tradition, particularly at a time when public funding for culture in Berlin faces severe cutbacks.

As with many previous exhibitions supported by the Förderverein, we are once again empowering the wonderful team at the Berlinische Galerie to highlight a strong female voice in art. Astfalck-Vietz's critical exploration of gender roles, alongside her ironic and subversive portrayals of femininity, fashion, and social norms, aligns seamlessly with past exhibitions of prominent women photographers we have supported—artists whose works are now part of the Berlinische Galerie's collection. Among these photographers are Marianne Breslauer (2010), Loredana Nemes (2018), and Sibylle Bergemann (2022). Especially in times of political turbulence, with nationalist and anti-democratic sentiments gaining ground, Astfalck-Vietz's courageous opposition to Nazism is particularly noteworthy. She taught Jewish children in her home and actively supported anti-fascist resistance by making her darkroom available at night for activists to produce copies.

My heartfelt gratitude goes to everyone whose dedication and passion have made this project possible: curator Katia Reich, the authors of this catalogue, the entire team at the Berlinische Galerie, and, above all, the many friends and supporters of the Berlinische Galerie whose generosity has brought about this exceptional exhibition.

It is my sincere hope that you will be inspired by encountering the works of one of the pioneers of modern photography.

Jens-Rainer Jänig
Chair of Förderverein Berlinische Galerie e. V.

Vorwort und Dank

Bereits 1991 widmete die Berlinische Galerie, seinerzeit am Standort im Martin-Gropius-Bau, der Fotografin Marta Astfalck-Vietz eine Ausstellung. Janos Frecot, der damalige Leiter der Fotografischen Sammlung, war kurz zuvor zwischen Arbeiten des Fotografen Heinz Hajek-Halke auf Aufnahmen der Künstlerin gestoßen und so auf ihr Werk aufmerksam geworden. Er setzte sich mit ihr in Verbindung und aus dem Austausch entstand die oben genannte Ausstellung. An deren Ende schenkte die Künstlerin dem Museum ein Konvolut mit zahlreichen Fotografien. Dieses wurde nach ihrem Tod 1994 durch weitere Werke und dokumentarisches Material ergänzt.

Im Jahr des 50-jährigen Bestehens der Berlinischen Galerie 2025 steht die Sammlung des Museums im Mittelpunkt unserer Aktivitäten; und es schien uns an der Zeit, Marta Astfalck-Vietz abermals eine groß angelegte Ausstellung zu widmen und diese mit einer Publikation zu begleiten. Erstmals wird auch den Pflanzenaquarellen, die ab 1936 vermehrt entstanden, ein wichtiger Platz eingeräumt.

Im Mittelpunkt stehen ihre avantgardistischen Selbstinszenierungen, in denen sie surrealistische Ansätze, Experimentierfreude und Humor zu einem unverwechselbaren Ausdruck vereinte. Astfalck-Vietz nutzte die Kamera, um Identitäten spielerisch zu dekonstruieren und neu zu erfinden. Mit Masken, theatralischen Posen und grotesken Elementen entwickelte sie einen Stil, der persönliche Introspektion mit einem scharfen Sinn für Ironie und Absurdität verband. Ihr Werk bewegt sich an der Schnittstelle von Realität und Fantasie und eröffnet Räume, in denen Konventionen hinterfragt und die Grenzen der Wahrnehmung erweitert werden. Damit hat es auch für die Betrachter*innen von heute eine hohe Aktualität und Relevanz.

Der mit der Geschichte der Berlinischen Galerie engstens verbundene Förderverein des Museums hat die Finanzierung der Ausstellung übernommen, wofür wir seinem Vorstand in herzlichstem Dank verbunden sind.

Katia Reich, die Leiterin der Fotografischen Sammlung, hat mit Kenntnis und Engagement einen neuen Blick auf das Werk geworfen und eine faszinierende Ausstellung konzipiert. Hierfür danke ich ihr sehr. Unterstützt wurde sie von der wissenschaftlichen Volontärin Mette Kleinsteuber, die sich in vorbildlicher Weise in das Projekt eingebracht hat.

Die langjährigen Mitarbeiter*innen der Fotografischen Sammlung Kerstin Diether und Tanja Keppler haben das Projekt professionell und umsichtig und den Prozess mit ihren reichhaltigen Kenntnissen der Sammlung bereichert.

Das Team der Restaurierungsabteilung mit Maria Bortfeldt und Katharina Siedler unter der Leitung von Andreas Piel hat die Verantwortung dafür getragen, dass die empfindlichen Fotografien mit höchster Sorgfalt behandelt wurden.

Sascha Perkins, Leiter der Abteilung Kommunikation und Bildung, und sein Team begleiteten das Projekt mit einer optimalen Presse- und Öffentlichkeitsarbeit. Christine van Haaren und Andreas Krüger haben dabei überzeugende Konzepte für den Bereich der Bildung und Barrierefreiheit entwickelt und umgesetzt.

Unsere Partner RT Ausstellungstechnik Rode & Tornow haben abermals ihr Können bei der Einrichtung der Ausstellung unter Beweis gestellt. Stefan Flachsbarth, Michael Schultz und Erman Aksoy vom Architekturbüro bfs design haben eine perfekte Raumlösung für die Präsentation gefunden. Hierfür sind wir dem gesamten Büro sehr dankbar.

Auch den Autor*innen Stefanie Diekmann, Janos Frecot, Mette Kleinsteuber, Christopher A. Nixon, Anne Pavlenko-Vitten, Katia Reich, Birgit Schillak-Hammers und Inga Elsbeth Schwarz sind wir für ihre instruktiven Texte zu großem Dank verpflichtet. Hier schließt sich die höchste Anerkennung für das präzise Lektorat von Karoline Mueller-Stahl und Dawn Michelle d'Atri sowie für die englische Übersetzung durch Simon Cowper an.

Die Grafikerin Nicola Reiter hat für die Gestaltung des Ausstellungskatalogs eine höchst ästhetische Umsetzung gefunden. Ebenfalls danken wir Anja Witte für die Bereitstellung der Digitalisate sowie Sylvia Doebelt und Falk Messerschmidt für die digitale Bildbearbeitung.

Obwohl die Berlinische Galerie einen Großteil der Arbeiten von Marta Astfalck-Vietz besitzt, war es unerlässlich, Leihgaben in die Ausstellung zu integrieren. Daher danke ich allen Leihgeber*innen herzlich, dass sie uns Werke aus ihren Sammlungen zur Verfügung gestellt haben.

Last but not least: Für das künstlerische Filmprojekt, das zur Ausstellung entwickelt wurde, danke ich Andreas Langfeld und Sophie Thun, die mit großem Engagement in das Schaffen von Marta Astfalck-Vietz eingetaucht sind.

Entdeckungen und Wiederentdeckungen künstlerischer Positionen, die bisher noch nicht die ihnen gebührende Wahrnehmung erfahren haben, sind ein fester Bestandteil des Programms der Berlinischen Galerie. So wünsche ich den Besucher*innen der Ausstellung, dass das Werk von Marta Astfalck-Vietz eine bereichernde Begegnung sein möge.

Dr. Thomas Köhler, Direktor Berlinische Galerie

Foreword and Acknowledgements

Back in 1991, at a time when the Berlinische Galerie was housed in the Martin-Gropius-Bau, it dedicated an exhibition to the photographer Marta Astfalck-Vietz. Janos Frecot, head of the Photography Collection at the time, had recently stumbled upon the artist's pictures among photographs by Heinz Hajek-Halke and had become aware of her work as a result. He made contact with her, and the communication that ensued between them gave rise to the exhibition in Berlin. When it closed, the artist donated a large group of photographs to the museum. After her death in 1994, further works and documentary material were added to this estate.

The activities planned for the Berlinische Galerie's 50th anniversary year in 2025 are focused on our collection; we felt that it was time to dedicate another large-scale exhibition to Astfalck-Vietz, and to accompany it with a publication. For the first time, the plant watercolours that she painted in increasing number from 1936 onwards will also have an important role to play.

The focus is on Astfalck-Vietz's avant-garde self-enactments, in which Surrealist approaches, humour, and a love of experimentation coalesce into a distinctive form of expression. She used the camera as a playful means to deconstruct and reinvent identities. With the help of masks, theatrical poses, and grotesque elements, she developed a style that coupled personal introspection with a keen sense of irony and absurdity. Her work operates at the interface between reality and fantasy, opening up spaces in which conventions are challenged and the bounds of perception are expanded. This gives it considerable relevance and currency for viewers today.

The Förderverein, the representative body of Friends of the Museum, has played a major role in the history of the Berlinische Galerie, and we are indebted to the association board for taking on the financing of the exhibition.

Katia Reich, curator of the Photography Collection, has applied her expertise to engage with Astfalck-Vietz's work from a fresh perspective and has devised a fascinating exhibition concept, for which I am most appreciative. She has been supported by the research trainee Mette Kleinsteuber, whose involvement in the project has been exemplary.

Kerstin Diether and Tanja Keppler, long-serving members of the Photography Collection's team, have provided professional and shrewd support to the project, enriching the process with their comprehensive knowledge of the collection.

The conservation team—Maria Bortfeldt and Katharina Siedler, with Andreas Piel as head of department—made sure that the delicate photographs were handled with the utmost care.

Head of communication and education Sascha Perkins and his team provided first-class public relations in support of this project. Christine van Haaren and Andreas Krüger developed and implemented compelling educational concepts and ideas for promoting accessibility.

Our partners RT Ausstellungstechnik Rode & Tornow once again demonstrated their prowess in installing the exhibition. Stefan Flachsbarth, Michael Schultz, and Erman Aksoy from the architecture office bfs design devised an ideal spatial solution for the presentation. We are very grateful to the entire firm for their inspiration.

Warm gratitude is likewise extended to the catalogue's authors, Stefanie Diekmann, Janos Frecot, Mette Kleinsteuber, Christopher A. Nixon, Anne Pavlenko-Vitten, Katia Reich, Birgit Schillak-Hammers, and Inga Elsbeth Schwarz, for their informative essays, to Karoline Mueller-Stahl and Dawn Michelle d'Atri for their meticulous copyediting, and to Simon Cowper for the excellent translations into English.

Graphic and book designer Nicola Reiter has come up with a supremely aesthetic design concept for the exhibition catalogue. We would also like to thank Anja Witte for preparing digital copies of the works and Sylvia Doebelt and Falk Messerschmidt for the digital image editing.

Although the Berlinische Galerie owns the majority of works by Marta Astfalck-Vietz, it was necessary to incorporate loans into the exhibition. I would therefore like to thank all of the lenders who have made works from their collections available to us.

Last but not least, I thank Andreas Langfeld and Sophie Thun for the artistic film project they developed for the exhibition, and for the great sense of dedication they showed in immersing themselves in Astfalck-Vietz's oeuvre.

Discovering and rediscovering artistic positions that have yet to receive the appreciation they are due is an inherent part of the Berlinische Galerie's programme. I hope that visitors to the exhibition will find their encounter with the work of Marta Astfalck-Vietz a rewarding one.

Dr Thomas Köhler, Director of the Berlinische Galerie

Pflanzen, Körper, Hände

Objekte der Mise en Scène im fotografischen Werk von Marta Astfalck-Vietz

Stefanie Diekmann

Die Beziehung zwischen Bild und Bewegung im Werk von Marta Astfalck-Vietz ist tendenziell paradox. Sie ist es insofern, als Elemente des Tänzerischen, Choreografischen nicht selten in Bildern (Fotos wie Aquarellen) zu finden sind, die scheinbar unbelebte Materie zum Gegenstand haben. Umgekehrt sind ihre Aufnahmen von Tänzer*innen, ebenso wie ihre eigenen Auftritte vor der Kamera, dadurch gekennzeichnet, dass die Darstellung von Bewegung hinter einer Mise en Scène zurücktritt, die eher von den Prinzipien des Arrangements und des Ornaments bestimmt ist.[1] Unter Mise en Scène ist hier, einer einfachen Definition entsprechend, die Anordnung der Personen und Elemente im Bild zu verstehen.

Für die Beschreibung des fotografischen Œuvres von Astfalck-Vietz bedeutet dies, dass sich dessen Motive durch den Rekurs auf Gegensätze wie Bewegung versus Stillstellung, belebt versus unbelebt, dynamisch versus statisch oder auch natürlich versus künstlich kaum erschließen lassen. Vielmehr sind die Fotografien als ein Szenario der Übergänge und Ähnlichkeiten zu beschreiben. In diesen Aufnahmen erscheinen Pflanzen gelegentlich beweglicher als Körper: Werden Körper vor der Kamera zurechtgerückt und arrangiert, wie es andernorts mit Pflanzen geschieht, werden verschiedene Nahverhältnisse von Pflanzen und Körpern hergestellt, ist das Foto fast immer von der Anordnung her gedacht (nicht von der Perspektive oder dem Licht und nur gelegentlich vom Kontrast), sind Pose und Platzierung die bestimmenden Parameter der Bildgestaltung, erschließen sich die Motive weniger solitär als in der Konstellation.

Zugleich existiert in diesem Œuvre der Übergänge ein Motiv, das als merkwürdig insistent bezeichnet werden kann. Ein wiederkehrendes Element, das in Maskeraden wie in Aktaufnahmen, in den Fotos tänzerischer Posen wie in Modeserien, in einer großen Anzahl von frühen wie in einigen der späten Fotos zu sehen ist. Gelegentlich, in etwa einem Dutzend Aufnahmen, erhält es einen Soloauftritt. Jedoch ist der Auftritt der Hände, denn um dieses Motiv handelt es sich, in den Fotos von Astfalck-Vietz auch deshalb irritierend, weil sie sogar dann unübersehbar sind, wenn sich die fotografische Aufmerksamkeit scheinbar auf den ganzen Körper oder auf den Gesamteffekt einer Pose richtet. Über die Hände wird zu sprechen sein; jedoch ist zunächst von Interesse, welches Verhältnis zur Mise en Scène die Fotografin, Aquarellistin und Bildgestalterin Astfalck-Vietz in den wenigen Jahren ihrer intensiven fotografischen Arbeit und darüber hinaus entwickelt hat.

Dass die Mise en Scène ein zentrales Element ist, wird sowohl in den Fotos erkennbar als auch in den Aquarellen, die Astfalck-Vietz ab Mitte der 1930er-Jahre zu malen beginnt. Aquarelliert und gezeichnet wird bereits seit ihrer Jugend und während der Ausbildung an der Unterrichtsanstalt des Kunstgewerbemuseums Berlin von 1920 bis 1924. Zur eigenständigen Praxis entwickelt sich diese Malerei indes erst viel später, und es ist umso auffallender, dass in den meisten ihrer Pflanzenaquarelle aus den 1930er- und 1940er-Jahren die Blüten, Stängel, Knospen, Halme, die darauf abgebildet sind, in eine protochoreografische Anordnung gebracht werden.

Mit wenigen Ausnahmen sind diese Aquarelle luftige Arrangements. Kaum Bündelungen, keine Verdichtungen; der überbordende Blumenstrauß gehört nur sehr bedingt zum Repertoire von Astfalck-Vietz. Stattdessen setzt sie auf Übersichtlichkeit und Zwischenräume, aber

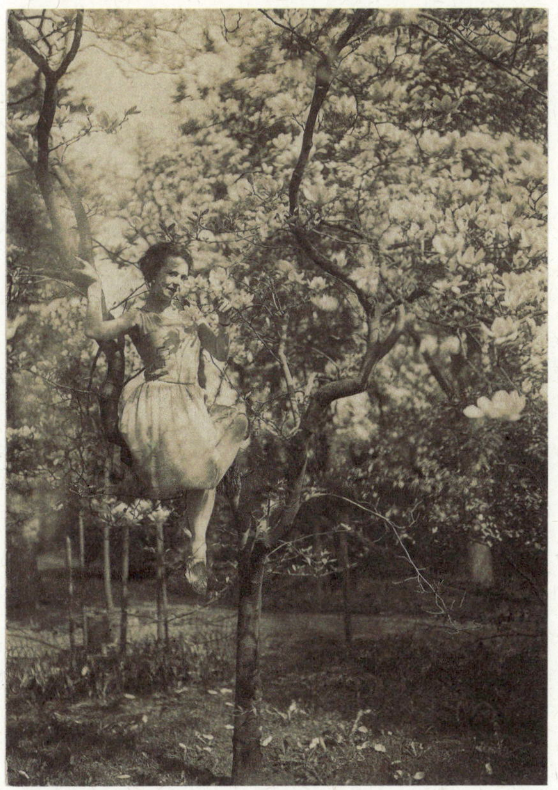

Marta Astfalck-Vietz, *Ohne Titel*, um 1920, Inv. BG-FS 059/91,394.

auch auf ornamentale Aspekte, wenn etwa eine Ranke in verschiedene Richtungen auseinandergezogen wird, einzelne Stängel separiert und dekorativ über die Seite verteilt werden oder – eine wiederkehrende Komposition – Blüten in einigem Abstand in Pastelltönen auf das Papier getupft sind [→ S. 212]. Vor allem das letztere Motiv findet sich in etlichen Variationen: mit Stiefmütterchen, mit Dahlien, mit Oleander oder Pfingstrosen, mit drei oder mit vier Blumen oder mit so zahlreichen, dass die Blüten auf dem Papier für einen Moment in einen Reigen versetzt zu sein scheinen, der dem der Balletttänzerinnen auf dem Foto *Anmut im Bühnentanz* von um 1930 gleicht [→ S. 189].

Das Material in Bewegung halten wäre eine Formel, um diese Arbeitsweise zu beschreiben. Eine andere: dem Motiv Raum geben, nicht um es zu fetischisieren, sondern um anzudeuten, dass es sich statt an dieser auch an jener oder an einer ganz anderen Stelle auf dem Papier befinden könnte. Das Aquarell – Genre der skizzenhaften, ephemeren Darstellung – erfährt bei Astfalck-Vietz insofern eine Pointierung, als neben der Fragilität der pflanzlichen Objekte vor allem deren Schwerelosigkeit akzentuiert wird. Leichter, durchlässiger als auf diesen Blättern sind die Motive der Künstlerin nirgendwo. Auch nicht auf den Fotografien, die den ab 1936 fortlaufend nummerierten Aquarellen vorausgehen, selbst wenn die Arrangements der Blüten, Zweige und Blätter in den gemalten und technischen Bildern zum Teil ähnlich ausfallen.

Fotografien von Pflanzen

Die Fotografien von Pflanzen, die Astfalck-Vietz in den 1920er-Jahren aufnimmt, entstehen fast durchweg in Innenräumen. Auch hier gibt es Ausnahmen, sehr wenige, etwa ein Bild von nassen Gräsern mit Tautropfen [→ S. 11], aber in den meisten Fällen werden Pflanzen von ihr ebenso wenig nach der Natur abgelichtet wie Körper. Das Habitat dieser Fotografin ist das Interieur, auch: das improvisierte Studio; im Studio hantiert sie mit Stellflächen, Vorhängen, Draperien und Requisiten. In diesen szenografischen Anordnungen entfalten sich die Tableaus, die mal der Mise en Scène von Pflanzen gewidmet sind, mal der Inszenierung des menschlichen Körpers, der um 1928/29 verstärkt in den Fokus rückt.

Unter den bekannten Fotograf*innen der Weimarer Republik sind die Werke von Fred Koch (1904–1947) und auch Albert Renger-Patzsch (1897–1966) der Arbeit von Astfalck-Vietz zweifellos näher als die präzisen, mehrfach vergrößerten Detailstudien, die Karl Blossfeldt (1865–1932) erstmals 1928 unter dem Titel *Urformen der Kunst* publiziert.[2] Vor allem Koch vertritt eine biosophische Auffassung der Materie: Seine Schwarz-Weiß-Fotos sind nicht nur als Einblicke in den Bau einer Pflanze, sondern mehr noch als Darstellung ihrer expressiven Qualitäten konzipiert. Die Bilder, die Koch fotografiert, liefern Material für Publikationen wie Ernst Fuhrmanns (1886–1956) *Die Pflanze als Lebewesen*[3] aus dem Jahr 1930 [→ S. 63] ebenso wie für die Beobachtungen des Schriftstellers Will Vesper (1882–1962), der in einer Rezension formuliert: »Es ist, als sähe man zu, wie Pflanzen sich bewegen, sich formen, sich freuen, kämpfen, siegen, leiden und sterben, wie lebendige Wesen, die sie ja auch sind.«[4] Und noch die Wiederentdeckung des Fotografen anlässlich einer Ausstellung in der Berliner Alfred Ehrhardt Stiftung 2022 zeigt sich fasziniert von Kochs Schauspiel der »tanzenden Pflanzen«, die vor der Kamera als eigenständige Akteurinnen aufzutreten scheinen.[5]

In den Fotos von Astfalck-Vietz ist der Auftritt der Pflanze ein anderer. Plastisch ja, von Kontrasten und Schattenwürfen umgeben auch; dabei aber fast durchweg in der Tradition des Stilllebens inszeniert, das heißt: in Vasen gestellt, mit anderen Objekten kombiniert und zu Tableaus geordnet, in denen die Vasen auf Unterlagen platziert und neben weiteren Artikeln vor einem Hintergrund zurechtgerückt werden. Alles in allem ist dies eine durchaus konventionelle Behandlung, selbst wenn in einzelnen Fotos, wie etwa dem von zwei Sonnenblumenköpfen, die offenen Anordnungen der Pflanzenaquarelle antizipiert sind, und in einer anderen Aufnahme aus der Verästelung eines Zweigs ein Motiv entsteht, das sowohl choreografische als auch expressive Züge trägt.

Was der relativ kleine Bestand an Fotos mit Pflanzen-Motiven in jedem Fall dokumentiert, ist, dass Astfalck-Vietz mit diesem Material den Effekt von Anordnungen austestet. Von zentraler Bedeutung sind dabei die Kombination mit wechselnden Objekten, Hintergründen, Dekors; die Inszenierung von Oberflächen und Texturen; die Lichtsetzung, die Helligkeit, ferner die Ablichtung aus der Nähe und aus etwas größerer Distanz. Astfalck-Vietz experimentiert, intensiv, vielleicht sogar seriell; allerdings sind in dem reduzierten Bestand, der heute vorliegt, keine Serien enthalten. Variationen und Multiplikationen des Motivs sind erst aus den Jahren überliefert, in denen sich die Aufmerksamkeit verschiebt und mit dem Körper ein neues Objekt in den Fokus ihrer Fotografie rückt.

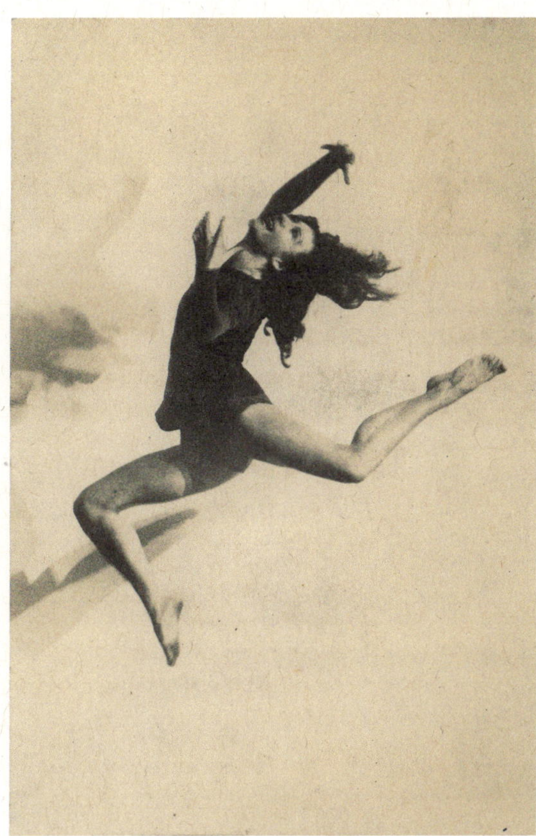

Charlotte Rudolph, *Vera Skoronel*, 1921, Deutsches Tanzarchiv Köln, Obj. Nr. 12249.

Körper vor der Kamera

Die Verschiebung ist nicht als abrupt vorzustellen. Wahrscheinlicher ist, dass die Künstlerin die Inszenierungen des einen und des anderen Motivs eine Weile parallel laufen lässt und dass einige Stillleben noch entstehen, während sie sich weiterhin mit Körper-Inszenierungen befasst. In ihrem Nachlass sind Chronologien schwer zu etablieren.[6] Eine genaue Rekonstruktion wird durch die Materiallage erschwert. Umgekehrt lädt die unklare Chronologie auch dazu ein, die Idee zu verfolgen, dass dieses fotografische Œuvre weniger durch eine lineare Entwicklung oder klar definierte Phasen als durch Übergänge und Überschneidungen gekennzeichnet ist.

Deutlich ist dies unter anderem in den Motiven, in denen offensichtlich eine Nähe zwischen Körpern und Pflanzen hergestellt wird. Teils geschieht dies in Form der Nachbarschaft, wenn Astfalck-Vietz in einer Fotografie neben einem ornamentalen Blütenzweig eine kleine Figur platziert [→ S. 39]. Oder wenn in dem etwas überfüllten Stillleben *Die Figuren aus dem Aschenbecher des Künstlers* nicht nur der Aschenbecher mit Zigarette und Schnapsglas, sondern auch eine am Aschenbecher befestigte Statuette, einige Pflanzenhalme sowie, durch Doppelbelichtung oder Sandwich-Technik ins Bild gesetzt, eine weiblich gelesene Gestalt in tänzerischer Pose abgebildet wird [→ S. 17]. In einer frühen Serie von Selbstporträts (um 1920) posiert Astfalck-Vietz selbst inmitten blühender Zweige auf einem Magnolienbaum [→ S. 55]; in einer späteren Aufnahme (um 1930) scheint sie den Strauß, den sie in den Händen hält, geradezu zu umarmen. Mit Abstand am häufigsten jedoch begegnen sich Körper und Pflanze über die Kostüme vermittelt, die fast immer florale Muster haben und in den Fotos effektvoll präsentiert werden.

Wenn Astfalck-Vietz bekleidet posiert, ist nicht immer genau zu sagen, ob es sich bei dem, was ihren Körper verhüllt, um ein Kleid, einen Kimono, ein Faschingskostüm oder einfach eine sorgfältig gewickelte Stoffbahn handelt, die gerade zur Hand ist und kurzerhand für den Auftritt vor der Kamera verwendet wird. Auffallende Stoffe – glänzend, glitzernd, durchbrochen oder aufwendig bedruckt – werden eindeutig bevorzugt; Tücher, Schleier und Draperien kommen ebenso zum Einsatz, außerdem Tailleurs oder Abendkleider. Manchmal tritt der Körper hinter dem Kostüm zurück, manchmal wird ein Kostüm durch eine Maske ergänzt, und hin und wieder findet sich eine Aufnahme, in der Stoffe als Filter eingesetzt werden, um dahinter den Körper als Silhouette auftreten zu lassen. Ganz gleich aber, mit welchem Fundus Astfalck-Vietz im jeweiligen Bild hantiert: Die Lust am Kostümieren ist durchgehend erkennbar, und erkennbar ist auch die Präferenz für Blumenmotive, die als Druck- und Webmuster, als Spitze und Bordüre, als Dekoration am Hut oder als Accessoire ihren Auftritt haben.

Fotografische Posen

Wie weit der ständige Rekurs auf floral gestaltete Textilien und Muster Methode hat, ist nicht mit Sicherheit zu sagen. Die noch vorhandenen Aufnahmen vermitteln eher den Eindruck von spontanen Inszenierungen, auch: von immer neuen Ideen und Einfällen, bei denen es darum geht, die Möglichkeiten eines Materials oder Kostüms zu erkunden, und nicht darum, ein Konzept zu illustrieren. Ihre Begeisterung für Blumen, Pflanzen und alle Formen der Flora hat Astfalck-Vietz selbst wiederholt bekundet.[7] Aufschlussreicher jedoch könnte die Beobachtung sein, dass die Vorliebe für florale Motive in ihren Fotos immer auch eine Entscheidung ist, die dem Ornament, dem Arrangement und der Pose – als Marker des »gedehnten Augenblicks«[8] – den Vorzug vor dynamischen Anordnungen gibt, die Körper und Objekte in eine imaginäre Bewegung versetzen würden [→ S. 113].

Denn tatsächlich: So klar die Aufnahmen aus den späten 1920er-Jahren erkennen lassen, dass Astfalck-Vietz mit der Tanzfotografie ihrer Zeit gut vertraut ist, sich von ihr inspirieren lässt, sie teilweise nachahmt und sich Motive und Ikonografien selektiv aneignet, so deutlich ist auch, dass die fotografische Aufzeichnung des bewegten Körpers in ihrem Werk eine Ausnahme bildet. Zu diesen Ausnahmen gehören vor allem die Fotografien der Tänzerin Maj Carlstedt (1908–Sterbedatum unbekannt), die von Astfalck-Vietz bei mindestens zwei Gelegenheiten fotografiert worden ist, einmal in einem hellen und einmal in einem dunklen Kostüm [→ S. 18–21]. Während aber die Aufnahmen der Tänzerin im hellen Kleid, um 1929 entstanden, in ein, zwei Fällen unmittelbar an die berühmten Tanzfotos einer Lotte Jacobi (1896–1990) oder Charlotte Rudolph (1896–1983) erinnern (die weit ausholende Bewegung ist da, ebenso der Schwung, mit dem der Körper in die Breite des Bildes gestreckt wird),[9] sind die beiden Aufnahmen im dunklen Kostüm bereits eine Darstellung des Körpers in Zuständen der Spannung, Dehnung, Faltung, die sich in vielen weiteren Fotos wiederfinden.

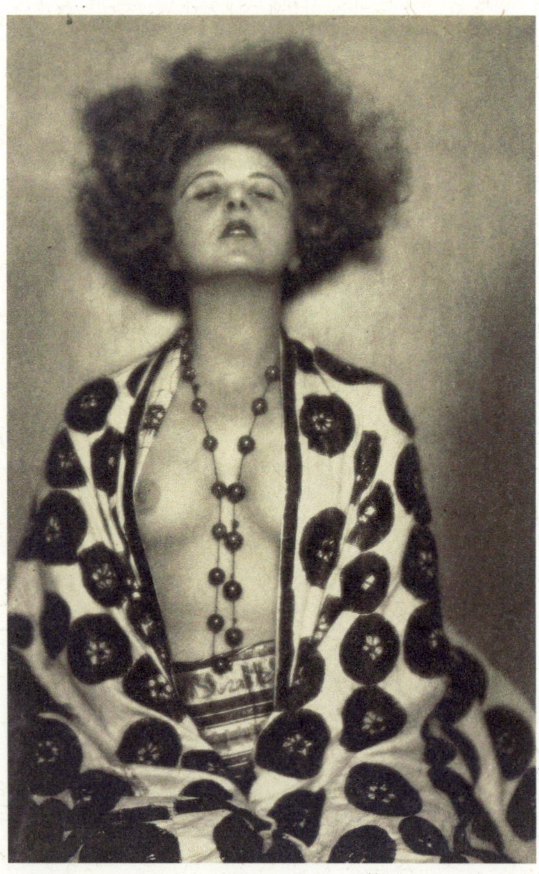

Atelier d'Ora, *Elsie Altmann-Loos*, 1922, Archiv Setzer-Tschiedel, Wien.

Das betrifft nicht nur Fotografien von Marta Astfalck-Vietz; vielmehr zeigt sich beim Blick auf die Tanzfotografie um 1930, in der vor und hinter der Kamera sehr viele interessante Figuren unterwegs sind: Der fotografische Dialog mit dem springenden, fliegenden oder rotierenden Körper der Tänzerin, die Aufzeichnungen von »Spuren tänzerischer Bewegung«,[10] wie sie etwa in Charlotte Rudolphs Aufnahmen von Gret Palucca (1902–1993) und Vera Skoronel (1906–1932) oder in Lotte Jacobis Fotos von Claire Bauroff (1895–1984) entwickelt wurden, finden nur vereinzelt statt [→ S. 57].[11] Die meisten Motive, die sich auf den künstlerischen Tanz dieser Zeit beziehen, Astfalck-Vietz macht da keine Ausnahme, sind nicht durch die Mise en Scène von Bewegung bestimmt, sondern durch das Innehalten, nicht durch eine fluide, sondern durch eine gedehnte Zeiterfahrung [→ S. 65]. Letztere kommt dadurch zustande, dass im fotografischen »Schnitt durch die Zeit«[12] sowohl eine Pose als auch ein Moment auf Dauer gestellt werden. Oder, wie Gabriele Brandstetter, Expertin für die Beziehungen zwischen Tanz und Bild, es in einem Text von 2012 definiert hat: »Die *posa* [Pose] schneidet eine Figur der Bestimmtheit aus der Unbestimmtheit und Flüchtigkeit, aus der Verwischung der Bewegung aus.«[13]

Der Auftritt des Körpers in der Fotografie von Marta Astfalck-Vietz ist mithin als ein Auftritt im Modus der Pose vorzustellen. Nicht in jenem generischen Sinn, den Roland Barthes (1915–1980) der Pose in seinen Notizen zur Fotografie gegeben hat, als Reaktion auf die Präsenz der Kamera: »[I]ch nehme eine ›posierende‹ Haltung ein, schaffe mir einen anderen Körper, verwandle mich bereits im voraus zum Bild.«[14] Sondern dergestalt, dass die Körper, die von Astfalck-Vietz fotografiert werden, mit sehr wenigen Ausnahmen arrangierte Körper sind, sorgfältig zurechtgesetzt und zurechtgerückt, in mehr oder weniger komplizierte Haltungen gebracht, die vor der Kamera eingenommen werden, um sie als Einzelbild oder in Serie festzuhalten.

In den meisten ihrer fotografischen Körper-Inszenierungen ist sie selbst zu sehen. Eine Autodidaktin zwischen Performance und Pose, die ihren Sinn für den effektvollen fotografischen Auftritt offensichtlich in Begegnungen mit der Tanz-, Mode- und Celebrity-Fotografie der 1920er-Jahre kultiviert hat [→ S. 58, 178].
Es gibt andere Modelle, neben Maj Carlstedt auch die Tänzerinnen Oda von Holten (geboren 1901–Sterbedatum unbekannt), Daisy Spies (1905–2000) und Sabine Ress (1904–1985), vor allem aber den namentlich nicht bekannten

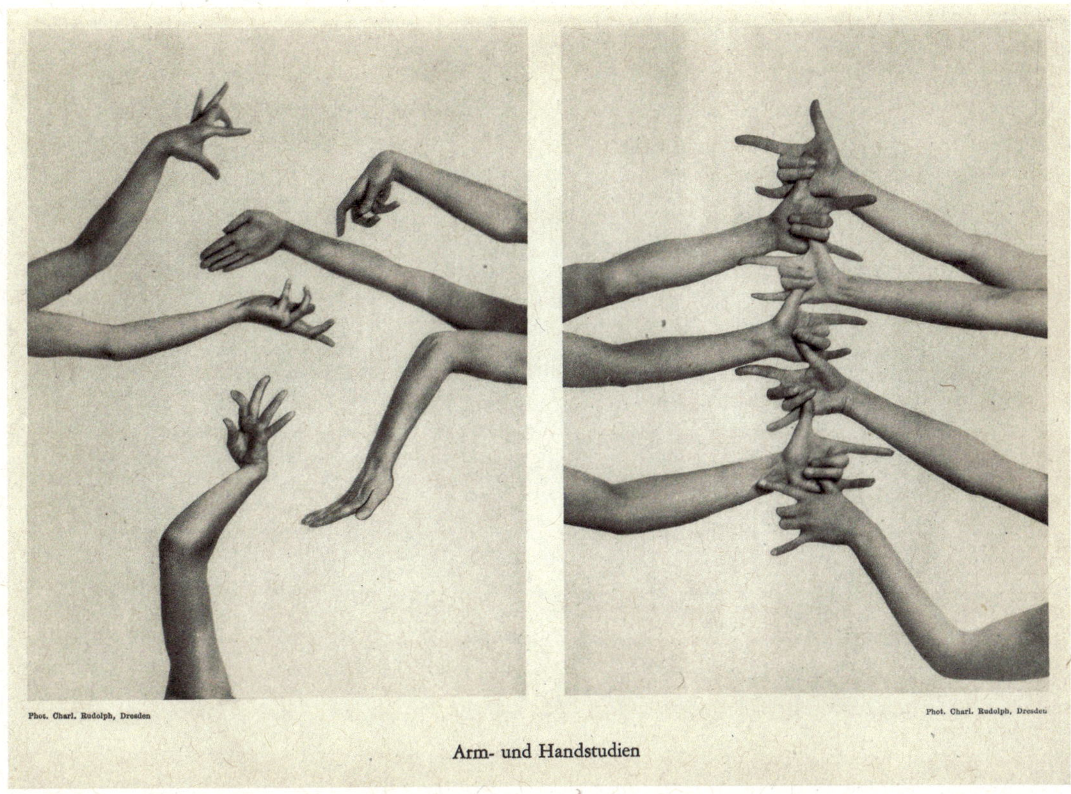

Charlotte Rudolph, *Arm- und Handstudien*, undatiert, in: Rudolf Bach, *Das Mary Wigman Werk*, Dresden 1933.

Schwarzen Tänzer, der im Zentrum einer Serie steht, mit der die Fotografin später ein Album gestaltet, und die heutige Betrachter*innen irritieren muss.[15] Die wichtigste Performerin jedoch ist von Beginn an Marta Astfalck-Vietz selbst.

In den Jahren 1927 bis 1930 dominiert die tänzerisch inspirierte Haltung, wird weniger das Gesicht als der ganze Körper fotografiert, manchmal auch eine Detailaufnahme des Körpers, die dann fast immer ihre Hände zeigt. In einigen wenigen Fällen wird im Außenraum fotografiert, etwa in den Aktfotos, die Astfalck-Vietz mit einem Partner bei dem Versuch abbilden, auf einer Wiese tänzerische Figuren nachzustellen. Im Allgemeinen jedoch ist dies eine innenräumliche Fotografie, die ungeachtet des Interesses an Aktaufnahmen und Posen in großer Distanz zu jenen fotografischen Projekten stattfindet, die sich im Umfeld der Freikörperkultur entwickeln und in denen Akt- und Naturaufnahme programmatisch verbunden sind.[16]

Die Auftritte, in denen sich Astfalck-Vietz für die Kamera in Szene setzt, entfalten sich zwischen Dekors und Draperien, vielfach in ihrer Wohnung, deren Einrichtung teils als Kulisse behandelt, teils aber auch durch Überwürfe und Vorhänge neutralisiert wird. Vor diesen Hintergründen interagiert sie mit dem Apparat: immer wieder als Akt, oft aber auch bedeckt und verhüllt, wobei vom historischen Kostüm über Abendgarderoben, Pelzmäntel, Bühnenkostüme, Schleier bis zu kurzen Hemdchen verschiedene Textilien Verwendung finden, die sie in die Pose einbezieht und gelegentlich durch Accessoires und Requisiten ergänzt. Die Interaktion von Körper und Kostüm, Gliedmaßen und Stoffbahnen, Pose und Faltenwurf und nicht zuletzt von körperlichen und textilen Oberflächen ist ein Kennzeichen dieser fotografischen Produktion. Ein anderes ist die Unermüdlichkeit, mit der Astfalck-Vietz ihren Körper einsetzt, um die Fotogenität von Posen aller Art auszutesten, zu denen Streckungen, Drehungen, Faltungen, Beugungen gehören, vor allem aber auch Gesten, in denen die Hände als das zentrale Element der Mise en Scène exponiert werden.

Der Ausdruck der Hände

Wann Astfalck-Vietz beginnt, in ihren fotografischen Inszenierungen die Mise en Scène der Hände zu fokussieren, ist nicht bekannt. Die Zeitspanne ihrer intensiven fotografischen Tätigkeit ist kurz; spätestens ab 1927 aber ist der akteuriale Status der Hände in zahlreichen Aufnahmen unübersehbar, und auch hier handelt es sich meist um die Hände der Fotografin, die als Modell, Szenografin,

Regisseurin, als Kostümbildnerin und als Bildgestalterin agiert. Dabei werden Hände prominent im Bild platziert, Hände in expressiver Haltung gezeigt oder in einem Pas de deux arrangiert. Und manchmal zeigt eine Aufnahme auch eine einzelne Hand vor einem auffallenden Hintergrund – Pelz, Brokat oder nackte Haut –, durch den die Geste und Haltung suggestiv verstärkt werden [→ S. 44].

Die Auftritte der Hand in der Fotografie der Weimarer Republik sind in zahlreichen Publikationen untersucht worden, unter anderem im Umfeld der Zeitschrift *October*. Im Rekurs auf die Tagung »When Words Fail« hat Rosalind Krauss sich mit der paradoxen Prominenz schreibender Hände in Fotografien von László Moholy-Nagy (1895–1946), El Lissitzky (1890–1941), Herbert Bayer (1900–1985) und Max Burchartz (1887–1961) auseinandergesetzt.[17] In einem Beitrag Jordan Troellers wiederum wird unter dem Titel »Lucia Moholy's Idle Hands« das Gendering bestimmter manueller Tätigkeiten reflektiert.[18] Aber während der eine Text mit der agonalen Beziehung von Schrift und (fotografischem) Bild und der andere mit dem ausgeprägten Gender Bias von Kunst- und Arbeitskonzeptionen befasst ist, dokumentieren die Beiträge der Publikation *Tanz der Hände* zur gleichnamigen Ausstellung 2014 im Wiener Photoinstitut Bonartes, dass auch die choreografische und expressive Inszenierung der Hand einen wichtigen Platz in der Mediengeschichte des Motivs innehat.[19]

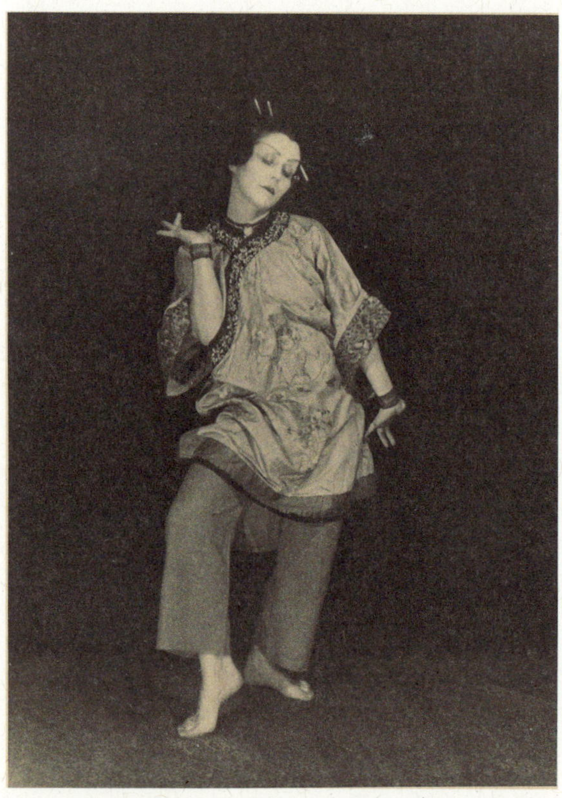

Marta Astfalck-Vietz, *Ohne Titel (Oda von Holten)*, um 1929, Inv. BG-FS 059/91,208.

In den 1920er-Jahren spielt sich diese Mediengeschichte bereits zwischen Fotografie und Film ab: 1923 bis 1926 entstehen die ersten Folgen des viel beachteten Filmzyklus *Schaffende Hände* des Filmemachers Hans Cürlis (1889–1982), der darin die gestaltenden, gelegentlich aber auch tänzerisch bewegten Hände prominenter Künstler beobachtet.[20] Eine kurze filmische Adaption der viel beachteten Choreografie *Tanz der Hände,* die Tilly Losch (1903–1975) und Hedy Pfundmayr (1899–1965) 1927 mit Harald Kreutzberg (1902–1968) für die Salzburger Festspiele kreierten, wird 1928 von Norman Bel Geddes (1893–1958) gestaltet. Aus derselben Zeit stammt der Avantgarde-Film *Hände* (1927/28) von Stella F. Simon (1878–1973) und Miklós Bándy (1904–1971), der in langen Einstellungen Hände vor der Kamera agieren lässt, wo sie einzeln, in Paaren und in Formationen nach dem Modell des Handlungsballetts eine Geschichte von Annäherung und Ablösung erzählen. Weniger narrativ, dafür entschieden choreografisch ist Charlotte Rudolphs fotografische Serie *Mary Wigmans tanzende Hände* (1928), die nicht nur die Hände der Tänzerin und Choreografin, sondern auch die von Wigmans Schüler*innen zeigt [→ S. 59]. Und wie fantasie- und effektvoll Hände sogar in Aufnahmen eingesetzt werden können, in denen sie nur ein Detail sind, dokumentieren die zeitgleich entstehenden Fotos aus den Ateliers von Lotte Jacobi, Yva (1900–1942), Rudolf Koppitz (1884–1936) oder E. O. Hoppé (1878–1972), die von prominenten Tänzer*innen der Weimarer Republik besucht wurden.[21]

Es sind Fotos dieses Typs, an denen Marta Astfalck-Vietz ihren fotografischen Umgang mit dem Motiv der Hände orientiert. Zunächst in Zusammenarbeit mit anderen Modellen, unter denen vor allem Oda von Holten hervorzuheben ist, deren Auftritt vor der Kamera von Astfalck-Vietz in einer erstaunlichen Serie von Faltungen und Knickungen besteht [→ S. 60]. Sodann in ihren fotografischen Selbstinszenierungen, die mit der Annäherung an die tänzerische Pose fast immer auch die Inszenierung der Hände proben, die ausgestreckt oder angewinkelt, auf der Schulter oder auf der Hüfte platziert, gedreht und gespreizt und in weitere Haltungen gebracht werden – immer aber so behandelt, dass sie nicht im Tableau verschwinden, sondern im Bild auffällig bleiben.

Wo ihnen das ganze Motiv, und das heißt die ungeteilte Aufmerksamkeit, gehört, sind die Formen der Mise en Scène noch einmal erweitert. Das beginnt mit den suggestiv gekreuzten Fingern – sind sie ein Code, ein Zeichen? –, auf die der Blick in einer Aufnahme von 1927 gelenkt wird [→ S. 44]. Und die Ikonografie verzweigt sich weiter in den Performances der betenden, flehenden, kokett drapierten Hände, die in anderen Aufnahmen im Fokus stehen. Arbeitende Hände werden gleichfalls fotografiert, gelegentlich auch die Hände von Musikern beim Stimmen oder Spielen ihrer Instrumente; aber anders als Cürlis, der eine Fetischisierung der »schaffenden Hände« betreibt, bleibt Astfalck-Vietz auf die Ausdrucksmöglichkeiten konzentriert, die ihre eigenen Hände im Zusammenspiel mit Pose, Mimik, Kostüm, Dekor und vereinzelten Objekten entwickeln.

In mancher Hinsicht ist dies eine narzisstische Fotografie. Viel Effektbewusstsein, viel mimetisches Begehren; eine gewisse Obsession in der Erkundung der Potenziale, die der eigene Körper vor der Kamera zu entfalten vermag. Marta Astfalck-Vietz, das dokumentiert ihr fotografisches Œuvre, ist eine unerschrockene Performerin, in mancher Hinsicht imitativ, in anderer originell. Zu den originellsten Zügen ihrer Arbeit gehört es, den Händen, diesem sehr prominenten Motiv in Tanzfotos und Foto-Performances, noch einmal mehr Platz und Aufmerksamkeit geschenkt zu haben als alle anderen Fotograf*innen, die in dieser Zeit mit der Mise en Scène des Körpers befasst sind.

Von 1956 datiert ein Postskriptum: ein Selbstporträt von Astfalck-Vietz, wohlfrisiert und sorgfältig gekleidet, zwischen dem rechten Zeige- und Mittelfinger eine Zigarette, die zum Requisit einer Selbstinszenierung wird, in der Gestik und Mimik, Hand und Gesicht, der Körper, die Miene und die Pose eine Verbindung eingehen, in der kein Element privilegiert wird [→ S. 67]. Ein gekonnter, sehr souveräner Auftritt, der zugleich als ein melancholischer erscheint: fast fünfundzwanzig Jahre nach einer Phase intensiver fotografischer Aktivität, die viel zu früh beendet worden ist.

1 Zum Umgang mit Bewegung in der Tanzfotografie der 1920er- und 1930er-Jahre vgl. Isa Wortelkamp, *Bilder von Bewegung. Tanzfotografie der Moderne*, Weimar 2022, S. 18–34; *Tanzfotografie. Historiografische Reflexionen der Moderne*, hg. von Tessa Jahn, Eike Wittrock und Isa Wortelkamp, Bielefeld 2015, S. 12–14; Isa Wortelkamp, »Blinde Flecken. Historiografische Perspektiven auf Tanzfotografie«, in: ebd., S. 175–179.

2 Vgl. Karl Blossfeldt, *Urformen der Kunst. Wundergarten der Natur*, mit einem Text von Gerd Mattenklott, München / Paris / London 1994, Tafeln 1–240 (Originalausgabe Berlin 1928).

3 Vgl. Ernst Fuhrmann, *Die Pflanze als Lebewesen*, Frankfurt am Main 1930.

4 Will Vesper zit. nach Stefanie Odenthal, »Fred Koch. Naturfotografie der 1920/30er Jahre«, in: *Fred Koch. Naturfotografie der 1920/30er Jahre*, hg. von der Alfred Ehrhardt Stiftung (Ausst.-Kat. Alfred Ehrhardt Stiftung Berlin), Köln 2022, S. 102.

5 Vgl. Sabine Schereck, »Fotografie in den 1920ern. Fred Koch und seine tanzenden Pflanzen«. Rezension zur Ausstellung *Fred Koch. Naturfotografie der 1920/30er Jahre*, in: *tip*, 23. Februar 2022, https://www.tip-berlin.de/kultur/ausstellungen/fotografie-in-den-1920ern-fred-koch-und-seine-tanzenden-pflanzen/ [gelesen am 1. 12. 2024]. Vgl. dazu auch *Fred Koch* 2022 (wie Anm. 4).

6 Atelier und Archiv von Astfalck-Vietz wurden im November 1943 bei einem Luftangriff auf Berlin zerstört. Janos Frecot schrieb 1991: »Marta Astfalck-Vietz hat ihre Arbeiten nicht datiert. Die meisten der hier ausgestellten Arbeiten dürften zwischen 1926 und 1932 entstanden sein.«, in: *Marta Astfalck-Vietz. Photographien 1922–1935*, hg. von Berlinische Galerie e. V., in Zusammenarbeit mit dem Museumspädagogischen Dienst Berlin (Ausst.-Kat. Berlinische Galerie), Berlin 1991, S. 97.

7 Vgl. »Marta Astfalck-Vietz. Eine Künstlerin der photographischen Avantgarde der zwanziger Jahre wird entdeckt« [Typoskript], Abschrift des Tonband-Protokolls der Radiosendung des SFB vom 8. Juli 1991, S. 5 f., Berlinische Galerie, Fotografische Sammlung, Künstler*innen Dossier.

8 Gabriele Brandstetter, Bettina Brandl-Risi und Stefanie Diekmann, »Posing Problems. Eine Einleitung«, in: *Hold it! Zur Pose zwischen Bild und Performance*, hg. von dens., Bielefeld 2012, S. 11.

9 Vgl. Christiane Kuhlmann und Charlotte Rudolph, *Tanzfotografie 1924–1939*, Göttingen 2004.

10 Gabriele Brandstetter, »Tanz und Fotografie – ein Dialog der Künste. Vera Skoronel und Charlotte Rudolph«, in: *Der absolute Tanz. Tänzerinnen der Weimarer Republik*, hg. von Brygida Ochaim und Julia Wallner (Ausst.-Kat. Georg Kolbe Museum, Berlin), Berlin 2021, S. 158–167, hier S. 166.

11 Vgl. Brygida Ochaim, »Claire Bauroff, 1895–1984«, in: ebd., S. 74–77, hier S. 76.

12 Philippe Dubois, *Der fotografische Akt. Versuch über ein theoretisches Dispositiv*, Amsterdam / Dresden 1998, S. 158.

13 Gabriele Brandstetter, »Pose – Posa – Posing. Zwischen Bild und Bewegung«, in: Brandstetter / Brandl-Risi / Diekmann 2012 (wie Anm. 8), S. 41–51, hier S. 47.

14 Roland Barthes, *Die helle Kammer. Bemerkungen zur Photographie*, übers. von Dietrich Leube, Frankfurt am Main 1989, S. 18.

15 Irritierend sind die Aufnahmen, weil sie damals rassistische Stereotype reproduzierten. Siehe dazu auch den Beitrag von Christopher A. Nixon im vorliegenden Band, S. 71–75.

16 Zu den Allianzen zwischen Fotografie und Freikörperkultur vgl. Ulf Erdmann Ziegler, *Nackt unter Nackten. Utopien der Nacktkultur 1906–1942*, Berlin 1990; siehe auch den Beitrag von Inga Elsbeth Schwarz im vorliegenden Band, S. 145–151.

17 Vgl. Rosalind Krauss, »Wenn Worte fehlen«, in: dies., *Das Photographische. Eine Theorie der Abstände*, München 1998, S. 199–209.

18 Vgl. Jordan Troeller, »Lucia Moholy's Idle Hands«, in: *October* 172, Frühjahr 2020, S. 68–108.

19 Vgl. *Tanz der Hände. Tilly Losch und Hedy Pfundmayr in Fotografien 1920–1935*, hg. von Monika Faber und Magdalena Vuković (Ausst.-Kat. Photoinstitut Bonartes, Wien), Wien 2013, S. 6–26. Die gleichnamige Ausstellung fand vom 21. Januar bis 23. Mai 2014 im Photoinstitut Bonartes in Wien statt.

20 Vgl. Hans Cürlis, *Schaffende Hände*, 1923–1933. Zum Nachleben dieses Filmprojekts vgl. Kathrin Rottmann, Annette Urban und Andreas Zeising (Hg.), *Schaffende Hände. Medialisierungen von künstlerischer Arbeit*, Heidelberg 2024.

21 Eine kleine Auswahl dieser Fotos wird in der erweiterten Version der Ausstellung *Tanz der Hände* präsentiert, die 2015 im Verborgenen Museum Berlin eröffnete und auch auf der entsprechenden Webseite zu sehen ist, https://www.dasverborgenemuseum.de/ausstellungen/ausstellung/tanz-der-haende [gelesen am 1. 12. 2024].

Plants, Bodies, Hands

The Subjects of the Mise-en-Scène in Marta Astfalck-Vietz's Photographic Oeuvre

Stefanie Diekmann

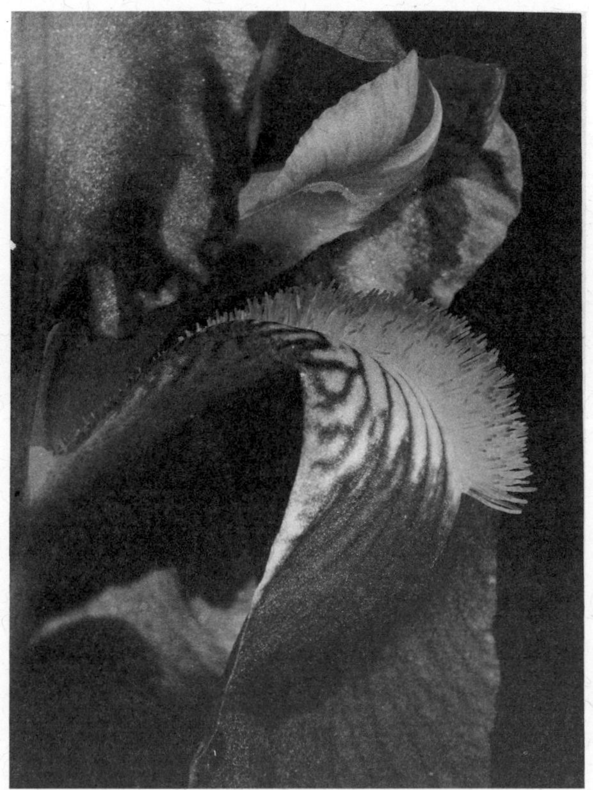

Fred Koch / Folkwang-Auriga-Verlag, *Iris germanica: Bearded Lily*, c. 1930, Inv. BG-FS 015/97,61.

The relationship between image and movement in the work of the photographer, watercolourist, and image designer Marta Astfalck-Vietz tends towards the paradoxical, inasmuch as elements of dance and choreography can often be found in images (photos and watercolours) involving seemingly inanimate subject matter. Conversely, one characteristic feature of her photographs of dancers, and of her own appearances in front of the camera, is that the depiction of movement recedes behind a mise-en-scène that is defined more by the principles of arrangement and ornament.[1] Here, in line with a simple definition of the term, mise-en-scène is to be understood as the arrangement of the people and elements in the image.

The implication of this for a description of Astfalck-Vietz's photographic oeuvre is that her motifs cannot readily be explored in terms of opposites such as movement versus stillness, animate versus inanimate, dynamic versus static, or even natural versus artificial. Rather, the photographs can be described as a locus of transitions and similarities. At times in these shots, plants appear to be more mobile than bodies: whereas bodies are put in place and arranged in front of the camera, as happens elsewhere with plants, and various intimate relationships between plants and bodies are established, the starting point for conceiving the photo is almost always the arrangement (not the perspective or the light, and the contrast only occasionally), and the pictorial design is determined by pose and placement, with the motifs opening up more in constellation than they do as individual images.

At the same time, there is one motif in this oeuvre of transitions that can be described as peculiarly insistent. It is a recurring element that can be seen both in role plays and in nude pictures, in photos of dance poses and in fashion series, in a large number of early photos as well as in some of the later ones. Sometimes, in about a dozen images, they make a solo appearance. However, the presence of the hands—the motif in question—is also perplexing in Astfalck-Vietz's photos because they are conspicuous even when the photographic attention seems to be focused on the whole body or on the overall effect of a pose. There is more to be said about the hands, but first it is interesting to consider the relationship to the mise-en-scène that Astfalck-Vietz developed in the few years during which she worked intensively with photography and beyond.

The centrality of mise-en-scène is evident not only in her photographs but also in the watercolours that Astfalck-Vietz began painting in the mid-1930s. She had been doing watercolours and drawings since her youth and continued this while she was studying, from 1920 to 1924, at the teaching institute of the Kunstgewerbemuseum (Museum of Decorative Arts) in Berlin. However, it was only much later that she developed this form of painting into a distinct practice, and it is all the more striking that in most of her plant watercolours from the 1930s and 1940s, the flowers, stems, buds, and stalks depicted in them are put into a proto-choreographic arrangement.

With few exceptions, these watercolours are airy compositions. There is little concentration of the elements, and no compression; the exuberant bouquet is only part of Astfalck-Vietz's repertoire to a very limited degree. Instead, she relies on clarity and spaces in between, as well as on ornamental aspects, when, for example, the tendrils of a climbing plant are pulled apart in different directions, with individual stems separated and spread decoratively across the page, or—in a recurring composition—flowers rendered in pastel shades are dabbed onto the paper with some space between them [→ p. 212]. This last motif, in particular, can be found in a number of variations: with pansies, with dahlias, with oleanders or peonies, with three flowers or with four, or with so many that the blossoms on the paper seem for a moment to be transplanted into a roundelay, like that enacted by the ballet dancers in the photo *Anmut im Bühnentanz* (Grace in the Stage Dance) from 1930 [→ p. 189].

Keeping the material in motion would be one way of describing this working method. Another formulation would be to call it giving the motif space, not so as to fetishize it but rather to suggest that it might be located not in this part of the paper but in that part, or in a completely different spot. Astfalck-Vietz puts emphasis on the watercolour—a genre of imprecise, ephemeral representation—inasmuch as it accentuates the weightlessness of the plant objects, while also bringing out their fragility. Nowhere are the artist's motifs lighter and more diaphanous than in these leaves. And that includes the photographs that precede the watercolours, which Astfalck-Vietz began numbering consecutively in 1936, even if the arrangements of flowers, branches, and leaves sometimes turn out to have a kinship in the painted and technically produced images.

Photographs of Plants

Almost all of the plant photographs that Astfalck-Vietz took in the 1920s were shot indoors. There are a very small number of exceptions here too, such as a picture of wet grasses with dewdrops [→ p. 11], but in most cases, as with her images of bodies, she did not photograph plants out in nature. Her habitat was the interior, or the improvised studio, where she made use of storage spaces, curtains, drapery, and props. These scenographic arrangements foster the unfolding of the tableaux, which are sometimes dedicated to the mise-en-scène of plants and sometimes to the staging of the human body, an increasing focus as of 1928–29.

Of the photographers who had made a name for themselves in the Weimar Republic, Fred Koch (1904–1947) and Albert Renger-Patzsch (1897–1966) were undoubtedly closer to Astfalck-Vietz in the work they produced than Karl Blossfeldt (1865–1932), whose precise, detailed studies, enlarged many times over, were first published in 1928 under the title *Urformen der Kunst* (Art Forms in Nature).[2] Koch, in particular, represents a biosophical understanding of the material: in conceptual terms, his black-and-white photographs are designed not merely to give insight into the structure of a plant, but also to illustrate its expressive qualities. His images provide material for publications like the 1930 work *Die Pflanze als Lebewesen* (The Plant as a Living Being)[3] [→ p. 63] by Ernst Fuhrmann (1886–1956)—as well as for the observations of the author and critic Will Vesper (1882–1962), who wrote in one review: 'It's like watching plants move, develop, be happy, tussle, triumph, suffer, and die, just like living beings, which is what they are, after all.'[4] And even the photographer's rediscovery at a 2022 exhibition at the Alfred Ehrhardt Foundation in Berlin reveals a fascination with Koch's dramatic display of the 'dancing plants', which seem to appear in front of the camera as autonomous actors.[5]

The plants in Astfalck-Vietz's photos figure in a different way. They are vivid, certainly, and pictured amidst contrasts and shadows; yet they are almost always staged in the tradition of the still life—that is, put in vases, combined with other objects, and arranged into tableaux, in which the vase is placed on a base and carefully positioned against a background alongside other items. All in all, this is a thoroughly conventional treatment, even if individual photos, such as the shot of two sunflower heads, anticipate the open arrangements of the plant watercolours, while the ramification of a branch in another picture creates a motif that has both choreographic and expressive features.

In any event, the relatively small collection of photos with plant motifs documents Astfalck-Vietz's use of this material to test the effect of her arrangements. Various factors are of key importance here: the way the plants are combined with a diverse range of objects, backgrounds, and decorative elements; the staging of surfaces and textures; the lighting set-up and intensity, along with the placement of the camera, positioned close up or at a slightly greater distance from the motif. Astfalck-Vietz conducted intensive experiments, perhaps even in series, although the limited stock of photos that are available to us today do not include any series. The only instances of motivic variation and multiplication that have been passed down are from the years in which her photographic attention shifted, bringing a new object into focus in the shape of the body.

Bodies in Front of the Camera

We should not imagine this as an abrupt shift. It is more likely that the artist allowed the staging of the two different kinds of motifs to run in parallel for a while, and that she still made a number of still lifes while continuing to undertake stagings of the body. It is difficult to establish chronologies in her estate.[6] Reconstructing the process exactly is complicated by the materials used. Conversely, the absence of a clear chronology also encourages the idea that her photographic oeuvre is characterized not so much by linear development and crisply defined phases as by transitions and overlaps.

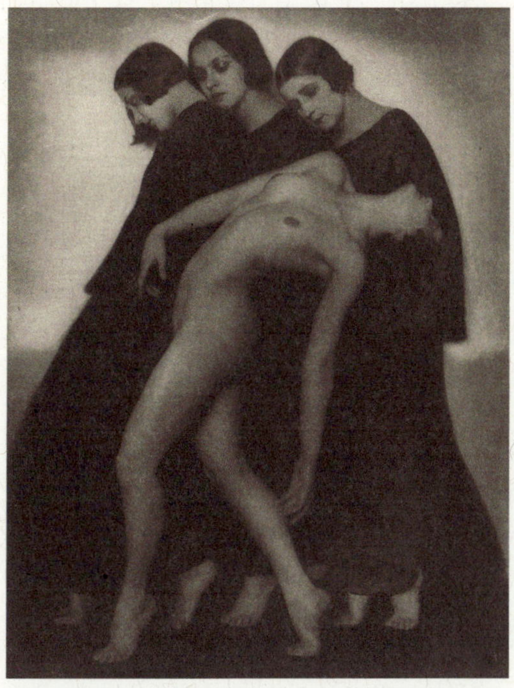

Rudolf Koppitz, *Untitled*, undated, Inv. BG-FS 076/93.

This is evident in the motifs, in which bodies and plants are put in overt proximity to one another. Sometimes this takes the form of adjacency, when, in one photograph, Astfalck-Vietz places a small figure next to an ornamental flowering branch [→ p. 39]. Or when, in the somewhat overcrowded still life *Die Figuren aus dem Aschenbecher des Künstlers* (The figures of the artist's ashtray), the image contains not only the ashtray with cigarette and schnapps glass but also a statuette fixed to the ashtray, some plant stems, and—introduced into the picture by means of double exposure or sandwiching—a dancing figure that can be read as female [→ p. 17]. In an early series of self-portraits (c. 1920), Astfalck-Vietz herself poses in a magnolia tree amidst branches in blossom [→ p. 55]; in a later photograph (c. 1930), she almost seems to embrace the bouquet she is holding. However, by far the most common encounter between body and plant is mediated by the costumes, which almost always have floral patterns and are showcased to great effect in the photographs.

When Astfalck-Vietz poses clothed, it is not always possible to say with any precision whether her body is cloaked in a dress, a kimono, a carnival costume, or simply a carefully wrapped length of fabric that just came to hand and was used then and there for the shot. She clearly favoured striking fabrics—shiny, glittery, perforated, or lavishly printed. Cloths, veils, and drapery were also used, as were tailored suits or evening dresses. Sometimes the body is seen receding behind the costume, or a mask has been added into the mix, and there is the occasional shot in which fabrics were used as filters so that the body could appear behind them as a silhouette. But no matter what stock of materials Astfalck-Vietz made use of in a particular image, the relish she took in dressing up is always evident, as is her preference for floral motifs, which appear as printed and woven patterns, as lace and borders, as hat decorations, or as accessories.

Photographic Poses

It is impossible to say with any certainty how much method there was in the constant recourse to textiles and patterns with a floral design. The photographs that still exist give the impression, rather, of spontaneous stagings, and of a constant stream of new ideas and sudden inspirations, with a focus on exploring the possibilities of a material or costume rather than illustrating a concept. Astfalck-Vietz repeatedly expressed her fascination with flowers, plants, and all forms of flora.[7] However, what is perhaps more telling is the observation that the preference for floral motifs in her photos is invariably a decision that too gives precedence to ornament, arrangement, and pose—as markers of the 'extended moment'[8]—over dynamic arrangements that would set bodies and objects in imaginary motion [→ p. 113].

While the photographs of the late 1920s clearly indicate that Astfalck-Vietz was well acquainted with the dance photography of her time and drew inspiration from it, imitating it to some extent and selectively appropriating motifs and iconographies, it is also evident that taking photographs of the moving body is an exceptional element in her work. These exceptions include, most notably, pictures of the dancer Maj Carlstedt (born 1908–date of death unknown), who was photographed by Astfalck-Vietz on at least two occasions, once in a light-coloured costume and once in a dark one [→ pp. 18–21]. However, although the photographs of the dancer in the light dress, made around 1929, are directly reminiscent, in one or two cases, of the famous photos of dancers like Lotte Jacobi (1896–1990) or Charlotte Rudolph (1896–1983)—the sweeping movement is there, as is the verve with which the body extends across the width of the frame[9]—the two shots of her dressed in a dark costume already show the body in states of tension, stretching and folding, of the kind found in many other photos.

This does not apply only to photographs by Marta Astfalck-Vietz: a look at the dance photography produced around 1930, which features a great many interesting figures both in front of and behind the camera, indicates that the photographic dialogue with the dancer's leaping, flying, or rotating body and the recordings of 'traces of dance movement'[10]—of the kind developed in Charlotte Rudolph's photographs of Gret Palucca (1902–1993) and Vera Skoronel (1906–1932), or in Lotte Jacobi's pictures of Claire Bauroff (1895–1984)—only happen on isolated occasions [→ p. 57].[11] Most motifs related to the artistic dance of this period—Astfalck-Vietz's work is no exception here—are not defined by the mise-en-scène of movement but by a moment of pause, by an experience of time that is stretched rather than fluid [→ p. 65]. This stretching occurs because the photographic 'cut through time' perpetuates both a pose and a moment.[12] Or, as Gabriele Brandstetter, an expert on the relationship between dance and image, puts it in a 2012 text: 'The *posa* [pose] cuts out a figure of specificity from indeterminacy and ephemerality, from the blur of movement.'[13]

When the body makes an appearance in Astfalck-Vietz's photographs, it takes, in the imagination, the form of a pose. Not in the generic sense that Roland Barthes (1915–1980) gave to the pose in his reflections on photography, where he characterized it as a response to the presence of the camera: 'I constitute myself in the process of "posing," I instantaneously make another body for myself, I transform myself in advance into an image.'[14] It is rather in the sense that the bodies photographed by Astfalck-Vietz are, with very few exceptions, arranged bodies, carefully positioned and adjusted, assuming more or less complex postures, posed for the camera to be recorded as a single image or a photographic series.

The artist herself features in most of her photographic body stagings—an autodidact shifting between performance and pose, who evidently cultivated her sense of what constituted an effective photographic appearance through encounters with the dance, fashion, and celebrity photography of the 1920s [→ pp. 58, 178]. There are other models too: besides Maj Carlstedt, we see the dancers Oda von Holten (born 1901–date of death unknown), Daisy Spies (1905–2000), and Sabine Ress (1904–1985), and, most significantly, the unnamed Black dancer at the centre of a series that Astfalck-Vietz later turned into an album, which today's viewers are bound to find disconcerting.[15] However, right from the start, the most important performer was the photographer herself.

In the pictures taken between 1927 and 1930, dance-inspired poses predominate, photographed to show her whole body rather than just the face, with the occasional close-up of the body, almost always with her hands visible. In a few cases, the photographs were shot outdoors: for example, the nude pictures of Astfalck-Vietz with a partner attempting to re-enact dance moves in a meadow. In general, though, hers is an interior style of photography, which, despite the interest in nudes and in certain poses, is a far cry from the photographic projects that evolved in the naturist context of Germany's *Freikörperkultur*, or so-called 'FKK', in which there is a programmatic connection between nude images and pictures of nature.[16]

Astfalck-Vietz's staged appearances in front of the camera were enacted in a milieu of decorative settings and drapery, often taking place in her flat, with the furnishings sometimes treated as a backdrop and sometimes neutralized with throws and curtains. It was against these backgrounds that she interacted with the camera, repeatedly appearing in nude poses or, in many cases, covered and veiled: here, various textiles were used, from historical costumes, evening dresses, fur coats, theatrical costumes, and veils to short shirts, which she integrated into the pose and occasionally supplemented with accessories and props. The interaction of body and costume, limbs and lengths of fabric, the pose and the fall of the folds, and, not least, physical and textile surfaces is one of the hallmarks of these photographs. Another is the tirelessness with which Astfalck-Vietz used her body to test all kinds of poses for their photogenic qualities—including stretching, rotating, folding, bending, and, most importantly, gestures in which the hands are exposed as the main element of the mise-en-scène.

The Expression of the Hands

There is no record of when Astfalck-Vietz began focusing on the mise-en-scène of hands in her photographic stagings. Although there is only a short period during which she was intensively engaged with photography, from 1927 at the latest the hands evidently figure as actors in numerous photographs—here, too, the hands we see are typically those of the photographer, who acts as model, scenographer, director, costume designer, and creator of the image. Hands have a prominent position in the picture, shown in expressive poses or arranged in a *pas de deux*. And sometimes a shot even features a single hand against a striking background—fur, brocade, or bare skin—that suggestively amplifies the gesture and pose [→ p. 44].

The way in which hands feature in the photography of the Weimar Republic has been examined in numerous publications, including in contexts associated with the magazine *October*. Drawing on ideas presented at the colloquium 'When Words Fail', Rosalind Krauss discusses the paradoxical prominence of writing hands in photographs by László Moholy-Nagy (1895–1946), El Lissitzky (1890–1941), Herbert Bayer (1900–1985), and Max Burchartz (1887–1961).[17] Jordan Troeller's article 'Lucia Moholy's Idle Hands' reflects upon the gendering of particular manual activities.[18] But while the one text deals with the agonistic relationship between writing and the (photographic) image and the other with the pronounced gender bias to be found in conceptions of art and work, the essays in *Tanz der Hände* (Dance of Hands), the 2014 catalogue accompanying the exhibition of the same name at Photoinstitut Bonartes in Vienna, show that the choreographic and expressive staging of hands also plays a major role in the media history of the motif.[19]

In the 1920s, the development of this media history already straddled photography and film: the first instalments in the widely acclaimed film cycle *Schaffende Hände* (Working Hands) were made between 1923 and 1926. In these works, the filmmaker Hans Cürlis (1889–1982) observes the hands of prominent artists not only engaged in creative work but also dancing at times.[20] In 1928, Norman Bel Geddes (1893–1958) produced a short film adaptation of the acclaimed choreography *Tanz der Hände* (Dance of Hands), which Tilly Losch (1903–1975) and Hedy Pfundmayr (1899–1965) had created for the 1927 Salzburg Festival in conjunction with Harald Kreutzberg (1902–1968). The 1927–28 avant-garde film *Hände* (Hands) by Stella F. Simon (1878–1973) and Miklós Bándy (1904–1971) dates from the same period. The film's long takes show hands performing actions in front of the

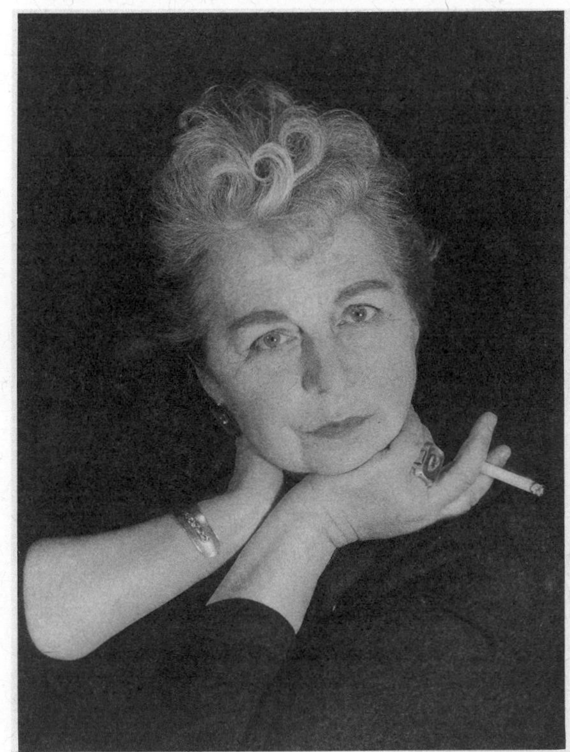

Marta Astfalck-Vietz, *Self-portrait*, 17 January 1956, Inv. BG-FS 059/91,281.

camera, where, moving individually, in pairs, or in formations, they tell a story of converging and detaching, based on the model of classical ballet. Less driven by narrative and decidedly choreographic in style is Charlotte Rudolph's 1928 photographic series *Mary Wigmans tanzende Hände* (Mary Wigman's Dancing Hands), which shows not only the hands of the dancer and choreographer, but also those of Wigman's students [→ p. 59]. And the pictures taken at the same time in the studios of Lotte Jacobi, Yva (1900–1942), Rudolf Koppitz (1884–1936), and E. O. Hoppé (1878–1972)—which were attended by prominent dancers of the Weimar Republic—demonstrate how imaginatively and effectively hands can be deployed, even in photographs.[21]

These are the kinds of pictures that Astfalck-Vietz used to orient herself in her photographic engagement with the motif of hands—initially in collaboration with other models, most notably Oda von Holten, whose appearance in front of Astfalck-Vietz's camera involves an astonishing series of folds and kinks [→ p. 60]. Then there are her photographic self-enactments, which, by approximating dance poses, almost always rehearse the staging of the hands, which are stretched out or bent, placed on shoulder or hip, rotated and splayed and put in other positions, yet always treated in such a way as to not vanish into the tableau but remain a salient element of the picture.

Wherever the mise-en-scène governs the entire motif, and thus claims our undivided attention, the forms it takes are once again expanded. This begins with the suggestively crossed fingers—Are they a code, a symbol?—to which the gaze is directed in one photograph from 1927 [→ p. 44]. And the iconography continues to ramify in the performances of praying, pleading, coquettishly draped hands, which are the focus in other photos. Working hands are likewise photographed, and sometimes also the hands of musicians as they tune or play their instruments; but unlike Cürlis, who turned 'working hands' into a fetish, Astfalck-Vietz concentrated on the expressive possibilities that her own hands developed in their interaction with pose, facial expression, costume, decorative setting, and occasional objects.

In some respects, this is photography as narcissism—with a great deal of awareness of effect, of mimetic desire, and a certain obsession with exploring the potentials that a person's body is capable of unfolding before the camera. As her photographic oeuvre demonstrates, Astfalck-Vietz was an intrepid performer, imitative in some respects, in others original. One of the most original features of her work is the space she gave to hands—a very prominent motif in dance photos and photographic performances—and the attention she paid to them, more so than any other photographer engaging with the mise-en-scène of the body during this period.

There is a postscript to all this, dating from 1956: a self-portrait of Marta Astfalck-Vietz, immaculately coiffed and meticulously dressed, a cigarette held between her right index and middle fingers, which becomes a prop for her self-enactment, in which gesture and facial expression, hand and face, body, demeanour, and pose combine in such a way that no one element is privileged [→ p. 67]. A skilful performance, at once supremely confident and with an atmosphere of melancholia: almost twenty-five years after a phase of intense photographic activity that was brought to an end long before its time.

1 On the handling of movement in the dance photography of the 1920s and 1930s, see Isa Wortelkamp, *Bilder von Bewegung: Tanzfotografie der Moderne* (Weimar, 2022), pp. 18–34; Tessa Jahn, Eike Wittrock, and Isa Wortelkamp (eds.), *Tanzfotografie: Historiografische Reflexionen der Moderne* (Bielefeld, 2016), pp. 12–14; Isa Wortelkamp, 'Blinde Flecken: Historiografische Perspektiven auf Tanzfotografie', in Jahn et al., *Tanzfotografie*, pp. 175–79.

2 Karl Blossfeldt, *Urformen der Kunst: Wundergarten der Natur*, 240 plates (1928; repr., Munich, 1994).

3 See Ernst Fuhrmann, *Die Pflanze als Lebewesen* (Frankfurt am Main, 1930).

4 Will Vesper, quoted in Stefanie Odenthal, 'Fred Koch: Naturfotografie der 1920/30er Jahre', in *Fred Koch: Naturfotografie der 1920/30er Jahre*, exh. cat. Alfred Ehrhardt Stiftung Berlin (Cologne, 2022), p. 102.

5 See Sabine Schereck, 'Fotografie in den 1920ern: Fred Koch und seine tanzenden Pflanzen', *tip*, 23 February 2022, https://www.tip-berlin.de/kultur/ausstellungen/fotografie-in-den-1920ern-fred-koch-und-seine-tanzenden-pflanzen/, accessed 1 December 2024. See also *Fred Koch* (see note 4).

6 Astfalck-Vietz's studio and archive were destroyed in November 1943 during an air raid on Berlin. In 1991, Janos Frecot wrote: 'Marta Astfalck-Vietz did not date her works. Most of the exhibits here were most likely produced between 1926 and 1932.' *Marta Astfalck-Vietz: Photographien 1922–1935*, exh. cat. Berlinische Galerie (Berlin, 1991), p. 97.

7 See Marta Astfalck-Vietz, quoted in the transcript of the recording for the SFB radio broadcast 'Fotografin Marta Astfalck-Vietz', which aired on 8 July 1991, pp. 5–6, Artist Dossiers, Photography Collection, Berlinische Galerie.

8 Bettina Brandl-Risi, Gabriele Brandstetter, and Stefanie Diekmann, 'Posing Problems: Eine Einleitung', in Bettina Brandl-Risi, Gabriele Brandstetter, and Stefanie Diekmann (eds.), *Hold It! Zur Pose zwischen Bild und Performance* (Bielefeld, 2012), p. 11.

9 See Christiane Kuhlmann and Charlotte Rudolph, *Tanzfotografie 1924–1939* (Göttingen, 2004).

10 Gabriele Brandstetter, 'Tanz und Fotografie – ein Dialog der Künste: Vera Skoronel und Charlotte Rudolph', in Brygida Ochaim and Julia Wallner (eds.), *Der absolute Tanz: Tänzerinnen der Weimarer Republik*, exh. cat. Georg Kolbe Museum Berlin (Berlin, 2021), pp. 158–67, esp. p. 166.

11 See Brygida Ochaim, 'Claire Bauroff, 1895–1984', in Ochaim and Wallner, *Der absolute Tanz* (see note 10), pp. 74–77, esp. p. 76.

12 Philippe Dubois, *Der fotografische Akt: Versuch über ein theoretisches Dispositiv* (Amsterdam and Dresden, 1998), p. 158.

13 Gabriele Brandstetter, 'Pose – Posa – Posing: Zwischen Bild und Bewegung', in Brandl-Risi, Brandstetter, and Diekmann, *Hold It!* (see note 8), pp. 41–51, esp. p. 47.

14 Roland Barthes, *Camera Lucida: Reflections on Photography*, trans. Richard Howard (New York, 1981), p. 10.

15 The photos are disconcerting because they reproduced racist stereotypes that existed at the time. On this, see Christopher A. Nixon's essay in the present volume, pp. 77–80.

16 On the close connection between photography and FKK naturism, see Ulf Erdmann Ziegler, *Nackt unter Nackten: Utopien der Nacktkultur 1906–1942* (Berlin, 1990). See also Inga Elsbeth Schwarz's essay in the present volume, pp. 153–58.

17 See Rosalind Krauss, 'When Words Fail', *October*, 22 (Autumn 1982), pp. 91–103.

18 See Jordan Troeller, 'Lucia Moholy's Idle Hands', *October*, 172 (Spring 2020), pp. 68–108.

19 See Monika Faber and Magdalena Vuković (eds.), *Tanz der Hände: Tilly Losch und Hedy Pfundmayr in Fotografien 1920–1935*, exh. cat. Photoinstitut Bonartes, Vienna (Vienna, 2013), pp. 6–26. The exhibition of the same name took place between 21 January and 23 May 2014 at the Photoinstitut Bonartes in Vienna.

20 See Hans Cürlis, *Schaffende Hände*, 1923–33. On the afterlife of this film project, see Kathrin Rottmann, Annette Urban, and Andreas Zeising (eds.), *Schaffende Hände: Medialisierungen von künstlerischer Arbeit* (Heidelberg, 2024).

21 A small selection of these photos is presented in the expanded edition of the exhibition *Tanz der Hände*, which opened at Das Verborgene Museum in Berlin in 2015 and can also be seen on the corresponding website, https://www.dasverborgenemuseum.de/ausstellungen/ausstellung/tanz-der-haende, accessed 1 December 2024.

Mimikry, Travestie und Othering in Berlins Twenties

Christopher A. Nixon

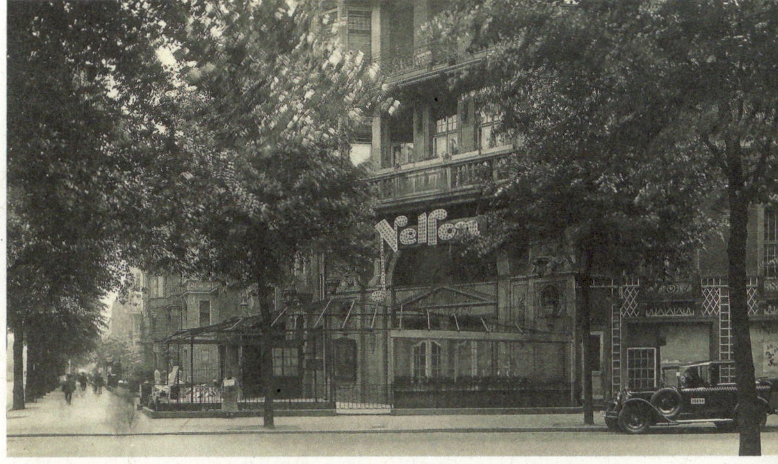

Nelson-Theater, Berlin, 1924, Ansichtspostkarte, Verlag Alt-Berlin (Inh. Ludwig Walter).

I

Am 31. Dezember 1925 betrat eine US-amerikanische Schwarze Sängerin im Erdgeschoss des prächtigen Gebäudes am Kurfürstendamm 217 in Berlin-Charlottenburg die Bühne des Nelson-Theaters [→ S. 71]. Es war die in St. Louis geborene, international bekannte und bis heute als Ikone angesehene Josephine Baker (1906–1975).[1] Die an diesem Abend aufgeführte Revue hatte bereits im Théâtre des Champs-Elysées in Paris ihre Premiere gefeiert und dort Aufsehen erregt. Schon lange hörte man in Frankreich Ragtime und den von US-amerikanischen Soldaten nach Europa gebrachten Jazz. Die Revue setzte sich aus einzelnen Varietènummern zusammen und umfasste Elemente eines Schwarzen Tanz-, Musik- und Unterhaltungstheaters, das sich in den USA seit den 1880er-Jahren entwickelt hatte. Obgleich mit dem 1865 verabschiedeten 13. Verfassungszusatz die Versklavung in den Vereinigten Staaten abgeschafft worden war, bestimmten auch nach dem Ende des Amerikanischen Bürgerkriegs die rassistischen Jim-Crow-Gesetze weiterhin Leben und Alltag von Afroamerikaner*innen.[2] Baker, die 1917 die tödlichen Ausschreitungen gegen die Schwarze Bevölkerung von East St. Louis miterlebt hatte,[3] nutzte die Chance, sich aus New York City, einem damaligen Zentrum des sogenannten Black Vaudeville, abwerben zu lassen, und reiste gemeinsam mit dem Revue-Ensemble nach Europa. In Paris und Berlin zeigte sie seit Mitte der 1920er-Jahre dem Publikum Tänze, die, wie sie genau wusste, ihren Ursprung in den Erfahrungen von versklavten Schwarzen Menschen auf den Südstaatenplantagen hatten.[4]

Das oben erwähnte Programm am Silvesterabend in Berlin beendete ein Auftritt Bakers mit dem Titel *Danse sauvage*. Sie trug bloß noch einen kurzen Federrock und tanzte mit ihrem Bühnenkollegen Joe Alex (1891–1948) eine choreografierte Einlage, die, so die Revue-Produktion, den Vorstellungswelten des Publikums entsprechen sollte.[5] Das Vaudeville schloss ohnehin an die US-amerikanische Minstrel-Show-Tradition an: *Weiße*[6] Schauspieler*innen »maskierten« sich mit Kostüm und Make-up im sogenannten Blackfacing und imitierten rassistische Stereotype, die Schwarze Menschen herabsetzten und diffamierten.[7] Auch das von Paul Colin (1892–1985) gestaltete französische Revue-Originalplakat, das die Physiognomie von Schwarzen Menschen grotesk überzeichnete, entsprach den kolonialpropagandistischen und rassistischen Bildregimen, die das Publikum etwa von Postkarten und Werbeanzeigen gut kannte. So also bekam das Publikum in Berlin, was es zu sehen begehrte: eine Fantasie von »Exotismus« und »Primitivismus«. Ressortchef Fred Hildenbrandt beschrieb Bakers Auftritt im *Berliner Tageblatt* infolgedessen mit Schlagworten wie »Wildheit«, »Naturkraft« und »Ursprünglichkeit«.[8]

In einem solchen Framing kannte das Publikum Schwarze Menschen bereits aus den sogenannten Völkerschauen, wie sie der Direktor des Hamburger Tierparks Carl Hagenbeck (1844–1913) auch im Zoologischen Garten Berlin aufführte. Die Erste Deutsche Kolonialausstellung in Berlin-Treptow präsentierte im Jahr 1896 Afrikaner*innen aus den deutschen Kolonien, die in nachgebauten Dorfkulissen dem Schaugenuss des Publikums dienten.[9] Die ethnologische »Unterhaltung« prägte den diskursiven Rahmen, in dem Bakers Auftritte stattfinden konnten. Die Autorin und Filmhistorikerin Terri Francis, die an der Ausstellung *Josephine Baker. Icon in Motion* in der Neuen Nationalgalerie mitwirkte, folgerte daraus: »Als Baker 1925 ihr Debüt als Live-Performerin gab, war sie die jüngste in einer langen Reihe von Schwarzen Entertainer*innen, die in Paris zu sehen waren. Ihre Auftritte spielten mit Fantasien über eine afrikanische weibliche Sexualität, ließen das Publikum vergessen, dass sie US-Amerikanerin war, und erfanden sie als *noire* neu – eine fiktive Ethnie, die dehnbar genug war, um eine Vielzahl von Vorstellungen in Bezug auf Afrikaner*innen einzuschließen, die sich in der Diaspora befanden.«[10]

Doch Bakers Inszenierungen und Maskierungen parodierten und untergruben dadurch auch die Erwartungen und Stereotype. Das prominente »Bananenröckchen«, in dem die Tänzerin etwa im Pariser Les Folies Bergère auftrat, ist beispielsweise eine offenkundig sexualisierte Zur-Schau-Stellung, durch die dem Publikum das eigene (Zu-)Schauen hätte fragwürdig werden müssen. Die parodistische »Mimikry«[11] Bakers stellt somit den Inszenierungsrahmen, in dem sie auftreten muss, stets auch bloß.

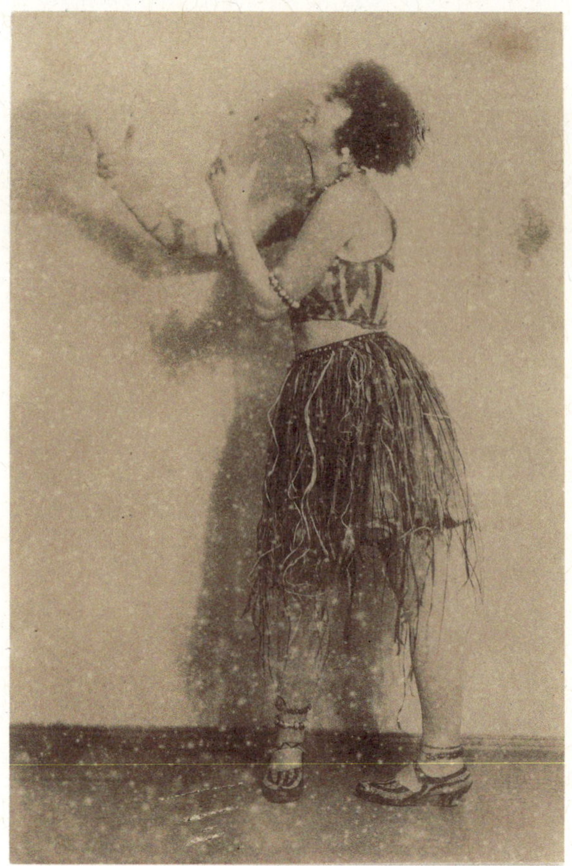

Marta Astfalck-Vietz, *Ohne Titel (Selbstporträt mit Kostüm)*, um 1927, Inv. BG-FS 059/91,290.

II

Auf zwei um 1927 entstandenen Fotografien, die sich heute in der Sammlung der Berlinischen Galerie befinden, inszeniert sich Marta Astfalck-Vietz in Selbstaufnahmen. Kostüm und Pose erinnern an Bakers Tanzaufführungen. Ob Astfalck-Vietz 1925/26 ein Gastspiel der Tänzerin und Sängerin in Berlin besucht hat, ist nicht bekannt. Die öffentliche Erregung über Bakers Auftritte dürfte sie aber sicherlich wahrgenommen haben.

Astfalck-Vietz trägt ein ärmelloses Top und einen Bastrock. Ihre fotografierten Posen wirken wie aus einem Tanz geschnittene Bewegungen, die die Kamera festgehalten hat. In einem Foto beugt sie sich nach vorn, während ihre Knie und Füße nach innen fallen [→ S. 35]. Ihre Hände streckt sie weit nach hinten. Sie trägt große Ohrringe und Armreifen um Handgelenk und Oberarme. In einem anderen Bild steht sie aufrecht im Profil. Die angewinkelten Arme streckt sie mit geöffneten Händen aus [→ S. 72]. In beiden Fotografien wirft sie ihren Kopf mit geöffnetem Mund leicht nach hinten in den Nacken. Augen und Gesichtsausdruck lassen mutmaßen, dass Astfalck-Vietz ganz in Tanz und Bewegung aufgeht. Paul Colins von Art déco und Kubismus beeinflusste Serie *Le Tumulte noir* (1927) enthält Lithografien, die Bakers Tanzfiguren stilisiert wiedergeben. Zweifelsfrei lässt sich eine Ähnlichkeit mit den von Astfalck-Vietz eingenommenen Posen erkennen: So waren das frenetische Schulterschütteln, die X-Beinstellung und die vorgebeugte Haltung auch Elemente des Shimmy genannten Tanzes.

Astfalck-Vietz zeigt sich auf den Fotos in einem antibürgerlichen Gestus als selbstbewusste »Neue Frau«, indem sie sich in eine freizügige Tänzerin und Doppelgängerin Bakers verwandelt. Diese Rollenspiele und Maskierungsspektakel waren seinerzeit durchaus üblich: Die Schwarze Tänzerin wurde selbst zu einem Kostümfest in die Neue Kunsthandlung in der Tauentzienstraße eingeladen. Alle Gäste sollten sich als »Schwarze« verkleiden und sie sollte die beste Maskerade prämieren.[12] In anderen Selbstbildern inszenierte sich Astfalck-Vietz um 1929 im Kimono und mutmaßlich als »Japanerin« oder »Asiatin« geschminkt [→ S. 35]. Diese Travestie in Form von Maskeraden und Verwandlungen, mit denen Europäer*innen ein scheinbar antibürgerliches Selbstbild inszenierten, ist eine unhinterfragte Übernahme von fremden kulturellen Ausdrucksformen, ohne ihre lange Überlieferungsgeschichte zu würdigen. Sie offenbart einen die Moderne grundsätzlich prägenden Widerspruch: Die künstlerische Faszination für das »Fremde« und die avantgardistische antibürgerliche Kunst- und Kulturkritik prägten selbst Prozesse von Aneignung und Othering (»Fremdmachung«), weshalb die Fundamente modernen bürgerlichen Lebens nie wirklich erschüttert werden konnten.

III

Am Werk von Astfalck-Vietz lässt sich exemplarisch zeigen, mit welchen Mitteln andere zu Fremden gemacht wurden. Ihrem Vater Reinhold Vietz widmete sie ein Album mit insgesamt 17 Fotografien, die um 1929 aufgenommen wurden und einen Schwarzen Tänzer zeigen. Astfalck-Vietz berichtete später, dass sie den Mann in einem Lokal in Berlin getroffen und zu den Atelieraufnahmen eingeladen habe.[13] Seinen Namen nannte sie nicht. Seine Identität ist bis heute unbekannt.[14] Ende der 1920er-Jahre lebten schätzungsweise 200 bis 250 Schwarze Menschen in Berlin.[15] Teils wurde den Kolonialmigrant*innen die Rückreise in ihre Heimat von den Mandatsmächten untersagt und sie strandeten in Deutschland. Viele von ihnen siedelten sich in den Großstädten Hamburg und Berlin an. Zu einem Treffpunkt wurde etwa das Café Wintergarten im Central-Hotel in der Friedrichstraße, wo sich Schwarze Darsteller*innen und Tänzer*innen vernetzten und Film- und Bühnenproduktionen nach ihnen suchten [→ S. 77]. In diesem Bereich arbeiteten mehr als die Hälfte der in Deutschland gebliebenen Kameruner*innen der ersten Generation.[16] Auch das Schwarze Modell in den Fotografien aus Astfalck-Vietz' oben genanntem Album könnte auf diese Weise seinen Lebensunterhalt auf dem schwierigen und restriktiven Arbeitsmarkt in Berlin bestritten haben.

In einem Interview bestätigte Astfalck-Vietz, dass sie bei diesen Atelierfotografien mit dem Hell-Dunkel-Kontrast gearbeitet habe und sie vor allem die Bewegungen interessierten: »Mich kann eine Bewegung im Schreiten eines Wesens [...] begeistern.«[17] Die 17 Fotografien aus dem Album lassen sich in unterschiedliche Gruppen einteilen. Einige zeigen das nahezu nackte Schwarze Modell in unkonventionellen tänzerischen oder akrobatischen Posen. In zwei Aufnahmen hat Astfalck-Vietz seine Hände am Rücken gefesselt. In einem anderen Foto wirft ein helles Licht die Silhouette des Tänzers auf eine weiße Wand. Die ganze Reihe entfaltet so eine skulpturale Wirkung. Ein Tuch ist um den Kopf des Tänzers geschlungen. Seine Augen sind geschlossen. Das Gesicht wirkt entspannt. Seine ganze Gestalt scheint nach innen gekehrt und in sich ruhend. Diese Innerlichkeit und Verletzlichkeit drückt sich auch in einer anderen Zusammenstellung von Fotografien aus, zu denen ebenfalls eine Profilansicht des Tänzers gehört, die seine weichen und nachdenklichen Gesichtszüge zeigt [→ S. 73]. Die Kamera rückt hier näher an das Modell heran; es hockt beziehungsweise kniet am Boden. Die Arme sind auf einem der Bilder verschränkt. In einem anderen wendet uns das Modell den

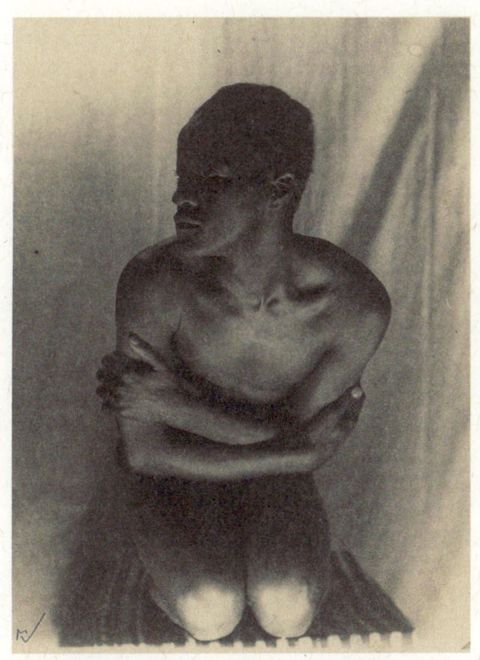

Marta Astfalck-Vietz, *Ohne Titel*, aus einem Album, gewidmet Reinhold Vietz, um 1929, Inv. BG-FS 059/91,228.

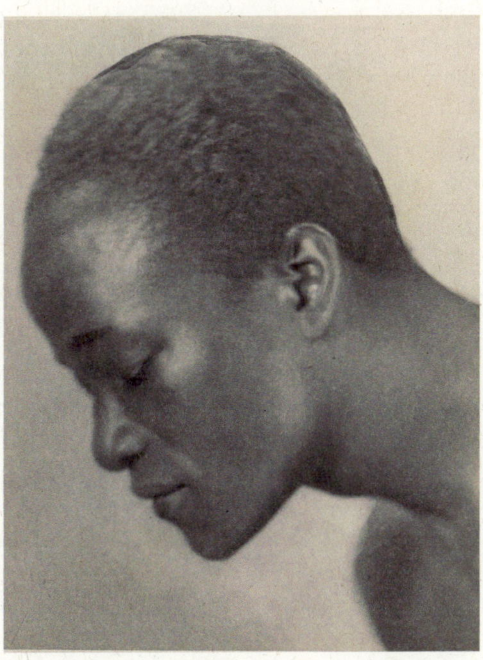

Inv. BG-FS 059/91,231.

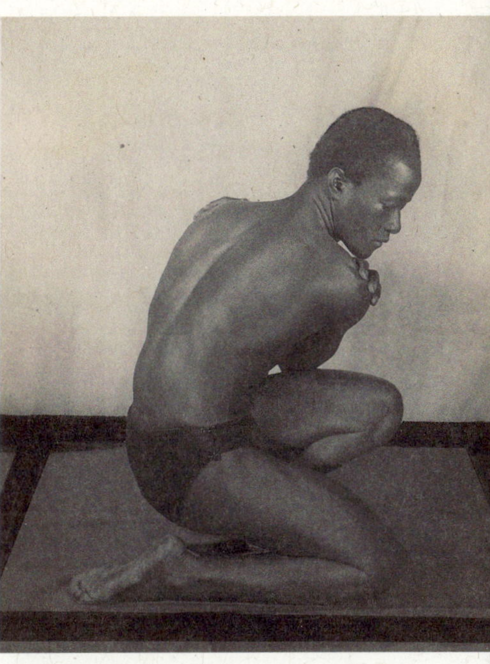

Inv. BG-FS 059/91,227.

Rücken zu. Die gesamte Körperhaltung ist geschlossen. Seine Blicke sind nach unten gerichtet. Hat der Tänzer die Anwesenheit der Kamera vergessen?

Während das Modell in diesen Fotos sich in den asymmetrischen Repräsentationsverhältnissen[18] dem von Astfalck-Vietz geführten Kameraobjektiv und auch unseren Blicken verschließt, zeigen die zuerst erwähnten Tanzfotografien ein – an Robert Mapplethorpe (1946–1989) erinnerndes – voyeuristisches Interesse am Schwarzen Körper und inszeniert überdies eine andere Gruppe von Fotografien deutlich koloniale Stereotype von Schwarzen Männern. Astfalck-Vietz arbeitet dabei mit Blickverhältnissen. Anschaulich wird dies in einem Foto, das das Schwarze Modell und eine *weiße* Frau zusammen zeigt, die ebenfalls extra von Astfalck-Vietz für das Shooting engagiert wurde [→ S. 79].[19] Das Schwarze Modell, das im Hell-Dunkel-Kontrast mit dem weißen Spitzenkleid der Frau beinah komplett entindividualisiert wird, hebt die linke Hand in die Höhe. Sie scheint bedrohlich zuzugreifen. Die Frau, die im rechten Arm des Schwarzen Modells liegt, spielt zugleich Zurückweisung (ihre Hände drücken den Mann weg) und Hingabe, was der sexuellen Fetischisierung von Schwarzen Männern als Objekt der Angst und Lust entspricht. Diese Ambivalenz wird auch deutlich, da sie ihr Gesicht mit einem ironischen Lächeln seitwärts abwendet und ihren Blick dennoch zugleich auf den Schwarzen Mann richtet. Ihre Blicke treffen sich. Die Hypersexualisierung von Schwarzen und nicht-*weißen* Menschen ist kolonialen und rassistischen Ursprungs und bestimmt bis heute, wie sie etwa im öffentlichen Raum wahrgenommen und in politischen Debatten geframt werden. Eine solche »Fremdmachung« vollziehen auch die Fotografien des Schwarzen Tänzers von Marta Astfalck-Vietz.

Während Bakers parodistische Mimikry Überlebensstrategie sein kann, ist die Travestie, die Astfalck-Vietz in ihren inszenierten Selbstaufnahmen und Maskeraden zeigt, lediglich eine unreflektierte Aneignung von nicht-europäischen kulturellen Ausdrucksformen. Auch das Album des Schwarzen Tänzers macht deutlich, dass Astfalck-Vietz in die kolonialen Prozesse von Aneignung und »Fremdmachung« verstrickt war, deren Aufarbeitung weitere Forschung notwendig macht.

1 2023 beschäftigte sich die Kunst- und Ausstellungshalle der Bundesrepublik Deutschland in Bonn mit Josephine Baker und ihrem Leben. Die Ausstellung trug den Titel *Josephine Baker. Freiheit – Gleichheit – Menschlichkeit*. 2024 folgte die Neue Nationalgalerie Berlin mit der Schau *Josephine Baker. Icon in Motion*, Anlass war das 100-jährige Jubiläum des ersten Aufenthalts der Künstlerin in Berlin. Vgl. zu Baker in Berlin Michael Wildt, »1926 – Josephine Baker und People of Color in Deutschland«, in: ders., *Zerborstene Zeit. Deutsche Geschichte 1918 bis 1945*, München 2022, S. 187–217.

2 Paris wurde vielen Schwarzen US-Amerikaner*innen eine Zufluchtsstätte, so etwa dem ehemaligen Piloten Eugene Bullard (1894–1961), der ab 1924 den Nachtclub Le Grand Duc in Montmartre betrieb und ihn zu einem wichtigen Ort des diasporischen Community-Building machte. Bullard beschäftigte dort etwa den Dichter und Bürgerrechtsaktivisten Langston Hughes (1901–1967), die Vaudeville-Tänzerin und Sängerin Ada Smith (1894–1984) und die Jazzsängerin Florence Emery Jones (1892–1932).

3 Vgl. Harper Barnes, *Never Been a Time. The 1917 Race Riot That Sparked the Civil Rights Movement*, New York 2008.

4 Vgl. etwa zum Cakewalk Brooke Baldwin, »The Cakewalk. A Study in Stereotype and Reality«, in: *Journal of Social History* 15, 1981, H. 2, S. 205–218.

5 Vgl. Susan Funkenstein, *Marking Modern Movement. Dance and Gender in the Visual Imagery of the Weimar Republic*, Ann Arbor 2020, S. 133–166, hier S. 137.

6 Schwarz ist eine Selbstbezeichnung von Menschen mit Rassismuserfahrungen und wird deshalb großgeschrieben. Um den strukturell privilegierteren Zugang zu gesellschaftlichen Ressourcen von *weißen* Menschen ohne Rassismuserfahrungen im Gegensatz zu Schwarzen Menschen und People of Color (POC) hervorzuheben, wird *weiß* kursiv gesetzt. Beide Begriffsverwendungen verstehen Hautfarbe als soziale Konstruktion.

7 Vgl. zur Geschichte des Blackfacing auch in Berlin Frederike Gerstner, *Inszenierte Inbesitznahme. Blackface und Minstrels in Berlin um 1900*, Stuttgart 2017.

8 Vgl. Wildt 2022 (wie Anm. 1), S. 187f.

9 Die in Zusammenarbeit mit dem Projekt Dekoloniale Erinnerungskultur in der Stadt überarbeitete und weiterentwickelte Dauerausstellung *zurückgeschaut / looking back* im Museum Treptow beschäftigt sich mit der Geschichte und den Folgen der *Ersten Deutschen Kolonialausstellung* in Berlin, die 1896 integraler Bestandteil der Berliner *Gewerbe-Ausstellung* war.

10 Terri Francis, »Embodied Fictions, Melancholy Migrations. Josephine Baker's Cinematic Celebrity«, in: *Josephine Baker. Icon in Motion*, hg. von Kandis Williams (Ausst.-Kat. Neue Nationalgalerie Berlin), Köln 2024, S. 8–38, hier S. 23 (Übers. des Autors).

11 Vgl. Homi K. Bhabha, *The Location of Culture*, London / New York 1994, S. 121–131. Der Begriff »Mimikry« bezeichnet in der Biologie eine Form der Nachahmung eines »Vorbildes« zum Zweck der Täuschung (Tarnung, Verbergung, Warnung). Die Anpassung an die Kolonisierenden durch die Kolonisierten gelingt nie ganz und destabilisiert und transformiert deshalb auch unbeabsichtigt koloniale Bedeutungszuschreibungen, weshalb Bhabha in der kolonialen Mimikry eine Form des passiven

Widerstandes sieht. Bei Baker ist der Übergang von der Mimikry zur aktiven Umgestaltung, die sich möglicherweise an ihrem »hybriden« Tanzstil erkennen lässt, in den 1920er-Jahren nicht leicht zu fassen. Deshalb betone ich hier das parodistische Moment ihrer Performances.

12 Vgl. Wildt 2022 (wie Anm. 1), S. 206f.

13 Vgl. Marta Astfalck-Vietz in: *»Standorte sind zum Verlassen da«. Video-Porträt der Photographin Marta Astfalck-Vietz. Jg. 1901,* Dokumentarfilm, Idee und Konzeption: Inken Dohrmann, Regie: Gerit von Leitner, DE 1992, 00:54:48, hier 00:28:00–00:28:15, Berlinische Galerie, Fotografische Sammlung, Künstler*innen Dossier.

14 Zur Situation von Schwarzen Menschen in Deutschland nach dem Ersten Weltkrieg und zur Machtübergabe an die Nationalsozialisten vgl. Robbie Aitken und Eve Rosenhaft, *Black Germany. The Making and Unmaking of a Diaspora Community, 1884–1960,* Cambridge 2013, S. 119–160.

15 Vgl. ebd., S. 123f. In ganz Deutschland lebten zu dieser Zeit etwa 2500 bis 3000 Schwarze Menschen; sie kamen aus den ehemaligen Kolonien des Deutschen Kaiserreichs, aus den USA und Mittelamerika, vgl. Wildt 2022 (wie Anm. 1), S. 202.

16 Vgl. Aitken / Rosenhaft 2013 (wie Anm. 14), S. 146.

17 Marta Astfalck-Vietz zit. nach *»Standorte sind zum Verlassen da«* 1992 (wie Anm. 13), 00:28:00–00:30:04.

18 Die Repräsentationsbedingungen sind an die gesellschaftlichen Positionierungen von allen im Produktions- und Rezeptionsvorgang beteiligten Akteur*innen geknüpft: den Fotograf*innen, Bildsubjekten (Fotografierten) und Betrachter*innen. Asymmetrisch sind sie, insofern die *weiße* Fotografin Astfalck-Vietz das Schwarze Modell fotografiert. So werden, wie sogleich ausgeführt wird, koloniale Stereotype im *weißen* Blick auf den Schwarzen Mann reproduziert. Zudem wird ihm die Möglichkeit genommen, seine Repräsentation im öffentlichen Bild selbst zu gestalten. Die musealen Kontexte, in denen diese Arbeit einem im Wesentlichen *weißen* Publikum präsentiert wird, müssten ebenfalls kritisch hinterfragt werden.

19 Interview mit Marta Astfalck-Vietz von Sabina Leßmann, 6. August 1993, Mitschnitt im Archiv der Akademie der Künste, Berlin, Inv. AVM-35 10163, AVM-35 10164, hier 00:22:30–00:24:50.

Mimicry, Travesty, and Othering in 1920s Berlin

Christopher A. Nixon

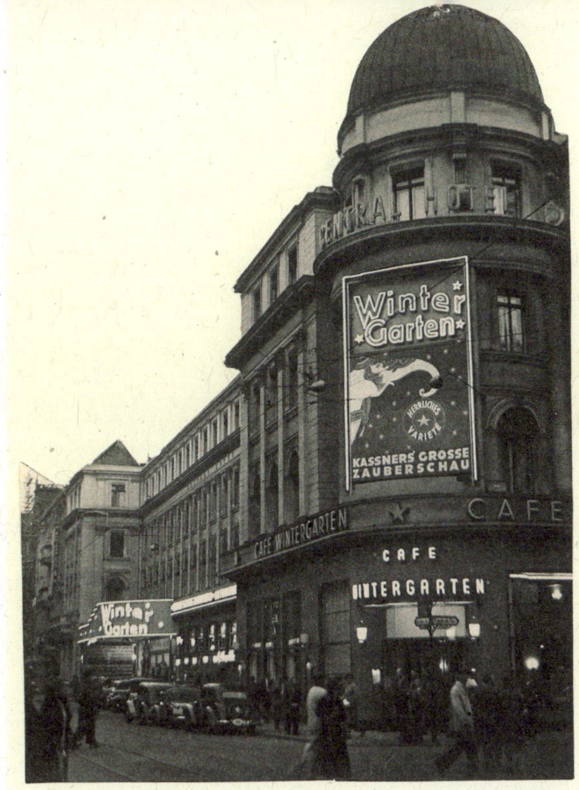

H. Mederer, Entrance to the Café Wintergarten in the Central Hotel, 1936, Stiftung Stadtmuseum Berlin Collection, SM 2012-3765.

I

On 31 December 1925, a Black American singer stepped onto the stage of the Nelson Theater on the ground floor of the magnificent building at Kurfürstendamm 217 in Berlin's Charlottenburg district [→ p. 71]. She was Josephine Baker (1906–1975), a native of St. Louis, who went on to achieve international renown and still has iconic status today.[1] The revue that was performed that evening had premiered at the Théâtre des Champs-Elysées in Paris, where it had caused a sensation. France had long been familiar with the sounds of ragtime and jazz, which had been brought to Europe by American GIs. The revue was made up of individual vaudeville acts and included elements of a Black theatre of dance, music, and entertainment that had been developing in the United States since the 1880s. Although the 13th Amendment to the US Constitution, which had been passed by Congress in 1865, abolished slavery in the United States, racist Jim Crow laws continued to determine the lives and day-to-day existence of African Americans even after the end of the Civil War.[2] Having witnessed the deadly riots targeting the Black population of East St. Louis in 1917, Baker took the opportunity to allow herself to be enticed away from New York City, then a centre of so-called Black Vaudeville, and travelled to Europe with the revue ensemble.[3] Starting in the mid-1920s, she performed for audiences in Paris and Berlin, showcasing dances that she knew had their origins in the experiences of enslaved Black people on the plantations of the South.[4]

The aforementioned New Year's Eve programme in Berlin closed with a performance by Baker titled *Danse sauvage* (Savage Dance). Clad in just a short feather skirt, she danced with her fellow performer Joe Alex (1891–1948), presenting a choreographed interlude that, according to the revue's producers, was intended to align with the audience's imagination.[5] Vaudeville was in any case associated with the minstrel show tradition in the United States: white actors would 'masquerade' as Black people[6]—putting on costumes and 'blackface' make-up and imitating racist stereotypes that were derogatory and defamatory.[7] The original poster designed by Paul Colin (1892–1985) for the French revue, with its grotesque exaggerations of Black physiognomy, was consistent with the racist visual regimes of colonial propaganda so familiar to the audience from postcards and advertisements. In other words, then, the Berlin audience was fed what it wanted to see: a fantasy of 'exoticism' and 'primitivism'. As a result, Fred Hildenbrandt, who ran the arts section of the *Berliner Tageblatt*, described Baker's performance using catchwords like 'savageness', 'force of nature', and 'primitiveness'.[8]

The public was already familiar with this kind of framing of Black people from the so-called *Völkerschauen* (ethnological exhibitions), which Carl Hagenbeck (1844–1913), director of the Hamburg Tierpark, also put on at the Berlin Zoological Garden. Staged in 1896 in the Treptow area of Berlin, the *First German Colonial Exhibition* presented Africans from the German colonies, served up as a spectacle for the viewing public in re-creations of village settings.[9] The ethnological 'entertainment' defined the discursive frame in which Baker's performances could take place. Author and film historian Terri Francis, who was involved in the exhibition *Josephine Baker: Icon in Motion* at the Neue Nationalgalerie, Berlin, drew the following conclusions from this: 'When Baker debuted as a live performer in 1925, she was the latest in a long line of Black entertainers who were featured in Paris. Her performances played to fantasies about African female sexuality, enticing audiences to forget that she was American and reinventing her as *noire*—a fictional ethnicity elastic enough to encompass a variety of perceptions of Africans variously located in the diaspora.'[10]

But Baker's stagings and masquerades also used this to parody and subvert expectations and stereotypes. The famous 'banana skirt' that the dancer appeared in at Les Folies Bergère in Paris, for example, created an overtly sexualized display that should have made members of the audience question their own way of looking and spectating. Baker's parodic 'mimicry' thus also consistently exposed the staging framing her performance.[11]

II

Two photographs taken around 1927, which are now in the collection of the Berlinische Galerie, show self-enactments by Marta Astfalck-Vietz. Her costumes and poses recall Baker's dance performances. There is no way of knowing whether Astfalck-Vietz attended one of the guest performances the dancer and singer gave in Berlin in 1925–26, but she must surely have been aware of the public uproar caused by Baker's performances.

Astfalck-Vietz is wearing a sleeveless top and a grass skirt. The poses she is photographed in look like snippets of movements from a dance that have been captured by the camera. In one photo, she is bending forward, with her knees and feet turned inwards [→ p. 35]. Her hands are extended, reaching back behind her. She is wearing large earrings, with bangles on her wrists and upper arms. In another picture, she is seen in profile standing upright. She stretches out her arms, bent at the elbow, with palms open [→ p. 72]. In both photographs, her head is thrown back a little with mouth open and neck arched. We can surmise from her eyes and facial expression that she is completely caught up in dance and movement. Paul Colin's series *Le tumulte noir* (The Black Craze, 1927), with its influences of Art Deco and Cubism, includes lithographs rendering Baker's dance figures in stylized form. A definite kinship can be identified with the poses adopted by Astfalck-Vietz: the frenetic shaking of the shoulders, the body bent forward, and the knees brought together were also elements of the 'shimmy' dance.

By transforming herself into a libertine dancer and Baker's doppelganger, Astfalck-Vietz presents herself in the photos as a self-assured 'New Woman' in an anti-bourgeois pose. These role plays and theatrical masquerades were quite common in Baker's time: for example, the Black dancer was invited to a costume party at the Neue Kunsthandlung gallery on Tauentzienstraße. All of the guests were to dress up as 'Blacks', and Baker would award a prize for the best masquerade.[12] In other self-portraits from around 1929, Astfalck-Vietz staged herself in a kimono, presumably made up as a 'Japanese' or 'Asian' woman [→ p. 35]. This travestying, in the form of masquerades and transformations, which Europeans used to enact an ostensibly anti-bourgeois self-image, is an unquestioned adoption of foreign forms of cultural expression, with no honour paid to their long history of transmission. It reveals a contradiction that is a core feature of modernism: the artistic fascination with the 'foreign' and the avant-garde, anti-bourgeois critiques of art and culture themselves influenced the processes of appropriation and othering ('alienation'), which is why the foundations of modern bourgeois life could never really be shaken.

III

Astfalck-Vietz's oeuvre exemplifies the methods of othering. She produced an album, dedicated to her father, Reinhold Vietz, that contained a total of seventeen photographs showing a Black dancer, taken in the period around 1929. Astfalck-Vietz later said that she had met the man at a bar in Berlin and invited him to take part in a studio photo shoot.[13] She did not refer to him by name, and to this day his identity remains unknown.[14] There were some 200 to 250 Black people living in Berlin in the late 1920s.[15] In some cases, the mandatory powers would not allow the colonial migrants to return home, leaving them stranded in Germany. Many of these individuals settled in the cities of Hamburg and Berlin. Places like the Wintergarten Café in the Central Hotel on Friedrichstraße became venues in which Black actors and dancers could meet and network, and where film and stage productions would seek them out [→ p. 77]. More than half of the first-generation Cameroonians who remained in Germany worked in this area.[16] The Black model in the photographs from Astfalck-Vietz's album might also have made a living in this way in Berlin's difficult and restrictive labour market.

Astfalck-Vietz stated in one interview that she had worked with the contrast between light and dark in these studio photos and was primarily interested in movement: 'I may be inspired by a movement in the step a person takes.'[17] The seventeen photographs in the album can be divided into different groups. Some show the almost naked Black model in unconventional dance poses or acrobatic positions. In two of the pictures, Astfalck-Vietz has tied the model's hands behind his back. In another photo, a bright light casts the dancer's silhouette onto a white wall. In this way, the whole series develops a sculptural effect. The dancer's head is wrapped in a cloth. His eyes are closed. His face looks relaxed. His whole person seems to be turned inward and at rest in itself. This interiority and vulnerability are also expressed in another collection of photographs, which likewise includes a profile view of the dancer, showing his gentle, thoughtful features [→ p. 73]. Here, the camera moves closer to the model, who is squatting or kneeling on the floor. In one of the pictures, his arms are crossed. In another, the model has his back turned to us. His entire physical posture is contained, closed off, with his eyes looking down. Has the dancer become oblivious to the camera's presence?

While the model in these pictures—caught in the asymmetrical relationships of representation[18]—shuts himself off from Astfalck-Vietz's camera and from our gaze, the dance photographs mentioned first show a voyeuristic interest in the Black body that evokes the work of Robert Mapplethorpe (1946–1989), while another group of photos stages stereotypes of Black men that are clearly colonial in nature. This is vividly apparent in a photo showing the Black model and a white woman, who was also taken on by Astfalck-Vietz for the shoot [→ p. 79].[19] The Black model, whose individuality is almost completely effaced by the light-dark contrast with the woman's white lace dress, has his left hand raised, in what seems like a threatening grabbing gesture. The woman, who is resting on the Black model's right arm, enacts both rejection (her hands push the man away) and surrender, consistent with the sexual fetishization of the Black man as an object of fear and desire. This ambiguity is also evident in the way she turns her face away to the side with an ironic smile, while at the same time directing her gaze at the Black man. Their eyes meet. The hyper-sexualization of Black and non-white people is colonial and racist in origin and continues to determine how they are perceived in public space and framed in political debates. Astfalck-Vietz's photos of the Black dancer also perform an 'othering' of this kind.

While Baker's parodic mimicry may be a survival strategy, the travestying evident in Astfalck-Vietz's masquerades, and in the staged photos she took of herself, is merely an unconsidered appropriation of non-European cultural forms of expression. The Black dancer album also makes it clear that Astfalck-Vietz was enmeshed in the colonial processes of appropriation and 'othering', the reappraisal of which requires further research.

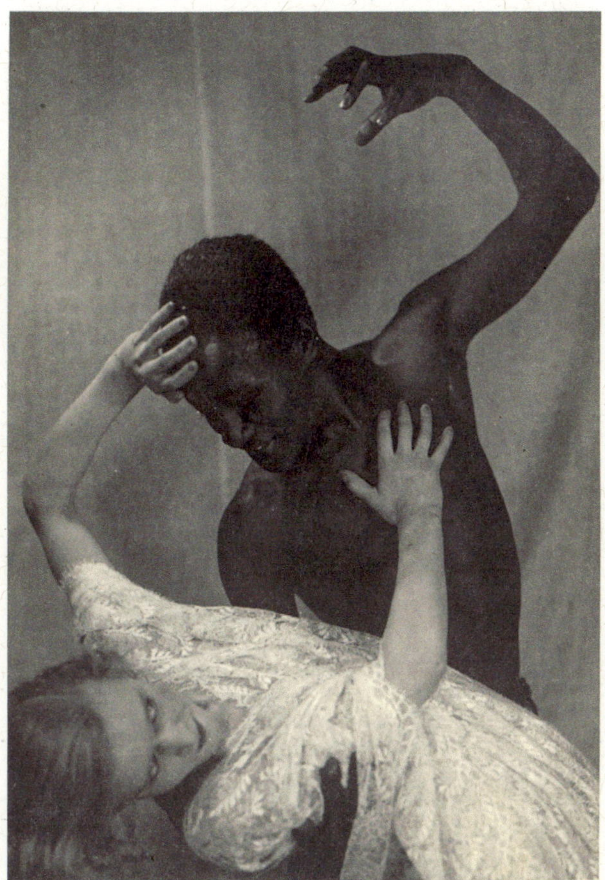

Marta Astfalck-Vietz, *Untitled*, from an album dedicated to Reinhold Vietz, c. 1929, Inv. BG-FS 059/91,221.

1 In 2023, the Art and Exhibition Hall of the Federal Republic of Germany in Bonn mounted a show about Josephine Baker and her life, titled *Josephine Baker: Freiheit – Gleichheit – Menschlichkeit* (Josephine Baker: Freedom – Equality – Humanity). This was followed in 2024 by the exhibition *Josephine Baker: Icon in Motion* at the Neue Nationalgalerie, Berlin, marking the centenary of the artist's first trip to Berlin. On Baker in Berlin, see Michael Wildt, '1926 – Josephine Baker und People of Color in Deutschland', in *Zerborstene Zeit: Deutsche Geschichte 1918 bis 1945* (Munich, 2022), pp. 187–217.

2 Paris became a haven for many African Americans, including the former pilot Eugene Bullard (1894–1961), who opened the Montmartre nightclub Le Grand Duc in 1924 and turned it into a focal point for diasporic community building. The names Bullard engaged there included the poet and civil rights activist Langston Hughes (1901–1967), the vaudeville dancer and singer Ada Smith (1894–1984), and the jazz singer Florence Emery Jones (1892–1932).

3 See Harper Barnes, *Never Been a Time: The 1917 Race Riot That Sparked the Civil Rights Movement* (New York, 2008).

4 On the cakewalk, see, for example, Brooke Baldwin, 'The Cakewalk: A Study in Stereotype and Reality', *Journal of Social History*, 15/2 (1981), pp. 205–18.

5 See Susan Funkenstein, *Marking Modern Movement: Dance and Gender in the Visual Imagery of the Weimar Republic* (Ann Arbor, MI, 2020), pp. 133–66, esp. p. 137.

6 Black is an endonym used by people with experiences of racism and is therefore capitalized: Black people and People of Colour (POC). In German, the term *weiß* (white), by contrast, is italicized to highlight the structurally privileged access to social resources enjoyed by white people without any experience of racism. In both cases, skin colour is regarded as a social construct.

7 On the history of blackface in Berlin, see Frederike Gerstner, *Inszenierte Inbesitznahme: Blackface und Minstrels in Berlin um 1900* (Stuttgart, 2017).

8 See Wildt, '1926 – Josephine Baker und People of Color in Deutschland' (see note 1), pp. 187–88.

9 Museum Treptow's permanent exhibition, *zurückgeschaut / looking back*, which has been reworked and refined in collaboration with the initiative Dekoloniale: Memory Culture in the City, engages with the history and consequences of the *First German Colonial Exhibition*, which was an integral part of the *Berlin Industrial Exposition* in 1896.

10 Terri Francis, 'Embodied Fictions, Melancholy Migrations: Josephine Baker's Cinematic Celebrity', in Kandis Williams (ed.), *Josephine Baker: Icon in Motion*, exh. cat. Neue Nationalgalerie, Berlin (Cologne, 2024), pp. 8–38, esp. p. 23.

11 See Homi K. Bhabha, *The Location of Culture* (London and New York, 1994), pp. 121–31. In biology, the term 'mimicry' denotes a way of imitating a 'model' for the purposes of deception (camouflage, concealment, warning). The colonized never quite manages to adapt to the colonizer and thus unintentionally destabilizes and transforms colonial ascriptions of meaning, leading Bhabha to view colonial mimicry as a form of passive resistance. Because the transition in Baker's work from mimicry to active reconfiguration in the 1920s—evident perhaps in her 'hybrid' dance style—is not easy to apprehend, I emphasize the parodic aspect of her performances here.

12 See Wildt, '1926 – Josephine Baker und People of Color in Deutschland' (see note 1), pp. 206–7.

13 See Marta Astfalck-Vietz, quoted in *'Standorte sind zum Verlassen da': Video-Porträt der Photographin Marta Astfalck-Vietz; Jg. 1901*, documentary film; idea and concept: Inken Dohrmann; director: Gerit von Leitner, DE, 1992, 00:54:48, esp. 00:28:00–00:28:15, Artist Dossiers, Photography Collection, Berlinische Galerie.

14 On the situation of Black people in Germany after World War I and the handover of power to the Nazis, see Robbie Aitken and Eve Rosenhaft, *Black Germany: The Making and Unmaking of a Diaspora Community, 1884–1960* (Cambridge, 2013), pp. 119–60.

15 See ibid., pp. 123–24. At that time, in the whole of Germany there were some 2,500 to 3,000 Black people living in the country, having come from the former colonies of the German Reich and from the US and Central America; see Wildt, '1926 – Josephine Baker und People of Color in Deutschland' (see note 1), p. 202.

16 See Aitken and Rosenhaft, *Black Germany* (see note 14), p. 146.

17 Marta Astfalck-Vietz, quoted in *'Standorte sind zum Verlassen da'* (see note 13), 00:28:00–00:30:04.

18 The conditions governing the act of representation are tied in with the social positioning of everyone involved in the process of production and reception: the photographers, the subjects (those photographed), and the viewers. There is an asymmetry at work inasmuch as Astfalck-Vietz, a white photographer, is photographing a Black model. As will be set forth in a moment, colonial stereotypes are thus reproduced in the white gaze trained on the Black man. In addition, the model is given no opportunity to construct the way he is represented in the public image himself. Critical scrutiny should also be applied to the museum contexts in which this work is presented to an essentially white audience.

19 Interview with Marta Astfalck-Vietz by Sabina Leßmann, 6 August 1993. Recording in the archives of the Akademie der Künste, Berlin, Inv. AVM-35 10163 and AVM-35 10164, esp. 00:22:30–00:24:50.

Marta und Heinz

Chronologie einer (Kunst-)Freundschaft

Birgit Schillak-Hammers

Kaum eine Publikation zu Marta Astfalck-Vietz kommt ohne die Erwähnung ihrer Zusammenarbeit mit Heinz Hajek-Halke (1898–1983) aus. Auch wenn ihre berufliche Partnerschaft lediglich einige Jahre währte, spielt diese immer wieder eine wesentliche Rolle in der Rezeption ihres Gesamtwerks. Fast scheint es, als bedürfe es der Legitimation ihrer Arbeit durch die Referenz eines bedeutenden männlichen Fotografen.

Marta Vietz und Heinz Hajek-Halke lernen sich zu Beginn der 1920er-Jahre im Umfeld der Berliner Unterrichtsanstalt des Kunstgewerbemuseums in der Prinz-Albrecht-Straße kennen. Während Marta 1925 ihre Ausbildung im Fotoatelier bei Lutz Kloss (Lebensdaten unbekannt) beginnt und im Anschluss selbstständig als Fotografin und Gebrauchsgrafikerin tätig ist, erlernt Heinz das Fotografieren größtenteils autodidaktisch, bevor er ab 1925 für die Agentur Presse-Photo arbeitet.[1] Mit der Eröffnung ihres eigenen Ateliers beginnt für Marta 1927 eine Zeit der engen und fruchtbaren Zusammenarbeit mit Heinz, der zuvor bei der Fotografin Yva (1900–1942) Erfahrungen mit der Montagetechnik sammeln konnte.[2] Es entstehen die »Combi-Phot.«-Aufnahmen, bei denen die Autor*innenschaft nicht getrennt wird: Idee, Konzeption sowie Realisierung werden von beiden gemeinsam betrieben.[3] Dabei experimentieren sie mit neuen technischen Verfahren wie der Mehrfachbelichtung, dem Übereinander-Kopieren von verschiedenen Negativen oder Schichtablösungen, bei denen mittels Flusssäure die Gelatineschicht auf ein anderes Negativ übertragen wird.[4] Meist ist Marta das Modell [→ S. 26]. Dass ihre gemeinsame Arbeit auch in der breiteren Öffentlichkeit durchaus wahrgenommen wird, belegt unter anderem die Tatsache, dass sie eine »riesige Reklame« zu Walter Ruttmanns (1887–1941) *Berlin – Die Sinfonie der Großstadt* anfertigen.[5]

Spätestens mit Beginn der 1930er-Jahre endet die berufliche Partnerschaft. Marta zieht sich – unter anderem aufgrund der politischen Ideologie der Nationalsozialisten – zunehmend aus der Fotografie zurück. Nach dem Krieg und der Zerstörung ihres Ateliers tritt sie kaum mehr als Fotografin in Erscheinung, sondern wendet sich hauptsächlich der Aquarellmalerei zu.[6] Heinz gelingt es hingegen, seine Tätigkeit als Fotograf nach 1945 weiterzuführen und sich erneut einen Namen zu machen. Um 1990 werden Martas noch erhaltene fotografische Arbeiten wiederentdeckt. Trotz ihres innovativen fotografischen Werkes ist ihr Name bis heute vor allem in Fachkreisen ein Begriff, während Heinz Hajek-Halke mittlerweile zu den Größen der deutschen Fotogeschichte gezählt wird.

Soweit ist die Geschichte hinlänglich bekannt. Die Rezeption ähnelt vielen anderen Beispielen, bei denen der Anteil der Frau am gemeinsamen Werk erst spät gewürdigt wird.[7] Grundlage ist meist das übliche Narrativ von einem gemeinsamen Geist, aus dem die Werke entstanden und einer in der Folge vermeintlich unmöglichen Unterscheidung der Werkanteile – mit dem Resultat, dass die Anerkennung am Ende mehrheitlich beim Mann verbleibt. Bei Heinz kommt hinzu, dass er im Gegensatz zu Marta selber für sein Vermächtnis sorgt, indem er die Verantwortung für seinen Nachlass bereits 1976 an den Fotografen Michael Ruetz (1940–2024) abgibt.[8]

Ein ähnliches Schicksal trifft auch Yva. 1926 kommt es zu einem Rechtsstreit über die Urheber*innenschaft zwischen ihr und Heinz, den sie für sich entscheiden kann.[9] Zahlreiche Fehler in den Zuschreibungen der Autor*innenschaft sowie Namensverwechslungen in verschiedenen Publikationen stiften in der Folge zusätzlich Verwirrung hinsichtlich der Zusammenarbeit von Heinz und Yva.[10] Während Yva jedoch im Zweiten Weltkrieg von den Nationalsozialisten ermordet wird, ist es Heinz, der – inzwischen gefeierter Fotograf – die Geschichte ihres Zerwürfnisses später aus seiner Sicht erzählen wird.[11] Yvas Variante bleibt indes ungehört.

Im Gegensatz dazu bekommt Marta Gelegenheit, ihre Version der Ereignisse zu schildern: Im Zuge ihrer Wiederentdeckung entsteht ein Video-Porträt, in dem sie in der Rückschau recht desillusioniert über ihr Verhältnis zu Heinz spricht.[12] Sie erzählt darin über die künstlerische Zusammenarbeit, aber auch darüber, was danach geschah. Sie hätte die Bilder in blindem Vertrauen weggegeben und nie ein Honorar bekommen, weil sie keinen direkten Kontakt zu Presse-Photo hatte. Als in der von 1927 bis 1938 erscheinenden Jahresschau *Das Deutsche Lichtbild* ein Foto nur unter Heinz Hajek-Halkes Namen erschienen sei, habe es ihr gereicht. Sie hält fest: »Er hätte es ohne mich nicht geschafft«, gesteht aber auch zu, dass er ihr viel Anregung gegeben habe und es für sie als Frau allein nicht machbar gewesen sei. Heinz habe sich ein Leben lang aushalten lassen, lautet ihr abschließendes Fazit.

Mit Erinnerungen ist das allerdings so eine Sache. Sie sind subjektiv, selektiv, von Gefühlen gelenkt und können insofern nicht als garantiert wahres Zeugnis gelten. Zudem sind sie gefärbt von gesellschaftlichen

Normen und Rollenzuschreibungen. So erwidert Heinz auf Martas Vorwurf, sich von ihm distanzieren zu müssen, nachdem sie ihn 1933 in einer SA-Uniform gesehen hätte, Marta habe keine Ahnung von Politik gehabt und die Uniformen verwechselt.[13] Damit bedient er wiederum die üblichen Klischees von männlich und weiblich konnotierten Interessen, zumal die Einträge aus den 1930er- und 1940er-Jahren im Gästebuch Martas diese Behauptung nicht bestätigen.[14] Sein Biograf Ruetz geht sogar noch weiter und spricht von einer »falschzüngigen Freundin«, die Heinz verleumdet habe, um sich »als Widerstandskämpferin zu profilieren«.[15] Ihren Namen nennt er dabei nicht.

Wie also nähert man sich dem persönlichen Verhältnis von Marta und Heinz jenseits des gemeinsamen künstlerischen Schaffens an? Offenbar unterschied es sich von dem zwischen Heinz und Yva. Ihre Beziehung beschränkte sich nicht nur auf die fotografische Zusammenarbeit, vielmehr verband die beiden eine jahrzehntelange Freundschaft mit Höhen und Tiefen, die durchaus Einfluss auf das jeweilige künstlerische Werk hatte. Hinweise geben vor allem die erhaltene Korrespondenz sowie Martas Gästebuch, in dem sich Einträge zahlreicher Größen der damaligen Zeit wiederfinden lassen.[16]

Die älteste erhaltene Korrespondenz zwischen Marta und Heinz stammt aus den frühen 1920er-Jahren. Bereits in diesen Briefen werden bestimmte Muster ihrer Beziehung deutlich, die sich über die Jahrzehnte durchziehen sollen. Es scheint, als sei Heinz sehr unzuverlässig gewesen. Auf einer Postkarte schreibt er bereits im Januar 1922: »Verzeihen Sie bitte die Schweigsamkeit, habe Sie nicht vergessen, sobald von meiner Reise zurück, lasse ich von mir hören!«[17] Ein Satz, den er in den nächsten Jahrzehnten noch sehr häufig wiederholen wird.[18] Das Verhältnis wird schnell vertraulicher. Während sie ihn eigentlich durchgehend Heini nennt – der Name, mit dem er auch im Gästebuch und seinen Briefen zeichnet –, nennt er Marta mit allerlei Kosenamen. Er nennt sie Tilde, Tilda oder Tildchen, auch Anreden wie »Vietzchen, mein Schnuckiputz« oder »liebe Astfalken« sind gang und gäbe. Nur wie man ihren Namen richtig schreibt, kann er sich offenbar nicht merken. Obwohl sie die falsche Schreibweise im Gästebuch sogar kommentiert, schreibt er ihren Namen zeitlebens immer wieder »Martha«.[19]

In den Anfängen scheint ihr Verhältnis noch von einer gewissen Hierarchie geprägt gewesen zu sein, wie die Verniedlichung ihres Namens suggeriert. In einer kurzen Notiz von 1923, die Heinz mit einer Zeichnung von Marta versieht, bezeichnet er sich als ihren »Chef« [→ S. 89].[20] Auch ein Foto, das Marta in seinem Arbeitsraum bei Presse-Photo 1926/27 zeigt, betitelt Heinz im Nachhinein mit »meine Mitarbeiterin Marta«, womit er ihrer Aussage widerspricht, sie habe nie Kontakt zu Presse-Photo gehabt [→ S. 82].[21] Spätestens mit der Zusammenarbeit in Martas eigenem Atelier ab 1927 wandelt sich das Verhältnis dann in eine enge Freundschaft auf Augenhöhe. Als Marta am 31. Oktober 1929 den Architekten Hellmuth Astfalck (1898–1974) heiratet, fungiert »Heini«

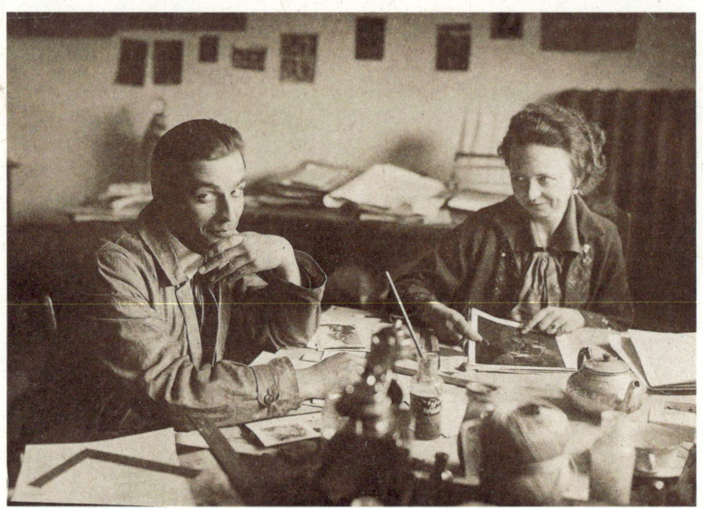

Unbekannte*r Fotograf*in, Heinz Hajek-Halke und Marta Astfalck-Vietz im Büro bei Presse-Photo, 1926/27.

sogar als Trauzeuge.[22] In Martas Wohnung ist Heinz ständiger Gast. Entsprechend findet sich sein erster Eintrag im Gästebuch direkt auf der ersten Seite anlässlich seines 29. Geburtstags.[23] In den folgenden Jahren schreibt er viel und regelmäßig in das Buch, zeichnet auch häufig dazu, ebenso wie Marta. Er reagiert spöttisch oder ironisch auf Einträge anderer und bekommt daraufhin entsprechende Gegenkommentare, meist von Marta.[24] Heinz' Sprache im Buch wie in den Briefen ist verspielt, blumig, voller Allegorien und Übertreibungen, manchmal wie ein kleiner Junge, den Marta immer wieder verbal einfangen muss.

An Martas Behauptung, Heinz hätte sich sein Leben lang aushalten lassen, scheint etwas dran gewesen zu sein. Über die Jahrzehnte bittet er seine Freundin immer wieder um Hilfe. Das bezieht sich mal auf Material: »Bitte hilf mir mit ein paar Platten aus«, mal darauf, dass Marta Arbeiten für ihn erledigen oder ihm etwas schicken soll.[25] Häufig klagt er auch über Geldmangel. Besonders gut lässt sich das aus den Briefen herauslesen, die er im Sommer 1929 von seiner Wanderung durch Schweden an sie schickt.[26] Am 11. Juli schreibt er zum Beispiel im Hinblick auf die »Verwöhnung« durch Marta: »Erstmal vielen herzlichen Dank. Ja, ich weiß einfach nicht, wo ich anfangen soll – für ›Pengar‹ ((das wirklich immer (auch eben wieder) im gegebenen Moment kommt)) für Optik, für Skizzenbücher, für Briefe und Ermahnungen – mit letzterem hast Du allerdings Pech, da ich keinerlei Narkotika mit auf schwedischen Boden nahm – Was sagst Du nun?«[27]

Im gleichen Brief kommt er auch auf fotografische Themen zu sprechen. Offenbar hatte Marta ihm zuvor Arbeitsproben zukommen lassen: »Vor allem muß ich Dir meine Hochachtung in Punkto ›Photomontagen‹ und Aufnahmen aussprechen, die sehr große Fortschritte sind, nach jeder Seite – war wirklich überrascht [...].«[28] Während Marta also produktiv ist und weiter an der Montagetechnik feilt, hadert Heinz mit seiner Profession: »Trotzdem werde ich mir wohl in Schweden eine neue Existenz gründen. Als Maler + Graphiker, habe es so im Gefühl, und die Möglichkeiten sind so viel größer ohne amerikanisches Rasetempo, ohne deutsches Geschäftsgebaren, ohne all die Widerwärtigkeiten die mir von Berlin her nur zu gut in Erinnerung sind – Meine Wohnung habe ich ja auflösen lassen.«[29] Und das, obwohl er sich noch im Vorfeld der Reise Vertriebsmöglichkeiten für seine Fotografien bei verschiedenen Agenturen gesichert hatte.[30] Entgegen seiner Ankündigung kehrt er aus Schweden zurück, doch mit Beginn der 1930er-Jahre endet die fotografische Zusammenarbeit mit Marta. Nicht aber ihre Freundschaft, auch wenn diese durch den Nationalsozialismus und den Zweiten Weltkrieg auf eine harte Probe gestellt wird. Im Gegensatz zu den Schilderungen Martas findet 1933 jedoch kein harter Bruch statt, vielmehr lässt sich von einem langsamen Ausschleichen sprechen. Nach einem gemeinsamen Silvester 1932/33 taucht Heini zwar in der Tat länger nicht im Gästebuch auf, verewigt sich aber Anfang 1934 wieder, bevor er sich im Februar an den Bodensee verabschiedet [→ S. 83].[31] In gelegentlichen Briefen berichtet er in der Folge von Aufträgen für Martas »geschickte Hand«, von seinen fotografischen Tätigkeiten am Bodensee, der Materialknappheit und von den Schwierigkeiten mit seiner Berliner Agentur.[32] Im August 1934 beklagt er, dass nur noch politische Propagandabilder gefragt seien und nicht seine »biologischen« Fotos. Von einem Verkauf ins Ausland verspricht er sich als Deutscher in diesen Zeiten nicht viel.[33] Im gleichen Brief reagiert er auf die politischen Themen, die Marta in ihrem Brief zuvor angesprochen haben muss: »Die angedeuteten pol. Ereignisse hören wir hier per Lautsprecher im Eigenheim und danken unserem Schöpfer, daß wir hier in unserer Einsamkeit sitzen. Viel dazu sagen läßt sich dazu nicht, nur ein tatkräftiges ›Nein‹! Ich bin jetzt Mitglied des Reichsverbandes der deutschen Presse und habe daraufhin gleich einen Artikel losgelassen in der ›Gebrauchsphotographie‹. Betrifft die Unzulänglichkeit moderner Kameras für den biologischen Photographen ›Immer feste druff‹.«[34] Zuvor reagiert er erneut auf Fotos, die Marta ihm geschickt hat, und berichtet umgekehrt detailliert, mit welchen technischen Mitteln er Makroaufnahmen von kleinsten Insekten oder sogar Schmetterlingseiern anzufertigen vermag, woraufhin er sie um ihre Meinung zu den mitgesandten Probeabzügen bittet [→ S. 84].[35] Zu diesem

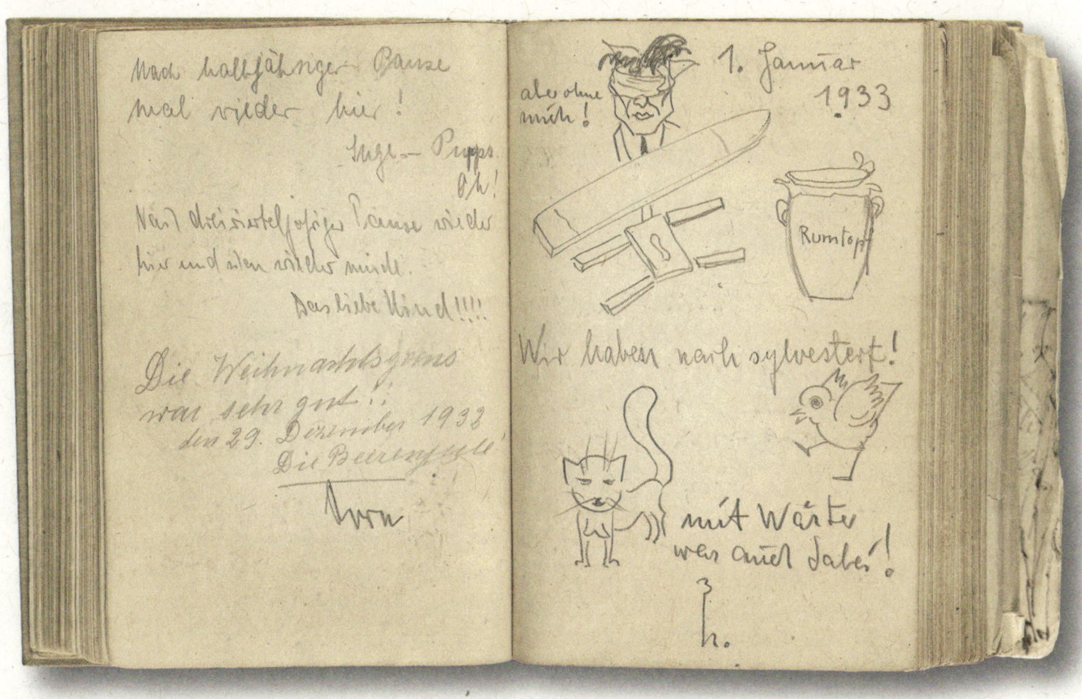

Heinz Hajek-Halke, Zeichnung im Gästebuch von Marta Astfalck-Vietz, 1. Januar 1933, Inv. BG-MAV 0117.

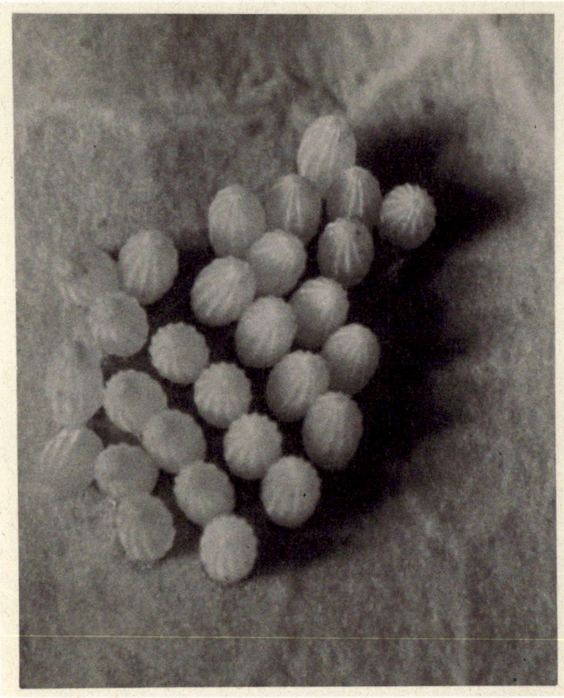

Heinz Hajek-Halke, *Ohne Titel (Eier des Kohlweißlings)*, um 1935, Inv. BG-FS 004/81,1151.

Zeitpunkt fotografierte Marta also offenbar noch aktiv und stand mit Heinz im regen Austausch über fotografische Fragen.[36]

Nach 1934 scheinen Marta und Heinz dann nur wenig Kontakt gepflegt zu haben.[37] Im Dezember 1939 bedankt sich Heinz, der am Westwall bei der Infanterie stationiert ist, in einem Brief bei Marta und Hellmuth für die Geburtstagsgrüße und die Geschenke – unter anderem Streichhölzer und Zigaretten –, die ihn pünktlich zu seinem Geburtstag am 1. Dezember erreicht hätten. Er spricht davon, dass sie ihn »aufgetrieben« haben und möchte mehr über ihr Schicksal erfahren: »Vielleicht gibt Martha ihrem Herzen einen Stoß, obwohl ich weiß, daß sie stets vor den Feiertagen alle Hände voll zu tun hat.«[38] Es scheint also doch vor allem mit Marta einen Disput gegeben zu haben. Dennoch berichtet sie in Briefen an Hellmuth 1944, dass sie Heinz' Adresse an Bekannte weitergibt, die zum Bodensee fahren.[39] Im April 1950 gibt Marta dann offenbar ihrem Herzen den von Heinz gewünschten Stoß und schreibt ihm, nachdem ihr Vater, Reinhold Vietz, einen Artikel von Heinz in der *Foto-Prisma* gesehen hat.[40] Insgesamt lässt der Ton nicht auf einen schwelenden Streit schließen. Sie lädt ihn sogar ein, eine Zeit lang bei ihnen zu wohnen und endet mit den Worten: »So Du alter Strolch, nun schreib aber auch, sonst veröffentliche ich die Seiten aus meinem Gästebuch.«[41]

Was genau zwischen Marta und Heinz in der Zeit vorgefallen ist, bleibt unvollständig und ist im Prinzip auch nicht relevant. Fest steht, dass der Verlust ihres Ateliers bei einem Bombenangriff 1943 ein harter Schlag für Marta gewesen sein muss. Sie berichtet, dass das Leben im zerstörten Berlin seitdem nicht leicht ist und es ihr und Hellmuth wirtschaftlich schlecht geht.[42] In der Nachkriegszeit stellt für sie, wie für viele andere Kunstschaffende, die große Materialknappheit das größte Problem dar. Besonders in der Korrespondenz mit ihrem Vater in Süddeutschland geht es häufig darum, wo man Filme und Kameras herbekommt. So helfen sie sich gegenseitig: Reinhold Vietz schickt seiner Tochter zum Beispiel Papier zum Entwickeln und sie erstellt Abzüge für ihn, weil dies auf dem Land schwierig ist und er keine Dunkelkammer hat.[43] Hinzu kommt, dass Deutschland in vier Zonen aufgeteilt ist, wodurch der Transport von Briefen, Gütern und Personen massiv erschwert wird. Trotzdem versucht Marta, wieder fotografisch zu arbeiten. Bereits 1947 bittet sie ihren Vater um eine neue Kamera – allerdings ohne Erfolg.[44] Entsprechend schreibt sie im April 1950 an Heinz: »Fotomässig bin ich leider immer noch auf meine Leica angewiesen, da die Anschaffung des gesamten Atelierinventars noch zu viel kostet, Dunkelkammer ist aber schon etwas weiter. Gerade erst vor ein paar Tagen machte ich für Helm sehr schwierige Innenaufnahmen einer Klinik, die er gebaut hat.«[45] Aber auch um die Entwicklung der Fotografie in Deutschland macht sie sich Gedanken und ist gut über das aktuelle Geschehen informiert:

»Wie sieht es denn mit dem Deutschen Lichtbild aus? Könnt Ihr das nicht wieder auf die Beine bringen? Wo ist Schulz? Köbner und Miketta sind wohl noch im alten Fahrwasser, soweit ich die Magazine besehe, ist nicht viel mit los. Schade. Deine ›Schreie‹ nach was neuem sind sehr richtig, aber sag selbst, wer kann denn nur dieses Material bezahlen? Geschweige denn experimentieren? Die schlechte Wirtschaftslage macht doch jeden Elan kurz und klein. Ausserdem hat die Kleinbildkamera den Probiersinn gelähmt. Da kommen nicht mal Zufallstreffer durch Doppelbelichtung zustande. [...] Die Kopierversuche des Dr. Stache finde ich nicht besonders, sie sind Raum-mässig nicht gut gelöst. Die Arbeiten der fotoform-Leute z. t. ja – Aber wenn ich unsere Arbeiten von vor 25 Jahren bedenke, haben wir damals schon gemacht. Deine Drahtplastick hat mich interessiert. Sehe Dich genau basteln. Und typisch ›Papier mit Brandlöchern‹. Ja, ja Bubusch, wie die Zeit vergeht.«[46]

Ihre Anmerkungen zu Heinz' Arbeiten beziehen sich vermutlich auf seinen bereits erwähnten Artikel in der *Foto-Prisma*. Unklar ist, ob sie zu diesem Zeitpunkt bereits weiß, dass sich Heinz 1949 auf Vermittlung von Toni Schneiders (1920–2006) der Gruppe foto-form, deren Arbeiten sie anerkennend erwähnt, angeschlossen hatte.[47] Nach dem Verlust seiner gesamten Fotoausrüstung klagt Heinz in seiner Antwort an Marta zwei Wochen später ebenfalls über die Materialknappheit.[48] Er schreibt über die Folgen des Krieges, den »grössten Zusammenbruch aller Zeiten [...] Hinzu kam, dass ich als ehem. böser Nazi mich in den ersten Jahren nach dem Krieg nur ›ehrenamtlich‹ betätigen durfte. Ferner wurde auch meine Foto-Ausrüstung ein Opfer grosser Zeit [...].«[49] Er spricht auch davon, dass er wirtschaftlich ruiniert worden sei, doch offenbar erholt er sich trotz allem ganz gut davon. Bereits ab 1946 kann er wieder arbeiten, ab 1948 publiziert er wieder eigene Artikel.[50] Fortan geht es steil bergauf. Marta hingegen konzentriert sich vor allem auf ihr soziales Engagement. Im November 1954 berichtet sie Heinz davon, dass sie seit einem Jahr mit körperlich beeinträchtigten Jugendlichen arbeitet. Außerdem male sie weiter eifrig und kümmere sich um ihren »kleinen Zoo«.[51] Künstlerisch konzentriert sie sich auf andere Gebiete, ihr Interesse an Fotografie ist aber ungebrochen. Sie verfolgt Heinz' Publikationen in den Zeitungen und gratuliert »zu dem verdienstvollen Preis aus England«.[52] Der Brief endet wie so oft mit einer Ermahnung: »So – nun schreibe aber auch mal wieder in den nächsten 10 Jahren. Vor allen Dingen die genaue Adresse.«[53]

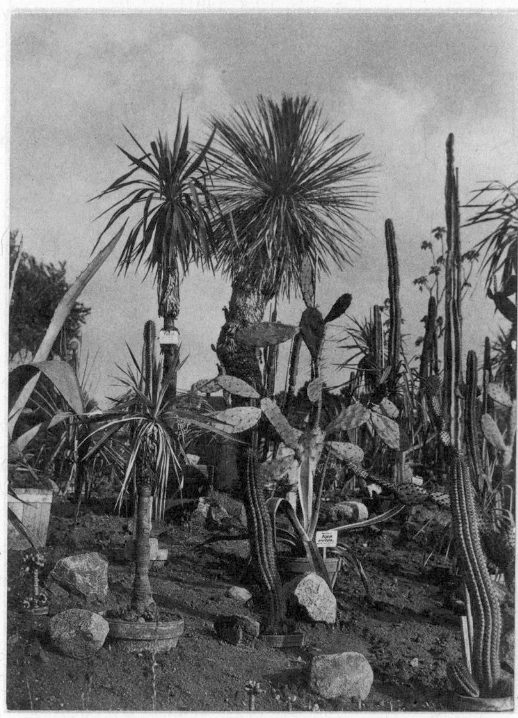

Heinz Hajek-Halke an Marta Astfalck-Vietz, Postkarte mit Kakteen und Palmlilien aus dem Botanischen Garten Berlin, 1970.

In den 1950er- und 1960er-Jahren scheinen beide eher sporadisch Kontakt gehabt zu haben.[54] Der viel zitierte Eintrag im Gästebuch am 5. Dezember 1954 bezieht sich offenbar auf ihr erstes Wiedersehen nach dem Krieg. Dort heißt es theatralisch: »Nach langen, schweren, mit Geduld ertragenen Leiden ... endlich Marta in die Arme gesunken Heini«.[55] Spätestens seit dem Ende der 1960er-Jahre stehen sie sich aber wieder deutlich näher. Mehrfach besuchen Heinz und seine zweite Frau Andrea die Astfalcks in Nienhagen, wo sie seit 1970 leben.

In dieser Zeit geht es in den Briefen weiterhin um ihr jeweiliges künstlerisches Schaffen, die Fotografie kommt dabei aber nur am Rande vor. Vielmehr konzentrieren sich Marta und Heinz nun noch intensiver auf ihr zweites großes gemeinsames Interesse: Pflanzen und Tiere. Es ist diese Leidenschaft für Botanik und Zoologie, die sie zeitlebens verbindet, fast noch inniger als die Fotografie es vermag. Fast in jedem Brief – seit den 1920er-Jahren – tauschen sie sich darüber aus und berichten einander vom Zustand ihrer botanischen und tierischen Lieblinge. Besonders Marta scheint ihre Wohnung bereits früh mit vielen Pflanzen ausgestattet zu haben, wie eine Zeichnung von Heinz im Gästebuch anlässlich ihres Umzuges im Oktober 1929 belegt [→ S. 90].[56] Dabei geht ihr jeweiliges Interesse weit über das Maß eines Hobbys hinaus. Während Heinz sich zum Beispiel nach dem Krieg mit dem Betrieb einer Kreuzotterfarm über Wasser hält, züchtet Marta Salukis, persische Windhunde.[57] Beide sammeln Pflanzen, insbesondere nichtheimische Arten wie Orchideen, und züchten diese. Mehrfach berichten sie, wie es den übersandten Ablegern, zum Beispiel von Wasserhyazinthen oder Aasblumen, ergeht.[58] Zudem schicken sie sich häufig Postkarten mit entsprechenden Motiven, beispielsweise aus dem Botanischen Garten Berlin oder von einem Garten in Marrakesch [→ S. 85, 91].[59] Dabei müssen ihre Ausführungen und Interessen immer vor dem Hintergrund des Zeitgeists gelesen werden. So ist es vor allem das Fremde und Außergewöhnliche, das sie reizt. Bei Heinz ist das Interesse für Insekten, Reptilien und Amphibien vielleicht auch durch seine Kindheit in Argentinien verstärkt.[60]

Sowohl bei Heinz als auch bei Marta schlägt sich ihre Begeisterung für das Sujet in ihrem jeweiligen Œuvre nieder. Ihr reger Austausch darüber befruchtet auch die künstlerische Arbeit. Marta zeichnet bereits früh florale Muster und verewigt diese auf Stoffen, mit denen sie sich auf zahlreichen Fotografien umhüllt.[61] Außerdem fertigt sie fotografische Stillleben mit Blumen [→ S. 109] an und bemalt Porzellan. Bekannt sind jedoch vor allem ihre Pflanzenaquarelle, die ihr späteres Werk prägen und die sie spätestens ab 1950 auch publiziert [→ S. 205].[62] Obwohl keine Pflanzenfotografien aus dieser Zeit überliefert sind, ist nicht ausgeschlossen, dass Marta insbesondere auf Reisen Fotografien anfertigte, um sie hinterher als Vorlagen für die Aquarelle zu benutzen. Im März 1964 berichtet sie ihrem Mann aus dem Tessin von den wunderbar »blühenden Mimosen und Kamelien vor schneebedeckten Bergen« und schreibt, dass sie davon unbedingt Fotos machen müsse.[63]

In seiner Zeit am Bodensee in den 1930er-Jahren konzentriert sich Heinz fast ausschließlich auf das Ablichten von Pflanzen und Kleinstlebewesen, die er akribisch mithilfe der Makrofotografie aufnimmt und vielfach publiziert [→ S. 92].[64] Im Juni 1934 schreibt er an Marta: »Ich arbeite wieder photographisch für die Presse, und zwar über die Firma Atlaphot, meist naturwissenschaftlich-biologische Serien, die mir sehr am Herzen liegen und mir gut gelungen sind. Der I. B. (Ill. Beob.) hat bereits eine Moosserie angekauft.«[65] Außerdem berichtet er von seltenen sowie einheimischen Pflanzen und Tieren, die er schon in seinem neuen Domizil am Bodensee beherbergt und die Marta begeistern würden, und beschreibt die Schwierigkeiten bei der fotografischen Erfassung selbiger.[66]

Zeitgleich residiert ganz in der Nähe Ernst Fuhrmann (1886–1956), der in den 1920er- und 1930er-Jahren die erfolgreiche Reihe *Die Welt der Pflanze* im Folkwang-Auriga-Verlag herausgibt, die mit Fotografien von Albert Renger-Patzsch (1897–1966) illustriert ist.[67] Auch wenn es keinen Nachweis darüber gibt, dass beide sich begegnet wären, wird Heinz die Publikationen mit Sicherheit gekannt haben. Denkbar ist auch eine Begegnung mit Carl Strüwe (1898–1988), der sich ebenfalls im weiteren Umfeld der Gruppe foto-form bewegt und bereits in den 1930er-Jahren mittels Mikrofotografie Aufnahmen kleinster Strukturen von Tieren und Pflanzen anfertigt.[68] An den Biografien von Renger, Strüwe oder eben auch Marta und Heinz zeigt sich zudem, dass der Zweite Weltkrieg nicht der harte Einschnitt in der Entwicklung der modernen Fotografie war, als der er in der Fotogeschichte lange gesehen wurde, sondern dass es durchaus Kontinuitäten über die 1930er- und 1940er-Jahre hinweg gab.

Ostern 1982 trägt sich Heinz ein letztes Mal in Martas Gästebuch ein: »Geliebte Tilde, 1000 Dank für die diesmaligen Hasen – Sei sehr herzlich umarmt Dein ›Heini‹.«[69] Kurz zuvor, im Oktober 1979, planen die beiden noch ein gemeinsames Buch. Marta schreibt: »Wir machen ein Buch ›Durch die Gotik gesehen‹!«, und Heinz erwidert darauf: »O.K. wir machen ein Buch! Basierend auf ›Vom Bazillus zum Affenmenschen!‹ Von uns die Fortsetzung! Die Gespräche mit Dir waren wohltuend. Dank 1000 Dank: Dein HHH.«[70]

Auch wenn diese Ankündigung von beiden wohl nicht ganz ernst gemeint ist – Marta ist zu dem Zeitpunkt 78 und Heinz 80 –, steht dieser Eintrag doch stellvertretend für ihren neckischen Umgang miteinander, den sie zeitlebens pflegen [→ S. 86]. Trotz aller Differenzen und Phasen der Unterbrechung bleibt der Ton, zumindest soweit man es aus den schriftlichen Zeugnissen herauslesen kann, stets freundschaftlich liebevoll und zeichnet ein anderes Bild als die zu Beginn zitierten Aussagen beider gegen Ende ihres Lebens. Eines gegen das andere abzuwägen wäre jedoch falsch, handelt es sich doch jeweils um subjektive und persönliche Perspektiven – seien sie zeitgenössisch oder retrospektiv –, die nicht die eine Wahrheit abbilden, sondern verschiedene Blickwinkel ermöglichen. Sicher muss dabei auch zwischen privatem und öffentlichem Leben unterschieden werden. Während die Interviews ihnen die Möglichkeit bieten, eventuelle Enttäuschungen oder Ungerechtigkeiten geradezurücken und gleichzeitig die eigene Position in der Geschichte der Fotografie zu behaupten, besitzen die Briefe einen intimen Charakter, der zumindest zum Zeitpunkt ihrer Entstehung nicht für die Öffentlichkeit gedacht war.

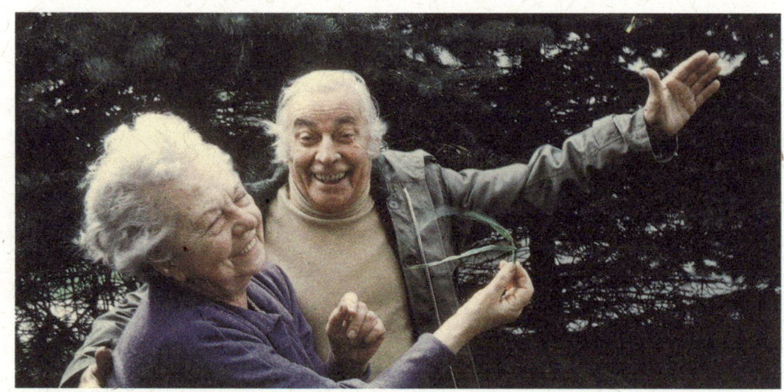

Unbekannte*r Fotograf*in, Marta Astfalck-Vietz und Heinz Hajek-Halke, Fotografie im Gästebuch von Marta Astfalck-Vietz, 3. September 1977, Inv. BG-MAV 0117.

1983 stirbt Heinz und damit endet auch diese außergewöhnliche Freundschaft, die in vielfältiger Hinsicht Einfluss auf ihr jeweiliges künstlerisches Werk hatte – oder um es mit Martas Worten zu sagen: »Eigener Kopf und eigenes Herz im ewigen Kampf.«[71]

1 Vgl. *Marta Astfalck-Vietz. Photographien 1922–1935,* hg. von Berlinische Galerie e. V., in Zusammenarbeit mit dem Museumspädagogischen Dienst Berlin (Ausst.-Kat. Berlinische Galerie), Berlin 1991, S. 87f.; Klaus Honnef, »Heinz Hajek-Halke«, in: *Heinz Hajek-Halke. Form aus Licht und Schatten,* Bd. 2, Göttingen 2005, S. 57–99, hier S. 69–71.

2 Vgl. *Marta Astfalck-Vietz* 1991 (wie Anm. 1), S. 88; Rainer Stamm, »Heinz Hajek-Halke. Spuren eines Lebenswerks«, in: *Hajek-Halke* 2005 (wie Anm. 1), S. 155–179, hier S. 157.

3 Vgl. Janos Frecot, »Zur Photographie von Marta Astfalck-Vietz«, in: *Marta Astfalck-Vietz* 1991 (wie Anm. 1), S. 4–10, hier S. 6–8; S. 87f.; Honnef 2005 (wie Anm. 1), S. 88. Zum Begriff der »Combi-Phot.«-Aufnahmen vgl. Stamm 2005 (wie Anm. 2), S. 160.

4 Zu den verschiedenen Techniken im Detail vgl. Franziska Kunze, *Der Stoff, aus dem die Bilder sind. Zur Materialität vor, in und hinter der Fotokamera von Marta Astfalck-Vietz* [Typoskript], Masterarbeit Humboldt-Universität zu Berlin, 2011, S. 46–50.

5 Vgl. *Marta Astfalck-Vietz* 1991 (wie Anm. 1), S. 88f.; Honnef 2005 (wie Anm. 1), S. 63; Rolf Italiaander, »Eine universelle Begabung. Marta Astfalck-Vietz«, in: *Marta Astfalck-Vietz* 1991 (wie Anm. 1), S. 12–16, hier S. 14.

6 Vgl. *Marta Astfalck-Vietz* 1991 (wie Anm. 1), S. 9; Kunze 2011 (wie Anm. 4), S. 24f. Zu den Schwierigkeiten für Fotografinnen in den 1940er-Jahren siehe *frauenobjektiv. Fotografinnen 1940 bis 1950,* hg. von Haus der Geschichte der Bundesrepublik Deutschland (Ausst.-Kat. Haus der Geschichte der Bundesrepublik Deutschland, Bonn), Köln 2001.

7 Zum Beispiel Lucia Moholy (1894–1989), Irene Bayer (1898–1991) oder Cami Stone (1892–1975). Vgl. dazu u. a. Rolf Sachsse, »Die Frau an seiner Seite. Irene Bayer und Lucia Moholy als Fotografinnen«, in: *Fotografieren hieß teilnehmen. Fotografinnen der Weimarer Republik,* hg. von Ute Eskildsen (Ausst.-Kat. Museum Folkwang), Essen 1994, S. 67–75.

8 Zwischen 1976 und 1978 entstanden mehrere Interviews mit Ruetz. Zudem stempelte Heinz nachträglich unzählige Abzüge. Vgl. Michael Ruetz, »Wer ist Hajek, wer ist Halke«, in: *Heinz Hajek-Halke. Der große Unbekannte. Photographien 1925–1965,* hg. von Michael Ruetz (Ausst.-Kat. Haus am Waldsee, Berlin), Göttingen 1997, S. 20–31, hier S. 31.

9 Vgl. *Yva. Photographien 1925–1938,* hg. von Marion Beckers und Elisabeth Moortgat (Ausst.-Kat. Das Verborgene Museum, Berlin / Suermondt-Ludwig Museum, Aachen / Fotomuseum im Münchner Stadtmuseum), Tübingen 2001, S. 38, 195; Honnef 2005 (wie Anm. 1), S. 87f.; Stamm 2005 (wie Anm. 2), S. 157f.

10 Vgl. Beckers / Moortgat 2001 (wie Anm. 9), S. 39; kritisch dazu Honnef 2005 (wie Anm. 1), S. 99, dort Anm. 34.

11 Vgl. Beckers/Moortgat 2001 (wie Anm. 9), S. 38, sowie eine Montage von 1927, siehe *Das Magazin* 4, September 1927, H. 37, S. 1393.

12 Vgl. *»Standorte sind zum Verlassen da«. Video-Porträt der Photographin Marta Astfalck-Vietz. Jg. 1901,* Dokumentarfilm, Idee und Konzeption: Inken Dohrmann, Regie: Gerit von Leitner, DE 1992, 00:54:48, Berlinische Galerie, Fotografische Sammlung, Künstler*innen Dossier.

13 Vgl. *Marta Astfalck-Vietz* 1991 (wie Anm. 1), S. 91; Honnef 2005 (wie Anm. 1), S. 64, 98f.

14 Das Gästebuch (1927–1982) befindet sich im Nachlass von Marta Astfalck-Vietz in der Berlinischen Galerie, Inv. BG-MAV 0117.

15 Michael Ruetz, »Berühmt und kaum bekannt: Heinz Hajek-Halke«, in: *Hajek-Halke* 2005 (wie Anm. 1), S. 9–20, hier S. 15.

16 Zur Bedeutung des Gästebuchs siehe u. a. *Marta Astfalck-Vietz* 1991 (wie Anm. 1), S. 90f.

17 Postkarte vom 4. Januar 1922, Inv. BG-MAV 563.

18 Vgl. u. a. Briefe vom 6. Juni 1929, Inv. BG-MAV 567; 3. Juni 1934, Inv. BG-MAV 574; 24. September 1953, Inv. BG-MAV 58.

19 Vgl. u. a. Gästebuch, 15. November 1928.

20 Vgl. Notiz von 1923, Inv. BG-MAV 565.

21 Vgl. zwei Fotografien in *Hajek-Halke* 2005 (wie Anm. 1), S. 23.

22 Vgl. Heiratsurkunde, Inv. BG-MAV 1240.

23 Gästebuch, 1. Dezember 1927.

24 Insbesondere Ende 1928.

25 Notiz, frühe 1920er-Jahre, Inv. BG-MAV 566. Später besorgt er ihr dann allerdings auch Material, siehe u. a. Postkarte vom 28. August 1975, Inv. BG-MAV 623.

26 Zur Wanderung vgl. Honnef 2005 (wie Anm. 1), S. 60.

27 Die Klammern entsprechen dem Original; *Pengar* ist schwedisch und bedeutet Geld, siehe Heinz' Brief vom 11. Juli 1929, Inv. BG-MAV 568. Die »Narkotika« spielen auf seine Drogenprobleme in den 1920er-Jahren an, siehe Honnef 2005 (wie Anm. 1), S. 60f.

28 Brief vom 11. Juli 1929, Inv. BG-MAV 568.

29 Ebd.

30 Vgl. Briefe der Redaktionen, abgedruckt in *Hajek-Halke* 2005 (wie Anm. 1), S. 50f.

31 Vgl. Gästebuch, 9. Februar 1934.

32 Postkarte vom 20. März 1934, Inv. BG-MAV 573; Briefe vom 3. Juni 1934, Inv. BG-MAV 574; 28. August 1934, Inv. BG-MAV 576.

33 Brief vom 28. August 1934, Inv. BG-MAV 576.

34 Ebd., vgl. auch Heinz Hajek-Halke, »Der Fototrick in der Bildreportage«, in: *Gebrauchsfotografie. Zeitschrift für die gesamte fachliche Fotografie und Bildberichterstattung, Organ der Gesellschaft Deutscher Lichtbildner* 41, 1934, H. 9, S. 167f.

35 Vgl. Brief vom 28. August 1934, Inv. BG-MAV 576. Vgl. die Aufnahme von Eiern eines Kohlweißlings, Inv. BG-FS 004/81,1151.

36 Vgl. Brief vom 28. August 1934, Inv. BG-MAV 576.

37 Vgl. den vermutlich letzten Eintrag von Heinz im Gästebuch am 16. Oktober 1936. Spätere Einträge sind möglich, nicht immer lassen sich die Autor*innen klar identifizieren.

38 Brief vom 7. Dezember 1939, Inv. BG-MAV 575.

39 Vgl. die Briefe von Marta an Hellmuth vom 20. Februar 1944, Inv. BG-MAV 1550; 7. März 1944, Inv. BG-MAV 1556.

40 Vgl. Heinz Hajek-Halke, »Licht-Bildnereien«, in: *Foto-Prisma* 1950, H. 1, S. 18.

41 Brief von Marta an Heinz vom 3. April 1950, Akademie der Künste, Berlin, Inv. Hajek-Halke 499.

42 Vgl. *Marta Astfalck-Vietz* 1991 (wie Anm. 1), S. 90; Brief von Marta an Heinz vom 3. April 1950, Akademie der Künste, Berlin, Inv. Hajek-Halke 499.

43 Vgl. Korrespondenz zwischen Marta und Reinhold Vietz 1944–1958, Inv. BG-MAV 0911-1029.
44 Vgl. Brief von Reinhold Vietz an Marta vom 3. August 1947, Inv. BG-MAV 948.
45 Brief von Marta an Heinz vom 3. April 1950, Akademie der Künste, Berlin, Inv. Hajek-Halke 499.
46 Ebd. Zur Funktion der Drahtplastiken siehe Honnef 2005 (wie Anm. 1), S. 96f.
47 Vgl. »Biographie«, in: *Hajek-Halke* 2005 (wie Anm. 1), S. 185.
48 Vgl. Brief vom 17. April 1950, Akademie der Künste, Berlin, Inv. Hajek-Halke 499; Abschrift im Nachlass von Astfalck-Vietz, Inv. BG-MAV 578. Bereits Klaus Honnef verweist auf diese Kontaktaufnahme vor 1954, siehe Honnef 2005 (wie Anm. 1), S. 64f.
49 Brief vom 17. April 1950, Akademie der Künste, Berlin, Inv. Hajek-Halke 499.
50 Vgl. Rainer Stamm, »Texte von Heinz Hajek-Halke. Eine Bibliographie von Rainer Stamm«, in: *Hajek-Halke* 2005 (wie Anm. 1), S. 186f., hier S. 187.
51 Brief von Marta an Heinz vom 27. November 1954, Akademie der Künste, Berlin, Inv. Hajek-Halke 499.
52 Ebd.
53 Ebd.
54 Vgl. u. a. die Briefe vom 24. September 1953, Inv. BG-MAV 581, und vom 30. Dezember 1955, Inv. BG-MAV 580, daneben Einträge im Gästebuch am 28. Februar 1958 zu Hellmuths 60. Geburtstag, am 21. Juli 1960, am 28. Januar 1961 oder 21. November 1969.
55 Gästebuch, 5. Dezember 1954.
56 Vgl. Gästebuch, Ende Oktober 1929.
57 Vater Vietz berichtet sie bereits 1945 von ihrer »Hundetochter«, vgl. Brief von Marta an Reinhold Vietz vom 28. März 1945.
58 Vgl. u. a. die Briefe vom 9. August 1947, Inv. BG-MAV 619 und vom 15. August 1975, Inv. BG-MAV 622. Marta stand in Kontakt mit Karl Foerster; eine Orchidee und eine Dahlie wurden nach ihr benannt, siehe Italiaander 1991 (wie Anm. 5), S. 15; *Marta Astfalck-Vietz* 1991 (wie Anm. 1), S. 89–91.
59 Vgl. die Postkarten von Heinz an Marta von 1970, Inv. BG-MAV 584, vom 8. Dezember 1976, Inv. BG-MAV 625, und vom 27. September 1980, Inv. BG-MAV 632.
60 Vgl. Ruetz 1997 (wie Anm. 8), S. 21.
61 Vgl. *Marta Astfalck-Vietz* 1991 (wie Anm. 1), S. 87; zum Thema des Stoffes in ihren Fotografien siehe Kunze 2011 (wie Anm. 4), S. 30–45; siehe auch den Beitrag von Stefanie Diekmann im vorliegenden Band, S. 55–62.
62 Heinz berichtet vom Aquarell einer Iris, das er in einem Kalender gesehen hat, vgl. seinen Brief vom 17. April 1950, Akademie der Künste, Berlin, Inv. Hajek-Halke 499.
63 Brief von Marta an Hellmuth vom 12. März 1964, Inv. BG-MAV 1559–1563.
64 Vgl. Stamm 2005 (wie Anm. 2), S. 173f.; für Beispiele siehe die Bildstrecke in *Hajek-Halke* 2005 (wie Anm. 1), S. 118–127.
65 Brief vom 3. Juni 1934, Inv. BG-MAV 574.
66 Vgl. ebd.
67 Vgl. Stamm 2005 (wie Anm. 2), S. 172, sowie Rainer Stamm, »Vom imaginären Weltkunst-Museum zur Neuen Sachlichkeit. Folkwang-Verlag. Auriga-Verlag. Folkwang-Auriga Verlag«, in: *Autopsie. Deutschsprachige Fotobücher 1918 bis 1945*, Bd. 1, hg. von Manfred Heiting und Roland Jaeger, Göttingen 2012, S. 82–97.
68 Vgl. Carl Strüwe, *Formen des Mikrokosmos. Gestalt und Gestaltung einer Bilderwelt,* München 1955. Zu Strüwe und seiner Verbindung zu foto-form vgl. Birgit Schillak-Hammers, »Später Ruhm eines Pioniers. Carl Strüwe und die Fotografie der 1950er Jahre«, in: *Fotogeschichte* 43, 2023, H. 169, S. 6–15, hier S. 7f. Strüwe veröffentlichte u. a. wie Heinz im Juniheft 1935 der Zeitschrift *Gebrauchsfotografie*.
69 Gästebuch, zwischen dem 9. und 12. April 1982.
70 Gästebuch, 19. bis 22. Oktober 1979.
71 Brief von Marta an Hellmuth vom 7. März 1944, Inv. BG-MAV 1556.

Marta and Heinz

Chronology of an (Art Lovers') Friendship

Birgit Schillak-Hammers

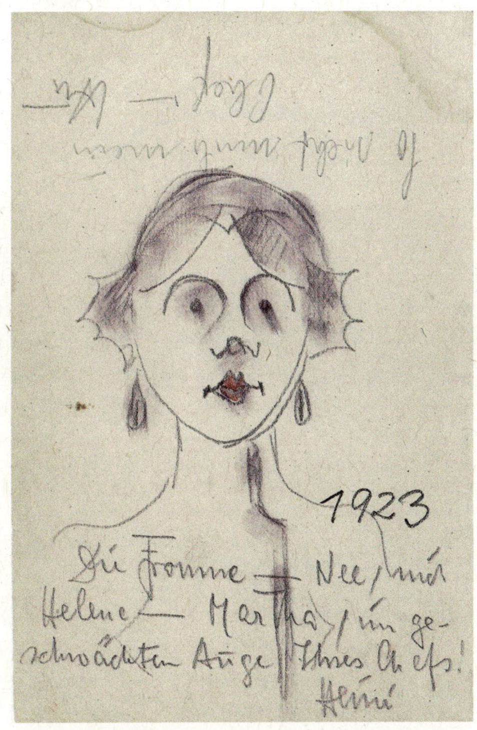

Heinz Hajek-Halke, Portrait sketch of Marta Astfalck-Vietz, 1923, Inv. BG-MAV 565.

Almost every publication about Marta Astfalck-Vietz ends up mentioning her collaboration with Heinz Hajek-Halke (1898–1983). Even though their professional partnership lasted only a few years, it consistently plays a significant role in the reception of her oeuvre. Indeed, it almost seems as if reference to an important male photographer has been required to legitimize her work.

Marta Vietz and Heinz Hajek-Halke met in the early 1920s in the milieu of the teaching institute of the Kunstgewerbemuseum (Museum of Decorative Arts) on Prinz-Albrecht-Straße in Berlin. While Marta began her training in 1925 in the photography studio of Lutz Kloss (biographical data unknown), and then worked as a freelance photographer and commercial artist, most of what Heinz learned about photography he had taught himself prior to 1925 while working for the Presse-Photo agency.[1] Marta's launch of her own studio in 1927 marked the beginning of a period of close and productive collaboration with Heinz, who had gained experience in montage prior to this with the photographer Yva (1900–1942).[2] This gave rise to the 'Combi-Phot.' pictures, which Marta and Heinz co-authored, jointly coming up with the idea and conceptual design, before realizing these pieces together.[3] Here, they experimented with new technical methods like multiple exposures, copying one negative on top of another, and delamination, which involved the use of hydrofluoric acid to transfer the gelatin layer from one negative to another.[4] Marta was the model in most cases [→ p. 26]. Their work together did not go unnoticed, as is evident from the fact that they produced a 'huge advertisement' promoting the film *Berlin: Die Sinfonie der Großstadt* (Berlin: Symphony of a Metropolis),[5] directed by Walter Ruttmann (1887–1941).

However, their professional partnership tapered off by the early 1930s. Marta stepped back from photography more and more, partly because of the Nazis' political ideology. After the war and the destruction of her studio, she did not figure as a photographer much any more, but instead turned watercolours into her main focus.[6] Heinz, meanwhile, managed to continue his work as a photographer after 1945 and was able to make a new name for himself. Marta's extant photos were rediscovered around 1990. Despite her innovative photographic oeuvre, her reputation is still mainly restricted to specialist circles, whereas Heinz Hajek-Halke is now regarded as a major figure in the history of German photography.

This much of the story is reasonably well known. There are many other examples of a similar kind of reception, where a woman's share in joint work is only appreciated at a late stage.[7] This is typically based on the standard narrative of the works emerging from a shared spirit, supposedly making it impossible to distinguish who did what. The upshot of this is that the man ultimately takes the credit in most cases. Moreover, unlike Marta, Heinz shaped his own legacy by ceding responsibility for his estate to the photographer Michael Ruetz (1940–2024) back in 1976.[8]

A similar fate befell Yva too. In 1926, there was an authorship dispute between her and Heinz, which she was able to resolve in her favour.[9] Numerous errors in the crediting of authorship and mix-ups with names in various publications later added to the confusion about Heinz and Yva's work together.[10] However, Yva was murdered by the Nazis during World War II, and it was Heinz who—having become a celebrated photographer in the meantime—would subsequently paint a picture of the rift between them from his point of view.[11] Yva's side of the story, though, was never heard.

Marta, by contrast, had an opportunity to present her version of events. A video portrait was made of her during the period in which her work was being rediscovered: in it, she speaks with a real sense of disenchantment about her relationship with Heinz, reflecting on their artistic collaboration and about what happened afterwards.[12] She says that she blindly gave away her pictures on trust and never received a fee for them, because she had no direct contact with Presse-Photo. When a photograph appeared in the annual review *Das Deutsche Lichtbild*—which was published from 1927 to 1938—credited to Heinz Hajek-Halke's name alone, that was the last straw. She went on record as saying that 'he wouldn't have made it without me', but also conceded that he provided her with a great deal of inspiration and that she would not have managed what she did as a woman acting alone. Her final take on it was that Heinz was a kept man throughout his life.

But the thing about memories is that they are subjective, selective, controlled by feelings, and thus there can be no guarantee of their veracity as testimony. They are also influenced by social norms and the ascription of roles. In response to Marta's accusation that she had to distance herself from him after seeing him in a Brownshirt uniform in 1933, Heinz retorted that Marta had no idea about politics and had mixed up the uniforms.[13] Here, he once again made use of the usual clichés about male- and female-connoted interests, especially since the entries in Marta's visitors' book from the 1930s and 1940s do not bear out this claim.[14] His biographer Ruetz goes even further and speaks of a 'false-hearted female friend' who vilified Heinz in order to 'make a name for herself as a member of the resistance'.[15] He makes no mention of Marta's name here.

So what is the best approach to take to Marta and Heinz's personal relationship outside of the artistic work they created together? It was manifestly different from Heinz's relationship with Yva and was not limited to their photographic collaboration; they were connected by a friendship that lasted for decades—with ups and downs—and had a definite influence on their individual artistic work. Clues to this can be found in the surviving correspondence and in Marta's visitors' book, which includes the names of many of the major figures of the time.[16]

The oldest extant correspondence between Marta and Heinz dates from the early 1920s. These letters are an early indicator of certain pervasive relationship patterns that would abide through the decades. Heinz seems to have been extremely unreliable. Back in January 1922, he wrote a postcard with the words: 'Please forgive my silence, I haven't forgotten you. You'll hear from me as soon as I return from my trip!'[17] This is a sentence that he would repeat a great many times over the next decades.[18] The relationship soon became more intimate. While she consistently called him Heini—which is also how he signed his letters and it was the name he put in the visitors' book—he had all sorts of pet names for Marta. He called her Tilde, Tilda, or Tildchen, and would often address her as 'Vietzchen, my sweetie pie' or 'dear Astfalken'. But he evidently couldn't get the proper spelling of her name into his head and continued throughout his life to write her name as 'Martha', even though she commented on the error in the visitors' book.[19]

The early stages of their relationship seem to have been characterized by a certain hierarchy, as is suggested by the cutesy forms of her name he used. In a short note from 1923, which Heinz furnished with a drawing of Marta, he refers to himself as her boss [→ p. 89].[20] There is even a 1926–27 photo showing Marta in the room where Heinz worked at Presse-Photo, which he retrospectively titled 'My colleague Marta', contradicting Marta's statement that she never had any contact with Presse-Photo [→ p. 82].[21] By 1927, when they started working together in Marta's own

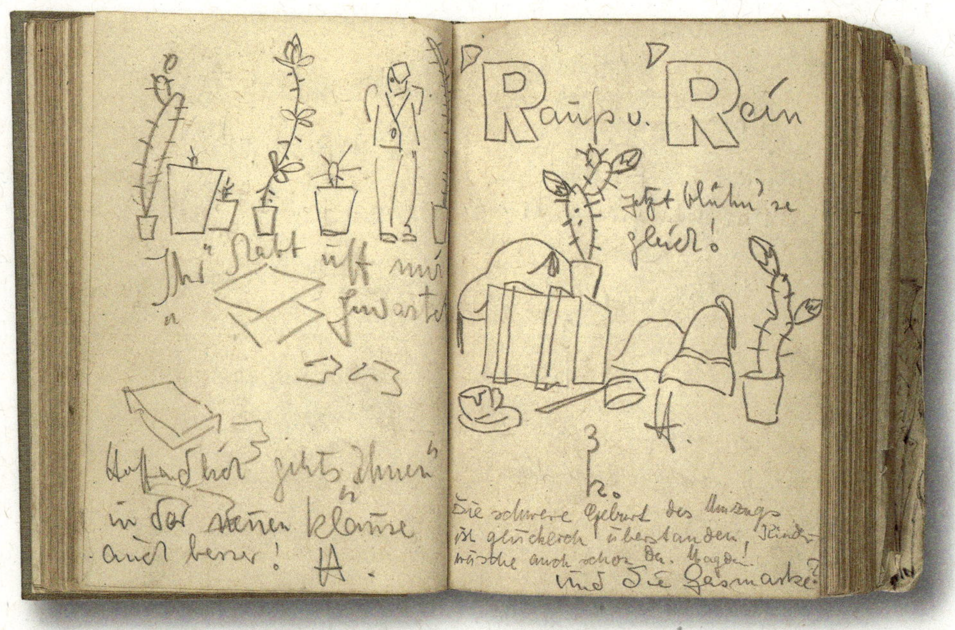

Heinz Hajek-Halke, Drawing in Marta Astfalck-Vietz's visitors' book, October 1929, Inv. BG-MAV 0117.

studio, their relationship had developed into a close friendship between peers. When Marta married the architect Hellmuth Astfalck (1898–1974) on 31 October 1929, 'Heini' even acted as a witness at the wedding.[22] Heinz was a habitual guest at Marta's flat: his name appears on the first page of the visitors' book, on the occasion of his twenty-ninth birthday.[23] In the years that followed, he wrote a great deal in the book, on a regular basis; both he and Marta frequently adding drawings as well. He would respond to other people's entries with facetious or ironic comments and was repaid in kind, mostly by Marta.[24] Heinz's language, both in the book and in his letters, is playful and flowery, full of allegories and exaggerations—sometimes he sounds like a little boy whom Marta keeps needing to reel in verbally.

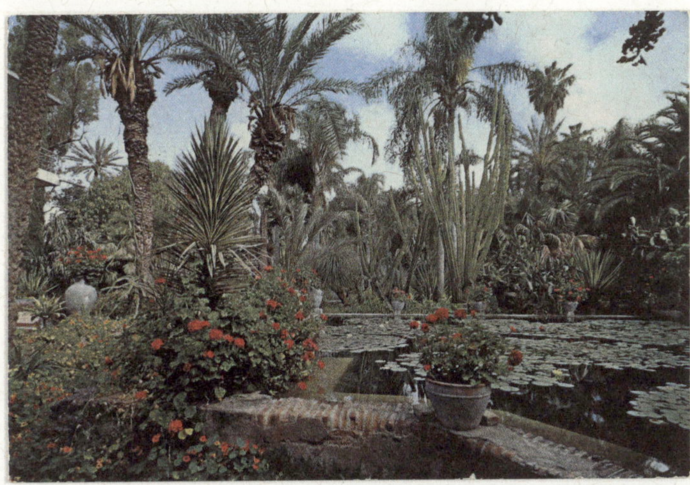

Heinz Hajek-Halke to Marta Astfalck-Vietz, Postcard from Marrakech, 8 December 1976.

There appears to have been something to Marta's claim that Heinz had been a kept man all his life. Over the decades, he repeatedly asked his friend for help: sometimes help with material—'Please let me have a few photographic plates'—sometimes help with finishing off some work or requesting that something be sent to him.[25] He often complained of a lack of money too, as can be gleaned from the letters he posted in the summer of 1929 when he was hiking through Sweden.[26] On 11 July, for example, referring to Marta's 'indulging' of him, he wrote: 'First of all, my heartfelt thanks. Yes, I simply don't know where to start—for "pengar" (which really always comes—as it did just now—at the opportune moment) for lenses, for sketchbooks, for letters, and for your admonitions, even though they missed the mark, since I didn't take any narcotics with me onto Swedish soil—What do you say now?'[27]

In the same letter, he also talks about matters relating to photography. Marta had evidently sent him some samples of her work beforehand: 'First and foremost, I must tell you that I hold your "photomontages" and photographs in high regard; they are huge strides forward in every respect—I was genuinely taken aback.'[28] In other words, while Marta was being productive and continued to fine-tune her montage technique, Heinz was bemoaning his profession: 'Anyway, I will probably establish a new business in Sweden. That's my feeling as a painter & graphic designer, and there are so many more possibilities without America's scorching tempo and Germany's business practices, without all the unpleasantness that I remember only too well from Berlin—in fact, I've given up my flat.'[29] And that despite having clinched various opportunities for selling his photographs to different agencies in advance of the trip.[30] Heinz returned from Sweden, contrary to what he had announced in the letter, but his photographic collaboration with Marta still came to an end in the early 1930s. Not their friendship, though, even if it was severely tested by Nazism and World War II. Unlike in Marta's telling of the story, there was no dramatic rupture in 1933, more of a slow tapering off, one might say. After a New Year's Eve together in 1932–33, it was indeed quite a while before Heini reappeared in the visitors' book, though he did feature on its pages again in early 1934, before taking his leave of her on Lake Constance in February [→ p. 83].[31] Subsequently he talks, in the odd letter, about jobs for Marta's 'expert hand', about his photographic activities on Lake Constance, the shortage of materials, and the difficulties he was having with his agency in Berlin.[32] In August 1934, Heinz complained that there was no demand for his 'biological' photos, only for images that could be used for political propaganda. He had minimal expectations, as a German in those times, of being able to sell his work abroad.[33] In the same letter, he responded to the political issues that Marta must have broached in her last letter: 'We listen to the pol. events you hinted at over the loudspeaker here at home and thank the Lord that we are sitting here in seclusion. There is not much that can be said about it, just a vigorous "No"! I am now a member of the Reich Association of the German Press and immediately put out an article in the [periodical] "Gebrauchsphotographie [*sic*]". It's about the shortcomings of modern cameras for the biological photographer. "Sock it to 'em."'[34] Before getting on to that, he again responded to photos that Marta had sent him and talked in detail about the technical means

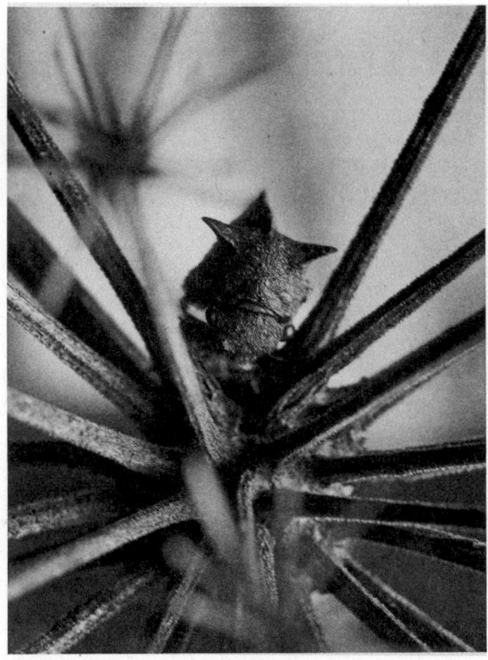

Heinz Hajek-Halke, *Untitled (A horned cricket, 6 mm)*, c. 1933, Inv. BG-FS 004/81,1137.

that enabled him to take macro shots of the tiniest insects or even butterfly eggs, whereupon he asked for her opinion on the test prints he had included with the letter [→ p. 84].[35] Marta was evidently still actively taking photographs at this point and was having lively discussions with Heinz about photographic questions.[36]

After 1934, Marta and Heinz seem to have had only occasional contact.[37] In December 1939, Heinz was stationed with the infantry on the Siegfried Line. He wrote a letter to Marta and Hellmuth from there, thanking them for their birthday greetings and gifts—including matches and cigarettes—which had arrived on time for his birthday on 1 December. He said that they had 'found' him and that he wanted to hear more about their lot: 'Perhaps Martha's heart can be prevailed upon, although I know that she always has her hands full before the holidays.'[38] It seems, in other words, that there had been a dispute with Marta in particular. Nevertheless, in letters to Hellmuth in 1944, she said that she was giving Heinz's address to friends who were travelling to Lake Constance.[39] In April 1950, Marta's heart evidently did give way, as Heinz had hoped, and she wrote to him after her father, Reinhold Vietz, had seen an article by Heinz in *Foto-Prisma*.[40] Overall, the tone does not imply a smouldering quarrel. She even invited him to come and live with them for a while, ending with the words: 'So, you old scallywag, now you write to me or I'll publish the pages from my visitors' book.'[41]

Quite what had transpired between Marta and Heinz during this period remains inchoate and is, in principle, irrelevant anyway. What is certain is that the loss of her studio in an air raid in 1943 must have hit Marta hard. She reports that life in the ravaged city of Berlin had not been easy since then, and that the financial situation for Hellmuth and her was precarious.[42] In the post-war period, the biggest problem she faced, as did many other artists, was the extreme scarcity of materials. In her correspondence with her father in southern Germany, the question of where one could get hold of film and cameras often came up. The two of them supported each other: for example, Reinhold would send his daughter paper to develop, and she would make prints for him because this was difficult to do out in the country and he did not have a darkroom.[43] On top of that, Germany was divided into four zones, which made it very complicated for letters, goods, and people to get from one place to another. Nonetheless, Marta tried to go back to working with photography. In 1947, she was already asking her father for a new camera—to no avail.[44] Accordingly, in April 1950 she wrote to Heinz: 'Unfortunately, I still have to rely on my Leica for taking photos, as I can't yet afford to buy everything I need to equip the studio. The darkroom is coming along, though. Just a few days ago, I took some very tricky interior shots for Helm of a clinic that he has built.'[45] However, Marta was also concerned about how photography was evolving in Germany, and she was well informed about current events:

'How are things looking with Das Deutsche Lichtbild? Can't you get the publication going again? Where is Schulz? Köbner and Miketta are probably still doing the same old thing; from what I can see in the magazines, there's not a lot happening. Pity. You're quite right to "cry out" for something new, but tell me, who can afford this material? Never mind experimenting? You know, the lousy economic situation has shattered all the get-up-and-go. Besides, the 35 mm camera has put a damper on people's sense of experimentation. You don't even get lucky with double exposures now. ... I don't think Dr Stache's experiments with the copier are particularly successful; they are not resolved well in terms of the space. Some of the work by the fotoform people, yes—but when I think about the work we did twenty-five years ago, we were already doing it back then. I was interested in your wire sculpture. I see you really crafting things. Typically "paper with burn holes". Yes, yes, Bubusch, how time flies.'[46]

Her comments on Heinz's work presumably relate to his article in *Foto-Prisma*, referred to above. It is not clear if she already knew at this point that Heinz had joined the foto-form group in 1949 through the offices of Toni Schneiders (1920–2006), whose work she mentions approvingly.[47] In Heinz's reply to Marta two weeks later, he likewise complained, after losing all his photographic equipment, about the scarcity of materials.[48] He wrote about the aftermath of the war, the 'greatest collapse of all times. ... Added to that was the fact that, as a fmr. bad Nazi, I was only allowed to work unpaid on a "volunteer" basis in the first years after the war. My photographic equipment was also a victim of this great time.'[49] Moreover, he talked about having been ruined financially, notwithstanding that he was apparently making a reasonable recovery in spite of it all. Heinz was already able to resume work in 1946 and began publishing his own articles again in 1948.[50] From then on, things rapidly started looking up. Marta, meanwhile, was mainly focused on the social work she was committed to. In November 1954, she told Heinz that she had been working for a year with young people with physical disabilities and that she was continuing to paint avidly while looking after her 'little zoo'.[51] Although her artistic focus had shifted to other areas, her interest in photography continued unabated. She kept track of Heinz's publications in the newspapers and congratulated him 'on the commendable prize from England'.[52] The letter ended, as they so often did, with a chiding remark: 'Well, now do write again sometime in the next ten years. And above all, let me know your exact address.'[53]

In the 1950s and 1960s, there seems to have been some rather sporadic contact between them.[54] The much-quoted entry in the visitors' book on 5 December 1954, which evidently refers to their first reunion after the war, has a theatrical flair to it: 'After a long, difficult period of suffering, borne with patience ... finally sank into Marta's arms, Heini.'[55] By the late 1960s, they had become much closer again. Heini and his second wife, Andrea, made several visits to the Astfalcks in Nienhagen, their home since 1970.

During this time, their letters continue to be about their respective artistic work, although photography makes only a peripheral appearance. Instead, Marta and Heinz now stepped up their focus on the second major interest they had in common: plants and animals. It was this passion for botany and zoology that forged a connection between them that ran through their lives, almost more profoundly than photography. From the 1920s on, they discussed it in almost all their letters to one another and provided updates on their favourite plants and animals. Marta, in particular, seems to have filled her home early on with a great many plants, as attested to by one of Heinz's drawings in the visitors' book dating from her move in October 1929 [→ p. 90].[56] For each of them, their interest was a great deal more than a hobby. For example, while Heinz kept himself afloat after the war by running an adder farm, Marta bred Salukis (Persian greyhounds).[57] They each collected and cultivated plants, especially non-native species like orchids, exchanging multiple reports on how the cuttings they sent each other were faring, among them water hyacinths and carrion flowers.[58] They also sent frequent postcards to one another with appropriate motifs, showing, for example, the Botanic Garden in Berlin or a garden in Marrakech [→ pp. 85, 91].[59] Their interests and observations should always be read in the context of the zeitgeist. They were attracted, above all, to what was strange and extraordinary. Heinz's interest in insects, reptiles, and amphibians may also have been amplified by the time he spent as a child in Argentina.[60]

The enthusiasm the two friends had for the subject was reflected in their respective oeuvres. Their lively exchange of ideas also enriched their art. Marta started drawing floral patterns early on, immortalizing them in the fabrics she wrapped herself in for numerous photographs.[61] Besides, she produced photographic still lifes with flowers [→ p. 109] and also painted porcelain. She is primarily known, however, for her plant watercolours, which defined her later work; by 1950 she had already begun publishing them as well [→ p. 205].[62] Although there are no extant plant photographs from this period, it is not impossible that she took such pictures, especially when she was travelling, to be used afterwards as references for her watercolours. In March 1964, she wrote to her husband from Ticino about the wondrous 'mimosas and camellias in bloom in front of snow-capped mountains', saying that she absolutely had to take pictures of them.[63]

During the time he spent on Lake Constance in the 1930s, Heinz focused almost exclusively on photographing plants and microorganisms, which he meticulously captured at high magnification and published widely [→ p. 92].[64] In June 1934, he wrote to Marta: 'I am taking photos for the press again, through the Atlaphot agency, working mostly on scientific-biological series, which are very close to my heart and have turned out well. The I. B. (Ill. Beob.) [*Illustrierter Beobachter* magazine] has already bought a series on moss.'[65] In this letter, he also talks about the rare, native plants and animals housed in his new abode on Lake Constance that he says would fascinate Marta and describes the difficulties involved in photographing them.[66]

One of his near-neighbours at the time was Ernst Fuhrmann (1886–1956), editor of *Die Welt der Pflanze* (The World of Plants); this successful series, which was released by the publishing house Folkwang-Auriga-Verlag in the 1920s and 1930s, was illustrated with photographs by Albert Renger-Patzsch (1897–1966).[67] Even if there is no evidence that the two ever met, Heinz would certainly have known the publications. It is also conceivable that he would have come into contact with Carl Strüwe (1898–1988), who also moved in the wider milieu of the foto-form group and was already using photomicrography in the 1930s to produce images of minute structures in animals and plants.[68] Moreover, it is evident from the biographies of both Renger and Strüwe, or even of Marta and Heinz, that World War II was not the difficult caesura in the evolution of modern photography that it was long regarded to be by historians of the medium; but that there were definitely continuities running right through the 1930s and 1940s.

Over Easter 1982, Heinz made his final entry in Marta's visitors' book: 'My beloved Tilde, 1000 thanks for the bunnies this time—With a warm embrace, your "Heini".'[69] Not long before that, in October 1979, the two of them were still planning a book together. Marta wrote, 'We're doing a book "Durch die Gotik gesehen" [Through the Eyes of the Gothic]!', to which Heinz replied, 'O.K. we're doing a book! Based on "Vom Bazillus zum Affenmenschen" [From Bacillus to Apeman]! Our sequel to it! It did me good to talk with you. Thank you, thanks a million: Your HHH.'[70]

Even though neither of them were probably all that serious about their announcement—Marta was seventy-eight and Heinz eighty at the time—this entry epitomizes the playfulness of their interactions, a quality they maintained throughout their lives [→ p. 86]. Despite all their differences and the hiatuses in the relationship, the tone of their communication was consistently amicable and affectionate, as far as can be gleaned, at least, from the written evidence. This paints a different picture from the statements they each made toward the end of their lives, as quoted at the beginning of this essay. However, it would be a mistake to weigh the one against the other, as they constitute a subjective, personal perspective in each case—whether expressed at the time or in retrospect; these perspectives do not represent the truth as a singular phenomenon but rather allow the coexistence of different points of view. Certainly, it is necessary to make a distinction here between private and public life. Whereas the interviews offered them both the opportunity to set straight any possible frustrations or iniquities while claiming their personal place in the history of photography, the letters have an intimate character that was not intended for the public, at least not at the time they were written.

Heinz died in 1983, bringing to an end this extraordinary friendship, which influenced each of their artistic oeuvres in multiple respects—or, as Marta put it: 'It was a constant struggle between heart and mind.'[71]

1 See *Marta Astfalck-Vietz: Photographien 1922–1935*, exh. cat. Berlinische Galerie (Berlin, 1991), pp. 87–88; Klaus Honnef, 'Heinz Hajek-Halke', in *Heinz Hajek-Halke: Form aus Licht und Schatten*, vol. 2 (Göttingen, 2005), pp. 57–99, esp. pp. 69–71.

2 See *Marta Astfalck-Vietz: Photographien 1922–1935* (see note 1), p. 88; Rainer Stamm, 'Heinz Hajek-Halke: Spuren eines Lebenswerks', in *Form aus Licht und Schatten* (see note 1), pp. 155–79, esp. p. 157.

3 See Janos Frecot, 'Zur Photographie von Marta Astfalck-Vietz', in *Marta Astfalck-Vietz: Photographien 1922–1935* (see note 1), pp. 4–10, esp. pp. 6–8; *Marta Astfalck-Vietz: Photographien 1922–1935* (see note 1), pp. 87–88; Honnef, 'Heinz Hajek-Halke' (see note 1), p. 88; on the 'Combi-Phot.' pictures, see Stamm, 'Spuren eines Lebenswerks' (see note 2), p. 160.

4 For more detail on the different techniques, see Franziska Kunze, 'Der Stoff, aus dem die Bilder sind: Zur Materialität vor, in und hinter der Fotokamera von Marta Astfalck-Vietz', typescript, MA thesis, Humboldt-Universität zu Berlin, Berlin, 2011, pp. 46–50.

5 See *Marta Astfalck-Vietz: Photographien 1922–1935* (see note 1), pp. 88–89; Honnef, 'Heinz Hajek-Halke' (see note 1), p. 63; Rolf Italiaander, 'Eine universelle Begabung: Marta Astfalck-Vietz', in *Marta Astfalck-Vietz: Photographien 1922–1935* (see note 1), pp. 12–16, esp. p. 14.

6 See *Marta Astfalck-Vietz: Photographien 1922–1935* (see note 1), p. 9; Kunze, 'Der Stoff, aus dem die Bilder sind' (see note 4), pp. 24–25. On the difficulties facing women photographers in the 1940s, see *frauenobjektiv: Fotografinnen 1940 bis 1950*, exh. cat. Haus der Geschichte der Bundesrepublik Deutschland, Bonn (Cologne, 2001).

7 For example, Lucia Moholy (1894–1989), Irene Bayer (1898–1991), and Cami Stone (1892–1975). On this, see, for example, Rolf Sachsse, 'Die Frau an seiner Seite: Irene Bayer und Lucia Moholy als Fotografinnen', in Ute Eskildsen (ed.), *Fotografieren hieß teilnehmen: Fotografinnen der Weimarer Republik*, exh. cat. Museum Folkwang, Essen (Essen, 1994), pp. 67–75.

8 Several interviews were conducted with Ruetz between 1976 and 1978. Heinz also stamped countless prints post hoc. See Michael Ruetz, 'Wer ist Hajek, wer ist Halke', in Michael Ruetz (ed.), *Heinz Hajek-Halke: Der große Unbekannte; Photographien 1925–1965*, exh. cat. Haus am Waldsee, Berlin (Göttingen, 1997), pp. 20–31, esp. p. 31.

9 See Marion Beckers and Elisabeth Moortgat (eds.), *Yva: Photographien 1925–1938*, exh. cat. Das Verborgene Museum, Berlin, Suermondt-Ludwig Museum, Aachen, and Fotomuseum im Münchner Stadtmuseum, Munich (Tübingen, 2001), pp. 38 and 195; Honnef, 'Heinz Hajek-Halke' (see note 1), pp. 87–88; Stamm, 'Spuren eines Lebenswerks' (see note 2), pp. 157–58.
10 See Beckers and Moortgat, *Yva* (see note 9), p. 39; for a critical take on this, see Honnef, 'Heinz Hajek-Halke' (see note 1), p. 99, note 34.
11 See Beckers and Moortgat, *Yva* (see note 9), p. 38; for a montage from 1927, see *Das Magazin*, 4/37 (September 1927), p. 1393.
12 See *'Standorte sind zum Verlassen da': Video-Porträt der Photographin Marta Astfalck-Vietz; Jg. 1901*, documentary film; idea and concept: Inken Dohrmann; director: Gerit von Leitner, DE, 1992, 00:54:48, Artist Dossiers, Photography Collection, Berlinische Galerie.
13 See *Marta Astfalck-Vietz: Photographien 1922–1935* (see note 1), p. 91; Honnef, 'Heinz Hajek-Halke' (see note 1), pp. 64 and 98–99.
14 The visitors' book (1927–82) is part of the estate of Marta Astfalck-Vietz held in the Berlinische Galerie, Inv. BG-MAV 0117.
15 Michael Ruetz, 'Berühmt und kaum bekannt: Heinz Hajek-Halke', in *Form aus Licht und Schatten* (see note 1), pp. 9–20, esp. p. 15.
16 On the significance of the visitors' book, see, for example, *Marta Astfalck-Vietz: Photographien 1922–1935* (see note 1), pp. 90–91.
17 Postcard dated 4 January 1922, Inv. BG-MAV 563.
18 See, for example, letters dated 6 June 1929, Inv. BG-MAV 567; 3 June 1934, Inv. BG-MAV 574; and 24 September 1953, Inv. BG-MAV 58.
19 Visitors' book, 15 November 1928.
20 See note from 1923, Inv. BG-MAV 565.
21 See two photographs in *Form aus Licht und Schatten* (see note 1), p. 23.
22 See marriage certificate, Inv. BG-MAV 1240.
23 Visitors' book, 1 December 1927.
24 In late 1928, in particular.
25 Note, early 1920s, Inv. BG-MAV 566. He did, however, subsequently obtain material for her too; see, for example, the postcard dated 28 August 1975, Inv. BG-MAV 623.
26 On the hike, see Honnef, 'Heinz Hajek-Halke' (see note 1), p. 60.
27 The brackets are like this in the original; *pengar* is Swedish and means money—see Heinz's letter dated 11 July 1929, Inv. BG-MAV 568. The mention of 'narcotics' is an allusion to Heinz's problems with drugs in the 1920s; see Honnef, 'Heinz Hajek-Halke' (see note 1), pp. 60–61.
28 Letter dated 11 July 1929, Inv. BG-MAV 568.
29 Ibid.
30 See letters from the editorial department, printed in *Form aus Licht und Schatten* (see note 1), pp. 50–51.
31 See visitors' book, 9 February 1934.
32 Postcard dated 20 March 1934, Inv. BG-MAV 573; letters dated 3 June 1934, Inv. BG-MAV 574, and 28 August 1934, Inv. BG-MAV 576.
33 Letter dated 28 August 1934, Inv. BG-MAV 576.
34 Ibid.; see also Heinz Hajek-Halke, 'Der Fototrick in der Bildreportage', in *Gebrauchsfotografie: Zeitschrift für die gesamte fachliche Fotografie und Bildberichterstattung, Organ der Gesellschaft Deutscher Lichtbildner*, 41/9 (1934), pp. 167–68.
35 See letter dated 28 August 1934, Inv. BG-MAV 576. See photograph of the eggs of a cabbage white butterfly, Inv. BG-FS 004/81,1151.
36 See letter dated 28 August 1934, Inv. BG-MAV 576.
37 See what is presumably Heinz's last entry in the visitors' book on 16 October 1936. There may have been subsequent entries, as the authors cannot always be clearly identified.
38 Letter dated 7 December 1939, Inv. BG-MAV 575.
39 See the letters from Marta to Hellmuth dated 20 February 1944, Inv. BG-MAV 1550, and 7 March 1944, Inv. BG-MAV 1556.
40 See Heinz Hajek-Halke, 'Licht-Bildnereien', *Foto-Prisma*, no. 1 (1950), p. 18.
41 Letter from Marta to Heinz dated 3 April 1950, Akademie der Künste, Berlin, Inv. Hajek-Halke 499.
42 See *Marta Astfalck-Vietz: Photographien 1922–1935* (see note 1), p. 90; letter from Marta to Heinz dated 3 April 1950, Akademie der Künste, Berlin, Inv. Hajek-Halke 499.
43 See correspondence between Marta and Reinhold Vietz, 1944–1958, Inv. BG-MAV 0911-1029.
44 See letter from Reinhold Vietz to Marta dated 3 August 1947, Inv. BG-MAV 948.
45 Letter from Marta to Heinz dated 3 April 1950, Akademie der Künste, Berlin, Inv. Hajek-Halke 499.
46 Ibid. On the function of wire sculptures, see Honnef, 'Heinz Hajek-Halke' (see note 1), pp. 96–97.
47 See 'Biographie', in *Form aus Licht und Schatten* (see note 1), p. 185.
48 See letter dated 17 April 1950, Akademie der Künste, Berlin, Inv. Hajek-Halke 499; transcript in the Astfalck-Vietz estate, Inv. BG-MAV 578. Klaus Honnef makes reference to this approach prior to 1954; see Honnef, 'Heinz Hajek-Halke' (see note 1), pp. 64–65.
49 Letter dated 17 April 1950, Akademie der Künste, Berlin, Inv. Hajek-Halke 499.
50 See Rainer Stamm, 'Texte von Heinz Hajek-Halke: Eine Bibliographie von Rainer Stamm', in *Form aus Licht und Schatten* (see note 1), pp. 186–87, esp. p. 187.
51 Letter from Marta to Heinz dated 27 November 1954, Akademie der Künste, Berlin, Inv. Hajek-Halke 499.
52 Ibid.
53 Ibid.
54 See, for example, the letters dated 24 September 1953, Inv. BG-MAV 581, and 30 December 1955, Inv. BG-MAV 580, as well as entries in the visitors' book on 28 February 1958 for Hellmuth's sixtieth birthday, on 21 July 1960, on 28 January 1961, and 21 November 1969.
55 Visitors' book, 5 December 1954.
56 See visitors' book, late October 1929.
57 As early as 1945, she tells her father about her 'dog daughter'; see letter from Marta to Reinhold Vietz dated 28 March 1945.
58 See, for example, the letters dated 9 August 1947, Inv. BG-MAV 619, and 15 August 1975, Inv. BG-MAV 622. Marta was in contact

with the gardener Karl Foerster; an orchid and a dahlia were named after her. See Italiaander, 'Eine universelle Begabung' (see note 5), p. 15; *Marta Astfalck-Vietz: Photographien 1922–1935* (see note 1), pp. 89–91.

59 See the postcards from Heinz to Marta dated 1970, Inv. BG-MAV 584, 8 December 1976, Inv. BG-MAV 625, and 27 September 1980, Inv. BG-MAV 632.

60 See Ruetz, 'Wer ist Hajek' (see note 8), p. 21.

61 See *Marta Astfalck-Vietz: Photographien 1922–1935* (see note 1), p. 87; on the fabric in her photographs, see Kunze, 'Der Stoff, aus dem die Bilder sind' (see note 4), pp. 30–45; see also Stefanie Diekmann's essay in the present volume, pp. 63–69.

62 Heinz mentioned a watercolour of an iris that he had seen in a calendar; see his letter dated 17 April 1950, Akademie der Künste, Berlin, Inv. Hajek-Halke 499.

63 Letter from Marta to Hellmuth dated 12 March 1964, Inv. BG-MAV 1559–1563.

64 See Stamm, 'Spuren eines Lebenswerks' (see note 2), pp. 173–74; for example, see the series of images in *Form aus Licht und Schatten* (see note 1), pp. 118–27.

65 Letter dated 3 June 1934, Inv. BG-MAV 574.

66 See ibid.

67 See Stamm, 'Spuren eines Lebenswerks' (see note 2), p. 172; and Rainer Stamm, 'Vom imaginären Weltkunstmuseum zur Neuen Sachlichkeit: Folkwang-Verlag; Auriga-Verlag; Folkwang-Auriga', in Manfred Heiting and Roland Jaeger (eds.), *Autopsie: Deutschsprachige Fotobücher 1918 bis 1945*, vol. 1 (Göttingen, 2012), pp. 82–97.

68 See Carl Strüwe, *Formen des Mikrokosmos: Gestalt und Gestaltung einer Bilderwelt* (Munich, 1955). On Strüwe and his connection to foto-form, see Birgit Schillak-Hammers, 'Später Ruhm eines Pioniers: Carl Strüwe und die Fotografie der 1950er Jahre', *Fotogeschichte*, 43/169 (2023), pp. 6–15, esp. pp. 7–8. Like Heinz, Strüwe had a piece published in the June 1935 issue of the periodical *Gebrauchsfotografie*.

69 Visitors' book, between 9 and 12 April 1982.

70 Visitors' book, 19–22 October 1979.

71 Letter from Marta to Hellmuth dated 7 March 1944, Inv. BG-MAV 1556.

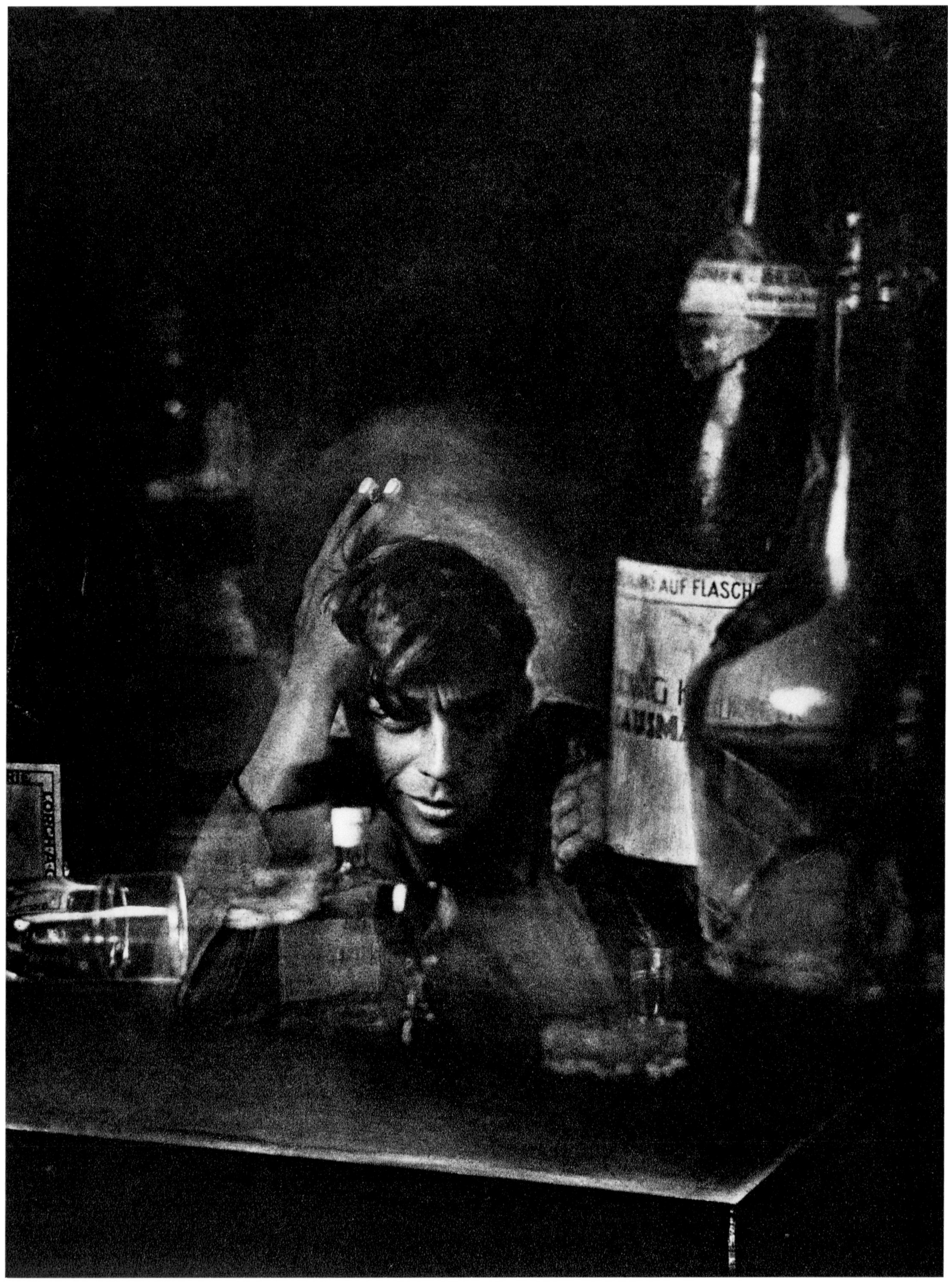
AUF FLASCHE

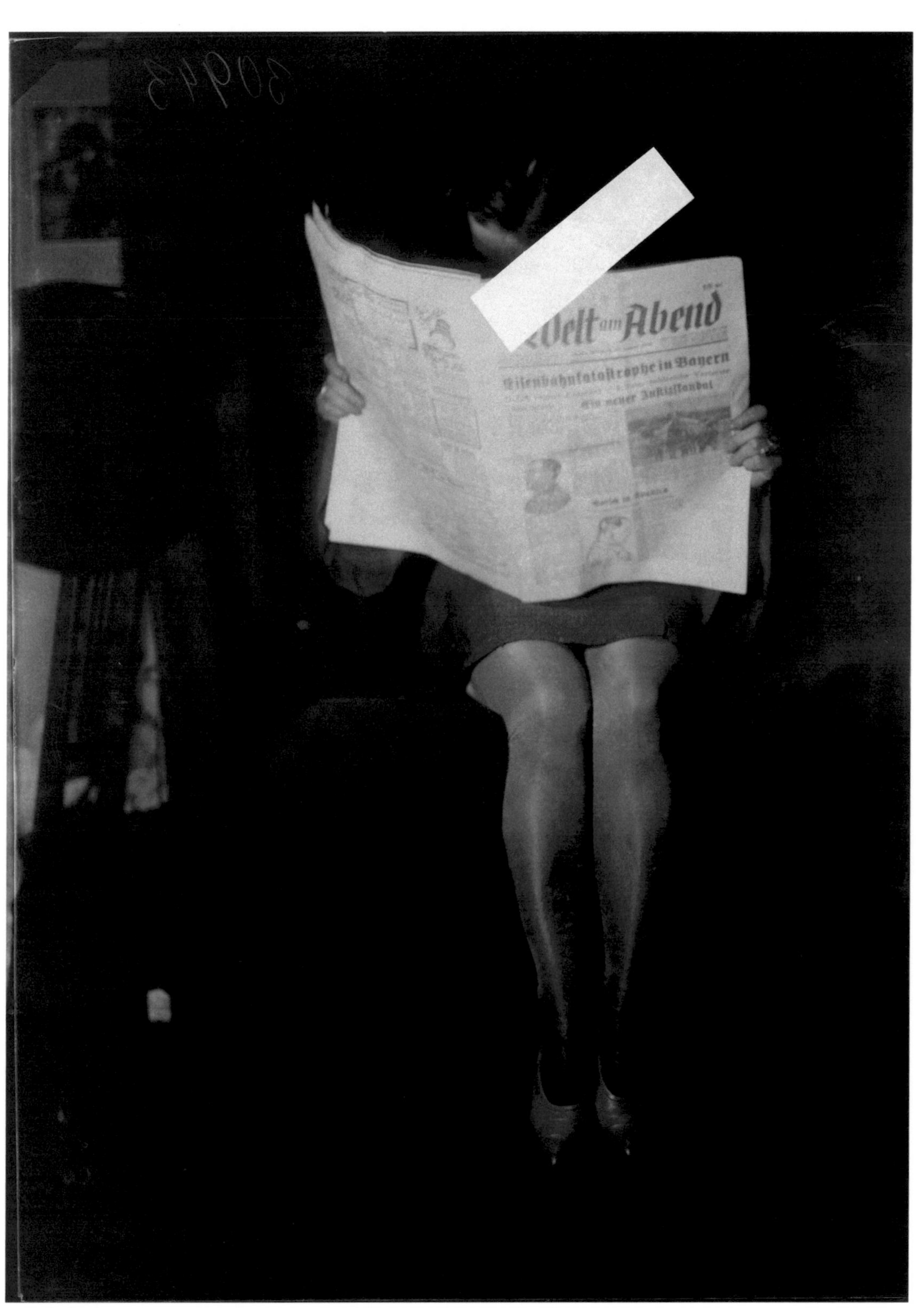
Welt am Abend
Eisenbahnkatastrophe in Bayern
Ein neuer Justizskandal

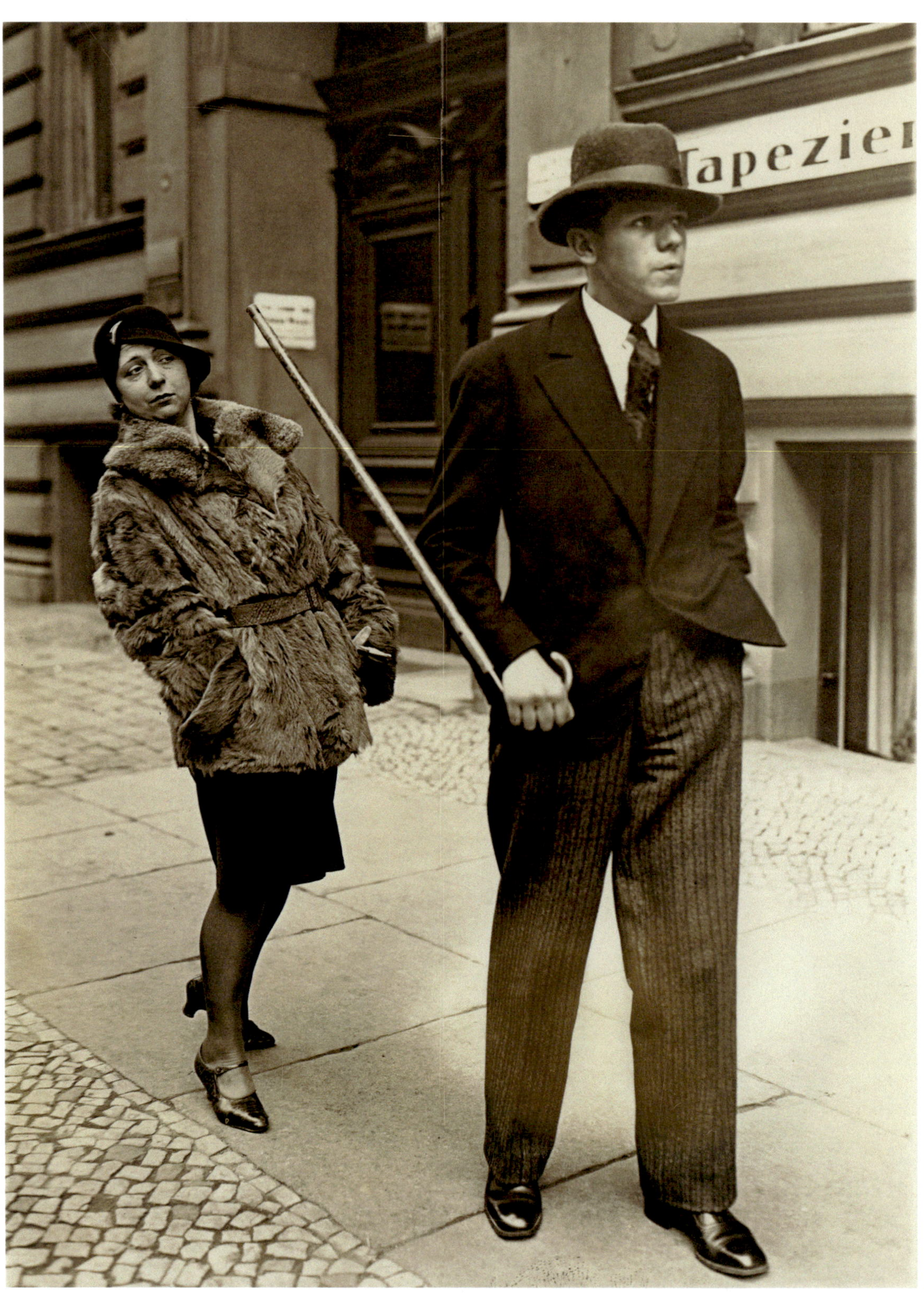
Tapezier

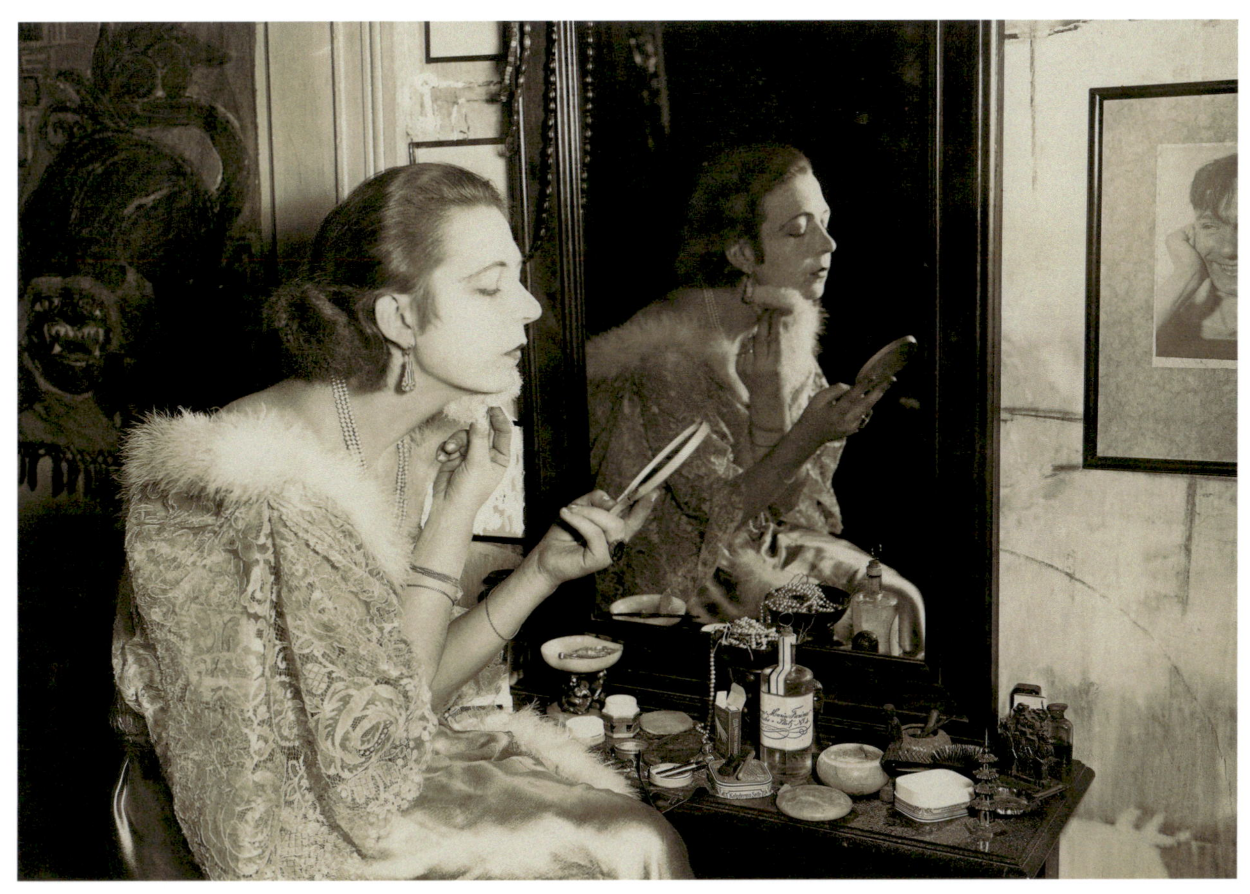

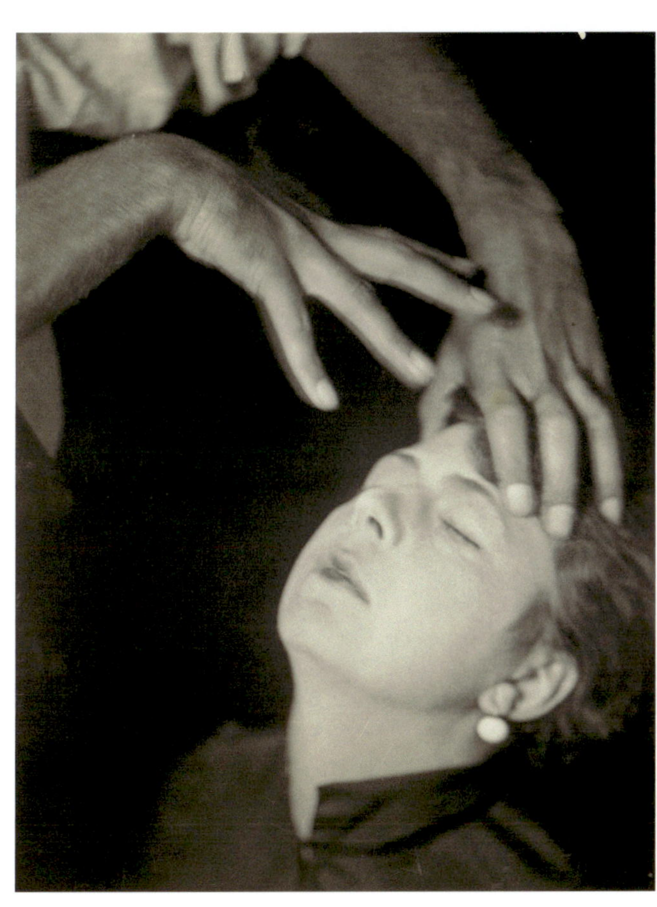

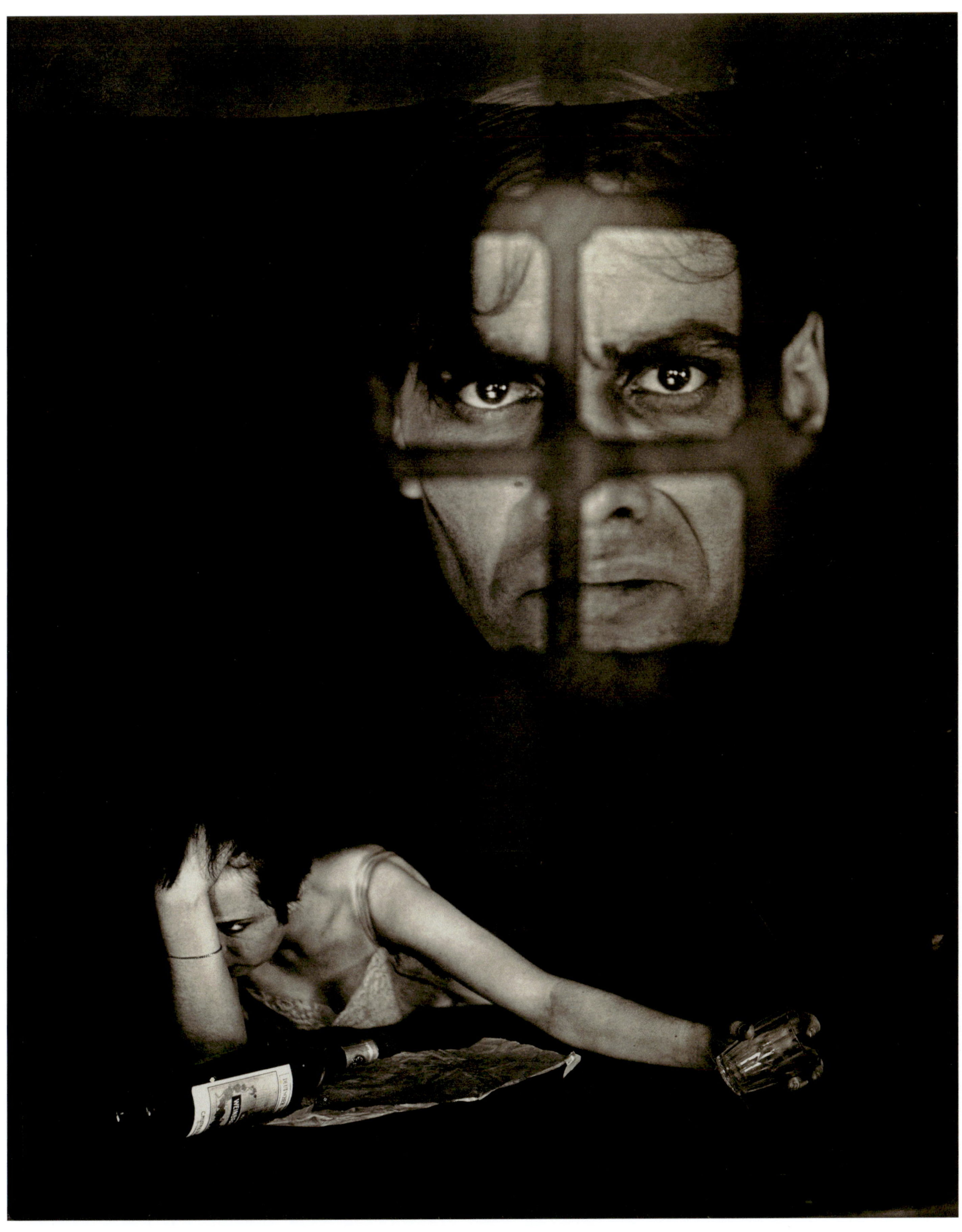

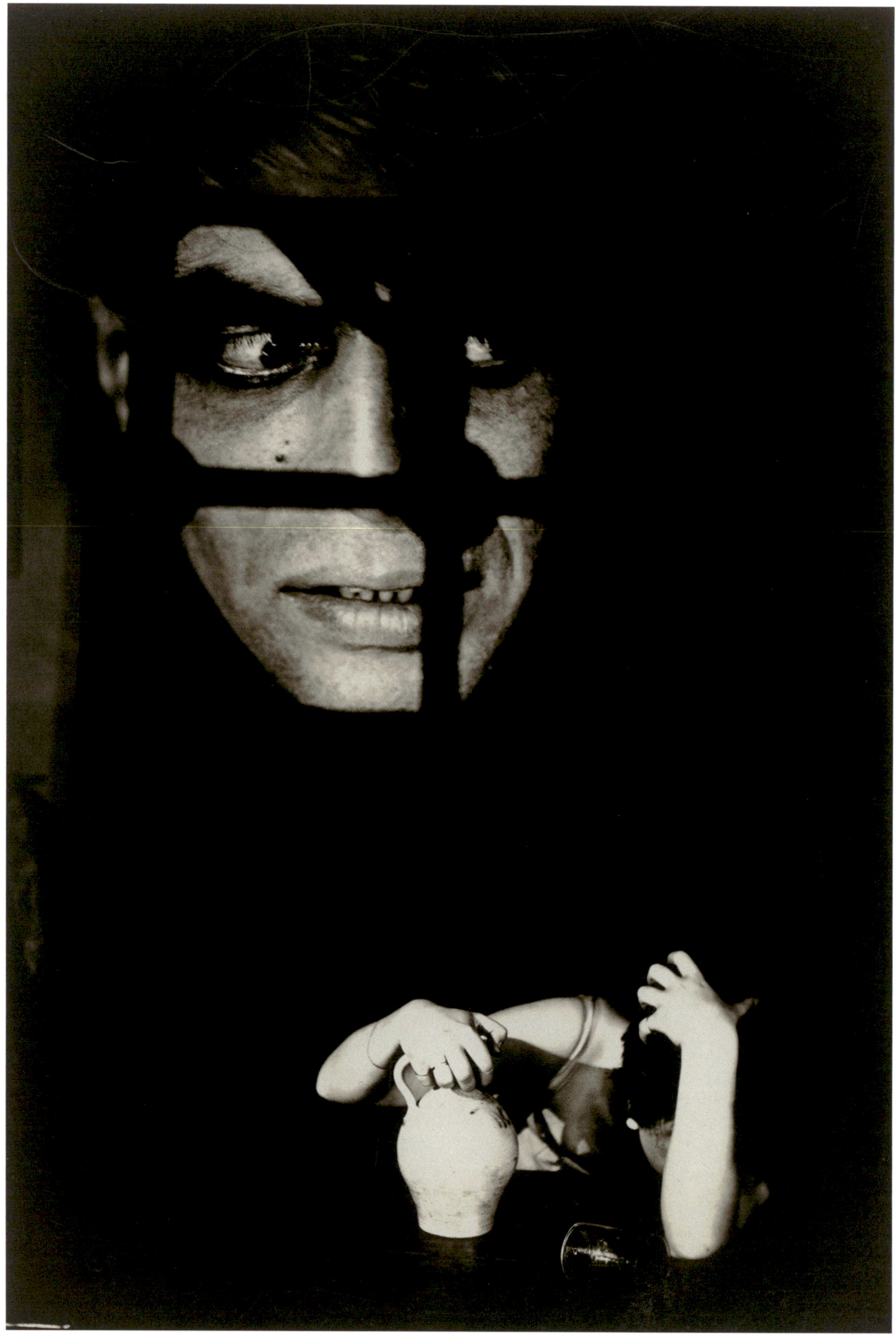

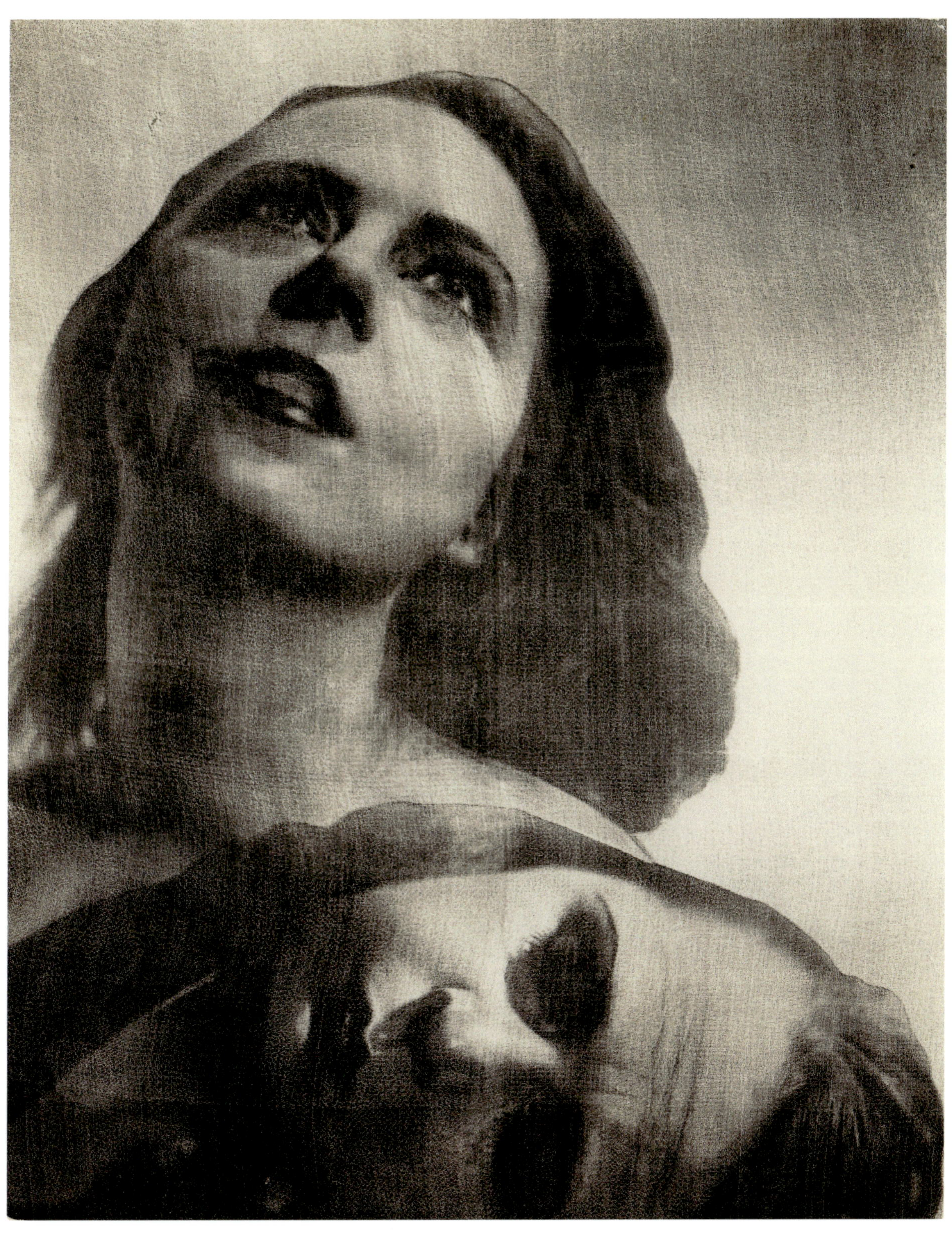

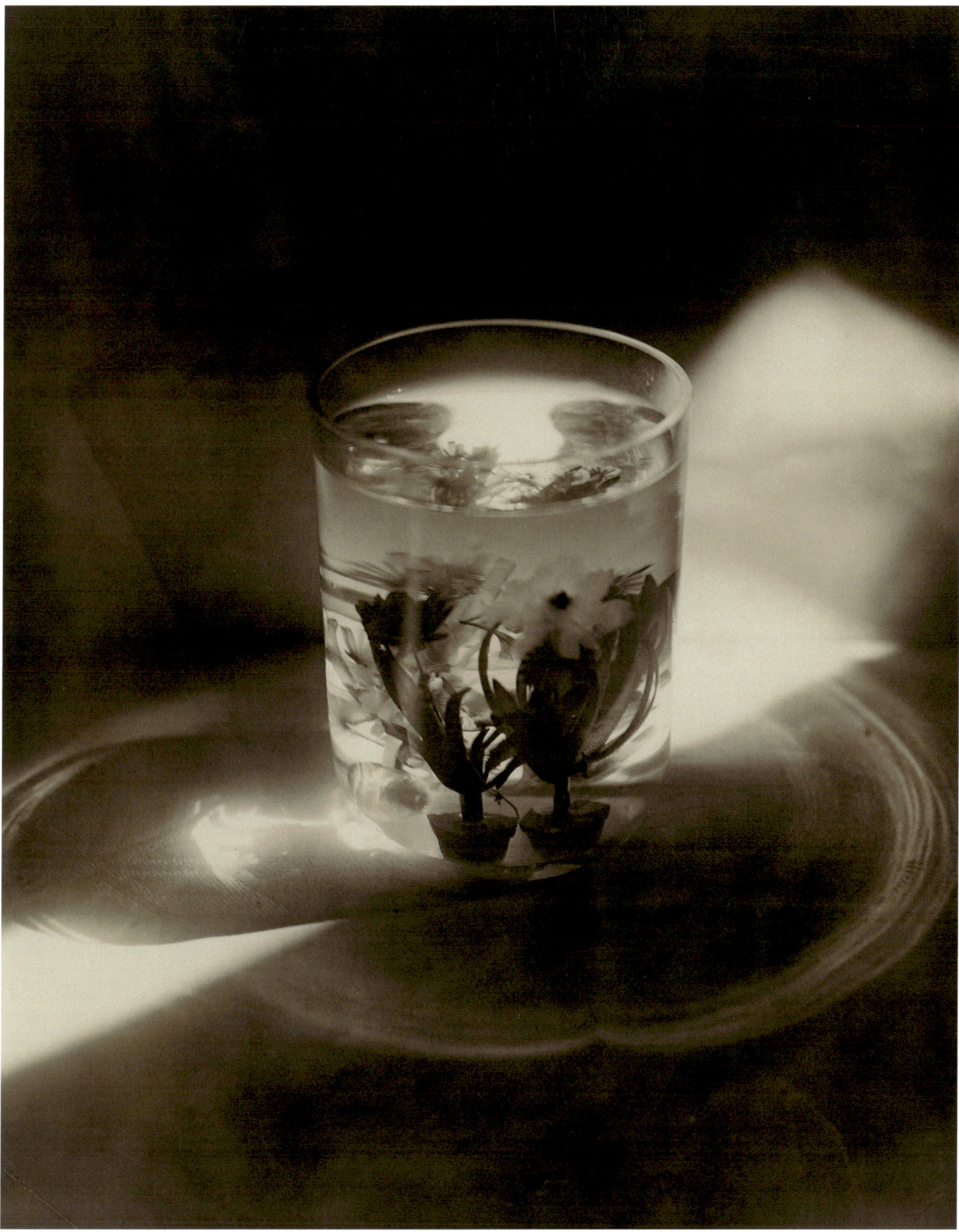

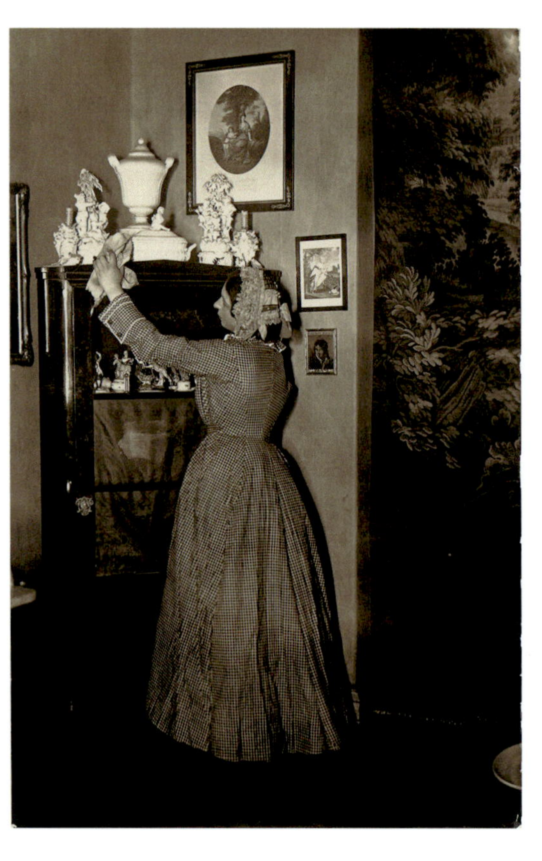

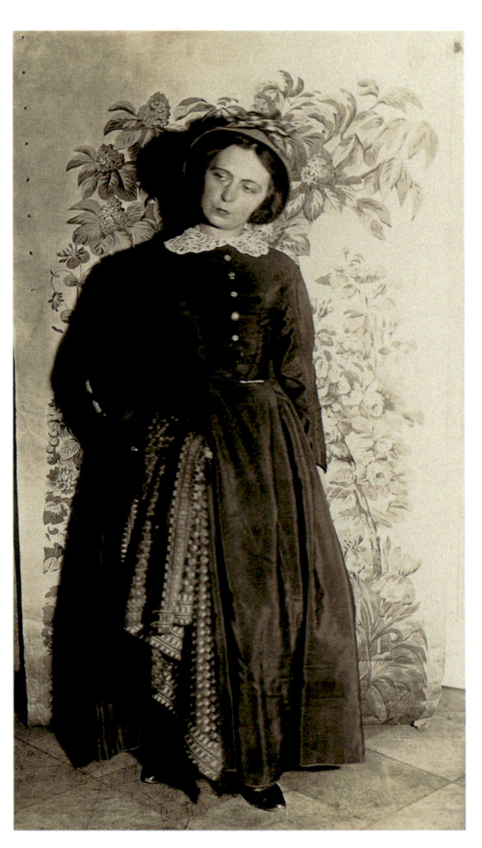

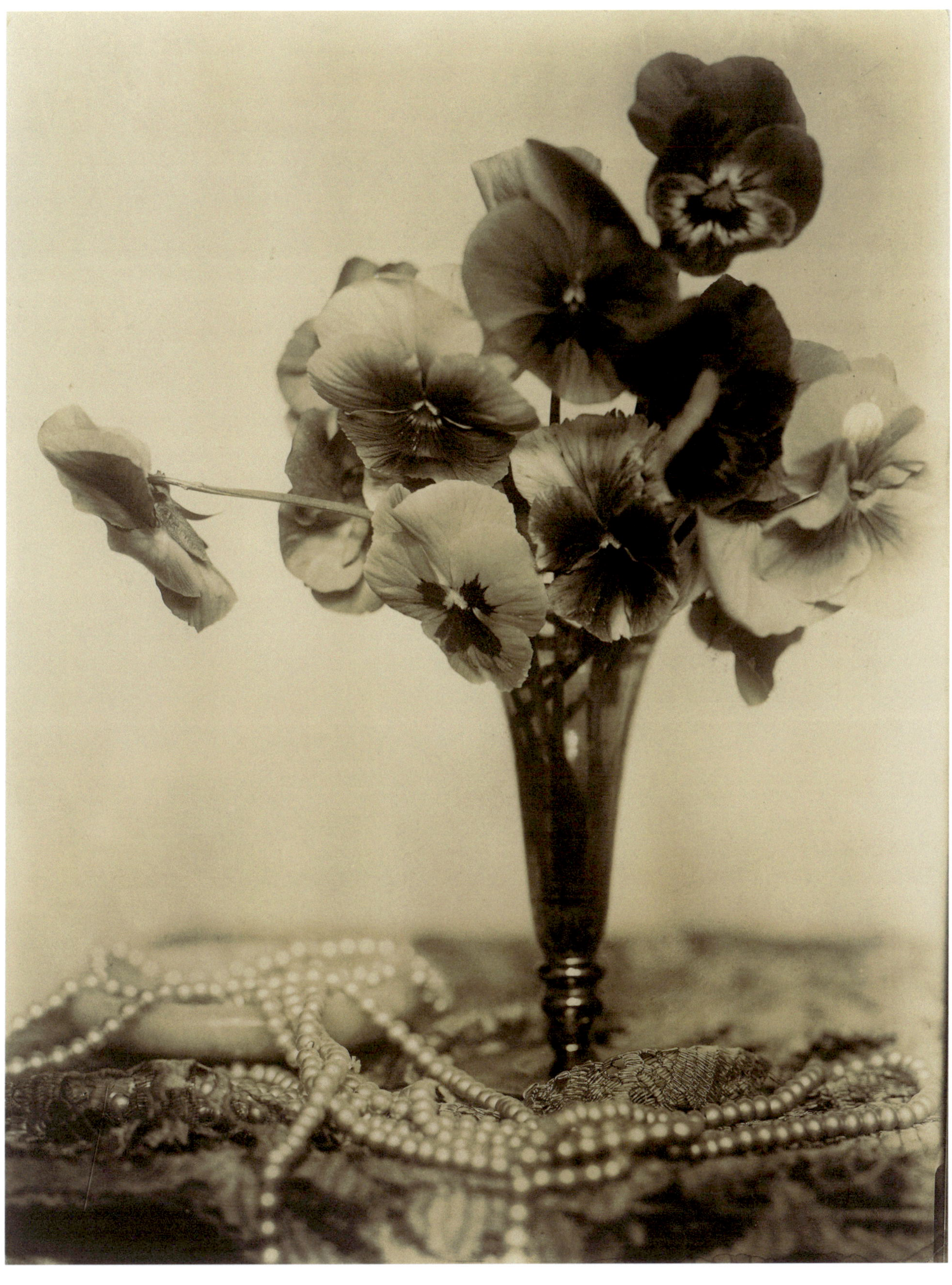

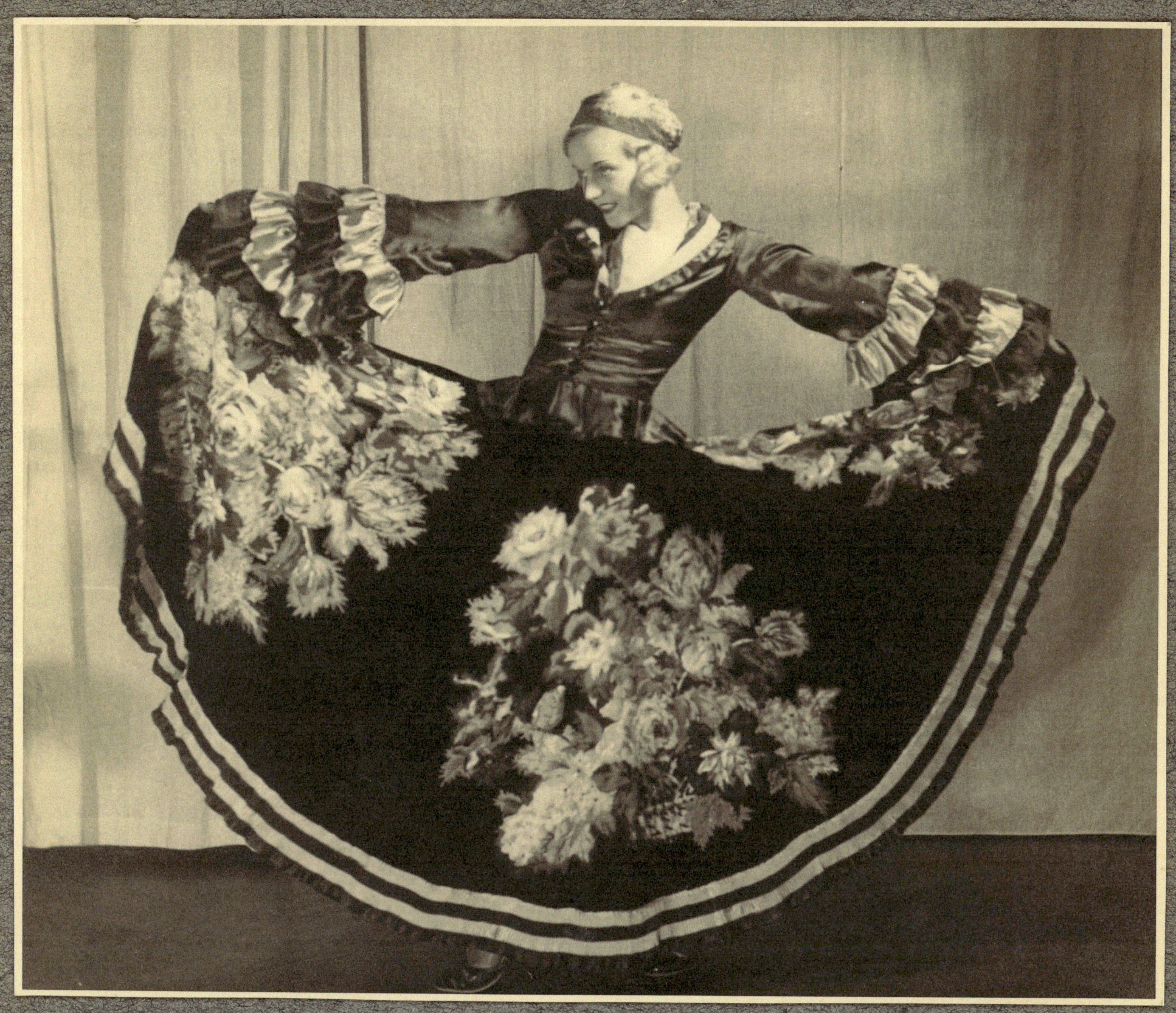

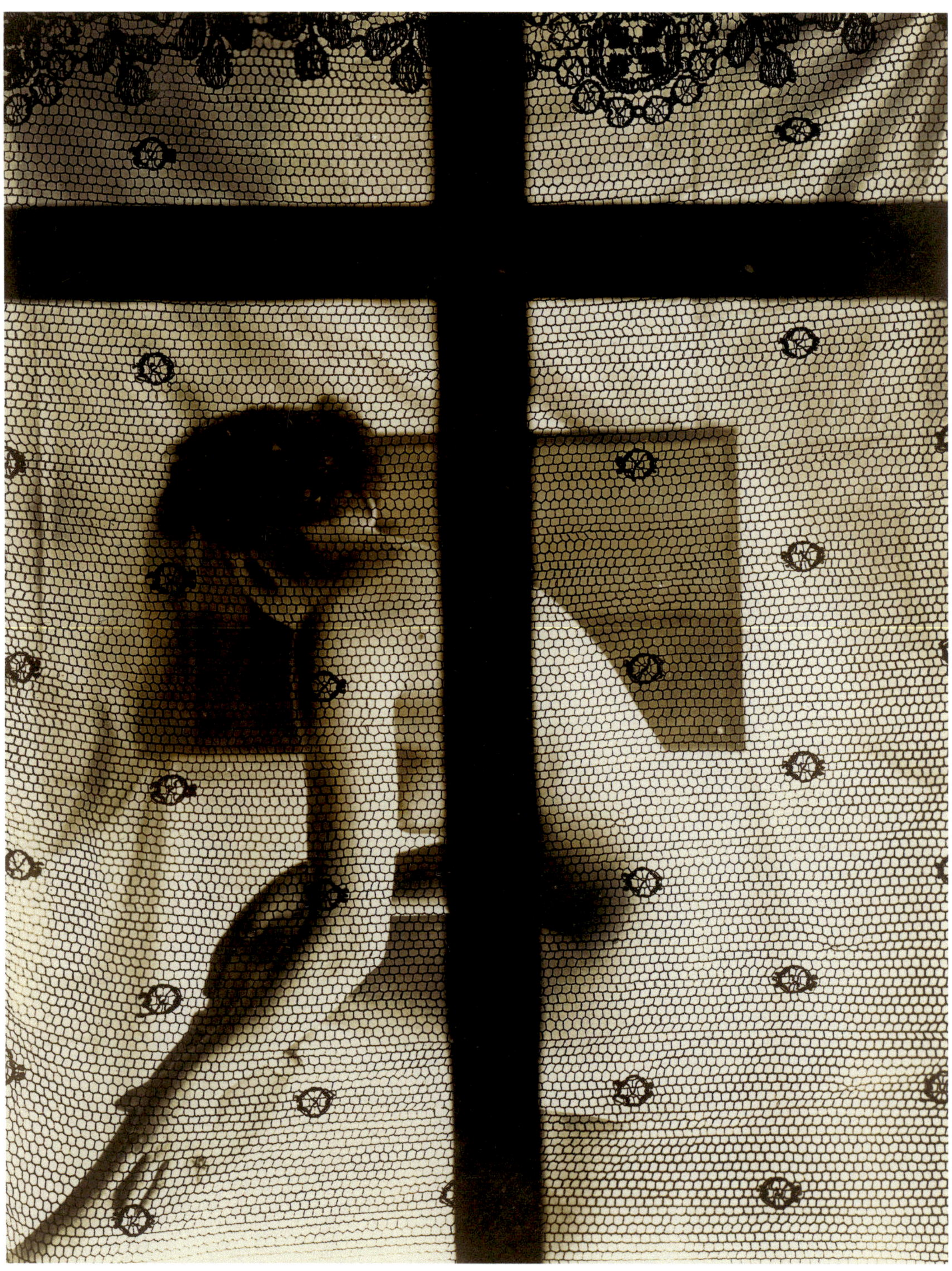

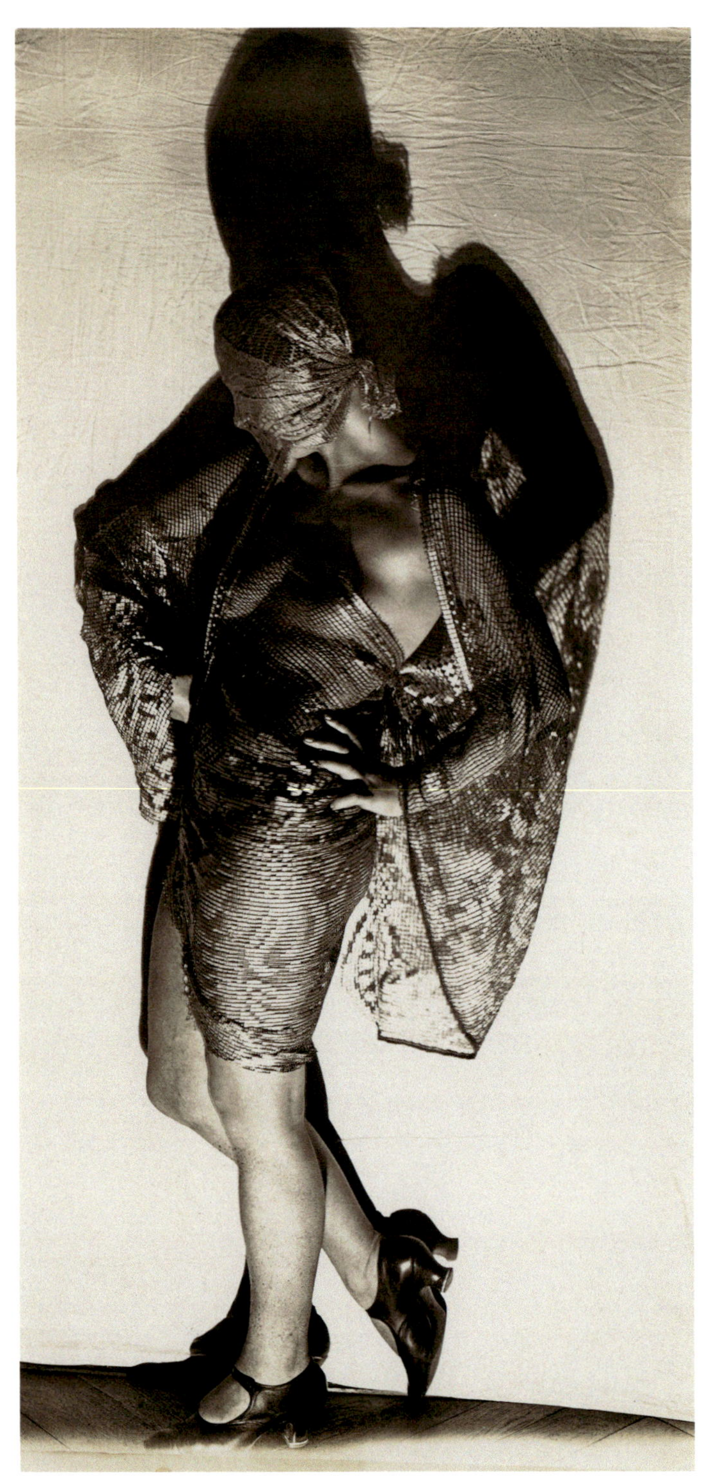

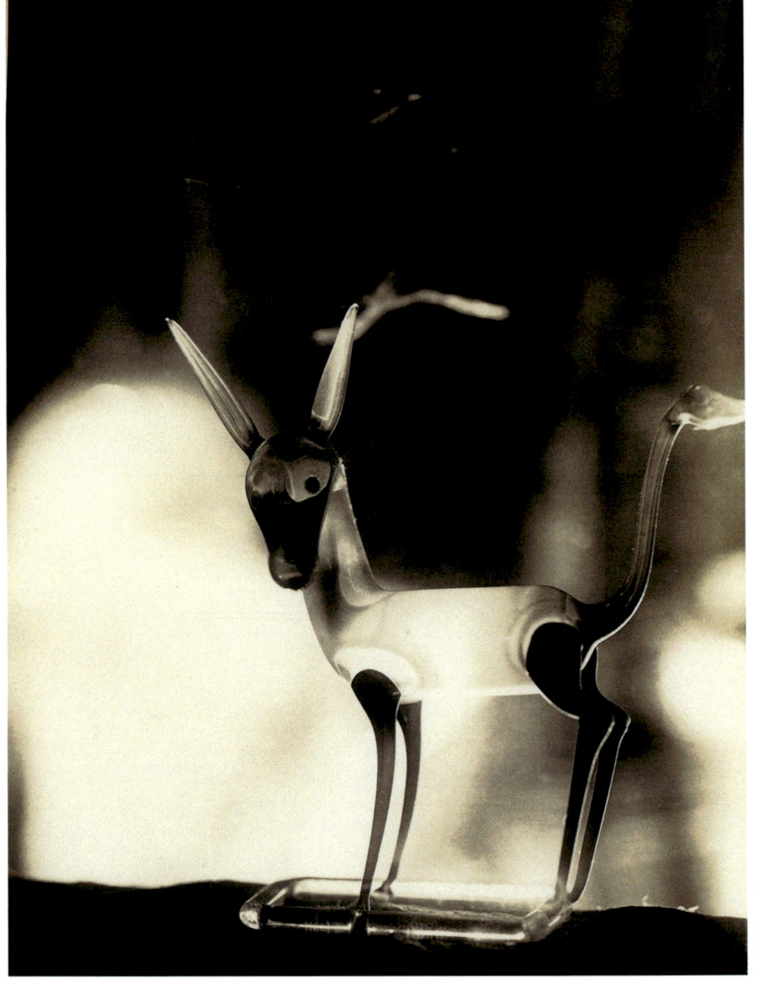

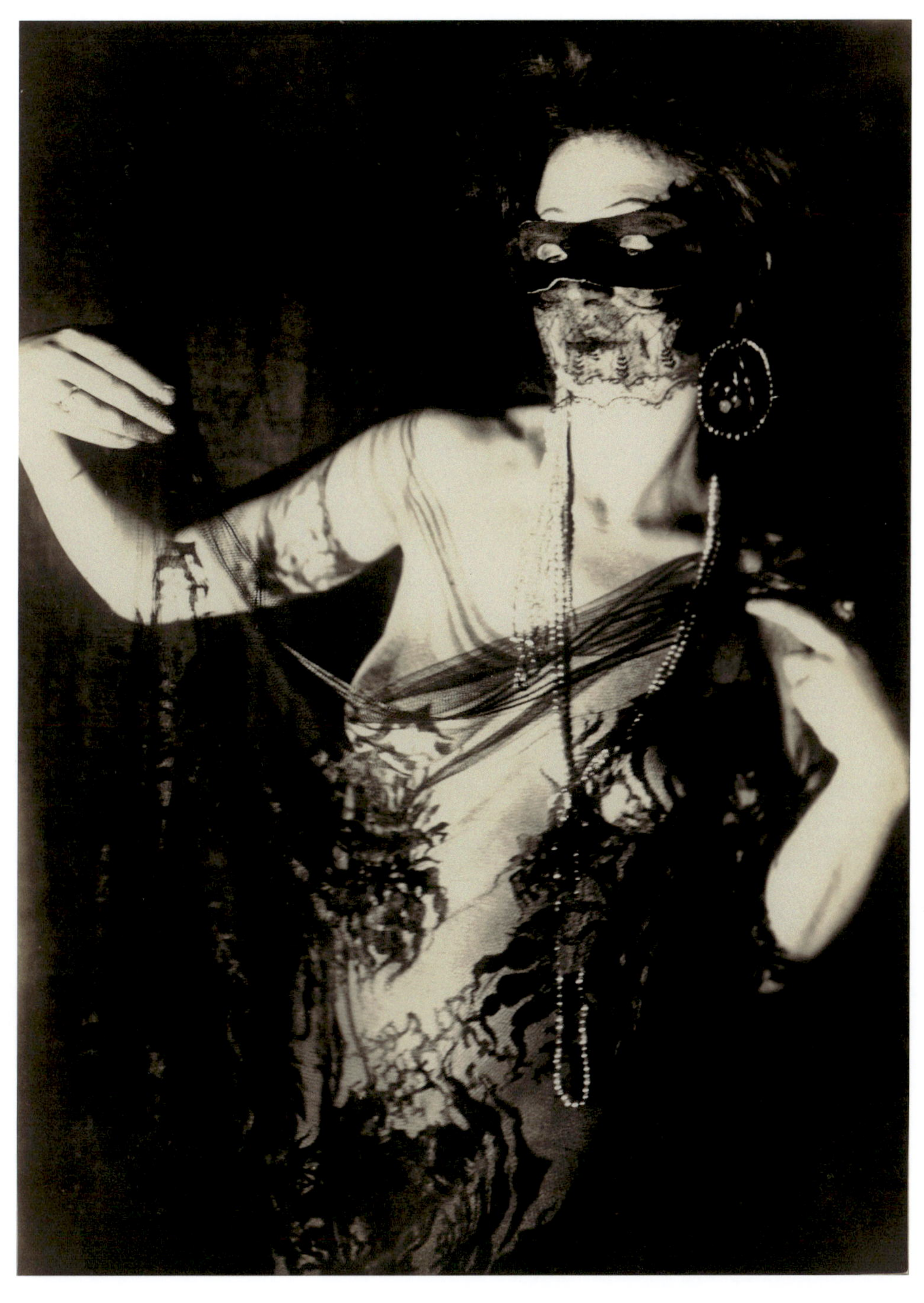

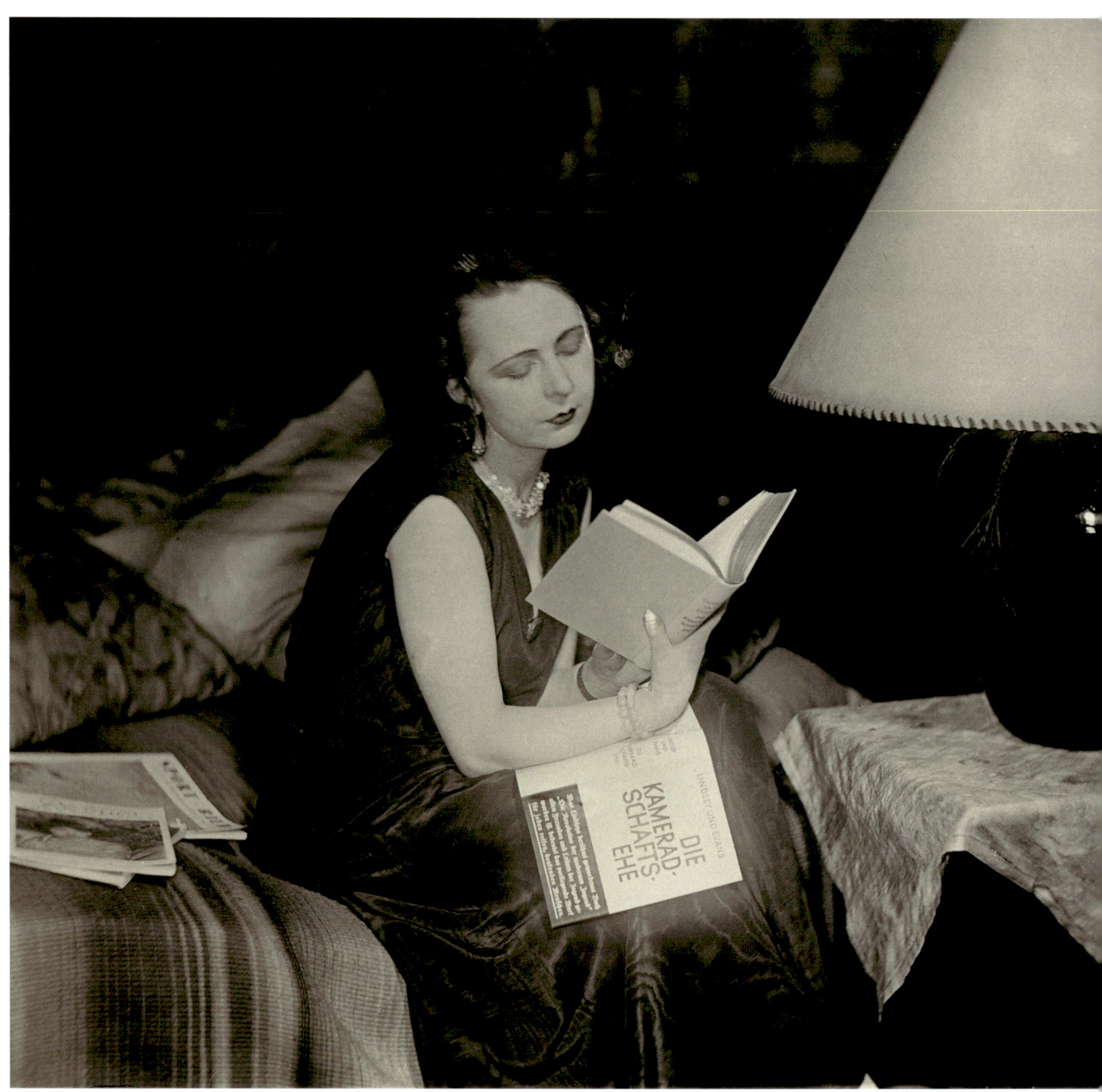
LINDSEY UND EVANS
DIE KAMERAD-SCHAFTS-EHE

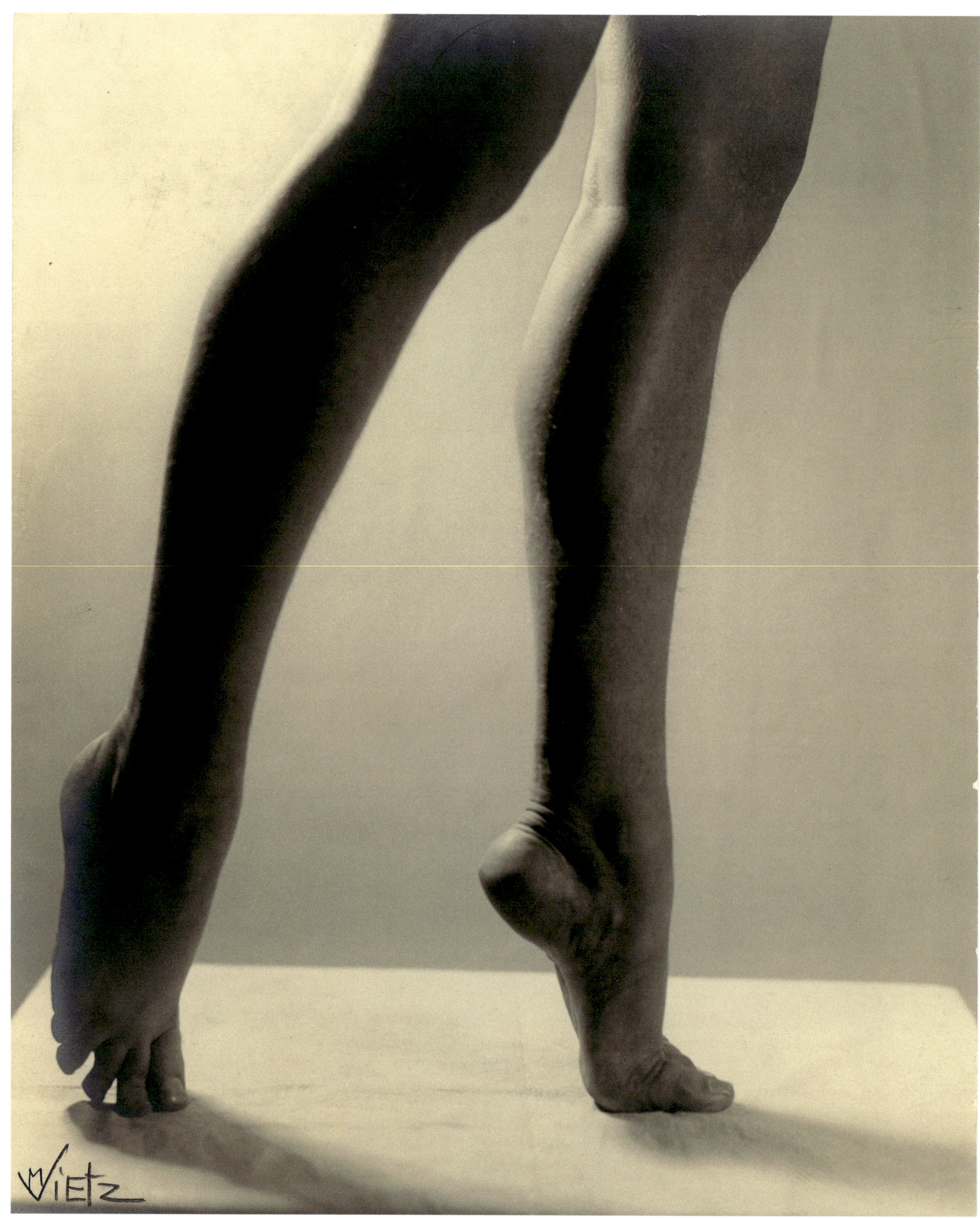

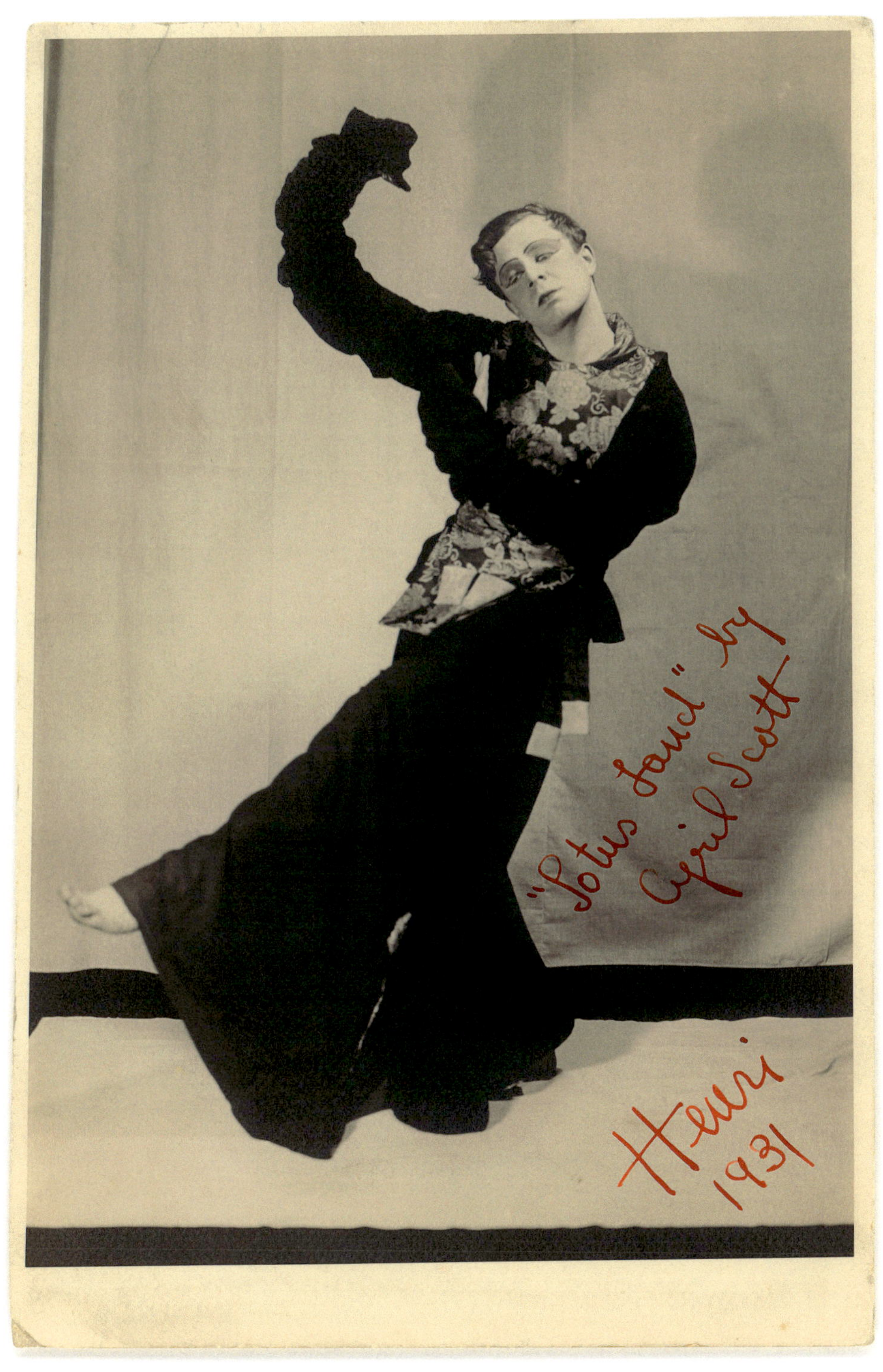
"Lotus Land" by
Cyril Scott
Henri
1931

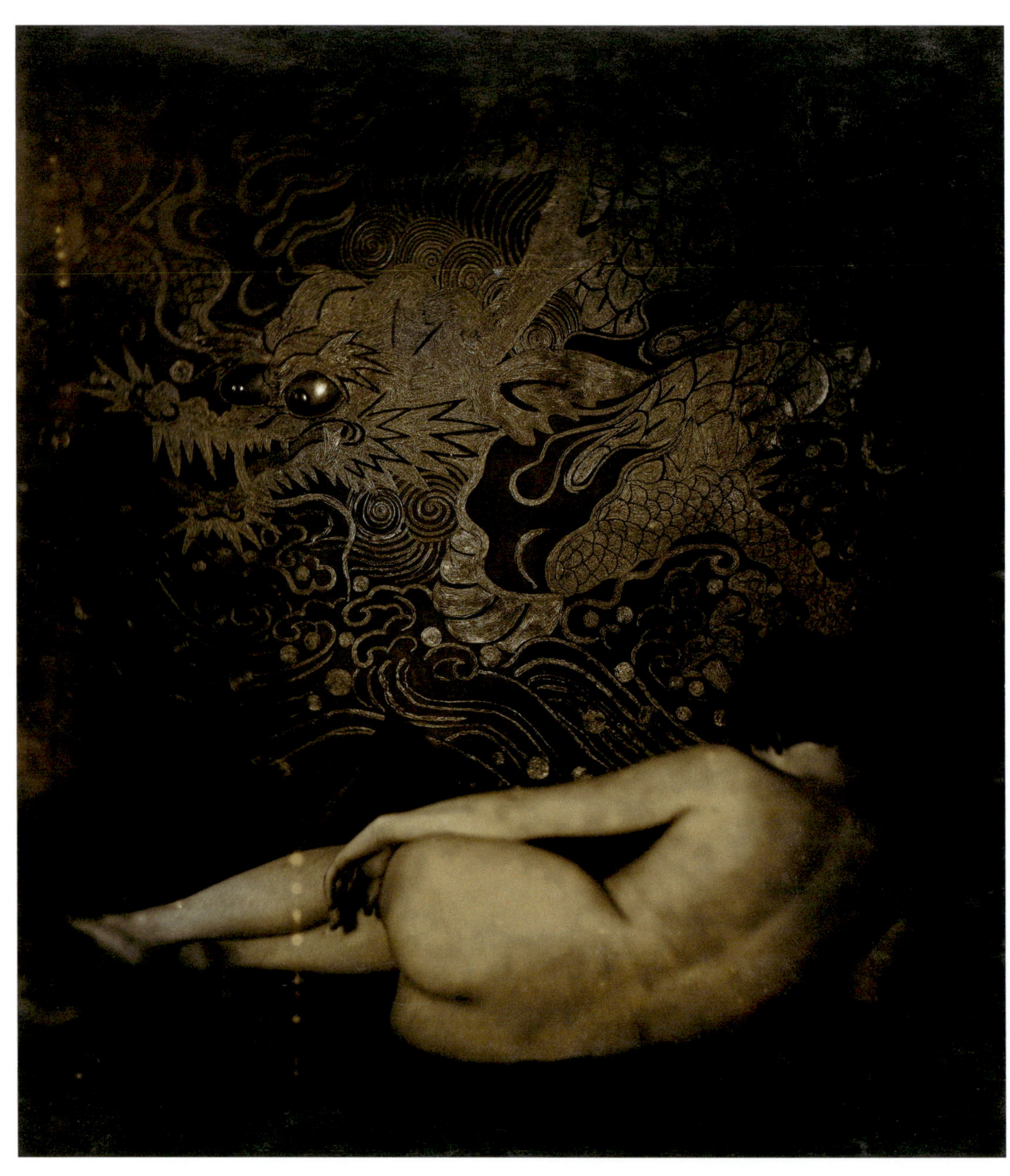

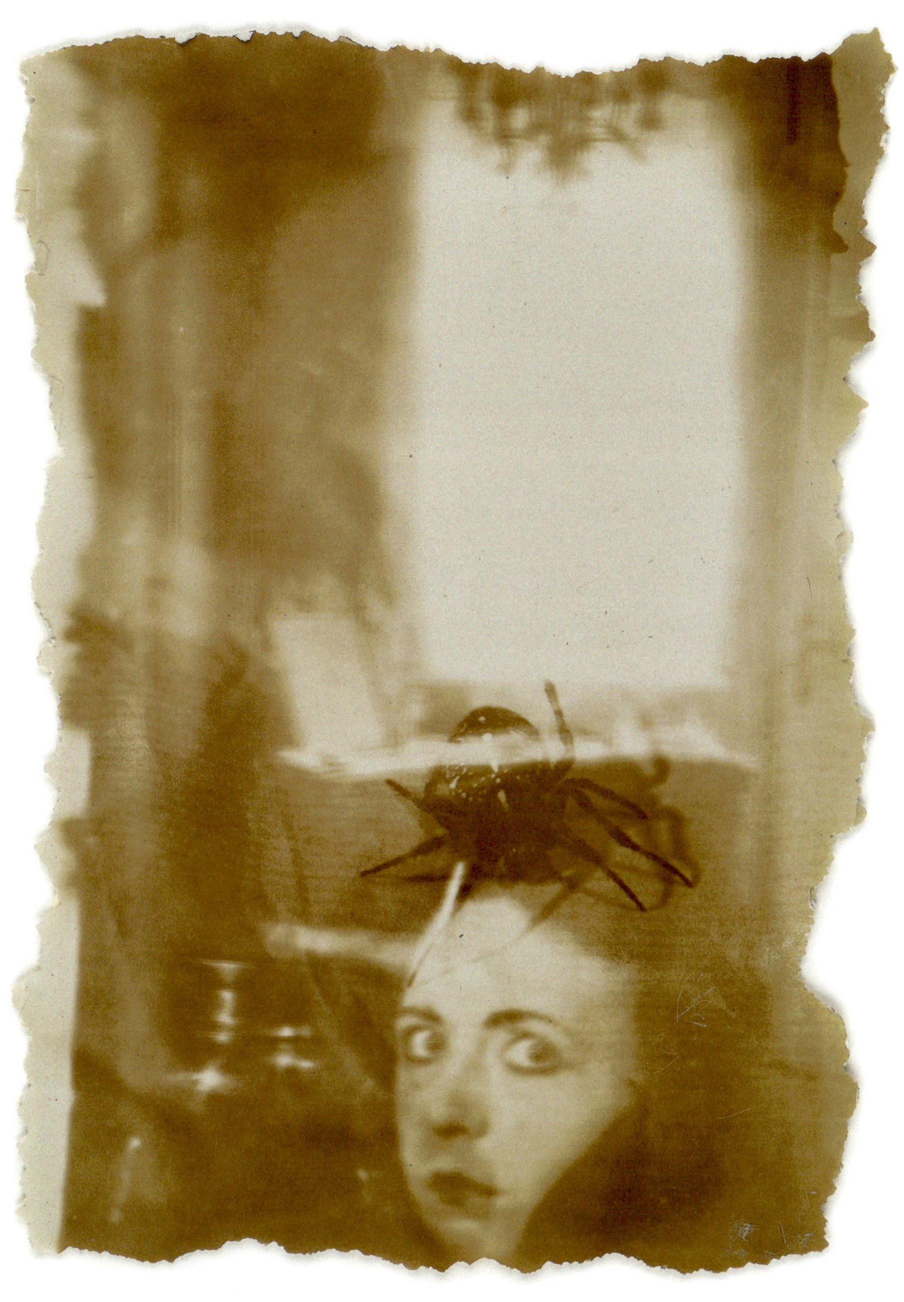

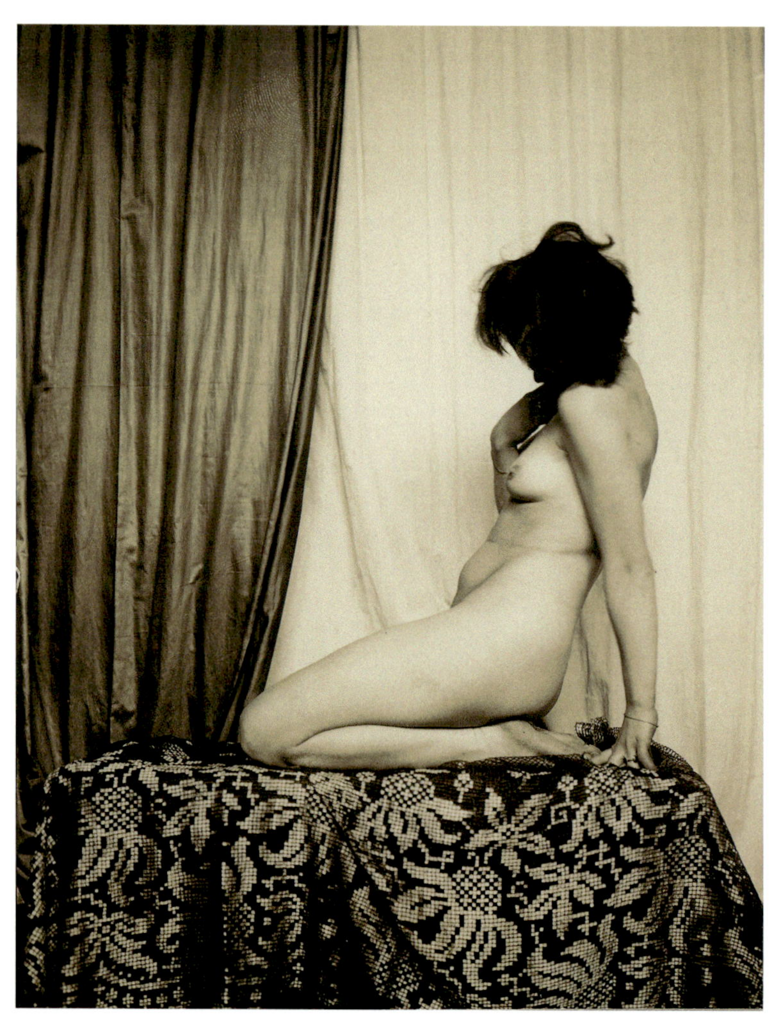

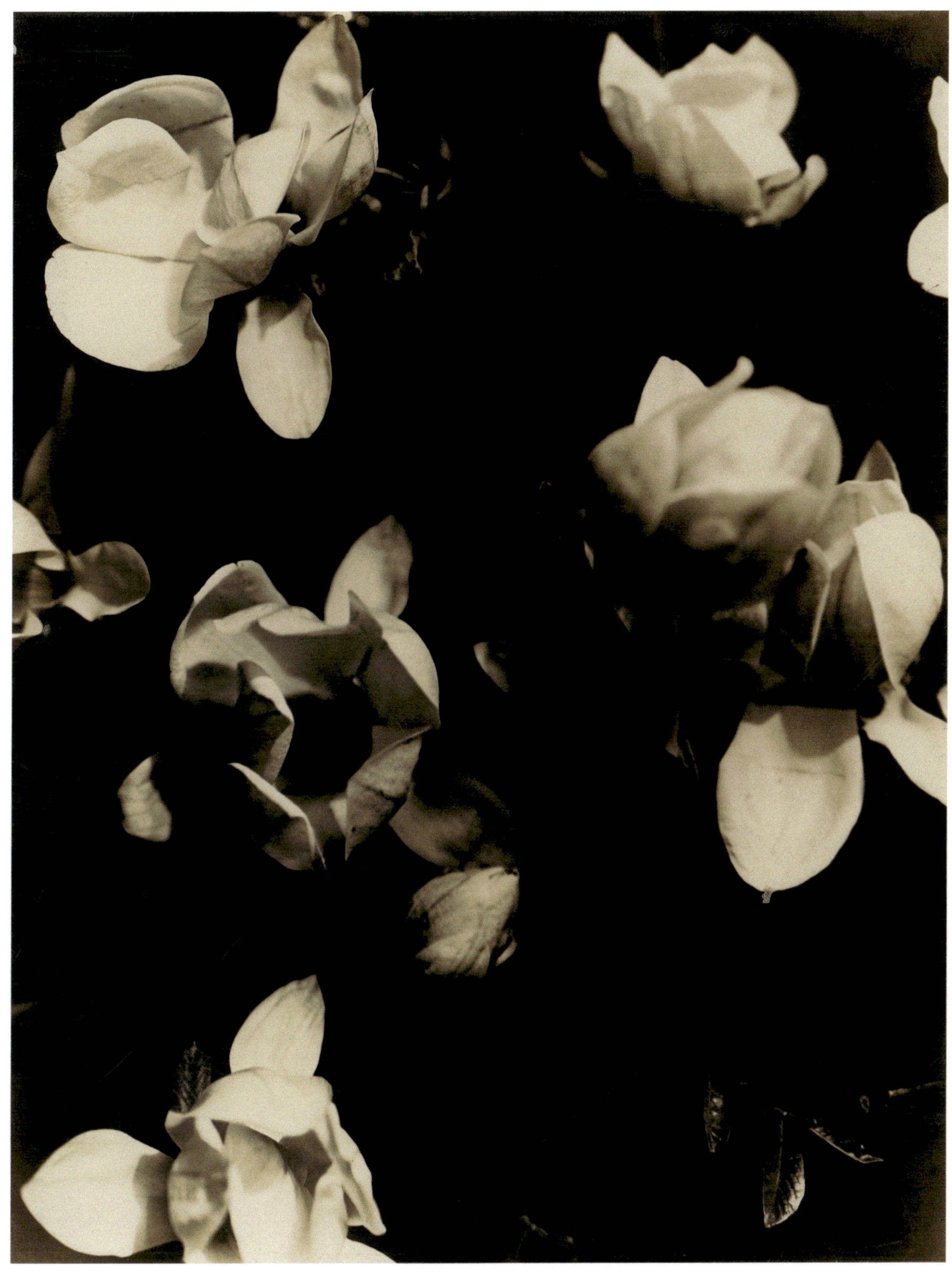

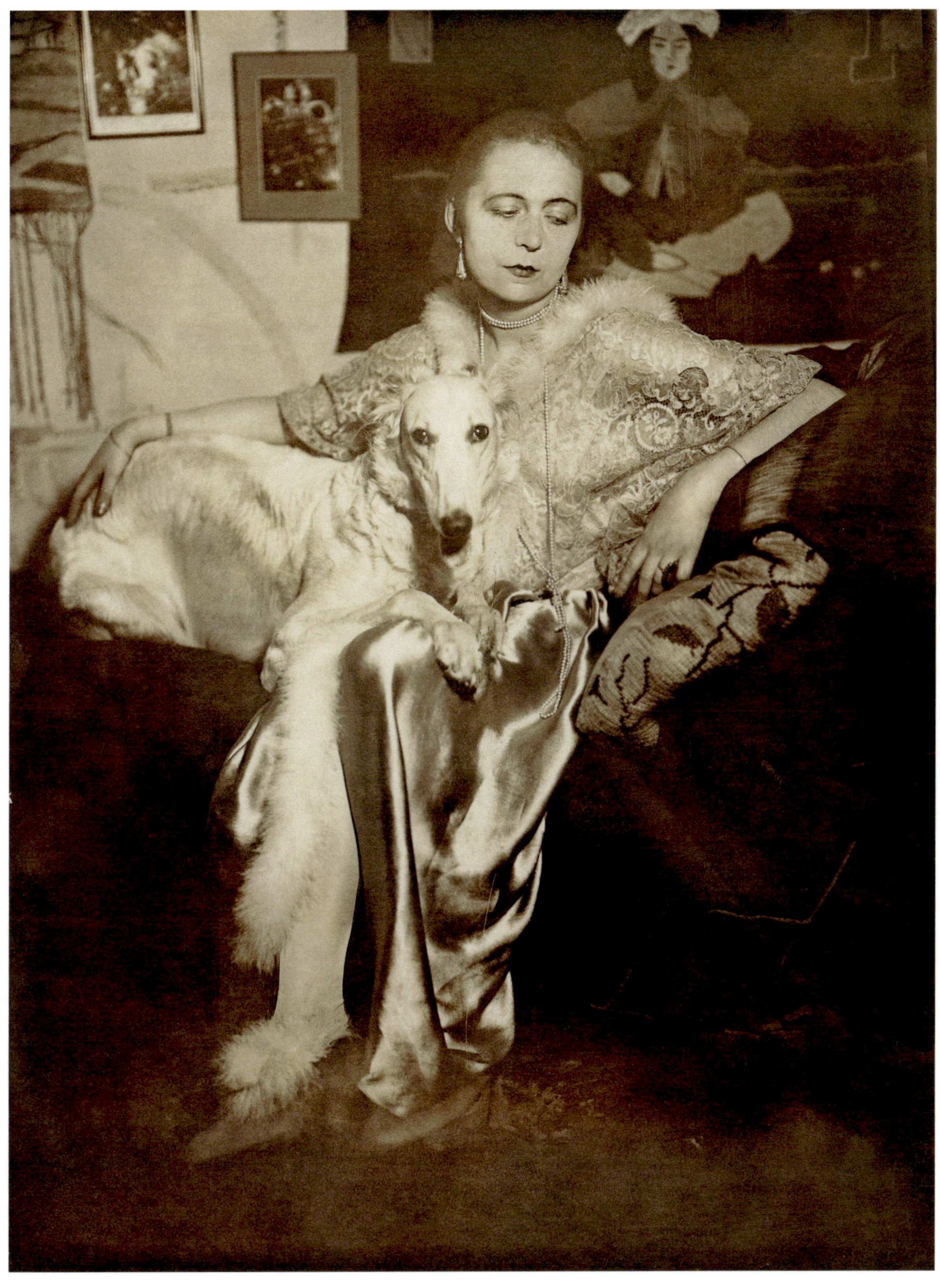

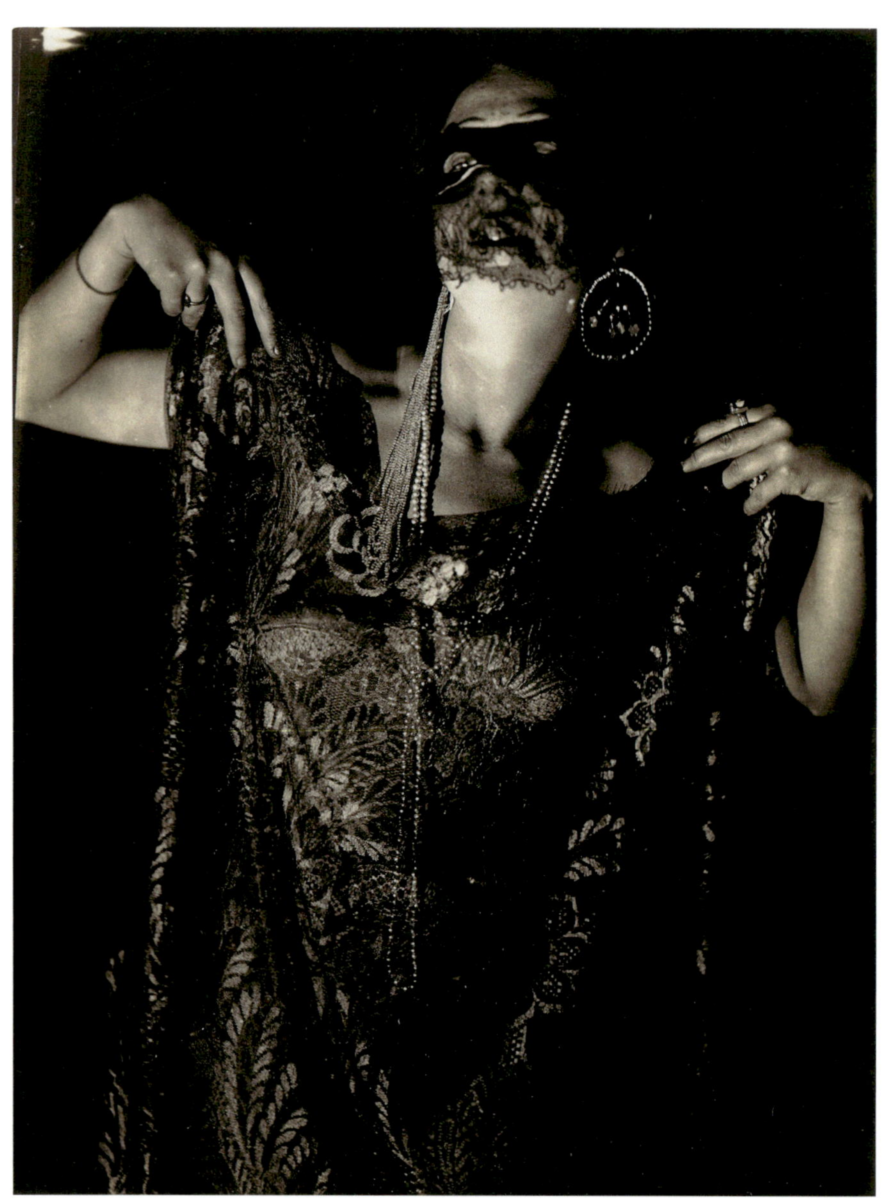

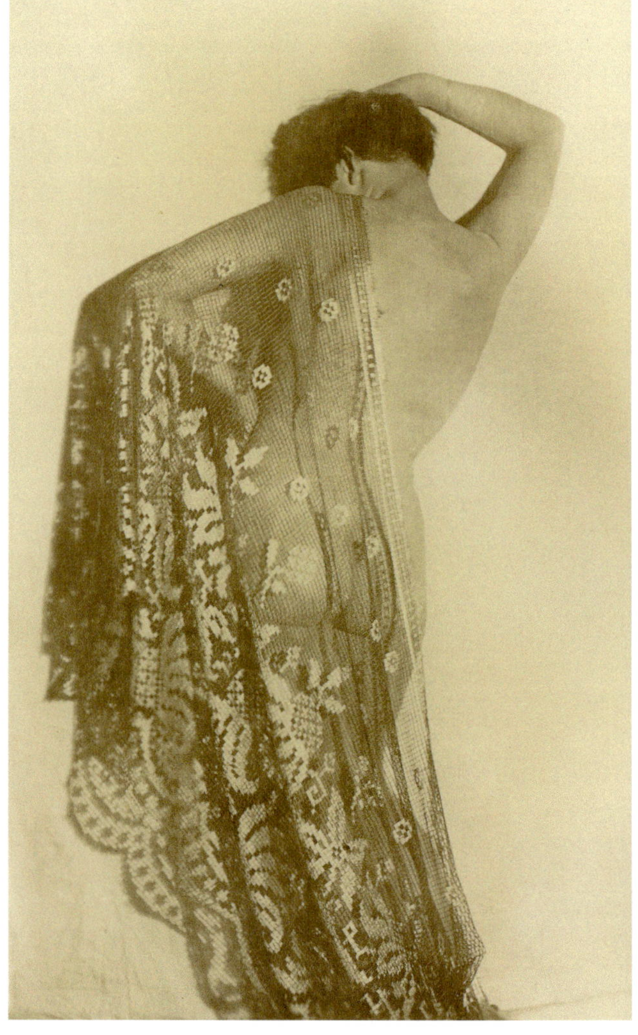

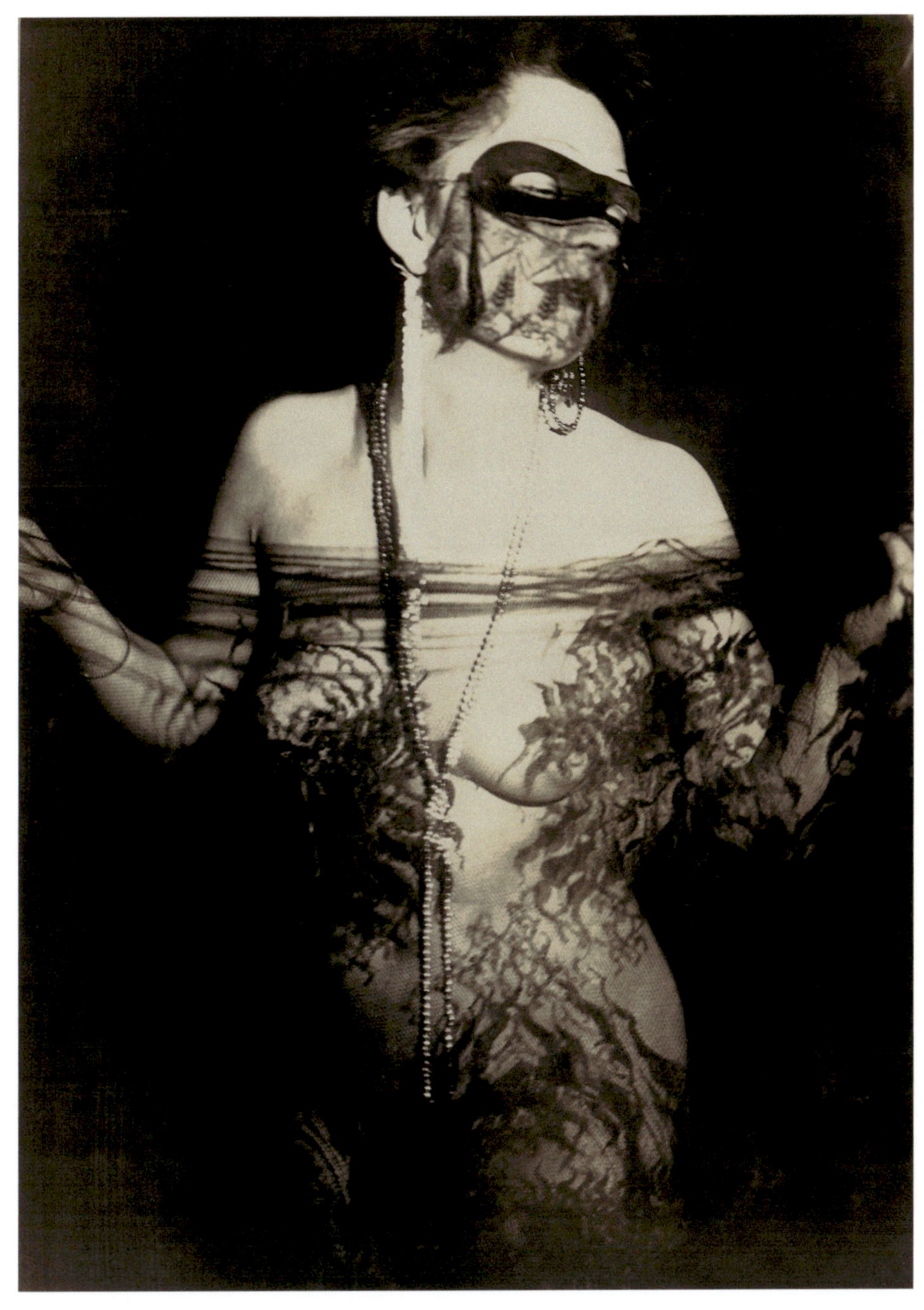

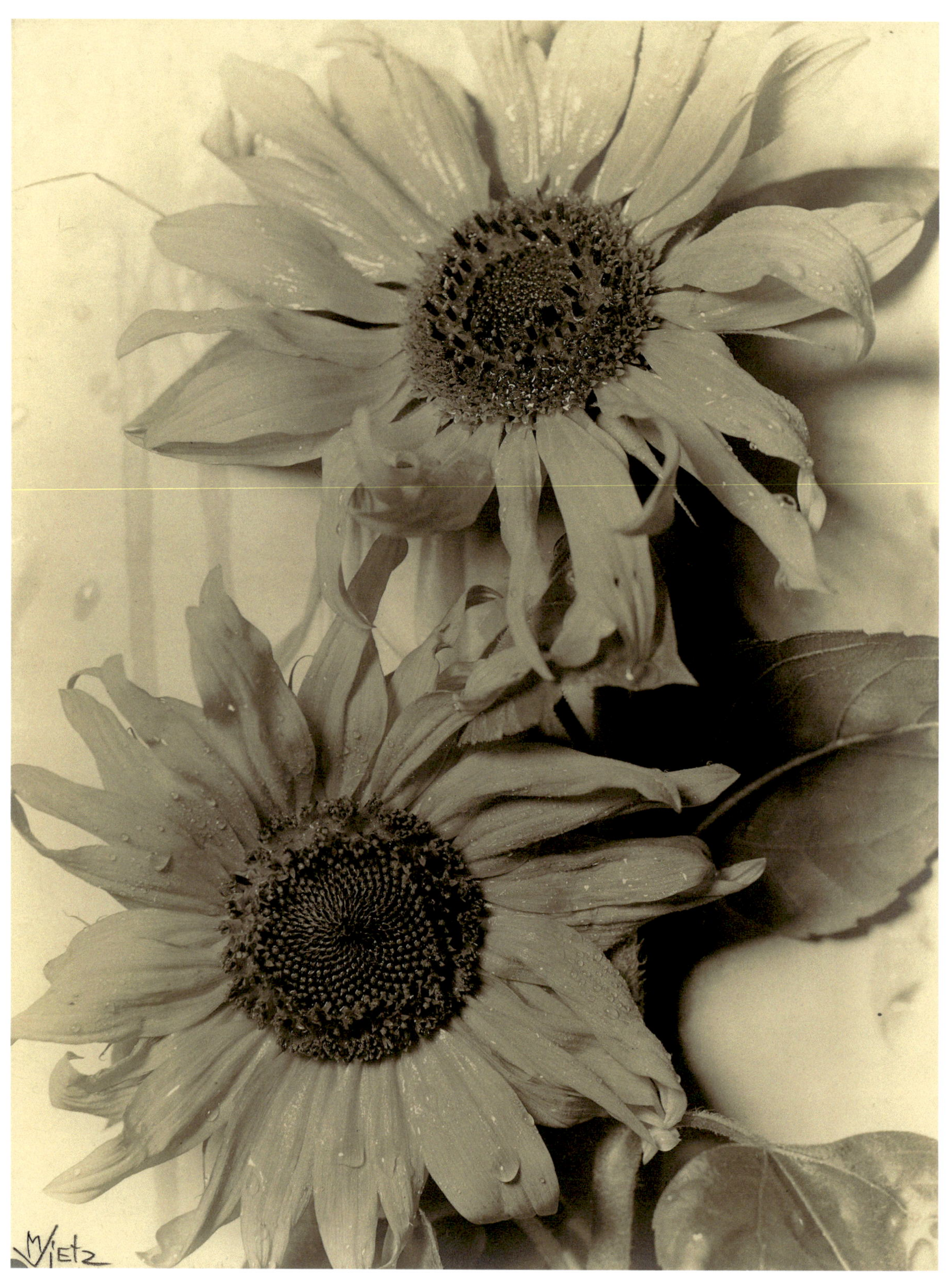
MVietz

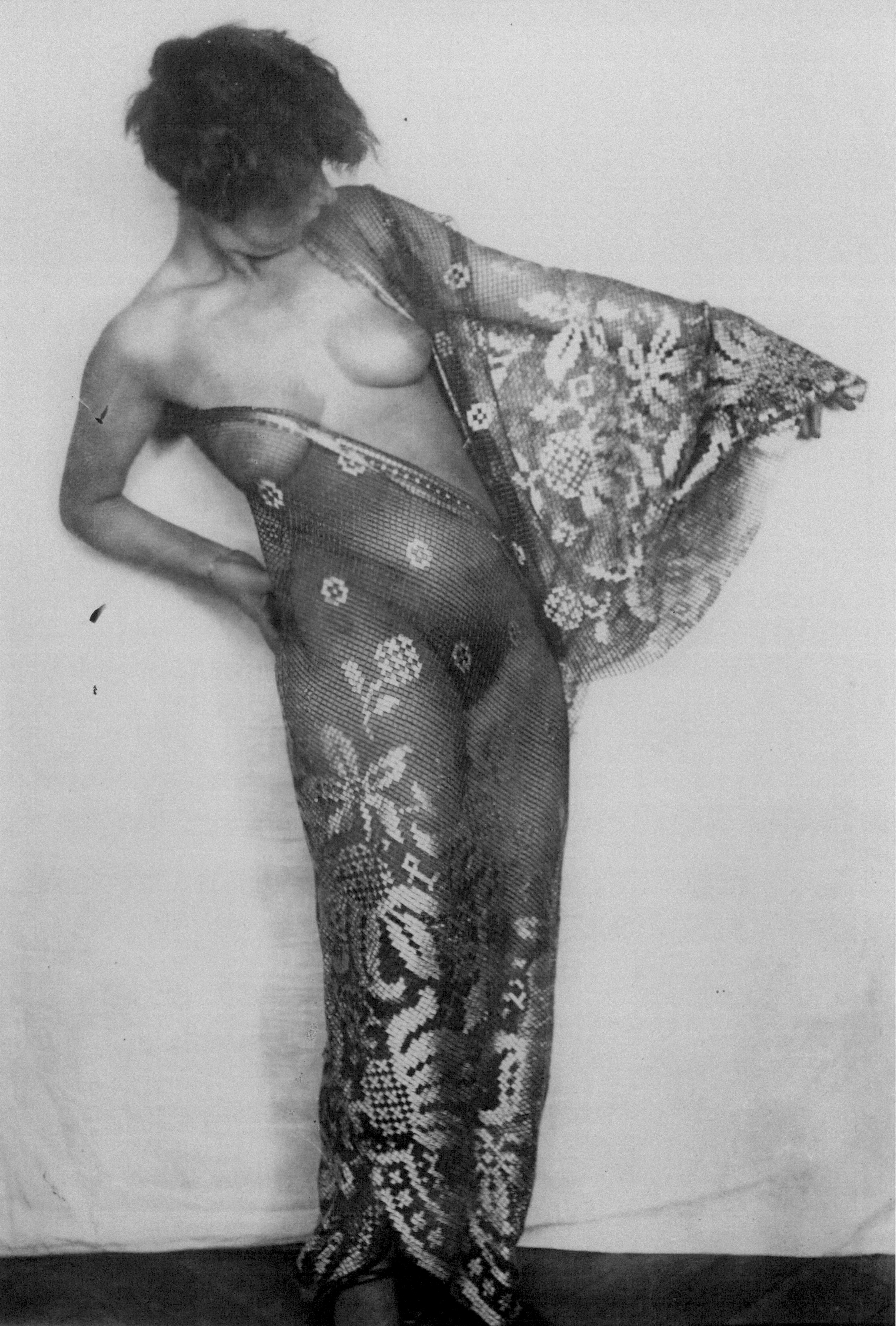

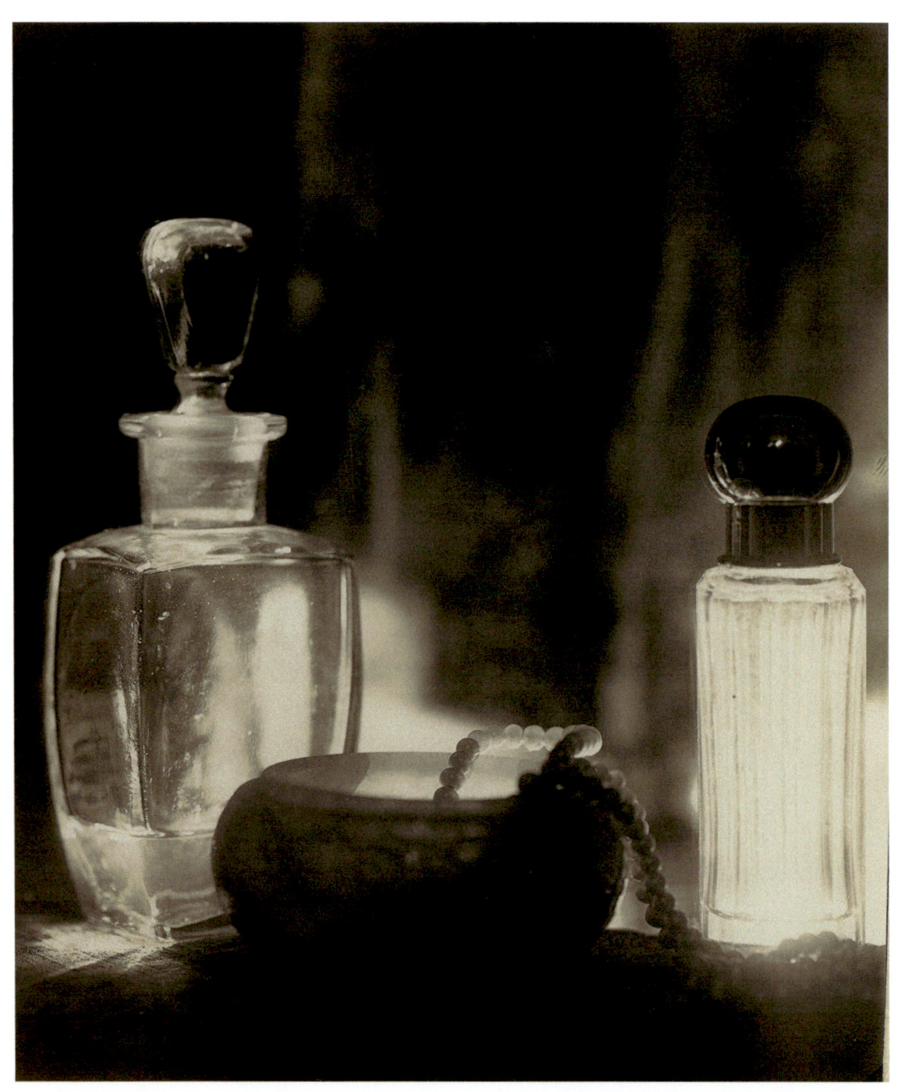

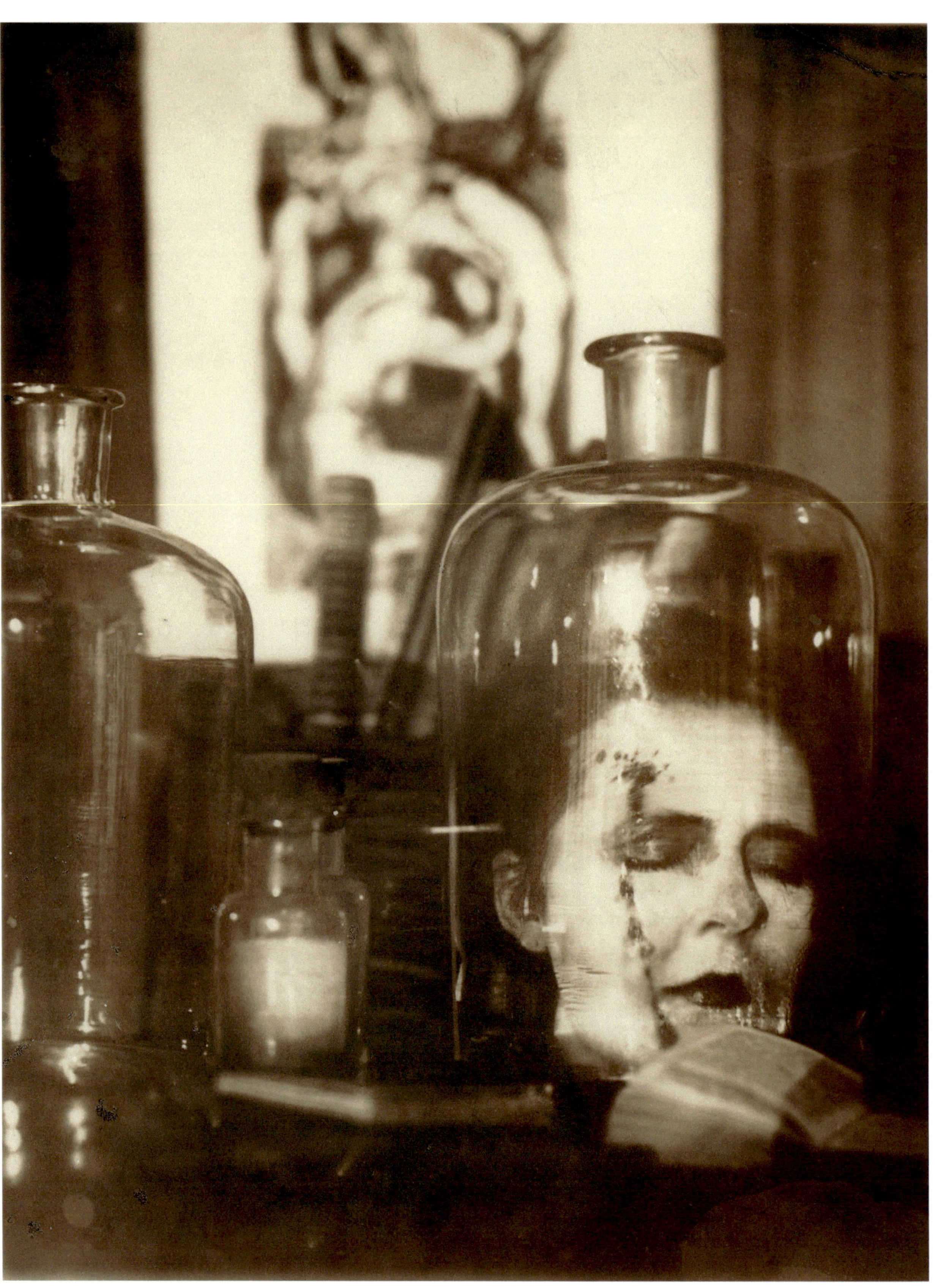

Frau unter Glas

Die Fotografie *Selbstmord in Spiritus* (um 1927)

Katia Reich

»[D]er Körper schien in eine wundersame Glasvitrine eingeschlossen, die kein Laut durchdringen konnte, und der Geist ohne Berührung mit der Wirklichkeit [...] war frei, sich jeglicher Betrachtung hinzugeben.«
Virginia Woolf (1929)[1]

Der scheinbar vom Rumpf abgetrennte weibliche Kopf in der Glasflasche wirkt wie konserviert. Die Augen sind geschlossen, die Lippen bemalt, das Haar streng zurückgekämmt. Aus einer Verletzung auf der rechten Stirnseite dringen Blutspuren hervor. Es ist Marta Astfalck-Vietz selbst, die sich hier inszeniert: feminin, mysteriös, schockierend. Ihr Kopf ist eingezwängt in den Glaszylinder einer Laborflasche. Auf dessen linker Seite bündeln sich Lichtreflexe zu einem Kreuz. In der Bildmitte sieht man die Schemen einer Staffelei. Auf dem hellen, projektionsartigen Hintergrund sind schlanke, tanzende Figuren und eine knieende, weiblich gelesene Person erkennbar. Zwei Bücher, das rechte ist in der Mitte aufgeschlagen, gestalten wie Requisiten den Vordergrund. Zwei weitere geöffnete Laborflaschen unterschiedlicher Größen stehen am linken Bildrand [→ S. 136].

Die Rückseite der Fotografie liefert weitere Fakten. Ein Tintenstempel verfügt: »Das Bild darf nur mit der Namensnennung Photo Marta Vietz veröffentlicht werden« und verweist auf die Urheber*innenschaft. Einige Bleistiftnotizen referenzieren auf einen möglichen Bildtitel: »Selbstmord« und darunter, ebenfalls in Bleistift, in einer anderen Handschrift: »In Spiritus«. Rechts unten der Stempel des Berliner Pfeil-Verlags [→ S. 137].[2]

Zwischen Realität und Fiktion oszillierend, weckt die detailreiche Bildkomposition *Selbstmord in Spiritus* vielfältige Assoziationen: Ein rätselhafter Selbstmord? Ein surreales Arrangement? Ein Vanitas-Stillleben?

Selbstmord in Spiritus gehört zu den beeindruckendsten Werken der Künstlerin.[3] Die Fotografie entstand spontan, an einem kalten Wintertag in Berlin, so erinnerte sich Astfalck-Vietz 1992, als der Frost die Böden der im Atelier bewahrten, für den fotochemischen Entwicklungsprozess benötigten Natronflaschen herausgesprengt hatte. Das Setting wirkt bühnenartig und zufällig, aber auch kunstvoll arrangiert. Hier stülpte sich die Künstlerin »die Flasche über« und fragte: »Wer knipst denn?« Fotografenfreund Heinz Hajek-Halke (1898–1983) musste schnell den Auslöser bedienen, denn die Luft unter der Glasflasche wurde knapp.[4]

Kombination unvereinbarer Realitäten

Selbstmord in Spiritus ist Selbstporträt und gleichzeitig faszinierender ästhetischer Ausdruck seiner Zeit. Das Werk führt die Betrachtenden in verschiedene kultur- und kunsthistorische Kontexte und in die gesellschaftspolitischen Realitäten der Weimarer Republik. Man kann »Selbstmord«, den ersten Teil des Titels, als direkte Anspielung auf die hohe Selbsttötungsrate in der zerrütteten Nachkriegsgesellschaft lesen, oder aber man bezieht ihn künstlerisch auf die Faszination von rätselhafter Fiktion, spektakulärem Horror und Kriminalistik in Literatur und Film der 1920er-Jahre generell. »In Spiritus«, der zweite Teil des Titels, verweist möglicherweise auf Trinkspiritus, der neben Kokain, Opium und Morphium als ein weiteres tödliches Rauschmittel dieser Zeit kursierte. Die Zeitschrift *Das Magazin* veröffentlichte 1927 mit der Fotografie *Gift* von Balewé (Lebensdaten unbekannt) die eindrucksvolle Darstellung einer umfangreichen Palette gefährlicher Drogen [→ S. 138].[5] »Spiritus«, übersetzt als »Geist«, kann aber auch in philosophischem oder psychologischem Kontext gelesen werden oder im

Marta Astfalck-Vietz, *Selbstmord in Spiritus*, um 1927, Inv. BG-FS 059/91,53, Rückseite.

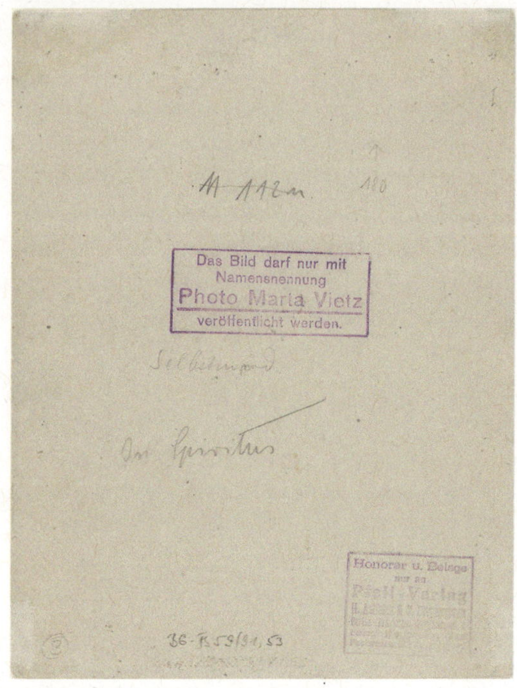

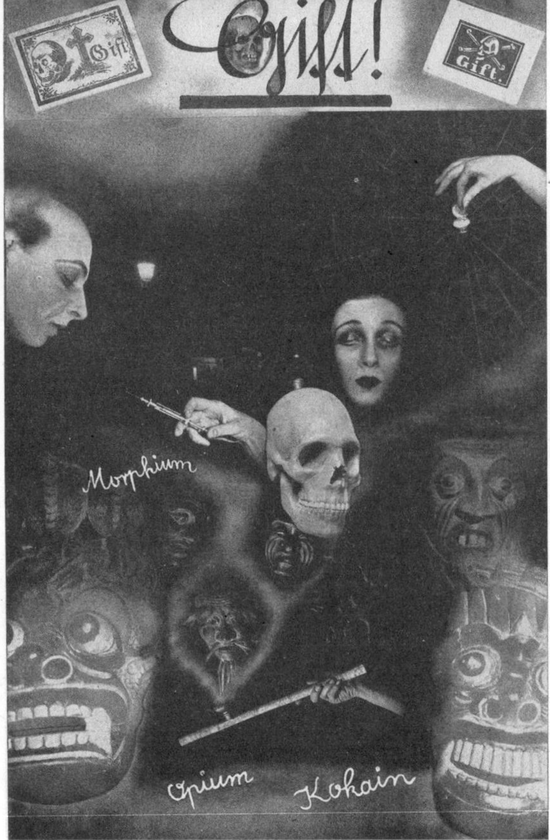

Balewé, *Gift*, undatiert, in: *Das Magazin* 4, 1927, H. 37, S. 1332.

Zusammenhang mit der symbolhaften Lichtreflexion in Kreuzform als Referenz auf das Sakrale verstanden werden. Die inszenierten Details, wie das aufgeblätterte Buch, die blutige Schussverletzung, der abgetrennte Kopf, mögen die Betrachtenden anregen, Vanitas-Motive zu assoziieren und über die eigene Vergänglichkeit nachzudenken.

Selbstmord in Spiritus spielt mit dem Uneindeutigen, dem Imaginären. Bei der Bildentstehung ist auch der Zufall, den Astfalck-Vietz als Spontanität beschreibt, künstlerisches Prinzip,[6] analog zur Vorstellung von der Genese des surrealistischen Bildes, die den Schaffensprozess eher als »eine Art Heimsuchung, ein[en] schöpferische[n] Akt, der vom Geist nicht gesteuert werden kann«, versteht.[7] War die Reflexion über den Bildinhalt für die Surrealist*innen sekundär, so ließ auch Astfalck-Vietz Freiraum für vielfältige Assoziationen: Mittels Uneindeutigkeit durch Inszenierung und dem Herausstellen fotografischer Materialität konterkarierte sie die mimetischen Prinzipien der Fotografie.

Surreales in Paris

Im Paris der 1920er-Jahre entstanden verschiedene surrealistische Werke mit dem Motiv »Frau unter Glas«. Bereits 1925 inszenierte Claude Cahun (1894–1954) zusammen mit ihrer Lebensgefährtin Suzanne Malherbe (1892–1972) die vierteilige Serie fotografischer Selbstporträts *Studies for a Keepsake* [→ S. 141].[8] Anders als Astfalck-Vietz, die ihren Kopf in einer Glasflasche aus dem chemischen Labor darstellt, zeigt Cahun den Kopf isoliert unter einer ovalen domartigen Glashaube. Glasobjekte dieser Form wurden oft zur Repräsentation christlicher Reliquien, aber auch für wertvolle unbelebte Objekte und Artefakte verwendet. Während Astfalck-Vietz auf fiktive Narration setzt, für die sie ihre Objekte vielgestaltig inszeniert und mittels gestaffelter Bildebenen räumliche, fast dreidimensionale Tiefe erzeugt, bleiben die Köpfe der Modelle bei Cahun und später in Lee Millers (1907–1977) Fotografie *Tanja Ramm under a bell jar* (1930) isoliert.[9] Miller stellt ihr Modell, die Augen geschlossen, kontaktlos und einzig auf einem Buch stehend dar [→ S. 139].

Von Cahuns *Studies for a Keepsake* und Millers *Tanja Ramm under a bell jar* sind keine Veröffentlichungen der Zeit zu finden, allein die überraschend ähnliche Fotografie *Hommage à D.A.F. de Sade* (1930) von Man Ray (1890–1976) wurde publiziert.[10] Sie findet sich in der dem französischen Autor Marquis de Sade (1740–1814) gewidmeten Ausgabe *Le Surréalisme au service de la révolution* (1930) von André Breton (1896–1996).[11]

Frau unter Glas

Das Motiv »Frau unter Glas« kann jedoch nicht nur als ein rein ästhetisches Gestaltungselement gelesen werden.[12] Es verweist unter anderem als einflussreiche Metapher auch auf die fehlende sozioökonomische Teilhabe und auf die von der Bildproduktion überwiegend ausgeschlossene Frau.[13] Der »wundersame« Werkstoff Glas wird seinerzeit durch die Materialität, durch die »kein Laut durchdringen« konnte, bei gleichzeitiger Transparenz, bei der »der Geist ohne Berührung mit der Wirklichkeit« sich frei betrachten konnte, zum geeigneten Bedeutungs- und Bildträger.[14] Glas wird Sinnbild dafür, dass Grenzen und Differenzen auch künstlerisch zu verhandeln sind: Gegensätze von Körper und Geist, Zustände zwischen Leben und Tod,[15] Spiele mit dem Fiktiven in Abgrenzung zum Faktischen oder auch die Divergenz gesellschaftlich verankerter Geschlechterhierarchien.

Über diese Zusammenhänge war sich Marta Astfalck-Vietz sehr bewusst, wie sie überhaupt ihre künstlerische Arbeit stets selbstbewusst vertrat. Ihre Zusammenarbeit mit Heinz Hajek-Halke beschrieb sie als »produktive Phase«, sie verdanke ihm »sehr viel Ansporn und eine gewisse Sicherheit«, wie sie sich 1992 erinnerte, denn es war ihr klar, dass sie »als Frau alleine« diese Dinge gar nicht hätte »schaffen können«. Gleichzeitig hätte er es ohne sie auch »nicht geschafft«, so unterstrich sie.[16] Als Hajek-Halke für die Zeitschrift *Das Deutsche Lichtbild* ein Foto »einfach genommen« und nur unter seinem Namen veröffentlicht hatte, protestierte sie direkt beim Herausgeber der Zeitschrift Bruno Schultz.[17]

Es ist daher möglich, dass die mit *Die Selbstmörderin sieht sich im Giftglas* untertitelte Fotografie, erschienen 1931 in der Zeitschrift *Die Aufklärung*, auch von Astfalck-Vietz stammt [→ S. 143]. Die Urheber*innen der Bilder und des Artikels sind zwar nicht angegeben,[18] doch veröffentlichte das Magazin, bei dem auch Hellmuth Astfalck (1898–1974) als Umschlaggestalter tätig war, ab 1930 regelmäßig Fotografien der Künstlerin.[19] Astfalck-Vietz erinnerte sich 1992 daran, dass sie ihre Fotografien oft in »blindem Vertrauen« weggegeben habe, die zum Teil erschienen seien, für die sie aber ein »Honorar [...] nie gesehen« habe.[20]

Lee Miller, *Tanja Ramm under a bell jar*, Paris, France, 1930, Lee Miller Archives, England, NCO103-8.

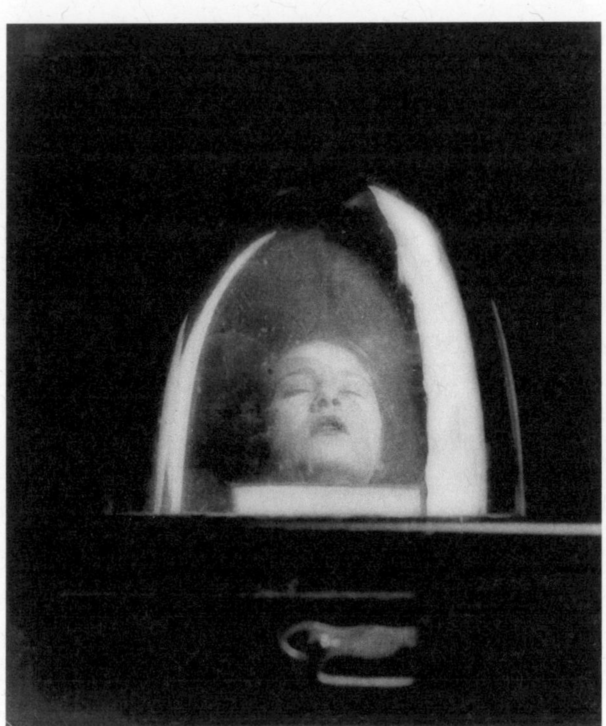

Mit *Selbstmord in Spiritus* trifft Astfalck-Vietz den Nerv der 1920er-Jahre und weist gleichzeitig über ihre Zeit hinaus. Sie spielt auf zeitgenössische Themen an, die sie dem Zeitgeist entnimmt und diesen gleichzeitig reflektiert. Dafür erfindet und arrangiert die Künstlerin ein formal wie inhaltlich komplexes Bildgefüge, dessen Hauptakteurin sie selbst ist. Vor und hinter der Kamera zugleich inszeniert Marta Astfalck-Vietz beides: ihren perfekten Selbstmord und ihre »Unsterblichkeit« in der Fotografie des 20. Jahrhunderts.

1 Virginia Woolf, *Ein Zimmer für sich allein*, übers. von Antje Rávik Strubel, Zürich 2021, S. 10 [engl. Original: *A Room of One's Own*, London 1929].

2 Zu den verschiedenen Stempeln, die Marta Astfalck-Vietz benutzte, siehe auch den Beitrag von Mette Kleinsteuber im vorliegenden Band, S. 159–162.

3 Es existiert eine zweite Fassung von *Selbstmord in Spiritus* (um 1925), die zwei Rissspuren im unteren Drittel aufweist und Heinz Hajek-Halke zugeschrieben wird, vgl. Klaus Honnef und Michael Ruetz, *Heinz Hajek-Halke. Artist, Anarchist*, Göttingen 2006, S. 15, 374. Eine zeithistorische Veröffentlichung des Werks findet sich bis dato nicht.

4 Marta Astfalck-Vietz zit. nach *»Standorte sind zum Verlassen da«. Video-Porträt der Photographin Marta Astfalck-Vietz. Jg. 1901*, Dokumentarfilm, Idee und Konzeption: Inken Dohrmann, Regie: Gerit von Leitner, DE 1992, 00:54:48, hier 00:38:22ff., Berlinische Galerie, Fotografische Sammlung, Künstler*innen Dossier, vgl. auch Janos Frecot, »Selbstmord in Spiritus«, in: *Zwischenspiel V. Ich bin's*, hg. von Berlinische Galerie e. V. (Ausst.-Kat. Berlinische Galerie), Berlin 2003, S. 34.

5 Vgl. *Das Magazin* 4, 1927, H. 37, S. 1332. Siehe auch: Franziska Kunze, *Der Stoff, aus dem die Bilder sind. Zur Materialität vor, in und hinter der Fotokamera von Marta Astfalck-Vietz* [Typoskript], Masterarbeit Humboldt-Universität zu Berlin, 2011, S. 49.

6 »Mein Wesen ist Spontanität, das Tun, das Handeln« lautet eine Selbstbeschreibung von Marta Astfalck-Vietz, vgl. Frauke Runge und Brigitte Schwettmann, unveröffentlichter Vortrag zu Marta Astfalck-Vietz in Wathlingen 2004, Berlinische Galerie, Fotografische Sammlung, Künstler*innen Dossier.

7 Vgl. Christian Sauer, »Comment on force l'inspiration? Der surrealistische Bildbegriff und seine Anforderungen in Relation zur künstlerischen Umsetzbarkeit«, in: *Der Surrealismus in Deutschland (?)*, hg. von Karina Schuller und Isabel Fischer, Hildesheim 2023, S. 95–108, hier S. 102 (Wissenschaftliche Schriften der WWU Münster, Reihe XII, Bd. 17).

8 Die vier Silbergelatine-Fotografien, datiert mit circa 1925, sind im Musée d'Art Moderne de Paris bewahrt, vgl. https://www.mam.paris.fr/fr/collections-en-ligne/#/artwork/claude-cahun-lucy-schwob-dite-studies-for-a-keepsake-180000000007390 [gelesen am 11. 2. 2025]. Das Jersey-Heritage-Archiv, in dem der Nachlass von Claude Cahun bewahrt wird, besitzt die Negative des Motivs; dort ist vermerkt: »from an envelope marked Nantes Janvier 1932 Jersey 1932 Kid et Jersey 1932 Globes Keepsake«, vgl. https://catalogue.jerseyheritage.org/collection-search/?si_elastic_detail=collect_5566 [gelesen am 31. 1. 2025].

9 Vgl. Cathérine Hug, »Viele Leben, ein paar Augen. Überlegungen zu Lee Millers surrealistischer Betrachtungsweise«, in: *Lee Miller. Fotografin zwischen Krieg und Glamour*, hg. von Kathrin Baumstark (Ausst.-Kat. Bucerius Kunstforum), Hamburg 2023, S. 30–39, hier S. 33ff.

10 Die vom Berliner Ullstein Verlag herausgegebene Zeitschrift *Die Dame* veröffentlichte 1925 sieben Bildnisfotografien des amerikanisch-französischen Surrealisten Man Ray, vgl. *Die Dame* 52, 1925, H. 8, o. S.

11 Im Gegensatz zu Lee Millers *Tanja Ramm under a bell jar* (1930) verbindet Man Ray in *Hommage à D.A.F. de Sade* (1930) die Augen des Modells, vgl. Szilvia Gellai, *Glass Scenographies. Notes on Spaces of One's Own*, Weimar 2023, S. 68–78, hier S. 72f.; vgl. Katharine Conley »Claude Cahun's Exploration of the Autobiographical Human«, in: dies., *Surrealist Ghostliness*, Lincoln/NE 2013, S. 47ff.

12 Szilvia Gellai untersucht das Motiv der »Frau unter Glas« in den surrealistischen Fotografien von Claude Cahun, Lee Miller, Man Ray u. a., vgl. Szilvia Gellai, »Female Heads at Cutting Edge of Surrealism«, in: Gellai 2023 (wie Anm. 11), S. 68–78.

13 Gellai untersucht gattungsübergreifend Beiträge von Frauen zur Glaskultur und deutet die Verwendung des Materials auch als Metapher, Refugium oder Regulierungswerkzeug, vgl. Gellai 2023 (wie Anm. 11).

14 Vgl. Woolf 2021 [1929] (wie Anm. 1), S. 10.

15 Seit der Erfindung der Vakuumpumpe in der Mitte des 17. Jahrhunderts hatten Glasglocken einen festen Platz in den mechanischen Versuchsapparaturen der neuen experimentellen Wissenschaften. Die Gläser ermöglichten es, die messbare Wirkung eines Vakuums auf unbelebte und lebende Materie direkt zu beobachten. Der englische Maler Joseph Wright of Derby (1734–1797) machte das zum Gegenstand seines Gemäldes *Das Experiment mit dem Vogel in der Luftpumpe* (1767 oder 1768), vgl. Szilvia Gellai, »Under the Dome: From Cult to Experiment«, in: Gellai 2023 (wie Anm. 11), S. 62–67, hier S. 65f.

16 *»Standorte sind zum Verlassen da«* 1992 (wie Anm. 4), 00:39:43ff.

17 Ebd., 00:39:30ff. Die Fotografie von Astfalck-Vietz, die sie sich selbst zuschreibt, ist in der Jahresschau mit »H. Hajek-Halke« unterschrieben und abgebildet in: *Das Deutsche Lichtbild*, Jahresschau 1928/29, Berlin, S. 39.

18 Die Fotografie illustriert den Textbeitrag »Künstlertum«, der über die Analogien und Differenzen von Kunst und verbrecherischen Handlungen auch vor der Folie der Psychoanalyse verhandelt. Eine weitere Illustration, *Ein bekannter Künstler und Verbrecher*, zeigt das Brustbild einer männlich gelesenen Person, mit Zigarette und Revolver jonglierend; es erinnert an Heinz Hajek-Halke, vgl. »Künstlertum«, in: *Die Aufklärung. Monatsschrift für Sexual- und Lebensreform*, hg. von Magnus Hirschfeld und Maria Krische, 3, 1931, H. 1, S. 19. Für diesen Hinweis danke ich Inga Elsbeth Schwarz. Der Nachlass von Heinz Hajek-Halke bewahrt die Fotografie *Ohne Titel (Kopf einer Frau in einem Glaskasten liegend)*. Statt einer Laborflasche wird ein rechteckiger Glaskasten gezeigt, vgl. Akademie der Künste, Berlin, Inv. Hajek_Halke 454.

19 Vgl. Ralf Dose, »Aufklärungen über ›Die Aufklärung‹ – Ein Werkstattbericht«, in: *Mitteilungen der Magnus-Hirschfeld-Gesellschaft*, 1991, H. 15, S. 31–42, hier S. 36. Die erste namentlich ausgewiesene Veröffentlichung von Marta Astfalck-Vietz findet sich in: *Die Aufklärung. Monatsschrift für Sexual- und Lebensreform* 2, September 1930, H. 8/9, S. 153. Für diesen Hinweis danke ich Inga Elsbeth Schwarz.

20 *»Standorte sind zum Verlassen da«* 1992 (wie Anm. 4), 00:35:44.

Woman under a Glass Dome

The Photograph *Suicide in Spirits* (c. 1927)

Katia Reich

'[The] body seemed contained in a miraculous glass cabinet through which no sound could penetrate, and the mind, freed from any contact with facts ... was at liberty to settle down upon whatever meditation was in harmony with the moment.' Virginia Woolf (1929)[1]

The female head in the glass bottle, which seems to have been separated from its torso, looks as though it were being preserved. The woman's eyes are closed, her lips painted, and her hair combed back severely. There are traces of blood that have run down from an injury on the right side of her forehead. It is a self-enactment by Marta Astfalck-Vietz: feminine, mysterious, shocking. Her head is wedged into a cylindrical glass lab bottle. To its left, the light reflections form a cross. In the centre of the image, we see the silhouette of an easel. In the background, there is a bright frame reminiscent of a projection, in which we can make out the slender shapes of people dancing and a kneeling figure that is identifiable as a woman. In the foreground are two books laid out like props, the right one open in the middle. There are two other open lab bottles of different sizes on the left side of the picture [→ p. 136].

The back of the photograph supplies further information: there is the ink impression of a rubber stamp stipulating that 'the image may only be published with the credit Photo Marta Vietz' and indicating the author of the picture. Some jottings in pencil refer to a possible title for the image: 'Selbstmord' (Suicide) and below that, also in pencil, in different handwriting, 'In Spiritus' (In Spirits). At the bottom right is the stamp of the Berlin publishing house Pfeil-Verlag [→ p. 137].[2]

Oscillating between reality and fiction, the detailed composition of the image *Selbstmord in Spiritus* (Suicide in Spirits, c. 1927) prompts all kinds of associations: A mysterious suicide? A surreal arrangement of objects? A vanitas still life?

Selbstmord in Spiritus is one of the artist's most impressive works.[3] The picture was taken spontaneously, as Astfalck-Vietz recalled in 1992, on a cold winter's day in Berlin, when the frost had popped off the bottoms of the bottles of baking soda that she kept in the studio to use in the chemical process of developing photos. The setting looks staged, an apparently chance combination of elements, but one that is also artfully arranged. Here the artist put 'the bottle over her head' and asked, 'Who's taking the picture?' Her photographer friend Heinz Hajek-Halke (1898–1983) had to quickly press the shutter release, because there wasn't much air inside the glass bottle.[4]

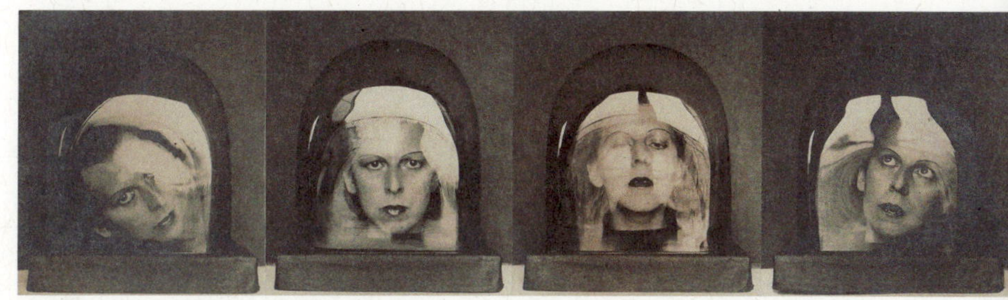

Claude Cahun, *Studies for a Keepsake*, 1925, Musée d'Art Moderne de Paris, Inv. AMVP 3031.

Combination of Incongruous Realities

Selbstmord in Spiritus is at once a self-portrait and a fascinating aesthetic expression of its time. The work directs viewers to various historical contexts relating to both art and culture, and to the sociopolitical realities of the Weimar Republic. The first part of the title, *Selbstmord*, can be read as a direct allusion to the high suicide rate in the dysfunctional post-war society; or it may be an artistic reference to the fascination exerted by tales of mystery, sensational horror stories, and crime fiction in 1920s literature and film in general. The second part of the title, *In Spiritus*, may refer to rectified spirit, which was doing the rounds at the time as another lethal intoxicant, alongside cocaine, opium, and morphine. In 1927, the periodical *Das Magazin* published the photograph *Gift* (Poison) by Balewé (dates unknown), an impressive image of a whole range of dangerous drugs [→ p. 138].[5] Rendered as 'spirit' or 'ghost', *Spiritus* can also be interpreted in a philosophical or psychological sense, or read—in connection with the symbolic cruciform reflection of light—as a reference to the sacred. The details of the staging, such as the open book, the bloody bullet wound, and the severed head, may be suggestive of vanitas motifs, prompting viewers to reflect on their own mortality.

Selbstmord in Spiritus plays with ambiguity, with the imaginary. In the process of creating the image, chance—which Astfalck-Vietz describes as spontaneity[6]—is also an artistic principle, analogous to the genesis concept in the making of the Surrealist image, which regards the creative process more as 'a kind of visitation, an act of inspiration that cannot be controlled by the intellect'.[7] Reflecting on the content of the image was of secondary concern for the Surrealists; by the same token, Astfalck-Vietz also gave space for a wide array of associations: she counteracted the mimetic principles of photography through ambiguous staging and an emphasis on photographic materiality.

Surrealism in Paris

Various Surrealist works with the motif 'woman under a glass dome' were produced in the Paris of the 1920s. In 1925, for instance, Claude Cahun (1894–1954), in conjunction with her partner Suzanne Malherbe (1892–1972), staged the four-part series of photographic self-portraits titled *Studies for a Keepsake* [→ p. 141].[8] Unlike Astfalck-Vietz, who presents her head in a glass bottle from a chemistry lab, Cahun shows the head, in isolation, under a dome-shaped oval glass cover. Glass objects of this kind were often used to display Christian relics and for presenting valuable inanimate objects and artefacts. While Astfalck-Vietz relies on a fictional narrative—for which she stages her objects in a variety of forms, creating an almost three-dimensional spatial depth with tiered pictorial planes—the heads of the models in Cahun's work and subsequently in the photograph *Tanja Ramm under a bell jar* (1930) by Lee Miller (1907–1977) remain isolated.[9] Miller presents her model with eyes closed, the head standing on a book, solitary, cut off from any contact [→ p. 139].

Although no printed matter from that period has been found featuring Cahun's *Studies for a Keepsake* or Miller's *Tanja Ramm under a bell jar*, a surprisingly similar photograph by Man Ray (1890–1976) titled *Hommage à D.A.F. de Sade* (1930) was published.[10] It was released in the second issue of André Breton's (1896–1966) *Le Surréalisme au service de la révolution* (Surrealism in the Service of the Revolution), put out in October 1930, which is dedicated to the French author Marquis de Sade (1740–1814).[11]

Woman under a Glass Dome

The 'woman under a glass dome' motif cannot, however, be read simply as an aesthetic tool.[12] As a powerful metaphor, it points to women's lack of socio-economic participation, among other things, yet also to how they were widely excluded from the act of producing images.[13] At that time, the 'miraculous' substance glass became—by virtue of its materiality, through which 'no sound could penetrate', and its simultaneous transparency, which gave 'the mind, freed from any contact with facts', the liberty to contemplate—a suitable image medium and repository of meaning.[14] Glass is turned into an allegory symbolizing the fact that boundaries and differences can also be tackled artistically: the oppositions of body and mind; states existing between life and death;[15] the playing with fictions as distinct from fact; or the divergence from socially anchored gender hierarchies.

Astfalck-Vietz was well aware of these connections, just as she was consistently self-assured in the way she represented her artistic work in general. She described her collaboration with Hajek-Halke as a 'productive phase' and, as she recalled in 1992, he gave her 'a great deal of encouragement and a certain kind of security', because it was clear to her that she 'could not have achieved' these things at all 'as a woman acting alone'. She also emphasized the fact that he would not have 'managed' without her either.[16] When Hajek-Halke 'simply took' a photo they had made together and submitted it to the magazine *Das Deutsche Lichtbild* for publication under his name alone, she made a direct protest to the editor Bruno Schultz.[17]

It is possible, then, that the photograph published in the magazine *Die Aufklärung* in 1931 with the caption *Die Selbstmörderin sieht sich im Giftglas* (The suicide finding herself in a jar of poison) was also taken by Astfalck-Vietz [→ p. 143]. There is no indication of the original authors of the images and of the article.[18] However, from 1930 on, the magazine, for which Hellmuth Astfalck (1898–1974) also worked as a cover designer, regularly published photographs by the artist.[19] In 1992, Astfalck-Vietz recalled that she had often given her photographs to publishers on the basis of 'blind trust', some of which had been published, although she had 'never seen any money for them'.[20]

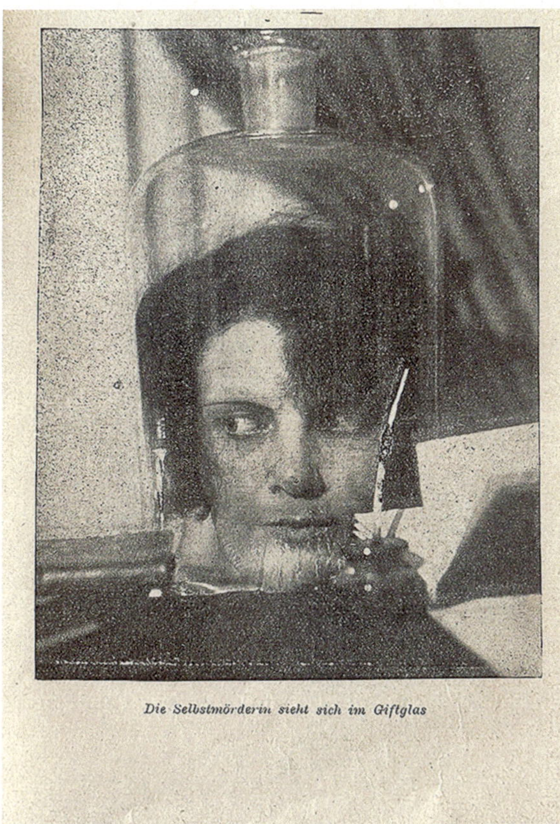
Die Selbstmörderin sieht sich im Giftglas

Unknown photographer, *The suicide finding herself in a jar of poison*, undated, in *Die Aufklärung: Monatsschrift für Sexual- und Lebensreform*, 3/1 (1931), p. 19.

Astfalck-Vietz's *Selbstmord in Spiritus* has its finger on the pulse of the 1920s, but it also displays a transcendent quality that goes beyond the time in which it was made. She alludes to contemporary issues redolent of the zeitgeist while also reflecting on it. To this end, the artist devises and orchestrates a visual framework that is formally and thematically complex, one in which she is the main actor. Positioning herself at once in front of and behind the camera, Astfalck-Vietz not only enacts her own perfect suicide but also stage-manages her 'immortality' in the photography of the twentieth century.

1 Virginia Woolf, *A Room of One's Own* (1929; repr., London, 1935), p. 10.

2 On the different stamps that Marta used, see Mette Kleinsteuber's essay in the present volume, pp. 163–66.

3 There is a second version of *Selbstmord in Spiritus* (c. 1925), which shows traces of having been torn in two places in the lower third; it is attributed to Heinz Hajek-Halke. See Klaus Honnef and Michael Ruetz, *Heinz Hajek-Halke: Artist, Anarchist* (Göttingen, 2006), pp. 15 and 374. There is no evidence to date that the work was released at the time it was made.

4 Marta Astfalck-Vietz, quoted in *'Standorte sind zum Verlassen da': Video-Porträt der Photographin Marta Astfalck-Vietz; Jg. 1901*, documentary film; idea and concept: Inken Dohrmann; director: Gerit von Leitner, DE, 1992, 00:54:48, esp. 00:38:22 ff., Artist Dossiers, Photography Collection, Berlinische Galerie. See also Janos Frecot, 'Selbstmord in Spiritus', in *Zwischenspiel V: Ich bin's*, exh. cat. Berlinische Galerie (Berlin, 2003), p. 34.

5 See *Das Magazin*, 4/37 (1927), p. 1332. See also Franziska Kunze, 'Der Stoff, aus dem die Bilder sind: Zur Materialität vor, in und hinter der Fotokamera von Marta Astfalck-Vietz', master's thesis, Humboldt-Universität zu Berlin, Berlin, 2011, p. 49.

6 Astfalck-Vietz described herself as follows: 'My nature is spontaneity, doing, acting.' See Frauke Runge and Brigitte Schwettmann, unpublished lecture on Marta Astfalck-Vietz, Wathlingen, 2004, Artist Dossiers, Photography Collection, Berlinische Galerie.

7 See Christian Sauer, 'Comment on force l'inspiration? Der surrealistische Bildbegriff und seine Anforderungen in Relation zur künstlerischen Umsetzbarkeit', in Karina Schuller and Isabel Fischer (eds.), *Der Surrealismus in Deutschland (?): Interdisciplinäre Studien*, Wissenschaftliche Schriften der WWU Münster, 12/17 (Hildesheim, 2023), pp. 95–108, esp. p. 102.

8 The four gelatin silver prints, which are dated to around 1925, are held at the Musée d'Art Moderne de Paris. See https://www.mam.paris.fr/fr/collections-en-ligne/#/artwork/claude-cahun-lucy-schwob-dite-studies-for-a-keepsake-180000000007390, accessed 11 February 2025. The Jersey Heritage archive, in which Claude Cahun's estate is kept, holds the negatives of the motif, accompanied by the remark: 'From an envelope marked Nantes Janvier 1932 Jersey 1932 Kid et Jersey 1932 Globes Keepsake'. See https://catalogue.jerseyheritage.org/collection-search/?si_elastic_detail=collect_5566, accessed 31 January 2025.

9 See Cathérine Hug, 'Viele Leben, ein paar Augen: Überlegungen zu Lee Millers surrealistischer Betrachtungsweise', in Kathrin Baumstark (ed.), *Lee Miller: Fotografin zwischen Krieg und Glamour*, exh. cat. Bucerius Kunst Forum (Hamburg, 2023), pp. 30–39, esp. pp. 33ff.

10 In 1925, *Die Dame*, a magazine released by the Ullstein publishing house in Berlin, printed seven portrait photographs by the American-French Surrealist Man Ray (1890–1976). See *Die Dame*, 52/8 (1925), n.p.

11 Unlike in Lee Miller's *Tanja Ramm under a bell jar* (1930), Man Ray blindfolds the model in *Hommage à D.A.F. de Sade* (1930). See Szilvia Gellai, *Glass Scenographies: Notes on Spaces of One's Own* (Weimar, 2023), pp. 68–78, esp. pp. 72–73;

see Katharine Conley, 'Claude Cahun's Exploration of the Autobiographical Human', in Katharine Conley, *Surrealist Ghostliness* (Lincoln, NE, 2013), pp. 47ff.

12 Szilvia Gellai has carried out a study of the motif of the 'woman under a glass dome' in the Surrealist photography of Claude Cahun, Lee Miller, Man Ray, and others. See Szilvia Gellai, 'Female Heads at the Cutting Edge of Surrealism', in Gellai, *Glass Scenographies* (see note 11), pp. 68–78.

13 Gellai examines women's contributions to the culture of glass across different genres, interpreting the use of the material as a metaphor, haven, or a tool of control. See Gellai, *Glass Scenographies* (see note 11).

14 See Woolf, *A Room of One's Own* (see note 1), p. 10.

15 Following the invention of the vacuum pump in the mid-seventeenth century, bell jars had a fixed place among the mechanical apparatus of the new experimental sciences. 'The jars allowed people to directly observe the measurable effect of a vacuum on inanimate and living matter.' The English painter Joseph Wright of Derby (1734–1797) made this the subject of his painting *An Experiment on a Bird in the Air Pump* (1767 or 1768). See Szilvia Gellai, 'Under the Dome: From Cult to Experiment,' in Gellai, *Glass Scenographies* (see note 11), pp. 62–67, esp. pp. 65–66.

16 Astfalck-Vietz, quoted in *'Standorte sind zum Verlassen da'* (see note 4), 00:39:43ff.

17 Ibid., 00:39:30ff. The photograph of Astfalck-Vietz, which the artist credits herself with, was signed 'H. Hajek-Halke' in the annual exhibition and was reproduced in *Das Deutsche Lichtbild: Jahresschau 1928/29* (Berlin, 1928–29), p. 39.

18 The photograph is used to illustrate the text 'Künstlertum', an article addressing the analogies and differences between art and criminal acts, against the background of psychoanalysis. Another illustration, *Ein bekannter Künstler und Verbrecher* (A known artist and criminal), shows the half-length portrait of a figure that reads as male, who is juggling a cigarette and a revolver and is reminiscent of Heinz Hajek-Halke. See 'Künstlertum', *Die Aufklärung: Monatsschrift für Sexual- und Lebensreform*, 3/1 (1931), p. 19. My thanks are extended to Inga Elsbeth Schwarz for providing this information. The photograph *Ohne Titel (Kopf einer Frau in einem Glaskasten liegend)* (Untitled [Head of a woman lying in a glass case]) is kept in the Heinz Hajek-Halke estate. The picture features a rectangular glass case instead of a lab bottle. See Akademie der Künste, Berlin, Inv. Hajek_Halke 454.

19 See Ralf Dose, 'Aufklärungen über "Die Aufklärung": Ein Werkstattbericht', *Mitteilungen der Magnus-Hirschfeld-Gesellschaft*, no. 15 (1991), 31–42, esp. p. 36. The first work published by Astfalck-Vietz in which she is identified by name can be found in *Die Aufklärung: Monatsschrift für Sexual- und Lebensreform*, 2/8–9 (September 1930), p. 153. My thanks to Inga Elsbeth Schwarz for providing this information.

20 Astfalck-Vietz, quoted in *'Standorte sind zum Verlassen da'* (see note 4), 00:35:44.

»Das Rätsel des Blickes«

Astfalck-Vietz' Inszenierungen im Spiegel illustrierter Zeitschriften

Inga Elsbeth Schwarz

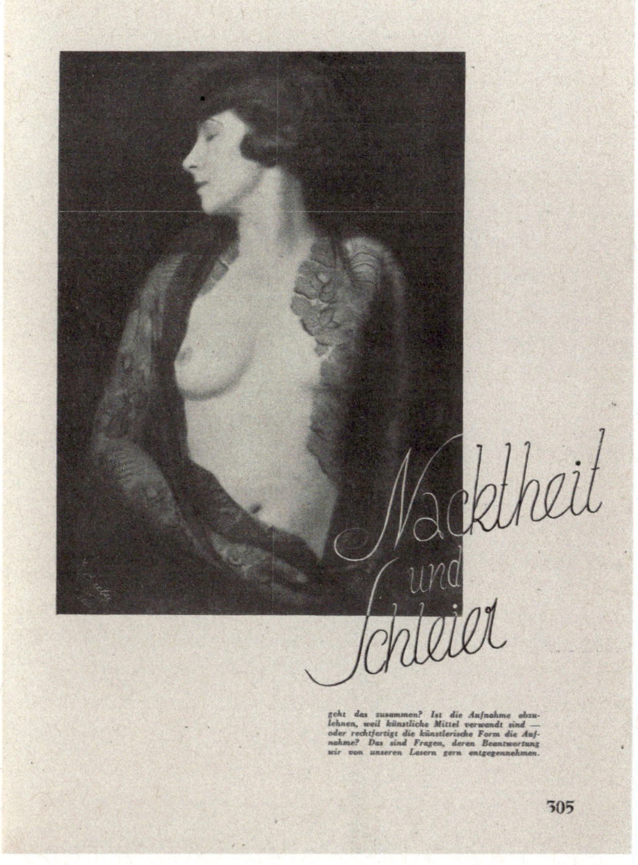
Nacktheit und Schleier

geht das zusammen? Ist die Aufnahme abzulehnen, weil künstliche Mittel verwandt sind — oder rechtfertigt die künstlerische Form die Aufnahme? Das sind Fragen, deren Beantwortung wir von unseren Lesern gern entgegennehmen.

305

Die Aufklärung. Monatsschrift für Sexual- und Lebensreform 1, 1929, H. 10, S. 305, Foto: Emil Bieber, *Nacktheit und Schleier*, undatiert.

Das sexualwissenschaftliche Magazin *Die Aufklärung* (1929–1932) warf in seinem zehnten Heft 1929 die damals viel diskutierte Frage auf: »Nacktheit und Schleier, geht das zusammen?«[1] Zur Debatte gestellt wurde die Fotografie eines weiblichen Akts mit zur Seite gedrehtem Gesicht, über dessen Schultern ein dunkler, spitzenbesetzter Schleier hängt [→ S. 145]: »Ist die Aufnahme abzulehnen, weil künstliche Mittel verwandt sind – oder rechtfertigt die künstlerische Form die Aufnahme? Das sind Fragen, deren Beantwortung wir von unseren Lesern gern entgegennehmen.«[2]

Wie diese Umfrage zeigt, befand sich Marta Astfalck-Vietz mit ihren fotografischen Inszenierungen am Puls der Zeit. Eines ihrer faszinierendsten Bilder ist ein auf um 1927 datiertes Selbstporträt [→ S. 178]. Die Fotografin posiert im Halbakt in frontaler, kerzengerader Haltung, reckt das Kinn empor und hält die Hände auf der Höhe des Schrittes. Während ihre Beine gänzlich nackt sind, verhüllen helle Spitzenstoffe Augen und Oberkörper. Haltung und Aufmachung wecken Assoziationen an einen zeremoniellen Ritus. Unterstützt wird dieser geheimnisvolle Eindruck auch durch den dunklen Hintergrund: Wie ein Nimbus umrahmt eine schwarze, nach außen hin mit Strahlen besetzte Fläche den Kopf. Rechts zeigt sich eine abstrakte Bildpartie – beinahe scheint es, als liefen große Wassertropfen über die Silbergelatineschicht des Bildträgers.[3] Die nackte, durch die Spitze hindurchscheinende Haut des Frauenkörpers, die verbundenen Augen und die kompositorische Betonung des Mundes, dazu die zum Dreieck geformten Hände auf Höhe der Vulva und das nass wirkende Fotopapier – Astfalck-Vietz spielt mit einer rätselhaften Erotik.

Mehrfach inszeniert sich die Fotografin mithilfe floral gemusterter, halbtransparenter Spitze.[4] Mal nimmt sie dabei expressive, geradezu tänzerische Haltungen ein [→ S. 133]. Auf anderen Aufnahmen wiederum spielen dramatische Schattenwürfe eine stimmungsgebende Rolle [→ S. 116].[5] Und es kommen Masken zum Einsatz, die an den venezianischen Karneval erinnern [→ S. 128]. Marta Astfalck-Vietz liebte es, sich »extravagant«[6] zu kleiden, und lebte in ihren Bildern ihren ausgeprägten »Stoff- und Seidenfimmel«[7] aus, der bereits in ihrer Ausbildung eine Rolle spielte: Bevor sie sich der Fotografie zuwandte, hatte sie in Berlin an der Höheren Fachschule für Textil- und Bekleidungsindustrie studiert und anschließend an der Kunstgewerbeschule unter anderem das Kostümzeichnen erlernt.[8] Zum Stundenplan gehörten auch Besuche in der Lipperheideschen Kostümbibliothek. Außerdem hatte sich die Künstlerin auch mit Seidenmalerei beschäftigt.[9] Die Kleidung, die Astfalck-Vietz nicht selbst herstellte, lieh sie von Bekannten aus der internationalen Tanz- und Theaterszene, die ihr teils auch bei Serien Modell standen.[10] Häufig experimentierte sie fototechnisch, indem sie Flusssäure über die Glasnegativplatten laufen ließ, um deren fotochemische Emulsion abzulösen und neu zu montieren, oder sie nutzte während der Belichtung Schablonen.[11] Mal wirken die entstandenen Bilder bühnenhaft und theatral, dann weisen sie einen starken künstlerischen oder abstrahierenden Charakter auf.

In welchem kulturellen Umfeld wandte sich Marta Astfalck-Vietz einer derartig experimentellen Fotografie zu? In den 1920er-Jahren wurde eine fototheoretische Debatte um den Akt, ein bis dahin »tabuisiertes Motiv der Fotografie«, angestoßen.[12] Die Nacktkultur erfuhr dank des veränderten Lebensgefühls nach Ende des Kaiserreiches und des Ersten Weltkriegs große Zustimmung. »Sport und Gymnastik für beide Geschlechter, Volkstanz und Ausdruckstanz, Kleiderreform und ein neues erotisches Ideal« wirkten sich auch auf die Fotografie aus.[13] Nun wurde der Anspruch laut, einen künstlerischen fotografischen Akt – in Anlehnung an die Aktmalerei – von einer »trivialen sexuellen Gebrauchsfotografie« zu unterscheiden.[14] Erstgenanntem wurde rigoros jegliche Erotik abgesprochen.[15] Eine ähnliche Strategie verfolgte die damalige Freikörperkultur, die lebensreformerisch bemüht war, Nacktheit als vollkommen sittlich, »natürlich« und von daher als keinesfalls sexuell erregend zu kategorisieren.[16] In diesem Sinne äußerten sich auch die Leser*innen des eingangs zitierten Magazins *Die Aufklärung* zum dort veröffentlichten Bild: »Man pflegt zu sagen, halb verhüllte Nacktheit wirkt auf den Beschauer erregend. Das ist hier nicht der Fall. Die Nacktheit […] tritt zugunsten einer künstlerischen Zusammenwirkung […] zurück.« Es gab jedoch auch andere Stimmen: »Nacktheit hat für mich als Naturfreund eine Heiligkeit […]. Verhüllung nackter Körper mit durchsichtigen Mitteln ist nur zur Erregung der Wollust, Sinnlichkeit da, und auch darum muß ich den Schleier ablehnen.«[17] Spielt Astfalck-Vietz in ihren Bildern nun mit einer erotischen, geheimnisvollen, tänzerischen Nacktheit? Ihre Fotografien zeugen von einer emanzipierten künstlerischen Haltung. Keineswegs täuschen die Aufnahmen die vielerorts erwünschte Sittlichkeit vor, stattdessen erweitern sie die zeitgenössische Debatte um eine selbstbestimmte Perspektive, die weibliche Körper und deren Erotik zelebriert, ohne dabei vulgär zu wirken.

Tatsächlich finden sich in Astfalck-Vietz' Œuvre darüber hinaus auch »klassische Studioakt[e]«, wie ein Blick in das Magazin *Eheglück und Liebesleben* (1929–1932) beweist.[18] Eine Aufnahme einer seitlich Knienden, die den Kopf abwendet und so eine zugleich vulnerable wie auch abwehrende Haltung einnimmt, bewog das Redaktionsteam der Zeitschrift augenscheinlich dazu, das um 1927 in Astfalck-Vietz' Studio entstandene Bild im zweiten Heft des Jahres 1931 zum Artikel »Ursachen ungewollter Kinderlosigkeit« abzudrucken [→ S. 153].[19] Auch finden sich mehrfach Freilichtaufnahmen, die befreit wirkende Nacktturner*innen auf einer Wiese zeigen [→ S. 146].[20] Durch redaktionell festgelegte Betitelungen wie *Der Stadtluft entronnen* wird hier ein gesellschaftspolitischer Bezug zur zeitgenössischen FKK-Bewegung hergestellt.[21]

Rätselhaft wirkt hingegen ein Akt, den Marta Astfalck-Vietz in Zusammenarbeit mit ihrem Freund und Kommilitonen Heinz Hajek-Halke (1898–1983) um 1927 vor einem ostasiatischen Wandbehang aufnahm [→ S. 147].[22] Das Modell liegt seitlich zur Kamera gewendet am unteren Bildrand, eine leichte Drehung der Hüfte nach vorne akzentuiert die weiblichen Rundungen. Ein Arm ruht über dem Gesicht. Abermals – wie bei so vielen Aktaufnahmen von Marta Astfalck-Vietz – wird das Modell, hier wohl die Fotografin selbst, durch das Verdecken des Antlitzes anonymisiert. Der Fokus liegt ganz auf der *weißen*[23] nackten Haut. Der enge Bildausschnitt und die Haltung der Fotografierten in Kombination mit

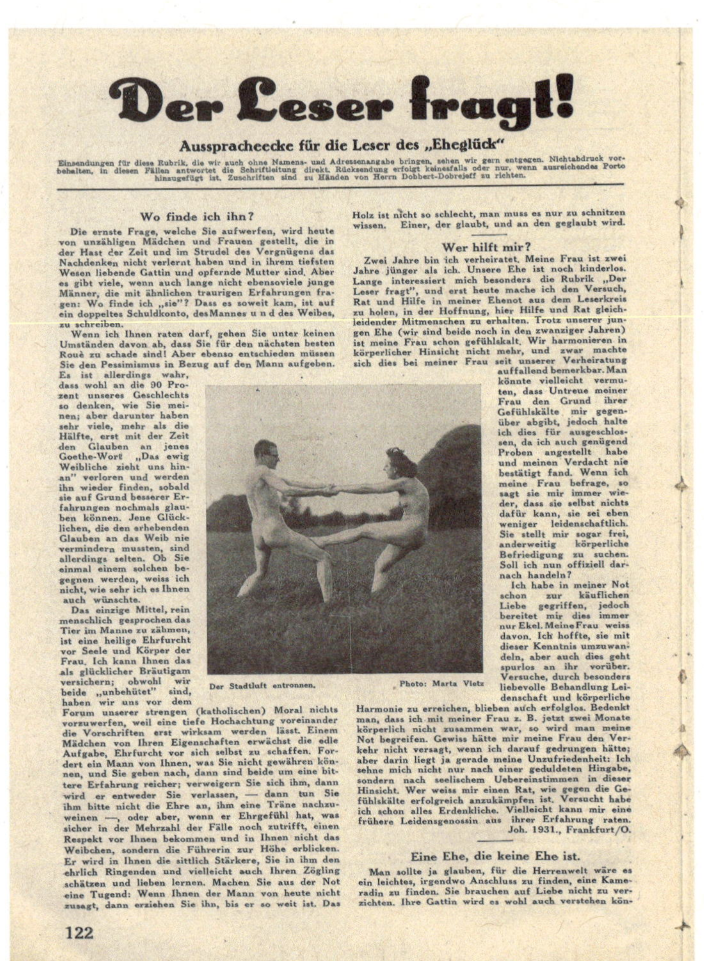

Der Leser fragt!

Aussprachecke für die Leser des „Eheglück"

Einsendungen für diese Rubrik, die wir auch ohne Namens- und Adressenangabe bringen, sehen wir gern entgegen. Nichtabdruck vorbehalten, in diesen Fällen antwortet die Schriftleitung direkt. Rücksendung erfolgt keinesfalls oder nur, wenn ausreichendes Porto hinzugefügt ist. Zuschriften sind zu Händen von Herrn Dobbert-Dobrejeff zu richten.

Wo finde ich ihn?

Die ernste Frage, welche Sie aufwerfen, wird heute von unzähligen Mädchen und Frauen gestellt, die in der Hast der Zeit und im Strudel des Vergnügens das Nachdenken nicht verlernt haben und in ihrem tiefsten Wesen liebende Gattin und opfernde Mutter sind. Aber es gibt viele, wenn auch lange nicht ebensoviele junge Männer, die mit ähnlichen traurigen Erfahrungen fragen: Wo finde ich „sie"? Dass es soweit kam, ist auf ein doppeltes Schuldkonto, des Mannes u n d des Weibes, zu schreiben.

Wenn ich Ihnen raten darf, gehen Sie unter keinen Umständen davon ab, dass Sie für den nächsten besten Rouè zu schade sind! Aber ebenso entschieden müssen Sie den Pessimismus in Bezug auf den Mann aufgeben. Es ist allerdings wahr, dass wohl an die 90 Prozent unseres Geschlechts so denken, wie Sie meinen; aber darunter haben sehr viele, mehr als die Hälfte, erst mit der Zeit den Glauben an jenes Goethe-Wort „Das ewig Weibliche zieht uns hinan" verloren und werden ihn wieder finden, sobald sie auf Grund besserer Erfahrungen nochmals glauben können. Jene Glücklichen, die den erhebenden Glauben an das Weib nie vermindern mussten, sind allerdings selten. Ob Sie einmal einem solchen begegnen werden, weiss ich nicht, wie sehr ich es Ihnen auch wünschte.

Das einzige Mittel, rein menschlich gesprochen das Tier im Manne zu zähmen, ist eine heilige Ehrfurcht vor Seele und Körper der Frau. Ich kann Ihnen das als glücklicher Bräutigam versichern; obwohl wir beide „unbehütet" sind, haben wir uns vor dem Forum unserer strengen (katholischen) Moral nichts vorzuwerfen, weil eine tiefe Hochachtung voreinander die Vorschriften erst wirksam werden lässt. Einem Mädchen von Ihren Eigenschaften erwächst die edle Aufgabe, Ehrfurcht vor sich selbst zu schaffen. Fordert ein Mann von Ihnen, was Sie nicht gewähren können, und Sie geben nach, dann sind beide um eine bittere Erfahrung reicher; verweigern Sie sich ihm, dann wird er entweder Sie verlassen, — dann tun Sie ihm bitte nicht die Ehre an, ihm eine Träne nachzuweinen —, oder aber, wenn er Ehrgefühl hat, was sicher in der Mehrzahl der Fälle noch zutrifft, einen Respekt vor Ihnen bekommen und in Ihnen nicht das Weibchen, sondern die Führerin zur Höhe erblicken. Er wird in Ihnen die sittlich Stärkere, Sie in ihm den ehrlich Ringenden und vielleicht auch Ihren Zögling schätzen und lieben lernen. Machen Sie aus der Not eine Tugend: Wenn Ihnen der Mann von heute nicht zusagt, dann erziehen Sie ihn, bis er so weit ist. Das Holz ist nicht so schlecht, man muss es nur zu schnitzen wissen. Einer, der glaubt, und an den geglaubt wird.

Wer hilft mir?

Zwei Jahre bin ich verheiratet. Meine Frau ist zwei Jahre jünger als ich. Unsere Ehe ist noch kinderlos. Lange interessiert mich besonders die Rubrik „Der Leser fragt", und erst heute mache ich den Versuch, Rat und Hilfe in meiner Ehenot aus dem Leserkreis zu holen, in der Hoffnung, hier Hilfe und Rat gleichleidender Mitmenschen zu erhalten. Trotz unserer jungen Ehe (wir sind beide noch in den zwanziger Jahren) ist meine Frau schon gefühlskalt. Wir harmonieren in körperlicher Hinsicht nicht mehr, und zwar machte sich dies bei meiner Frau seit unserer Verheiratung auffallend bemerkbar. Man könnte vielleicht vermuten, dass Untreue meiner Frau den Grund ihrer Gefühlskälte mir gegenüber abgibt, jedoch halte ich dies für ausgeschlossen, da ich auch genügend Proben angestellt habe und meinen Verdacht nie bestätigt fand. Wenn ich meine Frau befrage, so sagt sie mir immer wieder, dass sie selbst nichts dafür kann, sie sei eben weniger leidenschaftlich. Sie stellt mir sogar frei, anderweitig körperliche Befriedigung zu suchen. Soll ich nun offiziell darnach handeln?

Ich habe in meiner Not schon zur käuflichen Liebe gegriffen, jedoch bereitet mir dies immer nur Ekel. Meine Frau weiss davon. Ich hoffte, sie mit dieser Kenntnis umzuwandeln, aber auch dies geht spurlos an ihr vorüber. Versuche, durch besonders liebevolle Behandlung Leidenschaft und körperliche Harmonie zu erreichen, blieben auch erfolglos. Bedenkt man, dass ich mit meiner Frau z. B. jetzt zwei Monate körperlich nicht zusammen war, so wird man meine Not begreifen. Gewiss hätte mir meine Frau den Verkehr nicht versagt, wenn ich darauf gedrungen hätte; aber darin liegt ja gerade meine Unzufriedenheit: Ich sehne mich nicht nur nach einer geduldeten Hingabe, sondern nach seelischem Uebereinstimmen in dieser Hinsicht. Wer weiss mir einen Rat, wie gegen die Gefühlskälte erfolgreich anzukämpfen ist. Versucht habe ich schon alles Erdenkliche. Vielleicht kann mir eine frühere Leidensgenossin aus ihrer Erfahrung raten.

Joh. 1931., Frankfurt/O.

Eine Ehe, die keine Ehe ist.

Man sollte ja glauben, für die Herrenwelt wäre es ein leichtes, irgendwo Anschluss zu finden, eine Kameradin zu finden. Sie brauchen auf Liebe nicht zu verzichten. Ihre Gattin wird es wohl auch verstehen kön-

Der Stadtluft entronnen. Photo: Marta Vietz

122

Eheglück und Liebesleben. Monatlich erscheinende Zeitschrift für freie Menschen 3, 1931, H. 4, S. 122, Foto: Marta Astfalck-Vietz, *Der Stadtluft entronnen*, undatiert.

der Beleuchtung spielen mit der Assoziation eines Guck- oder Schlüssellochs: Astfalck-Vietz und Hajek-Halke lassen hier eine kleinformatige, intime Szene entstehen, bei der sich die Betrachtenden einerseits ihres eigenen Voyeurismus bewusst werden können, andererseits jedoch scheinbar die Erlaubnis erhalten, den nackten Körper in seiner weichen Beweglichkeit zu beobachten. Die Sinnlichkeit des Moments wird durch den Hintergrund verstärkt, der ferne Kulturen evoziert – und damit ganz zum Trend der Zeit passte: Denn »Berlin hatte sich in der zweiten Hälfte der zwanziger Jahre zu einem Zentrum der Ostasiatikasammler und -händler entwickelt«.[24] Vor diesem Hintergrund hinterlässt der Wandbehang auch einen ambivalenten Beigeschmack – fanden doch viele der damaligen »exotischen«[25] Sammlerstücke ihren Weg nur aufgrund der noch bis ins 20. Jahrhundert bestehenden deutschen Kolonien nach Europa, beispielsweise aus dem chinesischen »Tsingtau« (Qingdao).[26]

Nichtsdestotrotz schien Marta Astfalck-Vietz dank ihres internationalen Berliner Umfeldes eine genuin unbefangene Begeisterung für Requisiten, Kostümierungen und Moden unterschiedlichster Art zu haben. Vielfach zog sie asiatische Gewänder an: Mal sitzt sie verträumt vor dem oben genannten Wandbehang, ihre Bewunderung für dessen anmutige Muster und Materialien zum Ausdruck bringend.[27] Dann posiert sie – im selben Gewand, aber mit gänzlich anderer Ausstrahlung – keck mit Fächer und verschmitztem Blick in betont ironisch-unterwürfiger Körperhaltung [→ S. 35 oben rechts].[28] Eine Aufnahme, auf der sich Astfalck-Vietz verträumt als *Japanerin* (undatiert) inszeniert, wurde im Septemberheft 1928 der Zeitschrift *Der Satrap. Blätter für Freunde der Lichtbildkunst* (1925–1941) publiziert [→ S. 151]. Hier illustriert das Bild einen Artikel über gelungene Porträtfotografien.[29] In einer weiteren, eher lose zusammenhängenden Bildstrecke inszeniert sich Astfalck-Vietz in aufwendig drapierten Kleidern als bürgerliche Dame des 19. Jahrhunderts, die zugleich brav und gewitzt posiert [→ S. 36, 110].[30] Zwei ganz ähnliche Aufnahmen der Fotografin wurden 1930 in der feministischen Zeitschrift *Frau und Gegenwart* (1924–1935) publiziert – hier dienen sie zur Untermalung der Nachteile des einschnürenden historischen Korsetts im Vergleich zur aktuellen lockeren Mode.[31] In einer anderen, im selben Jahr entstandenen Themenserie liest Astfalck-Vietz in einem zeitgenössischen Bestseller und zeigt so spielerisch ihre politische Haltung: Das seinerzeit umstrittene, von Ben B. Lindsey, einem US-amerikanischen Juristen, in Zusammenarbeit mit dem Schriftsteller Wainwright Evans verfasste Buch *Die Kameradschaftsehe* (1928, deutsche Erstausgabe) plädierte für eine Liberalisierung des Verhütungs- und Scheidungsrechts [→ S. 24, 118].[32] Eine »Kameradschaftsehe« sei eine »rechtskräftig geschlossene Ehe mit gesetzlich anerkannter Geburtenkontrolle und dem Recht für kinderlose Paare, sich mit beiderseitiger Einwilligung jederzeit scheiden lassen zu können«.[33] Während der Zeit der Weimarer Republik diente dieses Modell wohl auch dazu, nicht-heterosexuellen Menschen unter dem Deckmantel einer heterosexuellen »Kameradschaftsehe« eine rechtliche Absicherung und damit eine gewisse private Freiheit zu ermöglichen.[34] Eine Fotografie des 384 Seiten starken Bandes – die vermutlich von Astfalck-Vietz aufgenommen wurde – illustrierte 1931 in *Die Aufklärung* die Sparte »Bücher, die uns interessieren«.[35] Vielfach scheint in Astfalck-Vietz' fotografischen Inszenierungen ein Augenzwinkern enthalten zu sein. Die Künstlerin spielt mit der Wirkung der adaptierten Frauen-Stereotype auf die Betrachtenden, von der verruchten Femme fatale und der modernen Neuen Frau über die historische Dame bis hin zur sexy »oriental goddess«[36] – Klischees, deren Dekonstruktion wir heute nicht zuletzt Vorläuferinnen wie Astfalck-Vietz verdanken. Die teils überspitzte Inszenierung schafft dabei Distanz: »Indem Astfalck-Vietz sowohl moderne als auch traditionelle Weiblichkeitsbilder [...] aufgreift, macht sie deutlich, dass letztlich alle Rollen konstruiert waren.«[37]

Diese Beobachtung führt zu einer fünfteiligen fotografischen Serie von Momenten, »wo man die Zeit verwartet«.[38] Drei Bilder (alle um 1927) zeigen Marta Astfalck-Vietz in glänzenden Stoffen mit Federbesatz vor einem Spiegel, an dem sie sich schminkt und frisiert

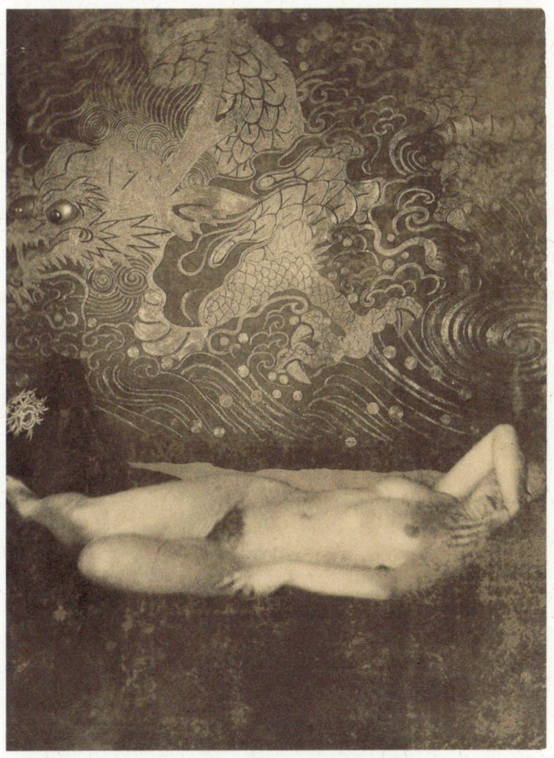

Marta Astfalck-Vietz und Heinz Hajek-Halke, *Ohne Titel*, um 1927, Inv. BG-FS 059/91,156.

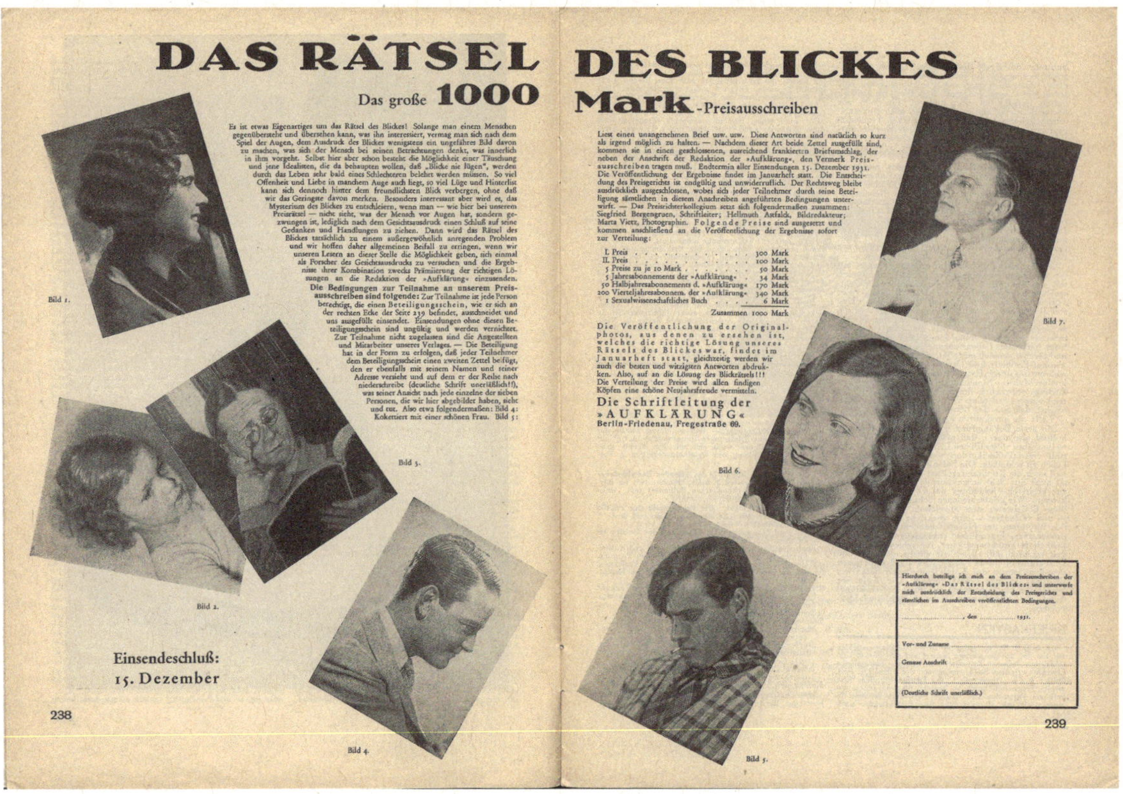

DAS RÄTSEL DES BLICKES

Das große 1000 Mark-Preisausschreiben

Es ist etwas Eigenartiges um das Rätsel des Blickes! Solange man einem Menschen gegenübersteht und übersehen kann, was ihn interessiert, vermag man sich nach dem Spiel der Augen, dem Ausdruck des Blickes wenigstens ein ungefähres Bild davon zu machen, was sich der Mensch bei seinen Betrachtungen denkt, was innerlich in ihm vorgeht. Selbst hier aber schon besteht die Möglichkeit einer Täuschung und jene Idealisten, die da behaupten wollen, daß „Blicke nie lügen", werden durch das Leben sehr bald eines Schlechteren belehrt werden müssen. So viel Offenheit und Liebe in manchem Auge auch liegt, so viel Lüge und Hinterlist kann sich dennoch hinter dem freundlichsten Blick verbergen, ohne daß wir das Geringste davon merken. Besonders interessant aber wird es, das Mysterium des Blickes zu entschleiern, wenn man — wie hier bei unserem Preisrätsel — nicht sieht, was der Mensch vor Augen hat, sondern gezwungen ist, lediglich nach dem Gesichtsausdruck einen Schluß auf seine Gedanken und Handlungen zu ziehen. Dann wird das Rätsel des Blickes tatsächlich zu einem außergewöhnlich anregenden Problem und wir hoffen daher allgemeinen Beifall zu erringen, wenn wir unseren Lesern an dieser Stelle die Möglichkeit geben, sich einmal als Forscher des Gesichtsausdrucks zu versuchen und die Ergebnisse ihrer Kombination zwecks Prämiierung der richtigen Lösungen an die Redaktion der »Aufklärung« einzusenden.

Die Bedingungen zur Teilnahme an unserem Preisausschreiben sind folgende: Zur Teilnahme ist jede Person berechtigt, die einen Beteiligungsschein, wie er sich an der rechten Ecke der Seite 239 befindet, ausschneidet und uns ausgefüllt einsendet. Einsendungen ohne diesen Beteiligungsschein sind ungültig und werden vernichtet. Zur Teilnahme nicht zugelassen sind die Angestellten und Mitarbeiter unseres Verlages. — Die Beteiligung hat in der Form zu erfolgen, daß jeder Teilnehmer dem Beteiligungsschein einen zweiten Zettel beifügt, den er ebenfalls mit seinem Namen und seiner Adresse versieht und auf dem er der Reihe nach niederschreibt (deutliche Schrift unerläßlich!!), was seiner Ansicht nach jede einzelne der sieben Personen, die wir hier abgebildet haben, sieht und tut. Also etwa folgendermaßen: Bild 4: Kokettiert mit einer schönen Frau. Bild 5: Liest einen unangenehmen Brief usw. usw. Diese Antworten sind natürlich so kurz als irgend möglich zu halten. — Nachdem dieser Art beide Zettel ausgefüllt sind, kommen sie in einen geschlossenen, ausreichend frankierten Briefumschlag, der neben der Anschrift der Redaktion der »Aufklärung«, den Vermerk Preisausschreiben tragen muß. Endtermin aller Einsendungen 15. Dezember 1931. Die Veröffentlichung der Ergebnisse findet im Januarheft statt. Die Entscheidung des Preisgerichts ist endgültig und unwiderruflich. Der Rechtsweg bleibt ausdrücklich ausgeschlossen, wobei sich jeder Teilnehmer durch seine Beteiligung sämtlichen in diesem Anschreiben angeführten Bedingungen unterwirft. — Das Preisrichterkollegium setzt sich folgendermaßen zusammen: Siegfried Bergengruen, Schriftleiter; Hellmuth Astfalck, Bildredakteur; Marta Vietz, Photographin. Folgende Preise sind ausgesetzt und kommen anschließend an die Veröffentlichung der Ergebnisse sofort zur Verteilung:

I. Preis	300 Mark
II. Preis	100 Mark
5 Preise zu je 10 Mark	50 Mark
5 Jahresabonnements der »Aufklärung«	34 Mark
50 Halbjahresabonnements d. »Aufklärung«	170 Mark
200 Vierteljahresabonnem. der »Aufklärung«	340 Mark
1 Sexualwissenschaftliches Buch	6 Mark
Zusammen	1000 Mark

Die Veröffentlichung der Originalphotos, aus denen zu ersehen ist, welches die richtige Lösung unseres Rätsels des Blickes war, findet im Januarheft statt, gleichzeitig werden wir auch die besten und witzigsten Antworten abdrukken. Also, auf an die Lösung des Blickrätsels!!! Die Verteilung der Preise wird allen findigen Köpfen eine schöne Neujahrsfreude vermitteln.

Die Schriftleitung der »AUFKLÄRUNG«
Berlin-Friedenau, Fregestraße 69.

Bild 1. Bild 2. Bild 3. Bild 4. Bild 5. Bild 6. Bild 7.

Einsendeschluß: 15. Dezember

Hierdurch beteilige ich mich an dem Preisausschreiben der »Aufklärung« »Das Rätsel des Blickes« und unterwerfe mich ausdrücklich der Entscheidung des Preisgerichts und sämtlichen im Ausschreiben veröffentlichten Bedingungen.

.........................., den .... 1931.

Vor- und Zuname ....

Genaue Anschrift ....

(Deutliche Schrift unerläßlich.)

238 239

Die Aufklärung. Monatsschrift für Sexual- und Lebensreform 3, 1931, H. 10, S. 238f., Fotografien: Marta Astfalck-Vietz u. a., *Ohne Titel*, undatiert.

[→ S. 101, 196, 202]. Während auf zwei Vintage Prints jeweils ein angekleideter Mann ungeduldig wartend auf sie hinabschaut, rückt sie auf dem dritten Bild näher an die Betrachtenden heran. Diese können beobachten, wie sich die Fotografin gedankenversunken das Gesicht pudert. »Die Szene sollte – in Zusammenhang mit dem Thema *Warten* – die legendäre Langsamkeit und Unpünktlichkeit der Frau verbildlichen. [...] Der fließende Übergang zwischen kommerziellen Illustriertenfotografien[,] [...] privatem Theaterspiel und Atelieraufnahmen zeigt sich hier besonders deutlich.«[39] Und tatsächlich werden auf den beiden letzten der Serie zugehörigen Bildern (um 1930) die zeitgenössischen Druckerzeugnisse sogar zum Motiv: Im Wartezimmer einer ärztlichen Praxis blättern einige Personen in Zeitungen und Zeitschriften [→ S. 201]. Auf einem weiteren Vintage Print (um 1927) hat eine Frauenfigur eine aufgeschlagene Ausgabe der *Welt am Abend* (1922–1933) vor sich [→ S. 99]. Ihr Gesicht ist verborgen, nicht nur durch die Zeitung, sondern auch durch eine bildimmanente weiße Fläche über ihrem Kopf, wodurch die langen Beine in den Fokus rücken – ein Merkmal der emanzipierten Neuen Frau.

Marta Astfalck-Vietz formulierte mit dieser Serie eine eigene Position innerhalb des zeitgenössischen Geschlechterdiskurses. So veröffentlichte die Psychoanalytikerin Joan Riviere (1883–1962) im Jahr 1929 den bahnbrechenden Artikel »Womanliness as a Masquerade«.[40] Darin geht sie der Frage nach, inwiefern erfolgreiche Frauen – unbewusst oder strategisch – eine »Maske der Weiblichkeit« aufsetzen würden, um Konflikte mit ihren männlichen Konkurrenten zu vermeiden.[41] Die Fotografien von Marta Astfalck-Vietz führen diese bereits vollkommen naturalisierte »Maskierung« humorvoll vor, indem sich die Künstlerin als vermeintlich arglose Dame vor einem Schminkspiegel inszeniert, damit allerdings sichtlich die Nerven ihres Partners strapaziert. Gleichermaßen zeigen das verborgene Gesicht der Zeitungsleserin und die weiße Leerstelle im Bild an, dass das »wahre Ich« verdeckt bleibt – wahrgenommen werden lediglich Äußerlichkeiten wie die in glänzende Strümpfe gehüllten Beine.[42] Besonders interessant ist, dass das letztgenannte Bild im August 1931 in *Die Aufklärung* abgedruckt wurde [→ S. 154]. Die weiße Fläche über dem Gesicht der Leserin fehlt hier, jedoch wirkt dafür ihr Haaransatz leicht unscharf. Auch die Zeitung wurde verfremdet: Die neu eingefügten Titelbuchstaben muten wie abstrahierte Schriftzeichen an, die nicht zu entziffern sind. Womöglich sollen sie ostasiatisch erscheinen, denn das Bild begleitet den Artikel »Aus der Geschichte der Heiratsanzeige«, der sich Ehegesuchen in Zeitungen widmet und dabei auch Traditionen aus China und Japan thematisiert.[43] Vielleicht fand die Redaktion der *Aufklärung* Gefallen an Astfalck-Vietz' Fotografie, weil deren Komposition mit dem Artikelinhalt spielt: Die Leserin verkörpert das Warten auf eine passende Heiratsanzeige oder die Nachricht eines Interessenten. Zudem verbergen sich die Annoncierenden hinter der Anonymität ihrer Anzeige ebenso wie sich die Frau auf dem Bild hinter der Zeitung versteckt.

Eine letzte Veröffentlichung in *Die Aufklärung*, die hier besprochen werden soll, legt nahe, dass Marta Astfalck-Vietz tatsächlich in die redaktionelle Arbeit des Magazins eingebunden war. So ruft das zehnte Heft des Jahrgangs 1931 unter dem Titel »Das Rätsel des Blickes« zum »große[n] 1000 Mark-Preisausschreiben« auf [→ S. 148].[44] Die Leser*innen sollen es wagen, »sich als Forscher des Gesichtsausdrucks zu versuchen« und ihre Antworten an das »Preisrichterkollegium« senden.[45] Dieses setzt sich zusammen aus: »Siegfried Bergengruen, Schriftleiter; Hellmuth Astfalck, Bildredakteur; Marta Vietz, Photographin.« Die sieben zum Preisausschreiben abgedruckten Fotografien weisen zwar nicht namentlich die Urheberin aus, wurden jedoch – zumindest teilweise, wenn nicht sogar alle – von Marta Astfalck-Vietz aufgenommen. So ist eines der Bilder als ein Ausschnitt des heute in der Berlinischen Galerie verwahrten Vintage Prints *Das Modell* (nach 1929) zu erkennen [→ S. 156].[46] Astfalck-Vietz war außerdem seit 1929 mit dem genannten Bildredakteur und ehemaligen Bauhaus-Studenten Hellmuth Astfalck (1898–1974) verheiratet.[47] Er hatte gemeinsam mit dem Schriftsteller Siegfried Bergengruen (1900–1942),[48] der unter anderem für das Magazin *Eheglück und Liebesleben* arbeitete, den Pfeil-Verlag gegründet. Dieser Verlag gab nicht nur ab 1931 die ursprünglich vom Sexualwissenschaftler Magnus Hirschfeld (1868–1935) veröffentlichte Zeitschrift *Die Aufklärung* heraus,[49] sondern vertrieb Marta Astfalck-Vietz' Erinnerungen zufolge auch ihre Fotografien.[50] Die experimentierfreudige Fotografin betonte zeitlebens, dass sie nicht genau erfahren habe, wo ihre Bilder tatsächlich publiziert worden waren; sie habe »vor allem nie dieses Honorar bekommen«.[51] Anhand der beschriebenen Beispiele und des intellektuellen Netzwerks im Berlin der 1920er-Jahre wird jedoch deutlich, dass Marta Astfalck-Vietz eine wichtige Akteurin in der zeitgenössischen Kunst-, Fotografie- und Zeitschriftenlandschaft war. Hierfür spricht auch die erstaunliche und der Forschung bis dato unbekannte Anzahl von rund hundertfünfzig veröffentlichten Bildern in über zehn unterschiedlichen illustrierten Magazinen – allein fünfundfünfzig davon in *Die Aufklärung*.[52]

Die Ausführungen dieses Beitrags basieren auf meiner in Kürze erscheinenden Dissertation, die anhand von Werken Marta Astfalck-Vietz', Marianne Breslauers (1909–2001) und Hanna Nagels (1907–1975) Emanzipationsphänomene in illustrierten Zeitschriften von der Weimarer Republik bis in die Zeit des Nationalsozialismus erforscht.

1 »Nacktheit und Schleier«, in: *Die Aufklärung. Monatsschrift für Sexual- und Lebensreform* 1, 1929, H. 10, S. 305.
2 Ebd., Urheber der Fotografie ist der Signatur zufolge vermutlich der Hamburger Fotograf Emil Bieber (1878–1962).
3 Vgl. auch Janos Frecot, »Die Dunkelkammer als Theaterraum. Marta Astfalck-Vietz und ihre surrealen Selbstporträts«, in: *Rundbrief Fotografie* 9, 2002, H. 2, S. 3f., hier S. 4.
4 Vgl. auch Sabina Leßmann, »›Weiblichkeit ist Maskerade‹. Verkleidungen und Inszenierungen von Frauen in Fotografien Madame d'Oras, Marta Astfalck-Vietz' und Olga/Adjoran Wlassics'«, in: *Die Neue Frau. Herausforderungen für die Bildmedien der Zwanziger Jahre,* hg. von Katharina Sykora u. a., Marburg 1993, S. 141–152, hier S. 144.
5 Vgl. auch Inv. BG-FS 059/91,164 und BG-FS 059/91,170.
6 Interview mit Marta Astfalck-Vietz von Sabina Leßmann, 6. August 1993, Mitschnitt im Archiv der Akademie der Künste, Berlin, Inv. AVM-35 10163 und AVM-35 10164. Dank gilt Dr. Sabina Leßmann, Kunstmuseum Bonn, für die Unterstützung bei meinen Recherchen.
7 Janos Frecot, »o. T.«, in: *Marta Astfalck-Vietz. Photographien 1922–1935,* hg. von Berlinische Galerie e. V., in Zusammenarbeit mit dem Museumspädagogischen Dienst Berlin (Ausst.-Kat. Berlinische Galerie), Berlin 1991, S. 69.
8 Vgl. Janos Frecot, »Lebensdaten«, in: *Marta Astfalck-Vietz* 1991 (wie Anm. 7), S. 87–92, hier S. 87.
9 Vgl. ebd.
10 Vgl. Interview 1993 (wie Anm. 6). Dazu gehörten unter anderem der Kostümbildner William Budzinski (1875–1950), Ira Spies (Lebensdaten unbekannt), Schwester der Balletttänzerin Daisy Spies (1905–2000), sowie eine heute nicht zu identifizierende Freundin von Kurt Hermann Rosenberg (1884–1975), Astfalck-Vietz' Lehrer für Emaille, welche der Fotografin eine große Verkleidungskiste überlassen hatte.
11 Vgl. Frecot 2002 (wie Anm. 3), S. 4; Janos Frecot, »Ich bin meinem Schicksal dankbar, das mich befähigt hat, Dinge spontan zu tun«, in: *Marta Astfalck-Vietz* 1991 (wie Anm. 7), S. 32; Frank-Manuel Peter, »›Mitgift war mir ja wurscht‹. Die Photographin Marta Astfalck-Vietz (1901–1994)«, in: *Tanzdrama Magazin* 26, 1994, H. 3, S. 8–10.
12 Viktoria Schmidt-Linsenhoff, »›Körperseele‹, Freilichtakt und Neue Sinnlichkeit. Kulturgeschichtliche Aspekte der Aktfotografie in der Weimarer Republik«, in: *Fotogeschichte. Beiträge zur Geschichte und Ästhetik der Fotografie* 1, 1981, H. 1, S. 41–59, hier S. 41.
13 Ebd., S. 46.
14 Ebd., S. 42.
15 Vgl. Patrick Rössler, »Schönheit! Natur! Lebensfreude! Nackte Körper in der populären Presse der Zwischenkriegszeit«, in: *Fotogeschichte. Beiträge zur Geschichte und Ästhetik der Fotografie* 37, 2017, H. 143, S. 5–18, hier S. 5f.

16 Vgl. ebd., S. 14.

17 Otto Adam, Verein soz. Lebensreformer, und Fr. Co., Magdeburg, »[Leser*innenbriefe]«, »Nacktheit und Schleier. Zuschriften aus dem Leserkreis zu dem Bild in Nr. 10, Seite 305«, in: *Die Aufklärung. Monatsschrift für Sexual- und Lebensreform* 1, 1929, H. 11/12, S. 346.

18 Rössler 2017 (wie Anm. 15), S. 16; vgl. auch Frecot, »Lebensdaten«, in: *Marta Astfalck-Vietz* 1991 (wie Anm. 7), S. 89.

19 Vgl. Evamaria Blume, »Ursachen ungewollter Kinderlosigkeit«, in: *Eheglück und Liebesleben. Monatlich erscheinende Zeitschrift für freie Menschen* 3, 1931, H. 2, S. 35f.

20 Publiziert wird das Bild zur Rubrik »Der Leser fragt!«, in: *Eheglück und Liebesleben. Monatlich erscheinende Zeitschrift für freie Menschen* 3, 1931, H. 4, S. 122–125.

21 Zur kritischen Auseinandersetzung mit der Freikörperkultur des 19. und 20. Jahrhunderts vgl. Maren Möhring, *Marmorleiber. Körperbildung in der deutschen Nacktkultur (1890–1930)*, Köln / Weimar / Wien 2004 (Kölner historische Abhandlungen 42).

22 Zur Zusammenarbeit mit Hajek-Halke siehe auch den Beitrag von Birgit Schillak-Hammers im vorliegenden Band, S. 81–88.

23 Zur spezifischen Schreibweise von *weiß*, welche die historisch privilegierte Stellung *weißer* Menschen gegenüber anderen diskriminierten und marginalisierten Gruppen (z. B. »Schwarzen«) markiert, vgl. Noah Sow, »weiß«, in: *Wie Rassismus aus Wörtern spricht. (K)Erben des Kolonialismus im Wissensarchiv deutsche Sprache. Ein kritisches Nachschlagewerk*, hg. von Susan Arndt und Nadja Ofuatey-Alazard, 4. Aufl. Münster 2021, S. 190f., hier S. 190.

24 Jan Thomas Köhler, Jan Maruhn und Nina Senger, »›Kleine Welten‹«, in: *Berliner Lebenswelten der zwanziger Jahre. Bilder einer untergegangenen Kultur. Photographiert von Marta Huth*, hg. von Bauhaus-Archiv Berlin, Landesbildstelle Berlin, Jan T. Köhler, Jan Maruhn und Nina Senger, Frankfurt am Main 1996, S. 9–19, hier S. 12.

25 »Exotisch« wird hier als problematischer Begriff verstanden, weil er im Kolonialismus wurzelt und von daher eine »rassialisierte und somit ideologische Kategorie ist«. Daniel Bendix und Chandra-Milena Danielzik, »›Exotik / exotisch‹«, in: Arndt / Ofuatey-Alazard 2021 (wie Anm. 23), S. 633.

26 Vgl. weiterführend Nicola Kuhn, *Der chinesische Paravent. Wie der Kolonialismus in deutsche Wohnzimmer kam*, München 2024, S. 9–47.

27 Vgl. Inv. BG-FS 059/91,321.

28 Vgl. Patricia Gozalbez Cantó, *Fotografische Inszenierungen von Weiblichkeit. Massenmediale und künstlerische Frauenbilder der 1920er und 1930er Jahre in Deutschland und Spanien*, Bielefeld 2012, S. 314.

29 Vgl. Heinrich Wolf, »Jedermann möchte sein Spiegelbild leugnen«, in: *Der Satrap. Blätter für Freunde der Lichtbildkunst* 4, 1928, H. 9, S. 197–202.

30 Vgl. dazu auch Gozalbez Cantó 2012 (wie Anm. 28), S. 322.

31 Vgl. J. Adams, »Weibliche Kulturkuriosa«, in: *Frau und Gegenwart. Vereinigt mit Neue Frauenkleidung und Frauenkultur* 27, 1930/31, H. 7, S. 185.

32 Vgl. Ben B. Lindsey und Wainwright Evans, *Die Kameradschaftsehe*, Stuttgart / Berlin / Leipzig 1928.

33 Ebd., S. 9.

34 Sabrina Melchior, *Die »Neue(n) Frau(en)« in der Weimarer Republik – Sozialisationskontexte, neue Freiräume, alternative Identitätskonzepte zum traditionellen Geschlechtsrollenmuster und ihre Darstellung in den Medien*, Hamburg 2013, S. 105 (Hamburger Arbeiten zur Allgemeinen Erziehungswissenschaft 9). Eine von Magnus Hirschfeld herausgegebene zeitgenössische *Sittengeschichte* äußerte sich jedoch kritisch zu dem aus den USA importierten Konzept der »Kameradschaftsehe« (ohne die möglichen Vorteile für homosexuelle Menschen in Betracht zu ziehen) – sie sei zwar »gut gemeint«, stelle jedoch im Grunde einen »Hohn« auf die »Normalehe« dar, weil sie der »normalen« Ehe die Qualität einer ehrlichen Kameradschaft abspräche. Dr. J. R. Spinner, »Ehekrisen und Ehereform«, in: Magnus Hirschfeld (Hg.), *Zwischen zwei Katastrophen. Sittengeschichte 1918–1933*, 2. Aufl. Hanau 1966, S. 515–544, hier S. 544 (*Sittengeschichte* 4/5, hg. von Magnus Hirschfeld, zugleich Bd. 1/2 der *Sittengeschichte der Nachkriegszeit*, die unter den Titeln *Die Grundlagen der Nachkriegserotik* (1931) und *Die Formen der Nachkriegserotik* (1932) erschienen; bearbeitet und neu aufgelegt von E. Friedrich Ziehlke).

35 »Bücher, die uns interessieren«, in: *Die Aufklärung. Monatsschrift für Sexual- und Lebensreform* 3, 1931, H. 11, S. 287.

36 Katherine Anne Tubb, *Marta Astfalck-Vietz. Photographs 1924–1936* [Typoskript], Diss. Universität Glasgow, 2011, S. 92.

37 Gozalbez Cantó 2012 (wie Anm. 28), S. 323.

38 Interview 1993 (wie Anm. 6).

39 Sabina Leßmann, »›Die Maske der Weiblichkeit nimmt kuriose Formen an …‹. Rollenspiele und Verkleidungen in den Fotografien Gertrud Arndts und Marta Astfalck-Vietz'«, in: *Fotografieren hieß teilnehmen. Fotografinnen der Weimarer Republik*, hg. von Ute Eskildsen und Museum Folkwang (Ausst.-Kat. Museum Folkwang, Essen / Fundació »La Caixa«, Barcelona / The Jewish Museum, New York City), Essen 1994, S. 272–279, hier S. 278.

40 Joan Riviere, »Womanliness as a Masquerade«, in: *International Journal of Psycho-Analysis* 9, 1929, S. 303–313 [dt. Ausgabe: Joan Riviere, »Weiblichkeit als Maskerade«, in: Liliane Weissberg (Hg.), *Weiblichkeit als Maskerade*, Frankfurt am Main 1994, S. 34–47].

41 Ebd., S. 35.

42 Zur fototheoretischen Auseinandersetzung mit dem Begriff der »Leerstelle« vgl. u. a. Hans Dieter Huber, »Leerstelle, Unschärfe und Medium«, in: *Unschärferelation. Fotografie als Dimension der Malerei*, hg. von Stephan Berg, René Hirner und Bernd Schulz, Ostfildern / Ruit 2000, S. 84–87.

43 »Aus der Geschichte der Heiratsanzeige«, in: *Die Aufklärung. Monatsschrift für Sexual- und Lebensreform* 3, 1931, H. 8, S. 178, 184f.

44 »Das Rätsel des Blickes. Das große 1000 Mark-Preisausschreiben«, in: *Die Aufklärung. Monatsschrift für Sexual- und Lebensreform* 3, 1931, H. 10, S. 238f.

45 Die Auflösung des Preisausschreibens wird für das Folgeheft im Januar 1932 angekündigt, das wohl erschien, bisher jedoch in keiner Bibliothek nachgewiesen und von daher nicht eingesehen werden konnte.

46 Eine weitere in der Zeitschrift publizierte Aufnahme unten rechts bildet vermutlich Heinz Hajek-Halke mit Zigarette und

geneigtem Kopf ab. Auch das Kind auf dem Porträt links sieht einem Mädchen auf einem Bild von Astfalck-Vietz sehr ähnlich, das im Weihnachtsheft von *Der bunte Kahn* (1933) veröffentlicht wurde, eine Fotografie, die auch zum Bestand der Berlinischen Galerie gehört, Inv. BG-FS 059/91,414.

47 Vgl. Frecot, »Lebensdaten«, in: *Marta Astfalck-Vietz* 1991 (wie Anm. 7), S. 88.

48 Zum 1942 verstorbenen Siegfried Bergengruen lassen sich kaum Informationen verzeichnen. Vgl. Carola L. Gottzmann und Petra Hörner, »Bergengruen, Siegfried (Ps. Quidam; Sigber)«, in: *Lexikon der deutschsprachigen Literatur des Baltikums und St. Petersburgs. Vom Mittelalter bis zur Gegenwart*, Bd. 1: *A–G*, Berlin / New York 2007, S. 183f.

49 Teils findet sich im Impressum der Zeitschrift auch die Angabe »Verlag Transaktion«, welcher ebenfalls Siegfried Bergengruen gehörte. Vgl. auch Ralf Dose, »Aufklärung über ›Die Aufklärung‹ – Ein Werkstattbericht«, in: *Mitteilungen der Magnus-Hirschfeld-Gesellschaft* 15, 1991, S. 31–43.

50 Vgl. Interview 1993 (wie Anm. 6). Auf mehreren Fotografien in der Sammlung der Berlinischen Galerie findet sich rückseitig ein Stempel, der besagt: »Honorar u. Belege nur an Pfeil-Verlag / H. Astfalck & S. Bergengruen / Berlin – Friedenau, Fregestr. 69, I / Fernruf: H 3 Rheingau 77–86 / Postscheckkto.: Berlin 148701«. Zu den Stempeln siehe auch den Beitrag von Mette Kleinsteuber, S. 159–162.

51 Interview 1993 (wie Anm. 6).

52 Eine Liste sämtlicher bisher nachgewiesener Veröffentlichungen wird in meiner demnächst erscheinenden Dissertation *Feminismus im Zeitschriftenformat? Visuelle Diskurse bei Marta Astfalck-Vietz, Marianne Breslauer und Hanna Nagel, 1925 bis 1944* publiziert.

zu nahe an die Aufnahmeperson herangebracht wird, um ein möglichst großes Porträt zu bringen. Allerdings kann man mit Hilfe der sogenannten Vorsatzlinsen das normale Objektiv auf eine längere Brennweite bringen. Aber auch hier muß man die Belichtungszeiten kräftig verlängern, da die Lichtstärke eines Doppelanastigmaten mit Lichtstärke 4,5 bei Verwendung einer Vorsatzlinse wenigstens auf 6,3 herabgedrückt wird. Der weitere Zusatz eines Gelbfilters ist hierbei meist wenig erquicklich, da einesteils die Belichtungszeit dann nochmals verdreifacht werden muß, und der Amateur zum anderen Teile ein ganz schwammiges Bild bekommen wird, wenn er nicht gerade das Glück hat, ein absolut planparalleles Gelbfilter zu haben.

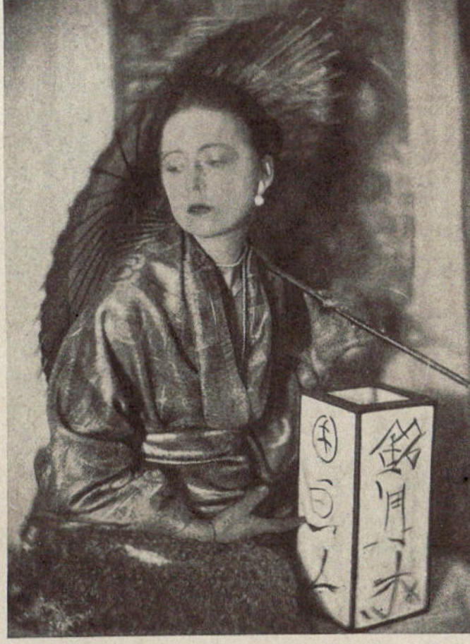

„Japanerin" — Marta Vietz-Berlin phot.

Schon, daß man so selten ein ausgesprochenes Freilichtbildnis zu sehen bekommt, sollte für ernsthafte Amateure ein Ansporn sein, dieses noch wenig abgegraste Gebiet energisch zu kultivieren.

Leider werden die Tage im Augenblick, da diese Zeilen den Satraplesern zugehen, schon recht kurz sein. Der Amateur wird gern wieder zu seiner Satrap-Heim-Lampe greifen, nachdem er den ganzen Sommer gelandschaftert hat.

Auch dann soll er immer daran denken, daß ein Porträt um so lebenswahrer ist, je weniger es gekünstelt ist. Dafür darf er dank der Heimlampe an Probleme herangehen, die er mit dem Tageslicht allein nie hätte bearbeiten können. Der „Satrap" wird im Winterhalbjahr noch ausführlicher auf alle die Möglichkeiten, die die Satrap-Heimlampe dem Amateur an die Hand gibt, zurückkommen. Absichtlich sind auch die Abbildungen dieses Heftes so zusammengestellt, daß sie sowohl Tageslicht- wie Kunstlichtaufnahmen zeigen. Die Ursprünglichkeit der Kinderaufnahme ist so einleuchtend, daß sich kaum jemand ihrem Reize

201

Der Satrap. Blätter für Freunde der Lichtbildkunst 4, 1928, H. 9, S. 201, Foto: Marta Astfalck-Vietz, *Japanerin*, undatiert.

'The Mystery of the Gaze'

Astfalck-Vietz's Enactments as Reflected in Illustrated Magazines

Inga Elsbeth Schwarz

The tenth issue of the 1929 volume of the sexological magazine *Die Aufklärung* (1929–32) posed a question that was much discussed at the time: 'Nudity and veils, do they go together?'[1] The debate centred on the photograph of a female nude with her face turned to the side and a dark, lacy veil draped over her shoulders [→ p. 145]: 'Should we object to the photograph because it makes use of artificial means—or is it vindicated by its artistic form? We would love to hear readers' responses to these questions.'[2]

As this survey indicates, Marta Astfalck-Vietz's photographic enactments were in tune with the times. One of her most intriguing pictures is a self-portrait dating to around 1927 [→ p. 178]. The photographer poses half-naked, standing bolt upright and facing front-on, with her chin stretched upwards and her hands at the level of her crotch. While her legs are completely naked, her eyes and upper body are veiled by a pale lace fabric. Her posture and the way she presents herself prompt associations with a ceremonial rite. This sense of the mystical is also underpinned by the dark background: framing her head like a halo is a black surface with sable beams radiating outwards. There is an abstract quality to a portion of the image on the right—it almost seems as if large drops of water were running down the gelatin silver layer of the image carrier.[3] The naked skin of the female body visible through the translucent lace, the blindfold, and the compositional emphasis on the mouth, together with the hands forming a triangle at the level of the vulva and the wet appearance of the photographic paper, combine to suggest an enigmatic eroticism that Astfalck-Vietz plays with.

The photographer stages herself in several pictures using semi-transparent lace with a floral pattern.[4] At times she strikes expressive, almost dance-like poses [→ pp. 133]. In other photos, dramatic shadows help set the mood [→ p. 116].[5] Masks are also brought into play that are reminiscent of the Venice Carnival [→ p. 128]. Astfalck-Vietz loved to dress 'extravagantly';[6] in her photos, she acted out her distinctive 'obsession with fabrics and silks', which had already played a role in her training.[7] Before turning to photography, she had studied in Berlin at the Höhere Fachschule für Textil- und Bekleidungsindustrie, a technical college for textiles and clothing, and then at the Kunstgewerbeschule, a school of arts and crafts. At the latter, one of the things she learned was how to draw costumes[8]—with visits to the Lipperheide Costume Library included as part of the schedule. In addition to this, the artist had also focused on silk painting.[9] Astfalck-Vietz borrowed the clothing she did not produce herself from people she knew from the international dance and theatre scene, some of whom also posed for the series she made.[10] She did frequent technical experiments, letting hydrofluoric acid run across her glass plate negatives to dissolve their photochemical emulsion before remounting them, or using stencils while exposing them.[11] Some of the images that emerged from this process appear staged and theatrical, while others have a powerful artistic or abstract character.

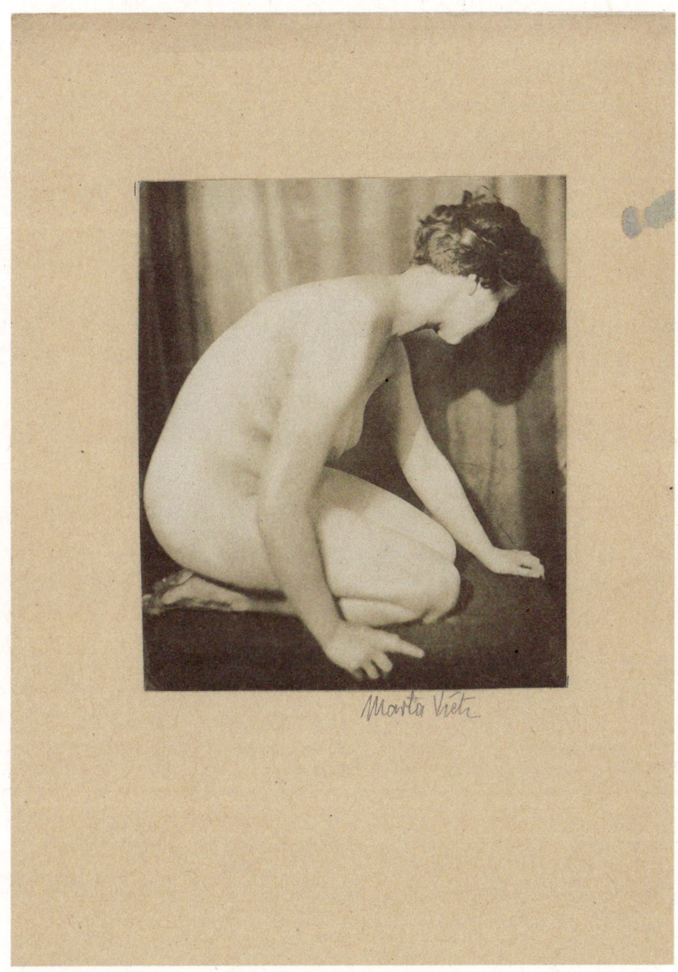

Marta Astfalck-Vietz, *Untitled*, c. 1927, Inv. BG-FS 059/91,130.

How might one characterize the cultural milieu in which Astfalck-Vietz applied herself to this kind of experimental photography? A theoretical debate began in the 1920s focused on the nude, which had previously been a 'taboo motif in photography'.[12] The changing attitudes towards life that followed the end of World War I and the demise of the German Empire meant that nudism now enjoyed more support. 'Sport and gymnastics for both sexes, folk dancing and interpretive dance, clothing reform, and a new erotic ideal' also affected photography.[13] Calls could now be heard for a distinction to be made between an artistic nude photograph—in the style of a nude painting—and a 'banal, utilitarian form of sexual photography'.[14] The former should not have any kind of erotic element.[15] A similar strategy was pursued at the time by the *Freikörperkultur* nudist culture, which, inspired by the *Lebensreform* movement, sought to categorize nudity as entirely moral, 'natural', and, as a result, not in the least sexually arousing.[16] The readers of the issue of *Die Aufklärung* mentioned at the beginning of this essay also expressed themselves in this vein when commenting on the picture published there: 'We are in the habit of saying that half-concealed nudity has an arousing effect on the viewer. That is not the case here. The nudity ... makes way for an artistic synergy.' But there were other voices too: 'As a nature lover, I regard nudity as sacred .... Veiling naked bodies with diaphanous materials is only done to arouse concupiscence and sensuality, and this is another reason for me to deprecate it.'[17] Do Astfalck-Vietz's images play with an erotic, mysterious, terpsichorean nakedness? Her photographs attest to an emancipated artistic approach. They make absolutely no pretence of upholding the morality desired in many quarters; instead, they add an autonomous aspect to the contemporary debate, celebrating the female body and its eroticism without appearing vulgar in the process.

In fact, Astfalck-Vietz's oeuvre also includes 'classical studio nudes', as is borne out by a look at the magazine *Eheglück und Liebesleben* (1929–32).[18] A side-on photograph of a kneeling woman, who is turning her head away and thus adopting a pose that is at once vulnerable and defensive, evidently induced the magazine's editorial team to print the picture—which was taken in Astfalck-Vietz's studio around 1927—in the second issue of 1931 to illustrate an article titled 'Causes of Unwanted Childlessness' [→ p. 153].[19] There are also several open-air shots showing naked gymnasts disporting in a meadow, looking as if they had just been set free [→ p. 146].[20] The use of titles like *Der Stadtluft entronnen* (Escape from the City Air) that had been specified by the editors establishes a socio-political connection to the naturist movement of the time.[21]

By contrast, one of Astfalck-Vietz's nudes—shot around 1927 in collaboration with her friend and fellow student Heinz Hajek-Halke (1898–1983) and photographed in front of an East Asian wall hanging—has a mysterious quality [→ p. 147].[22] The model—in this case, probably the photographer herself—is reclining at the bottom of the picture, with a slight forward turn of the hips accentuating the feminine curves. One arm rests over her face. Once again—as in so many of Marta Astfalck-Vietz's nudes—the model is anonymized by obscuring her face. The focus is entirely on the bare *weiße* (white) skin.[23] In combination with the lighting, the tight framing and the posture of the woman photographed play with associations of a peephole or keyhole: Astfalck-Vietz and Hajek-Halke use a small format to create an intimate scene in which the viewer is made aware of their own voyeurism, while, at the same time, they seem to be invited to observe

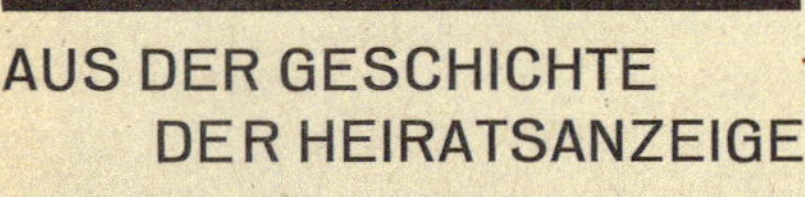

Ich hoffe, Ew. Majestät werden uns besuchen und auch die üblichen Geschenke nicht vergessen!"

Tatsächlich erschien nach wenigen Tagen die Zarin mit dem ganzen Hofstaat bei Pedrillo, der von ihrem Kommen rechtzeitg benachrichtigt, seine Gattin fortgeschickt und statt ihrer eine mit Bändern geschmückte tragende Ziege ins Ehebett gesetzt hatte.

Die Zarin fand diesen Witz köstlich und überhäufte den Italiener mit Gnadenbeweisen.

Die Brautnacht im Eispalast

Die Vermählung eines Narren und einer Närrin veranlaßte die Petersburger Hofgesellschaft im Januar des Jahres 1740, jenen berühmten Eispalast auf der Newa zu errichten, zu dessen Besichtigung die Leute von weither hinzuströmten und über dessen Aussehen die merkwürdigsten Beschreibungen erhalten sind.

Dieser Palast war nach allen Regeln der Baukunst aus Eisquadern hergestellt und wurde mit Wasser übergossen, so daß er wie aus einem Stück geformt erschien. Er besaß mehrere Stockwerke, Türme, Treppen und märchenhafte Säle, die mit entzückend geformten Möbeln, Uhren und Geräten aus Eis angefüllt waren. Um den Palast standen eisgegossene Kanonen, aus denen richtiggehend geschossen werden konnte, und mehrere Delphine aus Eis, deren Maul bei Nacht brennendes Naphta entsrömte. Selbst die Fensterscheiben in diesem Märchenpalast bestanden aus dünngeschabtem Eis und wurden in verschiedenen Farben illuminiert.

In diesem Schlosse nun feierten Narr und Närrin ihre Hochzeit und mußten trotz heftigen Sträubens die Brautnacht auf Befehl der Zarin in einem Eisbett verbringen.

Das Ende des letzten Hofnarren

Der letzte Hofnarr, der diesen Titel offiziell führen durfte, war ein gewisser Aksakof, der Spaßmacher der Zarin Elisabeth (1750).

Er stand lange Zeit in hohen Ehren, hatte aber eines Tages den unglücklichen Einfall, der Zarin einen Igel mitzubringen, den er in ihrem Schlafgemach laufen ließ. Die Zarin hielt den Igel für eine Ratte, erhob ein mörderliches Zetergeschrei und flüchtete auf einen Tisch. Auf ihr Geheiß wurde der Narr, der sich in der Ahnung, daß ihm nichts Gutes blühen könne, aus dem Staube gemacht hatte, verhaftet und zur Strafe der Tortur verurteilt. Das war das Ende des letzten russischen Hofnarren.

AUS DER GESCHICHTE DER HEIRATSANZEIGE

Wann die erste Heiratsanzeige in der europäischen Presse erschienen ist, wird sich wohl niemals mit Bestimmtheit feststellen lassen. Soviel ist jedenfalls sicher, daß bereits im Jahre 1771 in England ein Heiratsinserat beträchtliches Aufsehen erregte, dem dann am 23. März 1792 die erste deutsche Heiratsanzeige im „Hamburger unparteiischen Korrespondenten" folgte. Daß die ehelustigen Leute damals in der Abfassung derartiger Inserate noch nicht sehr routiniert waren, beweist der Umfang, den diese erste deutsche Heiratsanzeige aufweist — nämlich 270 Druckzeilen — was nach unseren heutigen Begriffen etwa der Länge einer mittleren Novelle entsprechen dürfte.

Im übrigen scheint es, daß sich der Brauch, seine bessere Hälfte über die Zeitung zu suchen, nur recht langsam durchgesetzt hat, denn einerseits blieben die Heiratsanzeigen noch bis weit in das 19. Jahrhundert hinein recht selten, während es sich andererseits zuweilen ereignete, daß die Inserenten statt der erhofften diskreten Zuschriften offene Briefe erhielten, die von dem gleichen Blatt abgedruckt werden mußten.

Ein solches Inserat und seine offene Antwort finden sich in zwei kurz aufeinanderfolgenden Nummern der „Jenaischen Priviligierten Zeitung" vom Mai 1793, die wir hier wörtlich wiedergeben wollen:

Das Inserat:

„Eltern und Frauenzimmer, die bey Treffung einer Ehe vorläufig die sehr vernünftige Frage aufwerfen, wovon wird das Ehepaar leben, und nach deren Beantwortung die Charakters zu deren Vollziehung erfordern, dienet hiermit zur Nachricht, daß ein Mann von vierzig Jahren, von gutem Stand und von bester Gesundheit, der außer einer jährlichen eigenen 1200 Reichstaler betragenden reinen Einnahme noch liegende Gründe in einer von dem Schauplatze des gegenwärtigen Krieges entfernter Gegend Deutschlands besitzet, eine Gattin zu erhalten wünschet, die gesund und nicht über dreißig Jahre alt ist, auch dabei ein bares Vermögen von wenigstens 16000 Reichstalern besitzet.

Frauenzimmer von diesen Qualitäten, die solchergestalt eine solide und reelle Verbindung zu treffen wünschen, werden gebeten, vor dem 11. August dieses Jahres ihren Namen, Stand und Wohnort in einem Briefe mit der Aufschrift „An den Mann von vierzig Jahren", versiegelt franko an das Herzoglich-Braunschweigische Postamt zu Hamburg, auf der Großen Johannisstraße, zu adressieren, welches den Brief gehörigen Orts bestellen lassen wird, so daß niemand anders als der Mann von vierzig Jahren den Inhalt erfährt, der denn die größte Verschwiegenheit zu beobachten hiermit verspricht.

Hamburg, den 3. Mai 1793."

(Fortsetzung auf Seite 184)

178

Die Aufklärung: Monatsschrift für Sexual- und Lebensreform, 3/8 (1931), p. 178; photo: Marta Astfalck-Vietz, *Untitled*, c. 1927.

the soft agility of the naked body. The sensuality of the moment is intensified by the background, which evokes faraway cultures—and is thus well suited to the fashions of the time. For 'Berlin had developed, in the second half of the 1920s, into a centre for dealers and collectors of East Asian art and antiquities.'[24] Seen in this light, there are ambiguous overtones to the wall hanging: after all, it was only because of the German colonies, which still existed into the twentieth century, that many of the 'exotic' collector's items of that time found their way to Europe[25]—for example from 'Tsingtau' (Qingdao) in China.[26]

Nonetheless, thanks to the international milieu she was a part of in Berlin, Astfalck-Vietz seemed to have had a genuinely unselfconscious fascination with props, costumes, and fashions of all kinds. She often dressed in Asian garments: in one image, she is sitting dreamily in front of the wall hanging mentioned above, marvelling at its graceful patterns and lovely material;[27] in another, wearing the same robe but emanating a completely different radiance, she strikes a bold pose—holding a fan and expressing a mischievous look on her face in a submissive posture that is pointedly ironic [→ p. 35].[28] One such picture, in which Astfalck-Vietz enacts a Japanese woman with a faraway look, appeared under the title *Japanerin* (Japanese woman, undated) in the September 1928 issue of the magazine *Der Satrap: Blätter für Freunde der Lichtbildkunst* (1925–41) [→ p. 151], illustrating an article about successful portrait photographs.[29] In another, somewhat loosely connected series of images, Astfalck-Vietz presents herself as a nineteenth-century bourgeois lady, wearing dresses with elaborate drapery, her poses suggesting a mix of virtue and shrewdness [→ pp. 36, 110].[30] Two very similar shots by the photographer were published in 1930 in the feminist magazine *Frau und Gegenwart* (1924–35)—here, they serve to accentuate the disadvantages of the historical corset, with the constriction it imposes, as compared with the prevailing fashion for loose clothing.[31] In another series of images taken that same year, Astfalck-Vietz gives playful expression to her political views, showing herself reading a contemporary bestseller: *The Companionate Marriage* (1927), written, in collaboration with the author Wainwright Evans, by the US judge Ben B. Lindsey. The book, which sparked controversy at the time, advocated a liberalization of the law on contraception and divorce [→ pp. 24, 118].[32] 'Companionate Marriage is legal marriage, with legalized Birth Control, and with the right to divorce by mutual consent for childless couples.'[33] During the Weimar Republic, this model probably also served, under the guise of a heterosexual 'companionate marriage', to provide non-heterosexual people with a legal safeguard that granted a degree of private freedom.[34] A photograph of the 384-page German edition—thought to have been taken by Astfalck-Vietz—was used in 1931 to illustrate the 'Books That Interest Us' section in *Die Aufklärung*.[35] Many of Astfalck-Vietz's photographic enactments seem to be somewhat tongue-in-cheek. The artist adapted female stereotypes and played with the effect this has on viewers, from the wicked femme fatale and the modern New Woman to the historical lady and the sexy 'oriental goddess'[36]—pioneering spirits like Astfalck-Vietz would play an important role in deconstructing such clichés. The sometimes-exaggerated staging creates a sense of distance: 'By taking up both modern and traditional images of womanhood ... Astfalck-Vietz makes it clear that all roles are, in the end, constructed.'[37]

This observation resulted in a five-part photographic series of moments 'in which time is passed in waiting'.[38] Three pictures (all dating from around 1927) show Astfalck-Vietz in splendid feather-trimmed fabrics in front of a mirror, which she is using in the process of applying her make-up and doing her hair [→ pp. 101, 196, 202]. While two vintage prints each show a clothed man looking down at her, waiting impatiently, in the third picture she moves closer, allowing the viewer to watch the photographer, lost in thought, powdering her face. 'The scene was intended to depict—in connection with the theme of *waiting*—women's legendary tardiness and lack of punctuality. ... The fluid transition between commercial magazine photography, ... private theatre, and shots taken in the studio manifests here with particular clarity.'[39] And, indeed, the last two pictures in the series even turn the contemporary printed materials into the motif: in a doctor's waiting room, a few people are leafing through newspapers and magazines (c. 1930) [→ p. 201]. In another vintage print (c. 1927), a female figure has an edition of *Welt am Abend* (1922–33) open in front of her [→ p. 99]. Her face is hidden, not only by the newspaper but also by a white area above her head that is intrinsic to the image: this brings her long legs—a characteristic feature of the emancipated New Woman—into focus.

This series formulated Astfalck-Vietz's distinctive position within the contemporary discourse on gender. The groundbreaking article 'Womanliness as a Masquerade' by the psychoanalyst Joan Riviere (1883–1962) was published in 1929.[40] In it, the author examines the degree to which successful women—whether unconsciously or strategically—put on a 'mask of womanliness' to avoid conflicts with their male rivals.[41] Astfalck-Vietz's photographs humorously demonstrate this 'masking', which has already become completely natural, with the artist presenting herself as an ostensibly guileless lady doing her make-up in front of a mirror, while visibly taxing her partner's nerves in the process. Likewise, the hidden face of the woman reading the newspaper and the white blank spot in the picture indicate that the 'true self' remains concealed—all that is perceived are outer appearances like the legs clad in shiny stockings.[42] It is particularly interesting that this last image was printed in August 1931 in *Die Aufklärung* [→ p. 154]. The white area above the reader's face is not present here, but her hairline looks somewhat out of focus. The newspaper has also been made to look unfamiliar: the newly inserted letters of the title appear as abstract characters that are impossible to make out. The intention may be for them to have an East Asian look, as the image accompanies the article 'Aus der Geschichte der Heiratsanzeige' (From the History of Marriage Proposals), which is devoted to marriage requests in newspapers and focuses, too, on traditions from China and Japan.[43] The editorial team at *Die Aufklärung* may have liked Astfalck-Vietz's photograph because its composition plays with the content of the article: the reader embodies the process of waiting for a suitable marriage proposal or a message from an interested party. Moreover, the people placing the ads are able to hide behind the anonymity of their announcement, just as the woman in the picture is concealed behind the newspaper.

One final image published in *Die Aufklärung* that should be discussed here suggests that Astfalck-Vietz was indeed involved in the magazine's editorial side. The tenth issue in 1931, for example, titled 'Das Rätsel des Blickes' (The Mystery of the Gaze), called for submissions for the 'big 1,000-mark competition' [→ p. 148].[44] Readers are to take a chance and 'have a go at doing a study of the facial expression'; they should send their responses to the 'panel of judges'.[45] This panel consisted of the following people: 'Siegfried Bergengruen, editor; Hellmuth Astfalck, picture editor; Marta Vietz, photographer.' Although there is no mention of who authored the seven pictures printed for the competition, at least some of them, if not all, were taken by Marta Astfalck-Vietz. One of the pictures, for example, can be identified as a detail from the vintage print *Das Modell* (The model, after 1929), which is now in the holdings of the Berlinische Galerie [→ p. 156].[46] Astfalck-Vietz had married the competition's picture editor and former Bauhaus student Hellmuth Astfalck (1898–1974) in 1929.[47] He had started the Pfeil-Verlag publishing house together with the writer Siegfried Bergengruen (1900–1942), who worked, in part, for the magazine *Eheglück und Liebesleben*.[48] Pfeil-Verlag had not only been putting out the periodical *Die Aufklärung*[49]—originally published by the sexologist Magnus Hirschfeld (1868–1935)—since 1931, but, as Astfalck-Vietz recalls, also distributed her photographs.[50] Always fond of experimenting and trying new things out, she emphasized throughout her life that she never quite knew where her pictures had actually been published; 'most importantly,' she said, she 'never got paid for this.'[51] However, it is evident from the examples described above and from the intellectual network in 1920s Berlin that Marta Astfalck-Vietz was a major figure in the art, photography, and magazine landscape of the time. This is also borne out by the astonishing number of her pictures that were published in over ten different illustrated magazines: this amounted to some 150 images—a figure thoroughly researched—fifty-five of them in *Die Aufklärung* alone.[52]

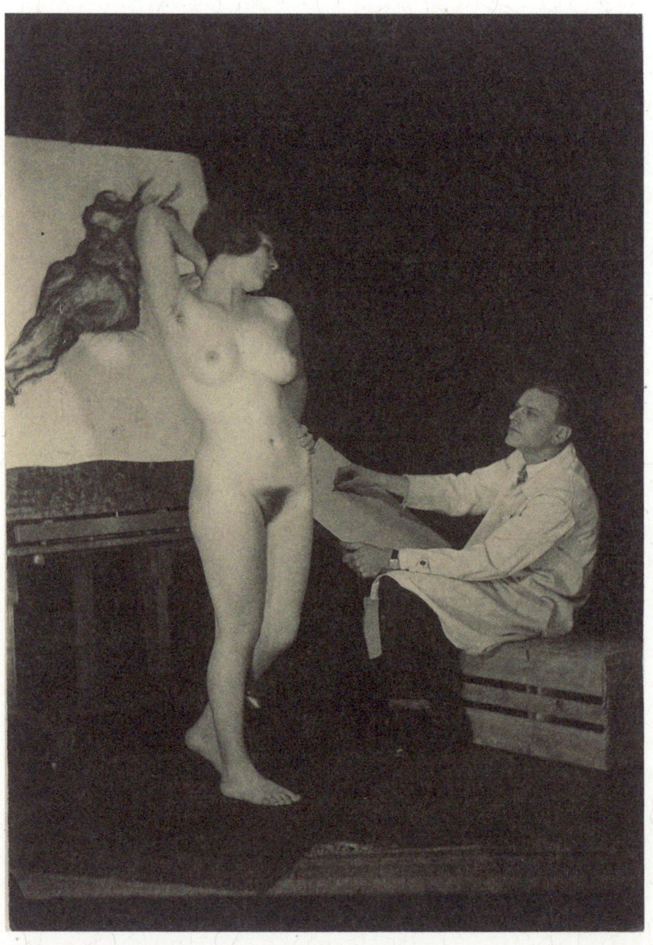

Marta Astfalck-Vietz, *The model,* after 1929, Inv. BG-FS 059/91,296.

Author's note: The observations set forth in this article are based on my forthcoming dissertation, which uses works by Marta Astfalck-Vietz, Marianne Breslauer (1909–2001), and Hanna Nagel (1907–1975) to examine instances of emancipation in illustrated magazines from the Weimar Republic and the Nazi era.

1 'Nacktheit und Schleier', *Die Aufklärung: Monatsschrift für Sexual- und Lebensreform*, 1/10 (1929), p. 305.
2 Ibid. Judging from the signature, the picture was taken by the photographer Emil Bieber (1878–1962) from Hamburg.
3 See also Janos Frecot, 'Die Dunkelkammer als Theaterraum: Marta Astfalck-Vietz und ihre surrealen Selbstporträts', *Rundbrief Fotografie*, 9/2 (2002), pp. 3–4, esp. p. 4.
4 See also Sabina Leßmann, '"Weiblichkeit ist Maskerade": Verkleidungen und Inszenierungen von Frauen in Fotografien Madame d'Oras, Marta Astfalck-Vietz' und Olga / Adjoran Wlassics', in Katharina Sykora et al. (eds.), *Die Neue Frau: Herausforderungen für die Bildmedien der Zwanziger Jahre* (Marburg, 1993), pp. 141–52, esp. p. 144.
5 See also Inv. BG-FS 059/91,164 and BG-FS 059/91,170.
6 See also Astfalck-Vietz's remarks in a 1993 interview with the art historian Sabina Leßmann, a recording of which is now held in the archives of the Akademie der Künste in Berlin, Inv. AVM-35 10163 and AVM-35 10164. My thanks go to Dr Sabina Leßmann at the Kunstmuseum Bonn for the support she gave me while I was conducting my research.
7 Janos Frecot, 'Untitled', in *Marta Astfalck-Vietz: Photographien 1922–1935*, exh. cat. Berlinische Galerie (Berlin, 1991), p. 69.
8 See Janos Frecot, 'Lebensdaten', in *Marta Astfalck-Vietz: Photographien 1922–1935* (see note 7), pp. 87–92, esp. p. 87.
9 See ibid.
10 See interview with Sabina Leßmann (see note 6). This group of friends included the costume designer William Budzinski (1875–1950), Ira Spies (dates unknown), sister of the ballet dancer Daisy Spies (1905–2000), and an as yet unidentified friend of Kurt Hermann Rosenberg's (1884–1975)—Astfalck-Vietz's enamelling teacher—who had given the photographer a large box of costumes.
11 See Frecot, 'Die Dunkelkammer als Theaterraum' (see note 3), p. 4; Janos Frecot, 'Ich bin meinem Schicksal dankbar, das mich befähigt hat, Dinge spontan zu tun', in *Marta Astfalck-Vietz: Photographien 1922–1935* (see note 7), p. 32; Frank-Manuel Peter, '"Mitgift war mir ja wurscht": Die Photographin Marta Astfalck-Vietz (1901–1994)', *Tanzdrama Magazin*, 26/3 (1994), pp. 8–10.
12 Viktoria Schmidt-Linsenhoff, '"Körperseele", Freilichtakt und Neue Sinnlichkeit: Kulturgeschichtliche Aspekte der Aktfotografie in der Weimarer Republik', *Fotogeschichte: Beiträge zur Geschichte und Ästhetik der Fotografie*, 1/1 (1981), pp. 41–59, esp. p. 41.
13 Ibid., p. 46.
14 Ibid., p. 42.
15 See Patrick Rössler, 'Schönheit! Natur! Lebensfreude! Nackte Körper in der populären Presse der Zwischenkriegszeit', *Fotogeschichte: Beiträge zur Geschichte und Ästhetik der Fotografie*, 37/143 (2017), pp. 5–18, esp. pp. 5–6.
16 See ibid., p. 14.
17 Otto Adam, Verein soz. Lebensreformer, and Fr. Co. [Association of Social Life Reformers and Ms. Co.], Magdeburg, '[readers' letters]', in 'Nacktheit und Schleier: Zuschriften aus dem Leserkreis zu dem Bild in Nr. 10, Seite 305', *Die Aufklärung: Monatsschrift für Sexual- und Lebensreform*, 1/11–12 (1929), p. 346.
18 Rössler, 'Schönheit! Natur! Lebensfreude!' (see note 15), p. 16; see also Frecot, 'Lebensdaten', in *Marta Astfalck-Vietz: Photographien 1922–1935* (see note 7), p. 89.
19 See Evamaria Blume, 'Ursachen ungewollter Kinderlosigkeit', *Eheglück und Liebesleben: Monatlich erscheinende Zeitschrift für freie Menschen*, 3/2 (1931), pp. 35–36.
20 The image is published under the rubric 'Der Leser fragt!', *Eheglück und Liebesleben: Monatlich erscheinende Zeitschrift für freie Menschen*, 3/4 (1931), pp. 122–25.
21 On the critical study of naturism in the nineteenth and twentieth centuries, see Maren Möhring, *Marmorleiber: Körperbildung in der deutschen Nacktkultur (1890–1930)*, Kölner historische Abhandlungen, 42 (Cologne, Weimar, and Vienna, 2004).
22 On the collaboration with Hajek-Halke, see also the essay by Birgit Schillak-Hammers in the present volume, pp. 89–96.
23 On the specific way of writing 'white' (*weiß*) in German language, which denotes the historically privileged position of white people in relation to other discriminated and marginalized groups (e.g. 'Blacks'), see Noah Sow, 'weiß', in Susan Arndt and Nadja Ofuatey-Alazard (eds.), *Wie Rassismus aus Wörtern spricht: (K)Erben des Kolonialismus im Wissensarchiv deutsche Sprache; Ein kritisches Nachschlagewerk*, 4th ed. (Münster, 2021), pp. 190–91, esp. p. 190.
24 Jan Thomas Köhler, Jan Maruhn, and Nina Senger, '"Kleine Welten"', in Bauhaus-Archiv Berlin et al. (eds.), *Berliner Lebenswelten der zwanziger Jahre: Bilder einer untergegangenen Kultur; Photographiert von Marta Huth* (Frankfurt am Main, 1996), pp. 9–19, esp. p. 12.
25 'Exotic' is understood here as a problematic concept because it has its roots in colonialism and is thus a 'racialized and, by extension, ideological category'. Daniel Bendix and Chandra-Milena Danielzik, '"Exotik / exotisch"', in Arndt and Ofuatey-Alazard, *Wie Rassismus aus Wörtern spricht* (see note 23), p. 633.
26 For more information, see Nicola Kuhn, *Der chinesische Paravent: Wie der Kolonialismus in deutsche Wohnzimmer kam* (Munich, 2024), pp. 9–47.
27 See Inv. BG-FS 059/91,321.
28 See Patricia Gozalbez Cantó, *Fotografische Inszenierungen von Weiblichkeit: Massenmediale und künstlerische Frauenbilder der 1920er und 1930er Jahre in Deutschland und Spanien* (Bielefeld, 2012), p. 314.
29 See Heinrich Wolf, 'Jedermann möchte sein Spiegelbild leugnen', *Der Satrap: Blätter für Freunde der Lichtbildkunst*, 4/9 (1928), pp. 197–202.
30 On this, see also Gozalbez Cantó, *Fotografische Inszenierungen von Weiblichkeit* (see note 28), p. 322.
31 See J. Adams, 'Weibliche Kulturkuriosa', *Frau und Gegenwart: Vereinigt mit Neue Frauenkleidung und Frauenkultur*, 27/7 (1930–31), p. 185.

32 See Ben B. Lindsey and Wainwright Evans, *The Companionate Marriage* (New York, 1927).

33 Ibid., p. xxiii.

34 Sabrina Melchior, *Die 'Neue(n) Frau(en)' in der Weimarer Republik: Sozialisationskontexte, neue Freiräume, alternative Identitätskonzepte zum traditionellen Geschlechtsrollenmuster und ihre Darstellung in den Medien*, Hamburger Arbeiten zur Allgemeinen Erziehungswissenschaft, 9 (Hamburg, 2013), p. 105. However, a contemporary *Sittengeschichte* (moral history) edited by Magnus Hirschfeld was critical of the concept of 'companionate marriage' imported from the US (without taking into account the possible advantages for homosexuals)—although it was 'well-meaning', in essence it constituted a 'mockery' of 'normal marriage' because it denied this the quality of honest companionship. Dr J. R. Spinner, 'Ehekrisen und Ehereform', in Magnus Hirschfeld (ed.), *Zwischen zwei Katastrophen: Sittengeschichte 1918–1933*, 2nd ed. (Hanau, 1966), pp. 515–44, esp. p. 544 (*Sittengeschichte*, 4/5, ed. Magnus Hirschfeld, together with vols. 1 and 2 of *Sittengeschichte der Nachkriegszeit*, which appeared under the titles *Die Grundlagen der Nachkriegserotik* [1931] and *Die Formen der Nachkriegserotik* [1932]; revised and reissued by E. Friedrich Ziehlke).

35 See 'Bücher, die uns interessieren', *Die Aufklärung: Monatsschrift für Sexual- und Lebensreform*, 3/11 (1931), p. 287.

36 Katherine Anne Tubb, 'Marta Astfalck-Vietz: Photographs 1924–1936' (typescript), PhD thesis, University of Glasgow, 2011, p. 92.

37 Gozalbez Cantó, *Fotografische Inszenierungen von Weiblichkeit* (see note 28), p. 323.

38 Interview with Sabina Leßmann (see note 6).

39 Sabina Leßmann, '"Die Maske der Weiblichkeit nimmt kuriose Formen an ...": Rollenspiele und Verkleidungen in den Fotografien Gertrud Arndts und Marta Astfalck-Vietz', in Ute Eskildsen (ed.), *Fotografieren hieß teilnehmen: Fotografinnen der Weimarer Republik*, exh. cat. Museum Folkwang, Essen, Fundació 'La Caixa', Barcelona, and The Jewish Museum, New York (Essen, 1994), pp. 272–79, esp. p. 278.

40 See Joan Riviere, 'Womanliness as a Masquerade', *International Journal of Psycho-Analysis*, 9 (1929), pp. 303–13.

41 Ibid., p. 35.

42 On the examination of the concept of the 'blank spot' in photographic theory, see, for example, Hans Dieter Huber, 'Leerstelle, Unschärfe und Medium', in Stephan Berg, René Hirner, and Bernd Schulz (eds.), *Unschärferelation: Fotografie als Dimension der Malerei* (Ostfildern-Ruit, 2000), pp. 84–87.

43 'Aus der Geschichte der Heiratsanzeige', *Die Aufklärung: Monatsschrift für Sexual- und Lebensreform*, 3/8 (1931), pp. 178 and 184–85.

44 'Das Rätsel des Blickes: Das große 1000 Mark-Preisausschreiben', *Die Aufklärung: Monatsschrift für Sexual- und Lebensreform*, 3/10 (1931), pp. 238–39.

45 The results of the competition were to be announced in the next issue, due to come out in January 1932; this was probably published but has yet to be found in any library and could thus not be inspected.

46 Another photograph published in the magazine, at bottom right, is presumed to be of Heinz Hajek-Halke, showing him with a cigarette, his head inclined. The portrait of the child on the left also looks very similar to a girl in a photo by Astfalck-Vietz, which was published in the Christmas issue of *Der bunte Kahn* (1933). This photograph is in the holdings of the Berlinische Galerie, Inv. BG-FS 059/91,414.

47 See Frecot, 'Lebensdaten', in *Marta Astfalck-Vietz: Photographien 1922–1935* (see note 7), p. 88.

48 Almost no information is recorded about Siegfried Bergengruen, who died in 1942. See Carola L. Gottzmann and Petra Hörner, 'Bergengruen, Siegfried (Ps. Quidam; Sigber)', in Carola L. Gottzmann and Petra Hörner, *Lexikon der deutschsprachigen Literatur des Baltikums und St. Petersburgs: Vom Mittelalter bis zur Gegenwart*, vol. 1: *A–G* (Berlin and New York, 2007), pp. 183–84.

49 The periodical's legal notice in some cases also includes the name of the publishing house 'Verlag Transaktion', which likewise belonged to Siegfried Bergengruen. See also Ralf Dose, 'Aufklärung über "Die Aufklärung": Ein Werkstattbericht', *Mitteilungen der Magnus-Hirschfeld-Gesellschaft*, no. 15 (1991), pp. 31–43.

50 See interview with Sabina Leßmann (see note 6). A number of photos in the Berlinische Galerie collection have a stamp on the back that says: 'Honorar u. Belege nur an Pfeil-Verlag / H. Astfalck & S. Bergengruen / Berlin – Friedenau, Fregestr. 69, I / Fernruf: H 3 Rheingau 77–86 / Postscheckkto.: Berlin 148701' [Fee & receipts to Pfeil-Verlag / H. Astfalck & S. Bergengruen / Berlin – Friedenau, Fregestr. 69, I / telephone: H 3 Rheingau 77–86 / post office acc.: Berlin 148701]. On the different stamps that Astfalck-Vietz used, see Kleinsteuber, pp. 163–66.

51 Interview with Sabina Leßmann (see note 6).

52 A list of all the publications that have so far been substantiated will be published in my dissertation; see Inga Elsbeth Schwarz, 'Feminismus im Zeitschriftenformat? Visuelle Diskurse bei Marta Astfalck-Vietz, Marianne Breslauer und Hanna Nagel, 1925 bis 1944', PhD thesis, University of Hamburg, forthcoming.

RECTO – VERSO

Über Zuschreibungen und Stempel

Mette Kleinsteuber

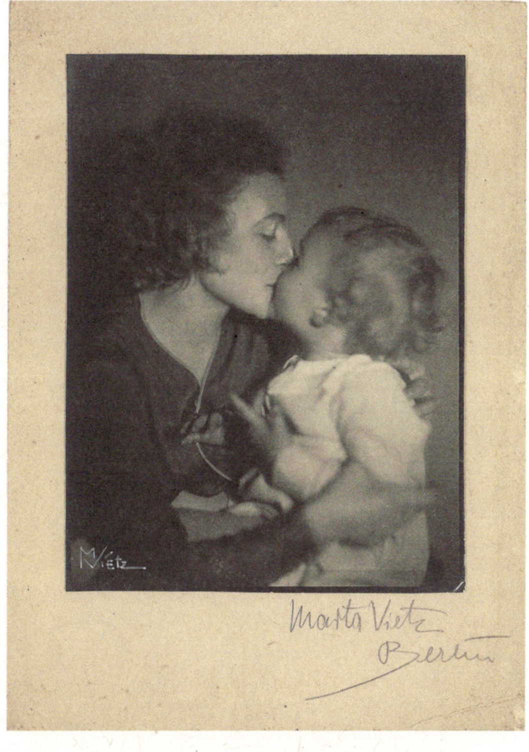

Marta Astfalck-Vietz, *Ohne Titel (Alice Kühn mit Tochter Susanne)*, 1928, Inv. BG-FS 059/91,427.

Wie nähert man sich einem fotografischen Konvolut? Was für Geschichten erzählen die Fotografien jenseits der Bildebene? Welche weiteren persönlichen Spuren der Künstlerin finden sich auf der Vorderseite der Bilder (Recto) und auf ihrer Rückseite (Verso), denen sonst oft keine besondere Bedeutung zugesprochen wird? Diesen Fragen folgend werden im vorliegenden Text exemplarisch fotografische Arbeiten aus dem Nachlass Marta Astfalck-Vietz untersucht.[1] Der Blick richtet sich dabei auf die Materialität der Fotografien, die uns Einsichten in mögliche Kontexte und die Arbeitsweise der Künstlerin gewährt.

Der in seinem heutigen Umfang bestehende Nachlass von Marta Astfalck-Vietz kam in mehreren Übergaben in die Sammlung der Berlinischen Galerie. Es begann mit einer umfassenden Schenkung von Fotografien im Jahr 1990 durch die Künstlerin selbst;[2] vervollständigt wurde dieses Konvolut 1994 nach dem Tod der Künstlerin. Heute umfasst der Nachlass, der in der Fotografischen Sammlung und den Künstler*innen-Archiven bewahrt wird, folgende Objekte: 1 Contessa-Nettel Fotokamera, 6 Fotoalben, 20 Glasnegative, mehrere hundert Aquarelle, 2 Gästebücher und circa 600 Fotografien von Astfalck-Vietz, außerdem Aufnahmen anderer Fotograf*innen, die Astfalck-Vietz als Modell abbilden. Daneben befinden sich im Deutschen Tanzarchiv Köln ein kleines Konvolut an Tanzfotografien und im Albert-König-Museum in Unterlüß circa 400 Aquarelle.

Im Rahmen des Förderprogramms des Forschungs- und Kompetenzzentrums Digitalisierung Berlin (kurz digiS) wurden von 2022 bis 2023 aus diesem Konvolut rund 700 Kunstwerke inklusive aller künstlerischen Aufnahmen sowie Zeichnungen und Aquarelle von Astfalck-Vietz digitalisiert.[3] In diesem Zusammenhang wurden einige auf Träger montierte Fotografien erstmals von den Unterlagen gelöst, wodurch die Stempel und Beschriftungen auf den Rückseiten sichtbar wurden.[4] Viele Fotografien wurden inklusive Trägerkarton recto-verso digitalisiert, was ermöglicht, die Präsentation der Bildseiten zu vergleichen und dabei »hinter die Bilder« zu schauen.

Bildermappen: »Meinem lieben Vater«

Astfalck-Vietz' experimentelle Fotografien »überlebten« den Krieg und die Zeit des Nationalsozialismus nur aufgrund des engen und kreativen Austausches zwischen der Künstlerin und ihrem Vater Reinhold Vietz (1874–1958). Sie schenkte ihm über Jahre hinweg Mappen mit motivisch sortierten Aufnahmen und rettete diese somit vor der kriegsbedingten Zerstörung ihres Ateliers im November 1943, der unter anderem ihre sämtlichen Negative zum Opfer gefallen waren.[5] Vier Jahre später bat sie ihn, ihr die Mappen zurückzuschicken, woraufhin Reinhold Vietz wertschätzend und verständnisvoll reagierte. In einem Brief vom 2. November 1947 schrieb er: »Es ist wirklich ein Weihnachtsgeschenk, liebe Marta, denn gerne trenne ich mich nicht von diesen ›Geschenken‹ aus früheren Jahren [...] da ich weiss, welchen Wert diese Arbeiten heute auch für Dich darstellen und wie sie Dir helfen, ein verloren gegangenes Archiv wieder aufzubauen [...] sende ich Dir die Mappen mit allen guten Wünschen.«[6] Marta Astfalck-Vietz empfing ihre Mappen mit den Titeln »Tanz«, »Akte«, »Technisch und Blumen«, »Hände«, die sie bis zur Übergabe an die Berlinische Galerie zuerst in Berlin-Zehlendorf und ab 1970 in ihrem Haus in Nienhagen aufbewahrte. Diese Mappen – einige »Meinem lieben Vater« gewidmet – werden 1990 auch wieder in der Auflistung der Schenkung Marta Astfalck-

Vietz genannt.[7] Diese Unterteilung in Motivgruppen erwies sich auch für die Inventarisierung der Fotografien als sinnvoll.

Signaturen: Aus Marta Vietz wird Marta Astfalck-Vietz

Marta Astfalck-Vietz zog am 1. Oktober 1927 in eine eigene Wohnung in der Markgraf-Albrecht-Straße 10 und eröffnete im Dachgeschoss ein Fotostudio, in dem sie bis 1929 tätig war.[8] In dieser produktiven und künstlerisch freien Schaffensphase entstanden auch Arbeiten der Tanz-, Porträt- und Aktfotografie – »na wer da gerade war, der musste eben ran«, erinnerte sie sich 1992 salopp.[9] Die Studiofotografien folgen oft einer bestimmten Präsentationspraxis. Silbergelatineabzüge dieser Motivgruppen, vereinzelt in ihrem Format beschnitten, montierte die Künstlerin häufig auf Karton und signierte rechts unterhalb der Aufnahme mit »Marta Vietz«, gegebenenfalls ergänzte sie »Berlin«, außerdem fügte sie zuweilen in der linken unteren Ecke der Fotografie ihr Monogramm »MVietz« hinzu. So verhält es sich zum Beispiel bei einem Doppelporträt von 1928 [→ S. 159]. Daumengroß setzt Astfalck-Vietz ihr kunstvolles Monogramm in Weiß auf das Blatt; noch größer und selbstbewusster erscheint ihr Name in Bleistift auf dem Trägerkarton. In der Aufnahme *Die Tänzerin Daisy Spies* [→ S. 177] fokussiert Astfalck-Vietz die Beine der Balletttänzerin. Hier fügt sie den Namen der Tänzerin mittig hinzu und betont ebenfalls ihre Urheberinnenschaft durch die Signatur »Foto MVietz« im Bild. Diese Signaturen und Monogramme waren für die Berufsfotograf*innen der Zeit keine Seltenheit.[10] Marta Astfalck-Vietz wird sich dieser Praktik wohl im Zuge ihrer Ausbildung 1925 bis 1926 bei Lutz Kloss (Lebensdaten unbekannt) angenähert haben, denn dieser markierte seine Aktfotografien, wie eine Aufnahme von Marta Astfalck-Vietz als Modell verbildlicht, ebenfalls mit der Signatur »Lutz« auf der Bildoberfläche und »Lutz Berlin 1926« auf dem Träger [→ S. 163].

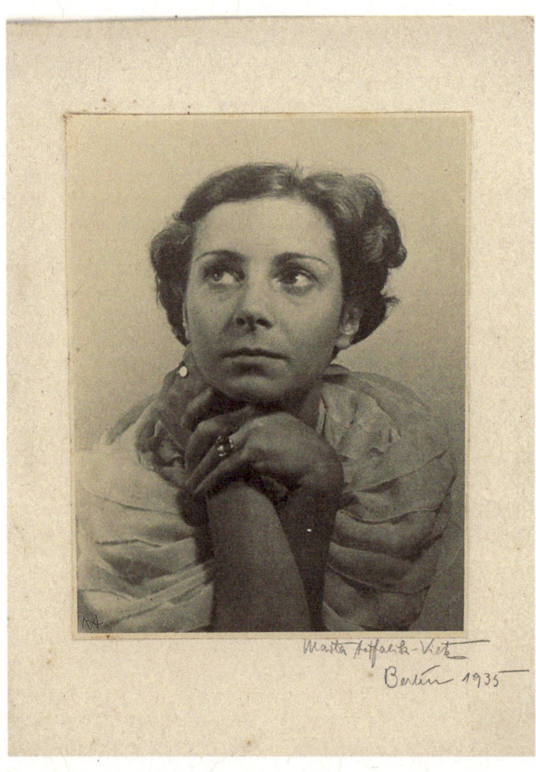

Marta Astfalck-Vietz, *Ohne Titel (Ruth Astfalck)*, 1935, Inv. BG-FS 059/91,75.

Ab 1930 signierte Astfalck-Vietz nicht mehr mit ihrem Monogramm auf der Bildfläche, sie beschnitt die Formate kaum noch und montierte sie nur noch selten auf signierten Trägerkarton. »Marta Vietz« verschwand von der Bildoberfläche. Ein letztes Mal findet man ihren Namen auf dem Trägerkarton unterhalb einer Aufnahme aus dem Jahr 1935: Auf dem Porträt ihrer Schwägerin Ruth Astfalck signierte die Fotografin erstmals mit ihrem Doppelnamen Astfalck-Vietz, den sie seit der Hochzeit mit Hellmuth Astfalck (1898–1974) im Jahr 1929 trug [→ S. 160]. Außerdem nutzte sie nun ein neues Monogramm »MVA«.

Stempeldialoge

Wendet man die Fotografien von Marta Astfalck-Vietz um und widmet sich der Rückseite der analogen Abzüge, so offenbaren diese oft mehrere Stempel sowie handschriftliche Notizen, die das Bild als zeitliche Markierungen bestätigen oder auch destabilisieren. Diese Stempel können auch Rückschlüsse über unterschiedliche Arbeitsorte und Arbeitsverhältnisse nahelegen; beispielhaft verweist die Rückseite des Stilllebens *Ohne Titel* [→ S. 14] durch den »Combi-Phot.«-Stempel auf die künstlerische Zusammenarbeit mit Heinz Hajek-Halke (1898–1983). Diese Stempel nennen entweder »Hajek-Halke« oder »Marta Vietz«, aber niemals beide. Interessant ist, dass bei allen Stempeln von »Marta Vietz« das »Combi« durchgestrichen ist, was möglicherweise auf eine nachträgliche Meinungsverschiedenheit hinweist [→ S. 161].

Beachtlich viele Überschreibungen, deren Beweggründe sich heute nicht mehr nachvollziehen lassen, bietet die Rückseite der Fotografie *Ohne Titel* [→ S. 165]. Die Aufnahme ist um das Jahr 1932 enstanden und gehört damit zu dem von Astfalck-Vietz als »kommerzielles« Werk bezeichneten Auftragsfotografien für Zeitungen und Zeitschriften und eignet sich gut, um einige Widersprüche zu erläutern. Recto erscheint die Fotografie unauffällig. Die Aufnahme fokussiert sieben hintereinandergeschobene Rollkisten, die randvoll mit nussähnlichem Handelsgut gefüllt sind; näher lässt sich die Bildseite nicht bestimmen. Verso offenbart das Motiv dagegen diverse Informationen [→ S. 165]: Im oberen linken Quadranten verweist ein Fotografenstempel auf die Urheberinnenschaft der Bildautorin Marta Astfalck-Vietz und die postalische Anschrift, die je nach Atelierstandort auch ergänzt werden kann.[11] In der Handschrift der Künstlerin wurde dem Stempel »Pragerstr. 17« hinzugefügt, Wohn- und Arbeitsort des Ehepaars Astfalck-Vietz ab 1933.[12] Unterhalb dieses Stempels ist in Bleistift eine Frage notiert: »Wo kommt der Lebkuchen her?« Darunter klebt ein Etikett mit der Beschriftung »Kakaobohnen zur Bearbeitung bereit.« Solche Etiketten waren als mögliche Bildtitel vornehmlich in der Pressefotografie üblich.[13] Die handschriftlich notierte Frage dagegen könnte ein redaktioneller Titelvorschlag sein. Rechts oben prangt der Stempel des Pfeil-Verlags, in dem nicht nur Verleger Siegfried Bergengruen (1900–1942), sondern auch Hellmuth Astfalck genannt werden. Dem Stempel zugehörig sind die zum Eintrag vorbereiteten Felder »Foto:« und »Nr.«. Hier bezeichnete jemand in schwarzer Tinte »M Vietz / Pfeil Verlag« und nummerierte die Aufnahme mit »2208«, wahrscheinlich die laufende Nummer des verlagseigenen Bildarchivs. Der Pfeil-Verlag existierte spätestens ab August 1931 und publizierte bis zum Ende desselben Jahres die 1929 gegründete Zeitschrift *Die Aufklärung*.[14] Marta Astfalck-Vietz lieferte gelegentlich, auch schon vor 1931, fotografisches Material für die Zeitschrift.[15] Sie kreierte mehrere dokumentarische Fotografien sowie inszenierte Serien, die den Verlagsstempel und eine Laufnummer aufweisen – als Evidenz für einen Abdruck kann dieser Stempel jedoch nicht gelesen werden.

Die Rückseite liefert keine kohärenten Informationen, um die Fotografie eindeutig zu datieren oder ihre Nutzung nachzuvollziehen. Vielmehr wirft sie Fragen auf, die sich in der Betrachtung anderer Rückseiten wiederholen: Warum wurde der Stempel des Pfeil-Verlags mit rotem Stift durchgestrichen – warum das »Combi« aus »Combi-Phot.«? Wer bezeichnete Marta Astfalck-Vietz' Fotografien für den Pfeil-Verlag auch noch zwei Jahre nach Eheschließung mit ihrem Mädchennamen?[16] Inwiefern können die mehrfach gestempelten Rückseiten überhaupt als Indikatoren für Datierungen und Schaffenszeiträume gelesen werden? Ferner lässt sich erkennen, dass mit dem Wechsel von 1929 zu 1930 die selbstbewussten Signaturen auf der Vorderseite und auf dem Trägerkarton gleichermaßen abnahmen wie der fotografische Fokus auf studiofotografischen Motiven wie der Akt- und Porträtfotografie. Anstelle dessen häufen sich in den 1930er-Jahren dokumentarische Auftragsfotografie und erzählerische Serien. Die schlaglichtartige Betrachtung der Vorder- und Rückseiten stellt den Nachlass als dynamisches, lebendiges Material vor und dient als Basis für eine objektorientierte und nicht nur bildorientierte Forschung.

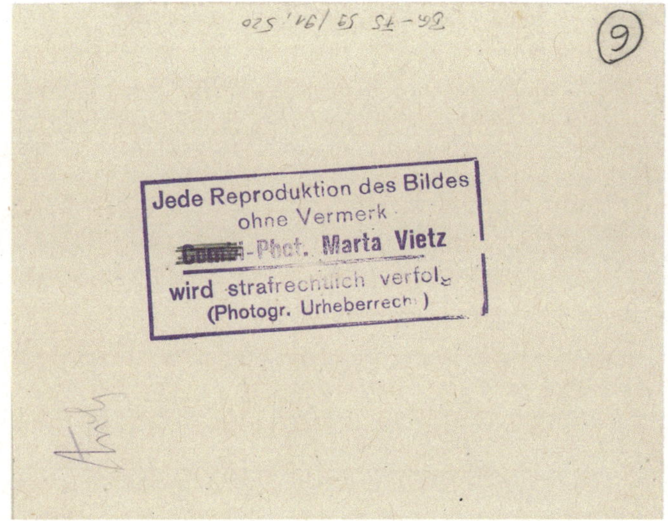

Marta Astfalck-Vietz, *Ohne Titel*, um 1927, Inv. BG-FS 059/91,520, Rückseite.

1 Die Bezeichnung »Nachlass Marta Astfalck-Vietz« umfasst den Gesamtbestand in der Sammlung der Berlinischen Galerie.

2 Zum ersten Kennenlernen zwischen Frecot und Astfalck-Vietz siehe auch den Beitrag von Janos Frecot im vorliegenden Band, S. 167–170. Der Schenkung folgte die von Frecot kuratierte Ausstellung *Marta Astfalck-Vietz. Photographien 1922–1935*, die vom 18. Mai bis zum 28. Juli 1991 in der Berlinischen Galerie im Martin-Gropius-Bau stattfand.

3 Vgl. Forschungs- und Kompetenzzentrum Digitalisierung Berlin (digiS), *Abschlussbericht zum Förderprogramm 2022/23*.

Digitalisierung des fotografischen Nachlasses von Marta Astfalck-Vietz, Stand 19. März 2024, https://www.digis-berlin.de/wp-content/uploads/2024/04/Projektabschlussbericht_2022-23_BG.pdf [gelesen am 20.1.2025].

4 Vgl. ebd., S. 10.

5 Vgl. Astfalck-Vietz in: *»Standorte sind zum Verlassen da«. Video-Porträt der Photographin Marta Astfalck-Vietz. Jg. 1901,* Dokumentarfilm, Idee und Konzeption: Inken Dohrmann, Regie: Gerit von Leitner, DE 1992, 00:54:48, hier 00:22:43, Berlinische Galerie, Fotografische Sammlung, Künstler*innen Dossier.

6 Brief von Reinhold Vietz an Marta Astfalck-Vietz, 2. November 1947, Inv. BG-MAV 959.

7 Vgl. Auflistung zur Schenkung vom 22. Januar 1990, ohne Inv.-Nr., Dossier MAV, Berlinische Galerie.

8 Astfalck-Vietz zit. nach Janos Frecot, »Lebensdaten«, in: *Marta Astfalck-Vietz. Photographien 1922–1935,* hg. von Berlinische Galerie e. V., in Zusammenarbeit mit dem Museumspädagogischen Dienst Berlin (Ausst.-Kat. Berlinische Galerie), Berlin 1991, S. 88.

9 Astfalck-Vietz zit. nach *»Standorte sind zum Verlassen da«* 1992 (wie Anm. 5), 00:25:28.

10 Siehe Timm Starl, *Bildbestimmung. Identifizierung und Datierung von Fotografien 1839 bis 1945,* Marburg 2010, S. 55. Als Beispiel für die gängige Praxis kann Suse Byk herangezogen werden, deren Atelier am Kurfürstendamm 230 III Marta Astfalck-Vietz kannte und studierte. Sie markierte ihre Fotografien ganz prominent mit einer geweißten Signatur im Bild. Ebenfalls markierte die aus Wien stammende Fotografin Dora Kallmus (alias Madame d'Ora) ihre Werke eindrücklich mit dem Kürzel »d'Ora«.

11 Ergänzungen zum Stempel können Aufnahmedaten sein oder ein Wechsel des Firmensitzes. Siehe Starl 2010 (wie Anm. 10), S. 53.

12 Siehe Konvolut Umzugsmeldungen, Inv. BG-MAV 110/111.

13 Vgl. Starl 2010 (wie Anm. 10), S. 25.

14 Vgl. Ralf Dose, »Aufklärungen über ›Die Aufklärung‹ – Ein Werkstattbericht«, in: *Mitteilungen der Magnus-Hirschfeld-Gesellschaft,* 1991, H. 15, S. 31–42, hier S. 32.

15 Vgl. ebd., S. 36; siehe auch den Beitrag von Inga Elsbeth Schwarz im vorliegenden Band, S. 145–151. Vgl. *Die Aufklärung. Monatsschrift für Sexual- und Lebensreform,* hg. von Magnus Hirschfeld und Maria Krische, 3, 1931, H. 1, S. 13. Hier veröffentlichte die Zeitschrift einen männlichen Akt von »Marta Vietz«.

16 Marta Astfalck-Vietz trägt laut standesamtlicher Eheurkunde vom 31. Oktober 1929 den Namen »Marta Klara Astfalck, geboren Vietz«, siehe BG-MAV 1.

RECTO – VERSO

On Stamps and Attributions

Mette Kleinsteuber

How should one approach a photography collection? What kinds of stories do the photographs tell beyond the level of the image? What further traces personally added by the artist, and typically not accorded any particular significance, can be found on the front (recto) and back (verso) of the pictures? This essay examines these questions by focusing on photographic works from the estate of Marta Astfalck-Vietz.[1] We will look here at the materiality of the photographs, which provides some possible contextual background and affords insights into the artist's modus operandi.

The estate in its current composition was transferred to the Berlinische Galerie collection in several stages. The process began with a large endowment of photographs gifted by the artist herself in 1990[2]—and concluded when the group of works was rounded out in 1994, after her death. Today, the estate, which is held in the Photography Collection and the Artists' Archives, includes the following objects: one Contessa-Nettel camera, six photo albums, twenty glass plate negatives, several hundred watercolours, two visitors' books, and some 600 photos by Astfalck-Vietz, as well as pictures by other photographers showing Astfalck-Vietz as a model. In addition, there is a small collection of dance photos in the Deutsches Tanzarchiv Köln (German dance archive in Cologne), and some 400 watercolours in the Albert König Museum in Unterlüß, Lower Saxony.

As part of the funding programme of the Forschungs- und Kompetenzzentrum Digitalisierung Berlin (Research and Competence Centre for Digitalization Berlin, known as digiS for short), around 700 works of art from this collection were digitalized between 2022 and 2023, including all of Astfalck-Vietz's artistic photographs, drawings, and watercolours.[3] In the process of this, some photographs mounted on carrier boards had the backing removed for the first time, revealing the stamps and inscriptions on the back of the pictures.[4] Many photographs were digitalized recto-verso, which makes it possible to compare the presentation of the verso sides and to look 'behind the images'.

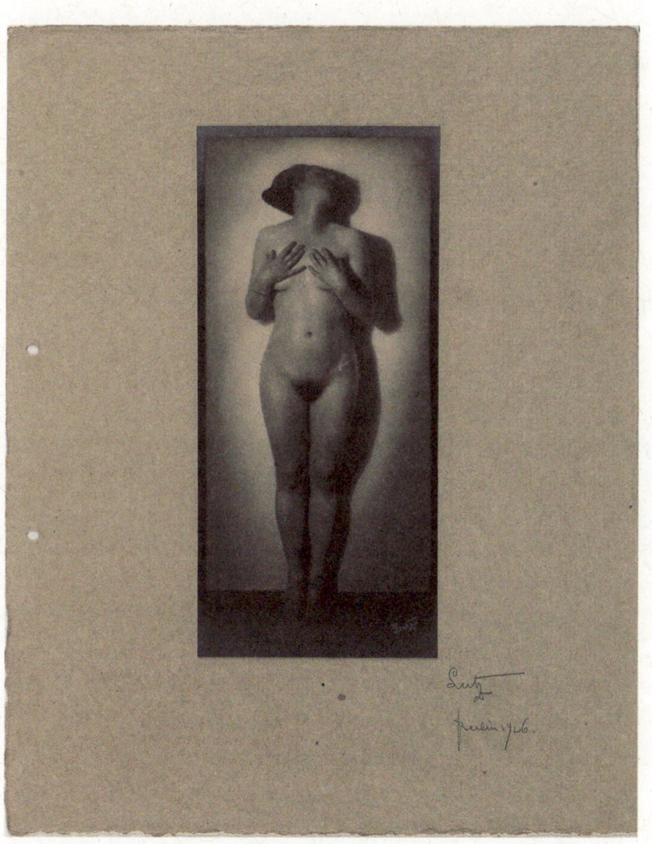

Lutz Kloss, *Untitled (Marta Astfalck-Vietz)*, 29 May 1926, Inv. BG-FS 071/91,1.

Photo Folders: 'To My Dear Father'

Astfalck-Vietz's experimental photographs only managed to 'survive' the war and the Nazi era because of the intimate, creative process of communication and exchange that took place between the artist and her father, Reinhold Vietz (1874–1958). Over the years, she would give him folders containing pictures—sorted by motif—and this saved them from the destruction that befell her studio during the war in November 1943, taking with it all of her negatives.[5] Four years later, when she asked him to send the folders back to her, Reinhold responded with appreciation and understanding. In a letter dated 2 November 1947, he wrote: 'It really is a Christmas present, dear Marta, since I am loth to part with these "gifts" from years gone by ... Since I know how valuable these works are for you today and how they help you to reconstruct a lost archive ... I am sending you the folders with all good wishes.'[6] Marta received the folders titled 'Dance', 'Nudes', 'Technical and Flowers', and 'Hands'. Prior to their transfer to the Berlinische Galerie, she kept them first in Berlin-

Zehlendorf and then, from 1970 on, in her house in Nienhagen. These folders—some dedicated to 'My dear father'—are mentioned again in the list itemizing Astfalck-Vietz's donation in 1990.[7] This breakdown of the photographs into groups of motifs also proved useful in creating an inventory of them.

Signatures: Marta Vietz Becomes Marta Astfalck-Vietz

On 1 October 1927, Astfalck-Vietz moved into her own flat at Markgraf-Albrecht-Straße 10 and opened a photography studio in the attic, where she worked until 1929.[8] This productive and artistically independent phase of creativity also gave rise to dance photographs, portraits, and nudes: 'Well, anyone who was there just then had to muck in,' she casually recalled in 1992.[9] The studio photographs are often presented in a particular way. Gelatin silver prints of these groups of motifs, their format trimmed in a few cases, were frequently mounted on cardboard and signed 'Marta Vietz' on the right below the photograph, possibly supplemented with 'Berlin'; she also sometimes added her monogram 'MVietz' in the bottom-left corner of the picture. This is the case, for example, in a double portrait from 1928 [→ p. 159]. Astfalck-Vietz applied her ornate monogram to the photographic sheet in white. This monogram was the size of a thumb, while her name, written in pencil on the backing cardboard, appeared even larger and more self-assured. In the photograph *Die Tänzerin Daisy Spies* (The dancer Daisy Spies) [→ p. 177], Astfalck-Vietz focuses on the ballet dancer's legs. Here she adds Spies's name in the centre, while emphasizing her authorship by putting the signature 'Foto MVietz' in the image. These signatures and monograms were in common use by professional photographers of the time.[10] Astfalck-Vietz probably got to know this practice when she was in training with Lutz Kloss (dates unknown) between 1925 and 1926, because he also marked his nudes—as can be seen in a photograph of Astfalck-Vietz as a model—with the signature 'Lutz' on the image itself and 'Lutz Berlin 1926' on the carrier cardboard [→ p. 163].

In 1930, Astfalck-Vietz stopped signing her work with her monogram placed on the actual image; she hardly did any trimming of the formats and only occasionally mounted the pictures on signed backing cardboard. 'Marta Vietz' disappeared from the pictorial surface. Her name can be found on the backing one last time beneath a photograph from 1935: a portrait of her sister-in-law Ruth Astfalck that the photographer signed for the first time with her double-barrelled name Astfalck-Vietz, which she had used since her 1929 marriage to Hellmuth Astfalck (1898–1974) [→ p. 160]. She also adopted a new monogram (MVA).

Stamps in Dialogue

When turning Astfalck-Vietz's photographs over and focusing on the back of the analogue prints, one often finds a number of stamps and handwritten notes that confirm or cast doubt on the image as a temporal marker. These stamps may also suggest certain conclusions that can be drawn about different work locations and working relationships. For example, the 'Combi-Phot.' stamp on the back of an untitled still life [→ p. 14] points to the photographer's artistic collaboration with Heinz Hajek-Halke (1898–1983). These stamps mention either 'Hajek-Halke' or 'Marta Vietz' by name, but never both. It is interesting to note that the word 'Combi' is crossed out in all of the 'Marta Vietz' stamps, possibly indicating a subsequent disagreement between the two [→ p. 161].

The back of another untitled photograph [→ p. 165] features a considerable number of crossings out and entries written over one another, the reasons for which can no longer be reconstructed. The picture was taken around 1932 and is one of the photographs commissioned for newspapers and magazines that Astfalck-Vietz referred to as 'commercial' work. It is a good example of various contradictions. The image itself is unremarkable. The shot focuses on seven metal crates on wheels pushed up against one another, filled to the brim with a commodity that looks like nuts; there is nothing more specific that can be said about the recto side. The back of the motif reveals a wealth of information, however [→ p. 165]. In the upper-left quadrant, a photographer's stamp credits Marta Astfalck-Vietz as the author of the image and indicates her postal address, which, depending on the current studio location, can be supplemented by hand.[11] On this particular untitled photograph, the artist wrote 'Pragerstr. 17', which was where Astfalck-Vietz and her husband lived and worked from 1933 on.[12] Underneath this stamp, a question is noted in pencil: 'Where does gingerbread come from?'. Below that, a label has been pasted on with the words 'Cocoa beans ready for processing'. Labels like this were standard as possible titles for the image, especially in press photography.[13] The handwritten

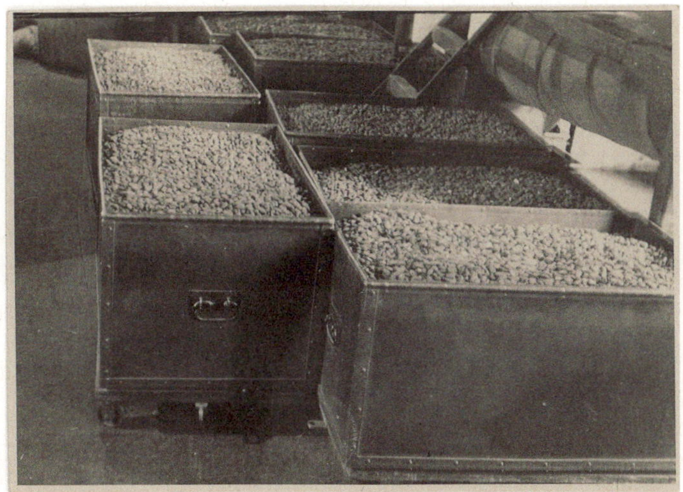

Marta Astfalck-Vietz, *Untitled*, c. 1932, Inv. BG-FS 059/91,495.

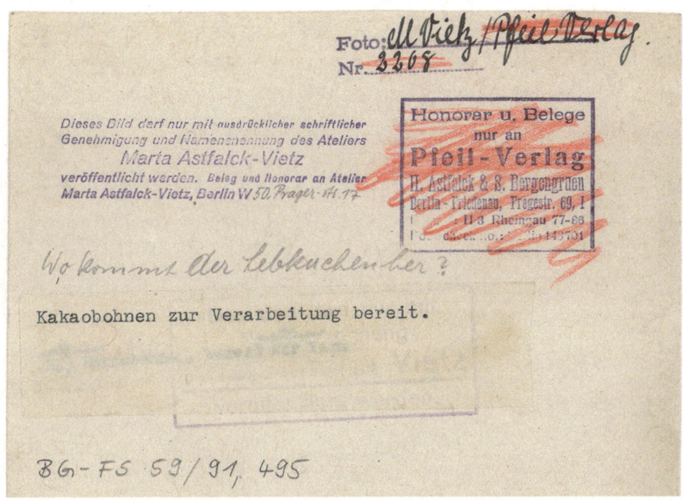

Marta Astfalck-Vietz, *Untitled*, c. 1932, Inv. BG-FS 059/91,495, verso.

question might, on the other hand, be an editor's suggestion for a title. The stamp of the Pfeil-Verlag, which is displayed at top right, makes mention both of the publisher Siegfried Bergengruen (1900–1942) and of Hellmuth Astfalck. Also included are the German words 'Foto:' and 'Nr.' with space provided for the relevant entries (photo and number). Here, written in black ink is the label 'M Vietz / Pfeil Verlag', along with the numerical figure '2208', probably from a sequence used to number the publisher's own picture archive. The publishing house Pfeil-Verlag came into being in August 1931 at the latest and was responsible, until the end of that year, for publishing the magazine *Die Aufklärung*, which had been launched in 1929.[14] Astfalck-Vietz occasionally provided the magazine with photographic material, even before 1931.[15] She created several documentary photographs as well as staged series that have the publisher's stamp and a sequential number—however, this stamp cannot be taken as evidence that the picture was printed.

The back of the photo does not provide any coherent information that could be used to date it with any clarity, or to reconstruct the purpose to which it was put. Instead, it raises questions that are reiterated when we look at the backs of other pictures: Why was the Pfeil-Verlag stamp crossed out in red crayon? And why was 'Combi' erased from 'Combi-Phot.'? Who labelled Astfalck-Vietz's photographs for Pfeil-Verlag with her maiden name two years after her marriage?[16] To what extent can the reverse sides of the photos that bear multiple stamps be used at all as indicators of dates and creative periods? It is also evident that with the shift that took place between 1929 and 1930, the self-assured signatures, both on the front of the photograph and on the backing cardboard, tapered off, as did the emphasis on photographic motifs shot in the studio, such as nudes and portraits. Instead, documentary commissions and narrative series became more frequent in the 1930s. This focused examination of the front and reverse sides of the photographs reveals Astfalck-Vietz's estate as dynamic, living material that serves as a basis for research that is oriented to the object rather than simply to the image.

1 The designation 'Estate of Marta Astfalck-Vietz' covers all of the works held in the Berlinische Galerie's collection.
2 On the initial meeting between Marta Astfalck-Vietz and Janos Frecot, see his essay in the present volume, pp. 171–74. The endowment was followed by the exhibition *Marta Astfalck-Vietz: Photographien 1922–1935*, which was curated by Frecot and took place from 18 May to 28 July 1991 at the Berlinische Galerie in the Martin-Gropius-Bau.
3 See Forschungs- und Kompetenzzentrum Digitalisierung Berlin (digiS), *Abschlussbericht zum Förderprogramm 2022/23: Digitalisierung des fotografischen Nachlasses von Marta Astfalck-Vietz*, 19 March 2024, https://www.digis-berlin.de/wp-content/uploads/2024/04/Projektabschlussbericht_2022-23_BG.pdf, accessed 20 January 2025.
4 See ibid., p. 10.
5 See Astfalck-Vietz, quoted in *'Standorte sind zum Verlassen da': Video-Porträt der Photographin Marta Astfalck-Vietz; Jg. 1901*, documentary film; idea and concept: Inken Dohrmann; director: Gerit von Leitner, DE, 1992, 00:54:48, esp. 00:22:43, Artist Dossiers, Photography Collection, Berlinische Galerie.
6 Reinhold Vietz to Marta Astfalck-Vietz, letter, 2 November 1947, Inv. BG-MAV 959.
7 See list itemizing the endowment from 22 January 1990, Inv. Dossier MAV, Berlinische Galerie.

8 Astfalck-Vietz, quoted in Janos Frecot, 'Lebensdaten', in *Marta Astfalck-Vietz: Photographien 1922–1935*, exh. cat. Berlinische Galerie (Berlin, 1991), p. 88.

9 Astfalck-Vietz, quoted in *'Standorte sind zum Verlassen da'* (see note 5), 00:25:28.

10 See Timm Starl, *Bildbestimmung: Identifizierung und Datierung von Fotografien 1839 bis 1945* (Marburg, 2010), p. 55. The work of Suse Byk, whose studio at Kurfürstendamm 230 III Astfalck-Vietz knew and was a subject of interest and can be adduced as an example of current practice. Her photographs are marked rather prominently with a signature printed white in the image. Likewise, the Vienna-born photographer Dora Kallmus (aka Madame d'Ora) marked her works impressively with the abbreviation 'd'Ora'.

11 Additions to the stamp may include information about the photograph or a change of business address. See ibid., p. 53.

12 See the bundle of materials relating to change-of-address notifications, Inv. BG-MAV 110/111.

13 See Starl, *Bildbestimmung* (see note 10), p. 25.

14 See Ralf Dose, 'Aufklärungen über "Die Aufklärung": Ein Werkstattbericht', *Mitteilungen der Magnus-Hirschfeld-Gesellschaft*, no. 15 (1991), pp. 31–42, esp. p. 32.

15 See ibid., p. 36; see also Inga Elsbeth Schwarz's essay in the present volume, pp. 153–58. See *Die Aufklärung: Monatsschrift für Sexual- und Lebensreform*, 3/1 (1931), p. 13, in which the magazine published a male nude by 'Marta Vietz'.

16 According to the civil marriage certificate, dated 31 October 1929, Astfalck-Vietz's name was 'Marta Klara Astfalck, née Vietz'; see BG-MAV 1.

Ein Leben auf wechselnden Bühnen

Eine Hommage

Janos Frecot

In der 1989/90 im Martin-Gropius-Bau, dem damaligen Sitz der Berlinischen Galerie, gezeigten Ausstellung *Photographie als Photographie* hingen auch zwei Aufnahmen, die uns Heinz Hajek-Halke (1898–1983) testamentarisch vermacht hatte. Der rückseitige Stempel wies als Bildautorin Marta Vietz aus. Dieser Name war uns wie auch mehreren angefragten Fotoexpert*innen unbekannt, und so fügten wir dem Ausstellungslabel die Anmerkung »Lebensdaten nicht bekannt« hinzu. Es war nicht das erste Mal, dass uns eine eingestandene Wissenslücke auf die richtige Spur brachte. Eine aufmerksame Besucherin, die bei einer Marta Astfalck-Vietz Malunterricht gehabt hatte, legte uns nahe, doch mal in der Gegend um Celle zu suchen. Das Ergebnis war ein Telefongespräch mit der Künstlerin, die uns zu baldigem Besuch nach Nienhagen einlud.

Das Einfamilienhaus aus den 1960er-Jahren nebst Werkstattgebäude mit Keramik-Brennofen, Porzellan- und Bilderlager sowie Arbeitsgeräten in dem geräumigen Garten war in seiner Gestalt wenig bemerkenswert; beeindruckt hat mich die Randlage des Grundstücks, die ausgebreiteten Wiesen hinter dem von Strauchwerk gesäumten Bahndamm, darüber der weite norddeutsche Himmel, unter dem sich der Ort verlor. Aber die weißhaarige Dame im weiten Flattergewand vor der geöffneten Tür – feine Ohrgehänge, Armbänder und Ringe –, sie hatte wenig mit dieser Landschaft gemein, sie war unverkennbar immer noch die hellwache Berlinerin mit kritisch-interessierten Augen, lächelndem Mund und einladender Geste. Wir saßen bald in ihrem Wohnraum, der die ganze Breite des Hauses einnahm und in ein ebenso breites Gewächshaus überging, dessen durch die geöffnete Glastür spürbare erdig-feuchte Wärme uns umgab. Um uns herum offene Schränke und Regale voller Bücher, Porzellan und Keramik, dazwischen blühende Orchideen, an den Wänden Pflanzenaquarelle und Porträts. Wir saßen vor einem großen runden Tisch auf Decken und Fellen, mit denen Stühle und Sessel bedeckt waren. Wir ließen uns zur Begrüßung gern zu einem Cynar überreden, dem italienischen Artischockenlikör, auf dessen gesundheitsfördernde Wirkung die Gastgeberin schwor und der mit Champagner verlängert ausgezeichnet erfrischte. Aber da war noch jemand im Raum, und das war der seit 1964 bei ihr lebende Pflegesohn Apolinar Rudolph Kuckhahn, den sie uns als Apoll vorstellte; schwarze Haare, dunkle Augen, braune Haut, hohe Wangenknochen – ein markantes Gesicht. Der über Vierzigjährige half der von Erblindung bedrohten Künstlerin so gut es ging durch den Alltag; er stellte den Aschenbecher und das Feuerzeug bereit, denn sie liebte es, Zigaretten in den Fingern zu halten und auch ein wenig zu paffen.

Das lebhafte Geplauder wurde bald zu einem intensiveren Gespräch, die Fragen und Antworten gingen schnell wie bei vertrauten Freunden ineinander über. Wir wollten von ihr wissen: Wie war Heinz Hajek-Halke zu den Fotos gekommen, die er uns hatte zukommen lassen? Wie und wann war sie zur Fotografie gekommen? Welcher Art war ihre fotografische Arbeit? Und: könnten wir mal Bilder sehen? Sie hatte uns ja am Telefon gewarnt, dass sie kaum mehr etwas habe – ihr ganzes Archiv mit Negativen und Vergrößerungen, Atelier und Dunkelkammer samt den Kameras hätten 1943 die Bomben vernichtet. Dann kamen aber doch mehrere große Briefumschläge und Schachteln auf den Tisch, aus denen sie Blatt für Blatt vor uns hinlegte. Die fantastischen, fast immer den Bildraum durch Bewegung ausmessenden Gestalten bestimmten die mal ironisch, mal erotisch wirkenden Selbstbilder der Ver- und Entkleidungen. Zugleich wurde in ihnen die Distanz der auf die genaue Nachzeichnung ihrer erinnerten Traumfetzen konzentrierten Künstlerin sichtbar. Das alles war von einer so präsenten bildnerischen Brisanz, wie man sie selten zu sehen bekommt. Die Fotografien, die den Krieg in der Obhut ihres Vaters überlebt hatten, ließen uns unvermittelt an einer sich mit jedem neuen Bild weiter auffächernden Performance teilhaben. Wir erlebten die Aufnahmen als großartig angelegte Improvisationen, nicht perfekt durchgestylt, sondern eher als naiv, jung, wild. Wir sahen Szenen aus der Vorstellungswelt einer jungen Frau aus Berlin – dieser von neuer Malerei und Architektur, extravaganten Tänzen und experimentellen Filmen, von Jazz, politischem Theater und einer genialischen Literatur- und Kabarettszene überbordenden Stadt, geträumt und notiert in einer Zeit, die manchen Beobachter*innen heute als die intelligenteste und waghalsigste Periode der Stadtgeschichte gilt. Wir waren wie elektrisiert, als wir begriffen, dass sich soeben eine ganz und gar unbekannte, große Fotokünstlerin durch ihr Werk wie ihre Persönlichkeit vor unseren Augen ereignete.

Natürlich hatten wir weitere Fragen zu den Bildern: Wie und wann waren sie entstanden? Sind sie jemals ausgestellt worden oder vielleicht in den seinerzeit modernen Zeitschriften wie *Die Dame*, *Der Querschnitt*, *die neue linie* oder im *Uhu* abgedruckt worden? Marta Astfalck-Vietz begann zu erzählen, von den liebevollen Eltern, dem tüchtigen, immer hilfsbereiten Vater und von der früh verstorbenen Mutter, die ihr unendlich gefehlt hatte, als sie zur jungen Frau heranwuchs. Von ihrer Kindheit und Jugend zeugt das Tagebuch, das der Vater am Tag ihrer Geburt am 21. Juli 1901, einem Sonntag, eingerichtet hatte und in das er lange selbst seine Erlebnisse mit dem Kind eintrug. Marta beschrieb dann Erlebnisse und Stimmungen der damals erst Jahre später einsetzenden Pubertät: erste Liebeleien, Zweifel am Sinn des Lebens und abgrundtiefe Melancholie, dazwischen Schwärmereien für Schauspieler*innen und Sänger*innen; aus dem Theater am Nollendorfplatz war sie eben zum 29. Mal nach Hause gekommen. Der Vater wünschte sich, dass sie Ärztin würde, sie aber hätte sich als ihren zukünftigen Lebensraum eher die Bühne vorgestellt, was an der Bürgerlichkeit der Familie scheiterte. Die »herrlichen Knutschereien«, wie sie ihre ersten Übungen in Zweisamkeit nannte, konnten die Sorge und Angst um die kranke Mutter nicht überdecken, die 1920 an Tuberkulose starb. Die Tochter blieb in Schmerz und tiefer Trauer zurück, auch in Angst vor dem Alleinsein, wenn der Vater beruflich auf Reisen war. Ein Jahr später aber, als Reinhold Vietz wieder geheiratet hatte, eine Frau, die Marta spießig und etepetete fand, geriet sie erneut in einen heftigen Gefühlstaumel, der wohl auch aus ersten Erlebnissen mit befreundeten Mitstudierenden kommen mochte. Ende 1921 lesen wir: »Marta, besinne Dich. Zeig, was Du kannst ... Spiel weiter, Bajazzo. Lache und erfreue die andern. Die Gedanken stürmen. Herbst. Tod. Liebe. Glück. Arbeit. Ja Arbeit.« Damit klingt eines der zentralen Motive ihres Lebens an: Jeder Tag verlangt, dass die Aufgaben erledigt werden, und das geht nur, indem man sie tatsächlich erledigt.

Dann sprach sie über ihre Ausbildung. Der Vater, ein gelernter Buchdrucker, hatte sich auf modernste Bilddrucktechniken spezialisiert und war zu einem gefragten Berater und vereidigten Sachverständigen geworden. Er verdiente sehr gut und ebnete der Tochter, die schon als Kind gezeichnet, geschneidert, gestickt und Kleider entworfen hatte, den Weg in die berufliche Selbstständigkeit, indem er sie machen ließ – nur um zehn Uhr, darauf bestand er, musste sie zu Hause sein. Er hatte an sich selbst erfahren, wie essenziell eine umfassende handwerkliche Ausbildung für den beruflichen Aufstieg ist und dass für jeden Erfolg, und erst recht im künstlerischen Bereich, Disziplin und Dranbleiben elementare Voraussetzungen sind. So meldete er die 17-Jährige nach dem Ende der Schulzeit zum Studium an der Höheren Fachschule für Textil- und Bekleidungsindustrie an, die sie von 1918 bis 1920 besuchte und mit einem guten Abschlusszeugnis verließ. Anschließend war sie unter den acht von etwa achtzig Bewerber*innen, die die mehrtägige Aufnahmeprüfung für das Studium an der Unterrichtsanstalt des Kunstgewerbemuseums Berlin an der Prinz-Albrecht-Straße bestanden. Dort studierte sie von 1920 bis 1924. Im Einverständnis mit dem Vater konnte sie den Luxus erleben, nicht zielgerichtet auf baldigen Eintritt ins Erwerbsleben studieren zu müssen, sondern alle Fähigkeiten und Fertigkeiten auszubilden, um ihre kreativen Ideen in die Realität des handgefertigten Werkes umsetzen zu können. Bei den damals berühmten Pri-Alb-Stra-Kostümfesten mitmachen zu können, die Freundschaft mit den Kommilitonen Alexander Kampmann (1898–1970) und Heinz Hajek-Halke zu erleben, bestätigte sie in ihren Ideen. Viele der Fotografien, die wir zu sehen bekamen, zeugten von ihrer »Stoffmacke« und ihrem »Seidenfimmel«, denen sie, wie sie erzählte, seit ihrer Kindheit verfallen war und die sie auf der Höheren Fachschule durch den Zeichenunterricht bei dem Maler und Grafiker Walter Kampmann (1887–1945) hatte ausleben können. Auf der Schule des Kunstgewerbemuseums lernte sie in der Mode-Entwurfsklasse von Otto Ludwig Haas-Heye (1879–1959), ihre Fantasien in Formen zu fassen. Dass sie die in ihr schlummernden Vorstellungen ebenso wie die beim Probieren spontan aufkommenden Ideen ins fotografische Bild übertragen konnte, hatte ihr die gründliche Ausbildung im Fotoatelier von Lutz Kloss (Lebensdaten unbekannt) ermöglicht, um die sie Heinz Hajek-Halke ebenso beneidete wie um ihr Atelier mit Dunkelkammer. Das Seidenhaus Michels, für das sie während der Inflation arbeitete, honorierte sie in Schweizer Franken. Und was machte sie, die man als eine Zwillingsschwester der Hauptfigur in Wilhelm Speyers Roman *Charlott etwas verrückt* (1927) ansehen könnte, mit dem Geld? »Taxe fahren.«

Trotz aller Bemühungen könne man, sagte sie, das Gestalten eines Bildes nicht lernen: »Man hat es oder hat es nicht.« Sie hatte diese Fähigkeit, und sie nutzte sie zu spielerischem Experimentieren, zu dem sie sich mit Heini, wie sie den Freund nannte, als »Combi-Phot.« zusammentat. Diese Autor*innenschaft lässt bewusst offen, wer jeweils als Erfinder*in oder Hersteller*in der Bilder infrage käme. Darin drückte sich jenseits des im Kunstbetrieb üblichen Künstler*innenkults eine Auffassung von Autor*innenschaft aus, die allein das Endprodukt anerkennt, wissend, dass stets auch unbewusste Wahrnehmungen, Wertungen, Ängste, Wünsche und Anregungen am Gelingen beteiligt sind.

Während der Gemeinschaftsarbeit entstanden aber auch viele wichtige Fotografien, die Marta allein zuzuschreiben sind. Diese Schaffensphase, die den Schwerpunkt der Ausstellung 1991 bildete und auch in der gegenwärtigen Ausstellung im Mittelpunkt steht, ging offenbar zu Beginn der 1930er-Jahre zu Ende. Warum, das lässt sich nur vermuten. Marta hat auf diesbezügliche Fragen, wenn ich meine vielen Gesprächsaufzeichnungen, aber auch die Interviews zu Arbeit und Leben zurate ziehe, keine zitierfähige Erklärung dazu abgegeben. Einerseits hätte sie sich eine Karriere als Künstlerin der Avantgarde leisten können, da der Vater sie stets unterstützt hätte, andererseits hätte das Weiterführen der Combi-Phot.-Arbeiten die Fortsetzung einer Beziehung zwischen ihr und Heinz Hajek-Halke vorausgesetzt. Und darin, vermute ich, könnte der Grund für das Auslaufen dieser Lebens- und Arbeitsphase zu suchen sein. Noch im hohen Alter sprach sie von dem Glück, das sie in der intimen Beziehung mit ihm erlebt habe, doch zugleich war er unzuverlässig, ein »Rumtreiber«, der kommt und geht, wie er gerade Lust hat, auch für Wochen und Monate, auf den kein rechter Verlass war.

Interessant in diesem Zusammenhang scheint mir manches, das ich in einem Gespräch mit dem damals 83-jährigen Juristen und Diplomaten des Auswärtigen Amts Dr. Ulrich von Rhamm erfahren habe. Marta hatte ihn durch ihren späteren Ehemann Hellmuth Astfalck (1898–1974) kennengelernt, und sie alle blieben in lebenslanger Freundschaft verbunden. Wir hatten ein längeres Gespräch über die Lebensumstände von Marta und Hellmuth während der Kriegsjahre in Berlin, in denen Rhamm das Ehepaar Astfalck-Vietz oft besucht hatte. Das war eine Adresse, erzählte er, an der man stets offen sprechen und sich wenigstens für einen Abend im eigenen Land auf sicherem Boden fühlen konnte. Eine seiner Aussagen, die ich sinngemäß notiert habe, lautete: »Um Marta war immer viel Homo-Erotik, sie liebte das Mehrdeutige, Nicht-Festgelegte. Die Heirat mit Hellmuth Astfalck war eine Vernunftehe, als Schutz gegenüber den anderen – um Ruhe zu haben.«

Hellmuth Astfalck, ein schlanker, gut aussehender Mann, den sie gern als Modell für kleine Fotoerzählungen nahm, die sie verschiedenen Zeitschriften anbot, war ebenso wie Alex Kampmann und Heini ein »98er«, wie sie die 1898 geborenen Männer bezeichnete, die als 18-Jährige in den Ersten Weltkrieg ziehen mussten. Sie hatten weder eine unbeschwerte Jugend gehabt noch Ausbildung oder Studium abschließen können. Marta hatte an den dreien erlebt, wie unfertig, oft körperlich und immer seelisch beschädigt sie aus dem Krieg zurückgekommen waren, zu alledem in kein heiles Land und keine gesunde Gesellschaft, sondern in ein Land, das von Anarchie, Inflation, Arbeitslosigkeit und offenem Straßenterror gezeichnet war. Dem wirtschaftlichen Zusammenbruch der noch ungefestigten Demokratie folgte der Aufstieg des nationalsozialistischen Terrorregimes. Martas und Hellmuths Reaktion darauf war die Gewissheit, ab sofort doppelt wach und umsichtig sein zu müssen. Die Entscheidung für die Vernunftehe dürfte da lebensklug gewesen sein. Hellmuth hatte sich durch Selbststudium zum Architekten ausgebildet, und das hatte funktioniert: Er konnte seinem Namen das offizielle »BDA« (Bund Deutscher Architekten) hinzufügen. Vorläufig aber sehen wir die beiden bei rastloser Arbeit, um angesichts der hohen und ständig steigenden Mieten, die sie immer wieder zum Umziehen nötigten, den Lebensunterhalt zu erwirtschaften: sie als Porträt- und Sachfotografin, er vor allem als Innenarchitekt, beide als Gebrauchsgrafiker. Die bildnerischen Zeugnisse dieser Arbeit sind durch die Bombardierung des Hauses Treuchtlinger Straße 10 zerstört worden. Die künstlerischen Fotografien hatte sie ihrem Vater anvertraut, dessen Haus erhalten blieb. Zu ihrer politischen Haltung und den gleichermaßen hilfreichen wie gefährlichen Taten der Eheleute aber, mit denen sie die Zeit des Nationalsozialismus überlebt haben, wünschte man sich eine ausführliche Darstellung: Diese beiden unbeirrbar humanen Menschen, vor allem Marta, haben in einer Zeit gelebt und geholfen, die für jeden, der von der verordneten Norm abwich, lebensgefährlich werden konnte. In dieser Zeit und diesem Umfeld vollzog sich die Wandlung der Marta Vietz zu Marta Astfalck-Vietz.

Unter den vielen gesellschaftlichen Gruppen, die schon lange verdächtigt, benachteiligt und verfolgt wurden, waren vor allem Juden und Homosexuelle besonders betroffen. Zum großen Freundeskreis von Marta und Hellmuth gehörten auch jüdische Intellektuelle und Kunstfreund*innen sowie Künstler*innen, Tänzer*innen und Schauspieler*innen von Theater und Film. Marta half, wo sie konnte; erhaltene Dokumente belegen, was sie erzählt hat. Sie unterrichtete jüdische Kinder, als diese die Schulen nicht mehr besuchen durften, versteckte vom Transport in die Todeslager bedrohte Menschen, manche jahrelang, und Hellmuth stand ihr unbeirrt helfend und Mut zusprechend zur Seite. Seine angeschlagene Gesundheit hatte ihn vom Kriegsdienst dispensiert, und so konnte er sich als Architekt bei der Bombenschaden-Erfassung und Notquartier-Bereitstellung nützlich machen, während Marta sich schon vor Kriegsende dem Schicksal von behinderten Kindern und Jugendlichen zuwandte. Als sie im Winter 1945 ein Care-Paket von einer der jüdischen Familien, denen sie bis zur Emigration aus Berlin hatte helfen können, aus den Vereinigten Staaten erhielt, verwendete sie den wertvollen Inhalt für zwei Weihnachtsfeiern – eine für gehörlose, eine für sehbehinderte Kinder und Jugendliche. Für ihr jahrelanges ehrenamtliches Engagement erhielt sie 1982 das Bundesverdienstkreuz. Leben aber musste sie von einer geringfügigen Rente und davon, dass sie immer noch Mal- und Zeichenunterricht in Volkshochschulen und für private Schüler*innen gab. Zeitweilig dehnte sie diese Arbeit auch auf Gefängnis-Insass*innen einschließlich der Terrorist*innen der Roten Armee Fraktion aus, soweit das möglich war.

Und was wurde aus der Künstlerin, deren genialisches Frühwerk wir heute bewundern? War ihr das Einmalige ihrer frühen Arbeiten nicht bewusst? Doch, sie wusste, was sie da geschaffen hatte, doch die Zeit war darüber hingegangen, anderes war ihr wichtiger geworden: Menschen zum Überleben zu helfen und den Überlebenden die Sinnhaftigkeit gestaltender Arbeit deutlich zu machen. Was Marta aber permanent weitergeführt hatte, war das Zeichnen und Aquarellieren von Pflanzen, das sie bei Ludwig Bartning (1876–1956) an der Unterrichtsanstalt des Kunstgewerbemuseums studiert hatte. Die von Mai 1936 an mit Zahlen und Daten versehenen Pflanzenbilder waren bis zum Kriegsende auf zweieinhalbtausend Blätter angewachsen, und bis zur Übersiedlung 1970 nach Nienhagen hatte sich die Zahl verdoppelt. Zunächst waren es die an den botanischen Studien der von ihr sehr bewunderten Maria Sibylla Merian (1647–1717) und deren Nachfolger*innen inspirierten Abbildungen mit ihren erstaunlichen Konstruktionen und ihrer tänzerischen Beweglichkeit. In der Nienhagener Zeit aber nahmen die Blumenbilder allmählich üppigere Formen an: Nun waren es vor allem die Schönheiten der Orchideen, Rosen und Dahlien, die sie faszinierten. Martas Zeichnen und Aquarellieren, ihre botanischen Pflanzenstudien, die Porzellanmalerei und die immer wiederkehrende Freude an textilen Gestaltungen, all das wäre eine andere Untersuchung und eine andere Ausstellung. Marta Astfalck-Vietz kennengelernt und ihre Freundschaft erlebt zu haben, bleibt für mich und jeden, der mit ihr ins Gespräch kam, ein unvergessliches Geschenk.

A Life on Shifting Stages

A Tribute

Janos Frecot

The 1989–90 exhibition *Photographie als Photographie* (Photography as Photography), which showed in the Martin-Gropius-Bau in Berlin, the former home of the Berlinische Galerie, included two photos that Heinz Hajek-Halke (1898–1983) had left to us in his will. According to the stamp on the back, the pictures had been taken by Marta Vietz. This was a name we had not encountered before, and several photography experts we asked were also unfamiliar with it, so we added 'dates unknown' to the exhibition label. It was not the first time that admitting to a gap in our knowledge had put us on the right road. An obliging visitor who had taken painting classes with a Marta Astfalck-Vietz suggested we look in the area around the town of Celle. This resulted in a telephone conversation with the artist, who invited us to visit her shortly thereafter in Nienhagen.

There was nothing particularly remarkable about the design of the 1960s detached house and the adjoining workshop building, located in the spacious garden, with its ceramic kiln, storage space for porcelain and pictures, and work tools; I was impressed by the property's location on the edge of town, the meadows stretching out behind the bushes lining the railroad embankment, and above, the vast expanses of the northern German sky, which the place loses itself in. But the white-haired lady standing in front of the open door in her fluttering, loose-fitting garment—wearing delicate earrings, bracelets, and rings—had little in common with this landscape. It was quite clear that she was still the alert Berliner with critical, interested eyes, a smiling mouth, and a sense of welcome in her gestures. It wasn't long before we were sitting in her living room, which ran the entire width of the house and transitioned into an equally wide conservatory, whose earthy, humid warmth enveloped us, a palpable ambience that could be felt through the open glass door. All around were open cabinets and shelves full of books, porcelain, and ceramics, with flowering orchids in between, and watercolours of plants and portraits on the walls. We sat in front of a large round table cushioned by blankets and animal skins, which covered the chairs and armchairs. We were happy to be talked into accepting a glass of Cynar to welcome us, an Italian artichoke liqueur with salutary benefits that our hostess swore by; mixed with champagne, it was magnificently refreshing. There was someone else in the room too: her foster son Apolinar Rudolph Kuckhahn, who had been living with her since 1964. She introduced him to us as Apoll. He had striking features: black hair, dark eyes, brown skin, and high cheekbones. Now in his forties, he gave what help he could to his foster mother as she went about her daily business, afflicted with incipient blindness. He provided her with an ashtray and a lighter, because she loved to hold a cigarette between her fingers and take the odd little puff.

The lively chitchat soon developed into a more intense conversation, with questions and answers rapidly merging into one another, as they do between intimate friends. We wanted her to tell us how Hajek-Halke had come by the photos he'd sent to us. How and when had she got into photography? What sort of photographic work did she do? And could we see some of her pictures? She had warned us on the phone that she didn't have many left—her entire archive of negatives and enlargements, her studio and darkroom, together with the cameras, had been destroyed in the bombing of 1943. But then several large envelopes and boxes arrived on the table, and she laid their contents out in front of us, sheet by sheet. The fantastic figures, their movement almost invariably measuring out the pictorial space, determined the effect that the rendering of the self dressing up and dressing down had—sometimes ironic, sometimes erotic. At the same time, they gave visible expression to the detachment of the artist, her focus concentrated on the precise reproduction of the dream fragments she recalled. All of this had a visual presence and explosive power of a kind you rarely see. Having survived the war in her father's care, the photographs made it possible for us to participate all of a sudden in a performance that unfolded further with each new image. We experienced the shots as wonderfully crafted improvisations, not perfectly styled through and through, but rather naive, young, wild. We saw scenes drawn from the imagination of a young woman from Berlin—a city exuberant with modern painting and architecture, extravagant dance and experimental film, jazz, political theatre, and a brilliant milieu of literature and cabaret—scenes that were dreamed and recorded at a time that most observers now regard as the most intelligent and daring period in the city's history. Our realization that a great photographic artist—one who was entirely unknown—was materializing before our eyes, made manifest through her work and character, was nothing less than electrifying.

Of course, we had other questions about the photographs: How and when had they been shot? Had they ever been exhibited or maybe printed in the contemporary magazines of the time like *Die Dame*, *Der Querschnitt*, *die neue linie*, or *Uhu*?

Marta began to tell her story: she spoke about her loving parents, her capable father, who was always ready to lend a helping hand, and her mother, who died young and whom she missed tremendously as she grew to be a young woman. A record of her childhood and youth can be found in the diary her father started on the day she was born, 21 July 1901, a Sunday—for a long time, he would note down in it the experiences he had with the child. Marta then described what she experienced as an adolescent and the moods that came with puberty, which back then did not set in until some years later: first flirtations, doubts about the meaning of life, and profound melancholia, interspersed with infatuations with actors and singers; she had just come home from Berlin's Theater am Nollendorfplatz for the twenty-ninth time. Her father, she said, wanted her to become a doctor, but she imagined the stage as her future, an idea that was thwarted by her family's bourgeois standing. The 'glorious canoodling', as she described her first attempts at pairing up, could not mask the worry and fear she had about her sick mother, who died of tuberculosis in 1920. Marta was left in pain and with a deep sense of grief; she was also afraid of the loneliness she experienced when her father, Reinhold, was away on business. But a year later, when he got married again, to a woman whom Marta found suburban and prim, she was again flung into intense emotional turmoil, which may also have been prompted by the first experiences she had with fellow students she got friendly with. In late 1921, we read: 'Marta, get your mind in gear. Show what you can do ... Keep acting, you clown. Laugh and give pleasure to others. Thoughts and ideas raging. Autumn. Death. Love. Happiness. Work. Yes, work.' This hints at one of the main themes in her life: every day there are jobs that need to be done, and that's only viable if you actually do them.

Then she talked about her education. Her father, a trained printer, had specialized in the latest techniques for printing images and was much in demand for his services as a consultant and for his certified expertise. He made a very good income and paved the way for his daughter—who, even as a child, liked to draw and design clothes, making and embroidering dresses—to set herself up in business. His approach was to let her get on with it, although he did insist that she be home by ten. He knew from his own experience how essential it was to be thoroughly trained in a craft in order to advance yourself in your career, and that discipline and the ability to stick with it are fundamental prerequisites for any kind of success, especially in the art world. So, when Marta finished school at the age of seventeen, he enrolled her at the specialist college for textiles and the clothing industry, which she attended from 1918 to 1920, earning a good graduation certificate. She was then one of the eight candidates from a field of around eighty applicants who passed the entrance examination, which went on for several days, and gained admission to the teaching institute of the Kunstgewerbemuseum (Museum of Decorative Arts) on Prinz-Albrecht-Straße in Berlin. She studied there from 1920 to 1924. Her father agreed to afford her the luxury of not needing to study with the aim of going straight into a job; rather, she was allowed to train all of her abilities and skills in order to realize her creative ideas as handcrafted works. She was able to take part in the famous 'Prialbstra' costume parties and enjoyed the friendship of fellow students Alexander Kampmann (1898–1970) and Heinz Hajek-Halke, which validated her ideas. Many of the photographs we got to see demonstrated her 'passion for fabric' and her 'obsession with silk', addictions that, as she said, she had developed in her childhood. She was able to live out her mania at the college in the drawing lessons she took with the painter and graphic artist Walter Kampmann (1887–1945). At the museum's school, she learned to give form to her fantasies in the fashion design class run by Otto Ludwig Haas-Heye (1879–1959). The thorough training she undertook with Lutz Kloss (dates of birth and death unknown) in his photo studio enabled her to translate into photographic images the visions slumbering inside her and the ideas that came up spontaneously as she tried things out. Hajek-Halke was envious of this training and of the studio and darkroom she had. The Seidenhaus Michels, a specialist store for silks and other upscale textiles where she worked during the period of German hyperinflation, paid her in Swiss francs. And what did she—a woman who could be considered the twin sister of the main character in Wilhelm Speyer's 1927 novel *Charlott etwas verrückt* (Charlotte Somewhat Crazy)—do with the money? 'Take taxis.'

No matter how hard you try, she said, you cannot learn how to make an image: 'Either you have it or you don't.' She had this ability, and she used it to experiment in playful ways, teaming up with Heini (her pet name for Heinz) as her 'Combi-Phot.' partner. This authorship purposely leaves open the question of who might qualify as the originator or maker of the images. Going beyond the art world's usual apotheosis of the artist, this expressed an idea of authorship that only recognizes the finished product, in the knowledge that unconscious perceptions, judgements, fears, desires, and stimuli are always involved in its accomplishment.

Yet their work together also gave rise to many important photographs that can be attributed to Marta Vietz alone. This creative phase, which was the focus not only of the 1991 show but also of the current exhibition, evidently came to an end by the early 1930s. We can only guess at the reason for this. When I consult the many recordings I have of conversations with Marta, and the interviews covering her life and work, they fail to yield any quotable material that might offer an explanation. She could have afforded a career as an avant-garde artist, as her father would have always given her his support; at the same time, carrying on with the 'Combi-Phot.' work would have meant continuing the relationship between her and Hajek-Halke. And this may, I suspect, have been the reason why this phase of her life and work petered out. Even in old age, she spoke of the happiness that she experienced in her intimate relationship with him; at the same time, though, he was unreliable, a 'layabout' who came and went as he pleased, even for weeks and months at a time, and was not really someone who could be depended on.

In this regard, I was intrigued by some of the things I found out from talking to the lawyer and Foreign Office diplomat Dr Ulrich von Rhamm, who at the time was eighty-three years old. Marta had got to know him through her future husband Hellmuth Astfalck (1898–1974), and they all three remained lifelong friends. We had a long conversation about how Marta and Hellmuth lived during the war years in Berlin, when Rhamm often visited the couple. Their home, he said, was a place where you could always speak openly and feel you were on safe ground in your own country, at least for one evening, despite the weight of so many restrictions. One of the things he said—the gist of which I wrote down—was this: 'There was always a lot of homoeroticism around Marta; she loved what was ambiguous, indeterminate, undefined. Her marriage to Hellmuth was a marriage of convenience, protecting her from other people—so she could have some peace.'

A slim, good-looking man—whom Marta liked to use as a model for little stories told with photos that she offered to various magazines—Hellmuth Astfalck was, like Alex Kampmann and Heini, a '98er', as she called the men born in 1898 who had to go off to World War I at the age of eighteen. Their youth had been blighted, and they had been unable to do a degree or complete any training. From these three men, Marta had first-hand experience of how the 98ers had come back from the war in a state of unreadiness, not fully formed, all of them emotionally damaged and many of them physically too. To cap it all, they had returned not to a healthy society and a united country, but to a land marked by anarchy, inflation, unemployment, and open terror on the streets. The economic collapse of the still unstable democracy was followed by the rise of the Nazi regime. Marta and Hellmuth responded to this with the sure conviction that from this point on they would have to be doubly alert and circumspect. Given the circumstances, their decision to enter into a marriage of convenience was probably an expression of worldly wisdom. Hellmuth had taught himself to be an architect, and this autodidactic training had paid off: he was able to add to his name the official letters 'BDA', which stood for Bund Deutscher Architekten (Association of German Architects). For the moment, though, we see the two of them beavering away without stint to make a living in the face of high rents that were constantly rising and repeatedly forced them to move: she worked as a portrait and product photographer, he mainly as an interior designer; both earned money as graphic designers. The visual evidence of this work was destroyed when the house at Treuchtlinger Straße 10 in Berlin was bombed. She had entrusted her art photography to her father, whose house survived. It would be useful, however, to have a detailed account of their political position, and of the equally helpful and dangerous actions the couple undertook while negotiating the Nazi era and coming out of it alive. These two unswervingly humane individuals—Marta, in particular—lived and made themselves of service in a time when anyone deviating from the prescribed norm could be putting their life in peril. It was during this period and in this environment that Marta Vietz transformed herself into Marta Astfalck-Vietz.

Jews and homosexuals were the main targets among the many social groups that had long been subject to suspicion, discrimination, and persecution. Marta and Hellmuth's large circle of friends included Jewish intellectuals and art lovers, as well as artists, dancers, and actors from the worlds of theatre and film. Marta gave her support wherever she could; extant documents bear out the stories she has told. She taught Jewish children when they were no longer permitted to go to school and hid people who were under threat of being transported to the death camps, sometimes for years; Hellmuth's staunch support was a source of help and encouragement. He had been exempted from military service on health grounds, so was able to make himself useful as an architect in assessing bomb damage and preparing emergency accommodations; Marta, meanwhile, had turned her attention, even before the end of the war, to the lot of disabled children and teenagers. When, in the winter of 1945, she received a care package from the United States sent by one of the Jewish families she had been able to help prior to their departure from Berlin as emigrants, she used the precious contents of the package for Christmas parties for two groups of children and teenagers—one group with hearing loss, the other with loss of vision. In 1982, she was awarded the Order of Merit of the Federal Republic of Germany for her many years of voluntary work. However, she had to live off a negligible pension and the income from the painting and drawing lessons she continued to give at adult education centres and to private students. She also occasionally branched out and went to work with prison inmates, including terrorists from the Red Army Faction, to the extent that this was possible.

And what became of the artist whose brilliant early work we so admire today? Was she not aware of how unique this work was? Indeed, she was—she knew what she had created, but time had gone by, and other things had become more important to her: helping people to survive and showing the survivors how meaningful creative work can be. But what Marta had never stopped doing was drawing and making watercolours of plants, which she had studied under Ludwig Bartning (1876–1956) at the Kunstgewerbemuseum's teaching institute. The plant pictures, which, from May 1936 on, were numbered and dated, had grown to 2,500 sheets by the end of the war and had doubled in quantity by the time she moved to Nienhagen in 1970. In the initial phase, her pictures—with their astonishing compositional arrangement and dance-like mobility—drew inspiration from the botanical studies executed by Maria Sibylla Merian (1647–1717), whom she greatly admired, and by Merian's successors. At Nienhagen, however, the flower pictures gradually took on more voluptuous forms: she was now fascinated, above all, by the beauty of orchids, roses, and dahlias. Marta's drawings and watercolours, her botanical plant studies, her porcelain painting, and the perennial pleasure she took in designing textiles would need to be the subject of another study and another exhibition.

The experience of meeting Marta Astfalck-Vietz and having enjoyed her friendship has lingered with me—and will have done with anyone who got talking to her—as an unforgettable gift.

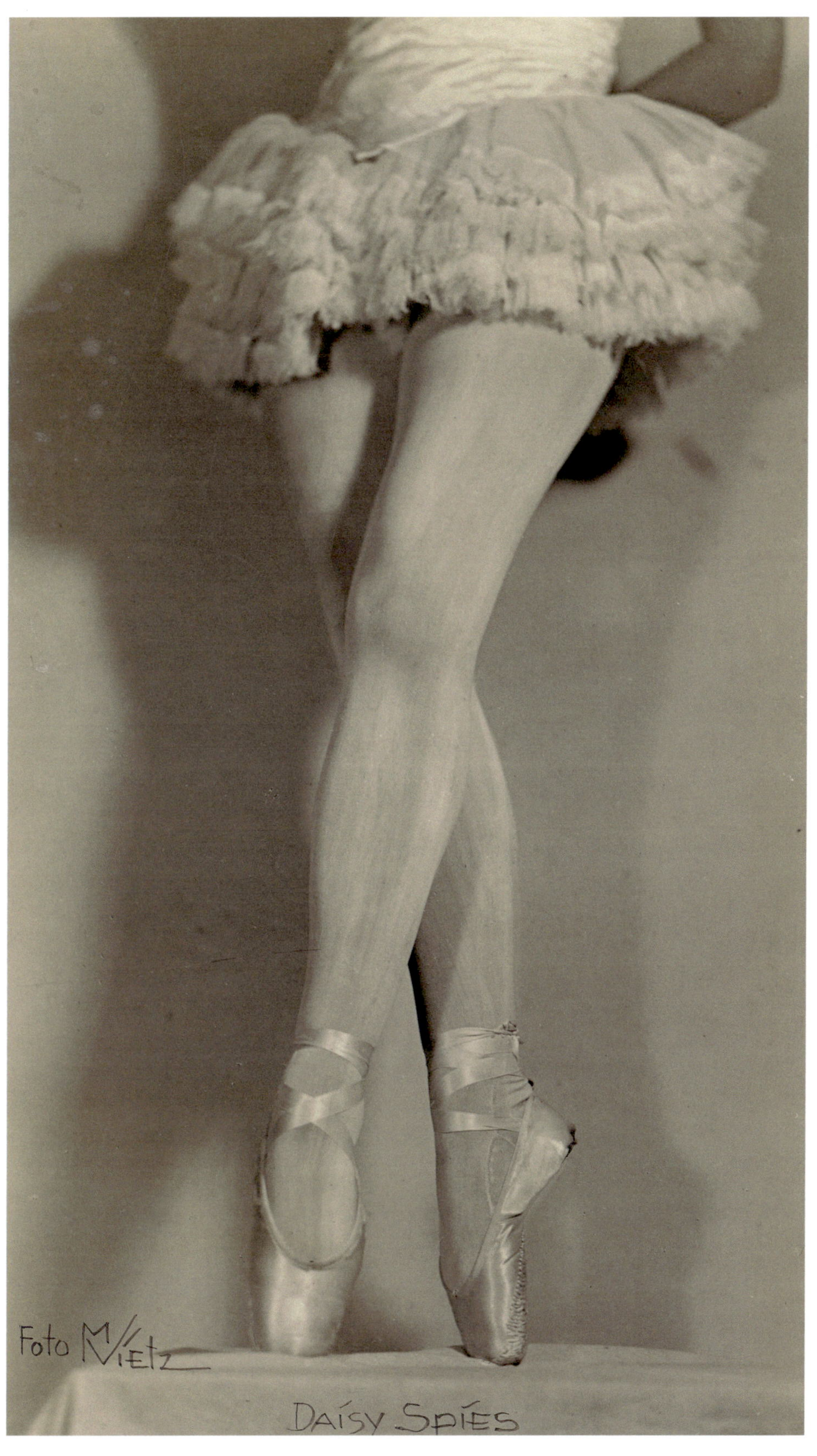
Foto Mietz
Daisy Spies

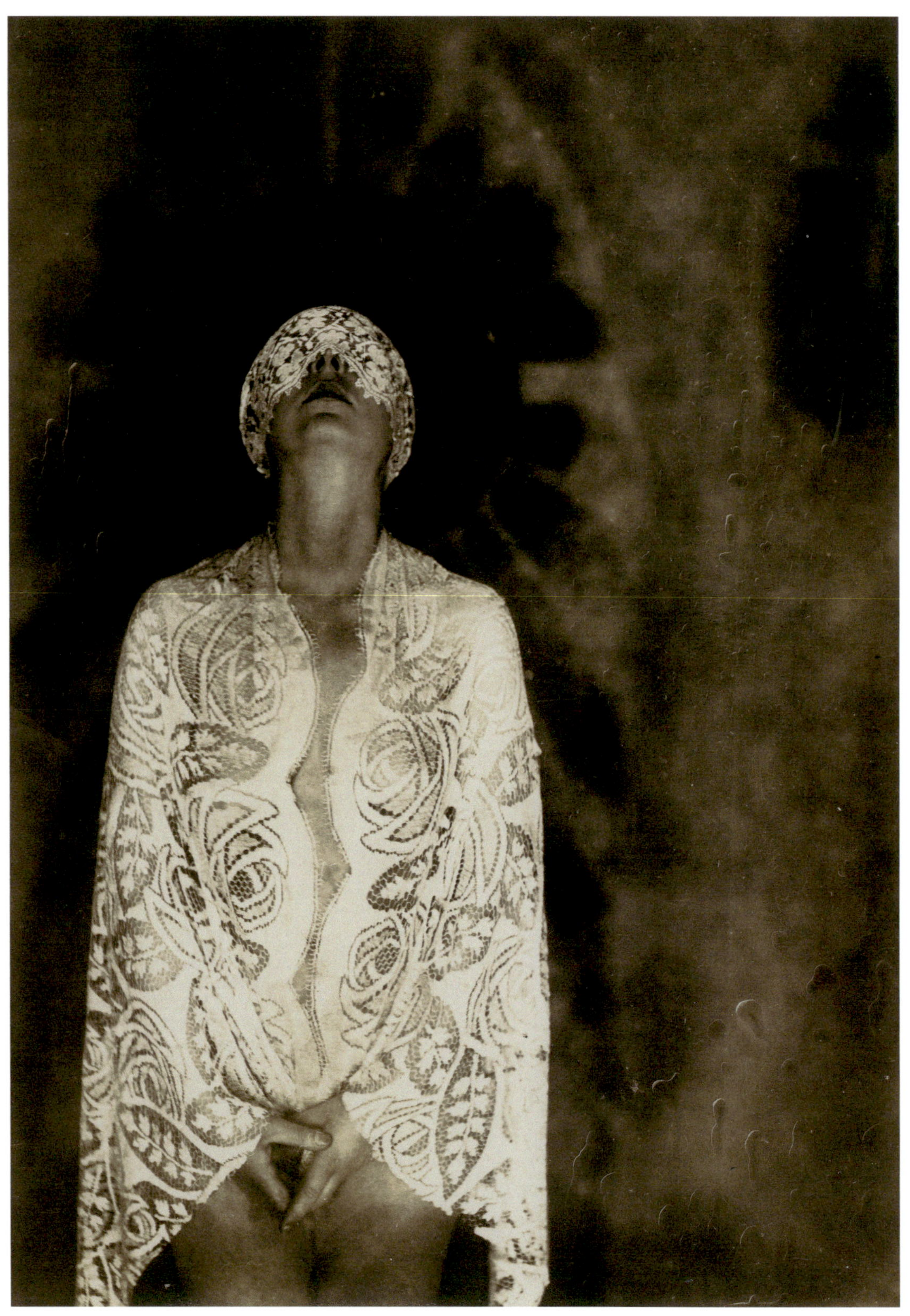

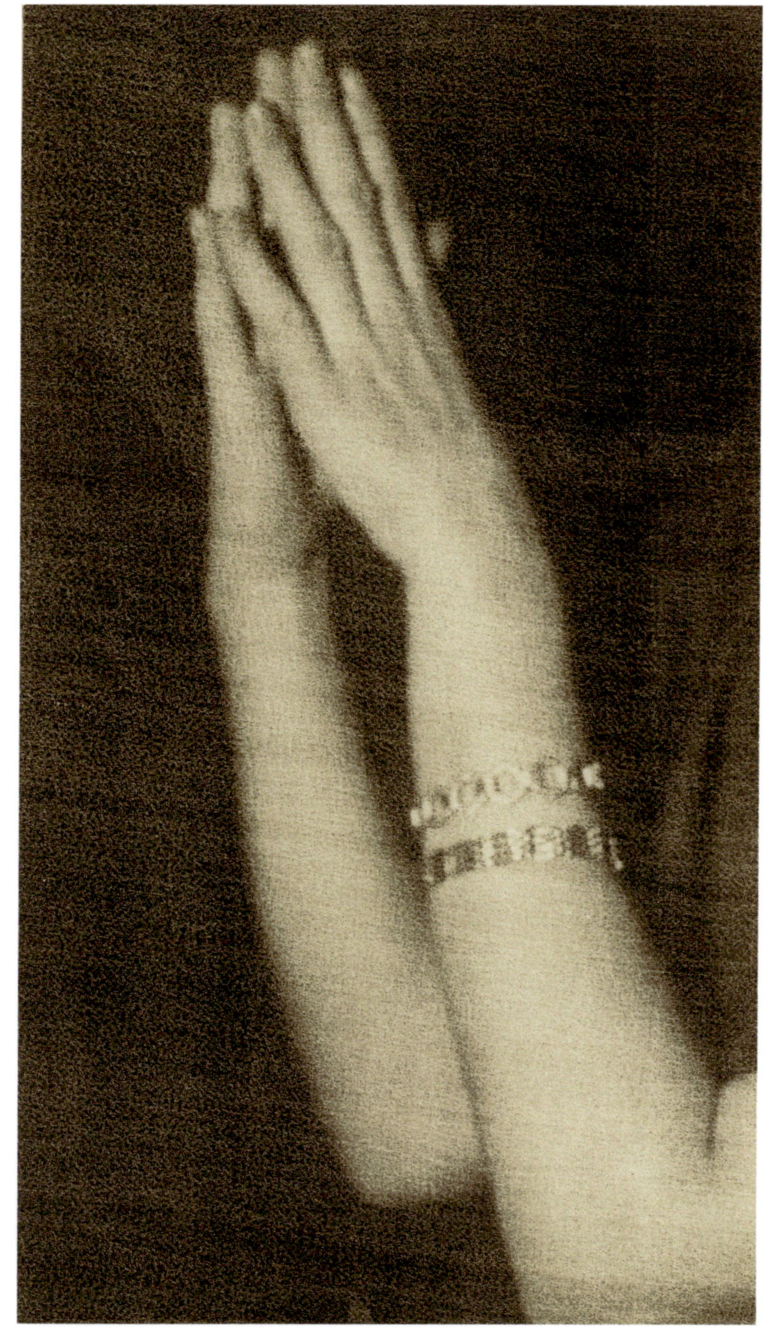

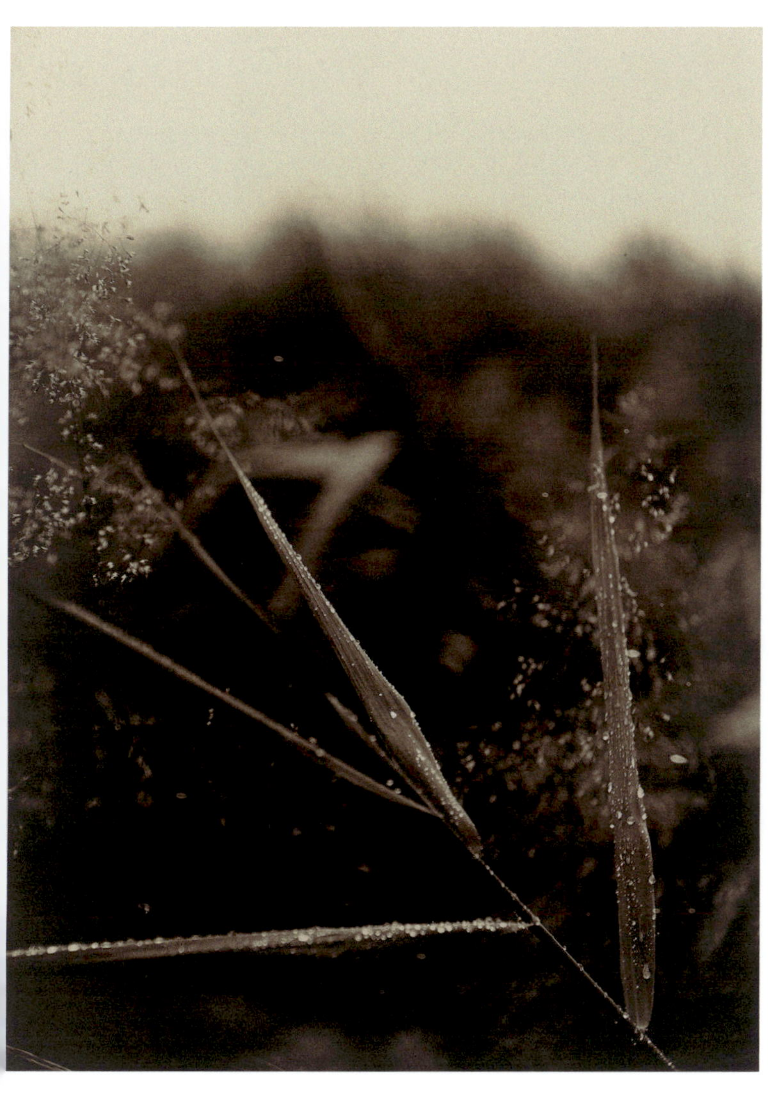

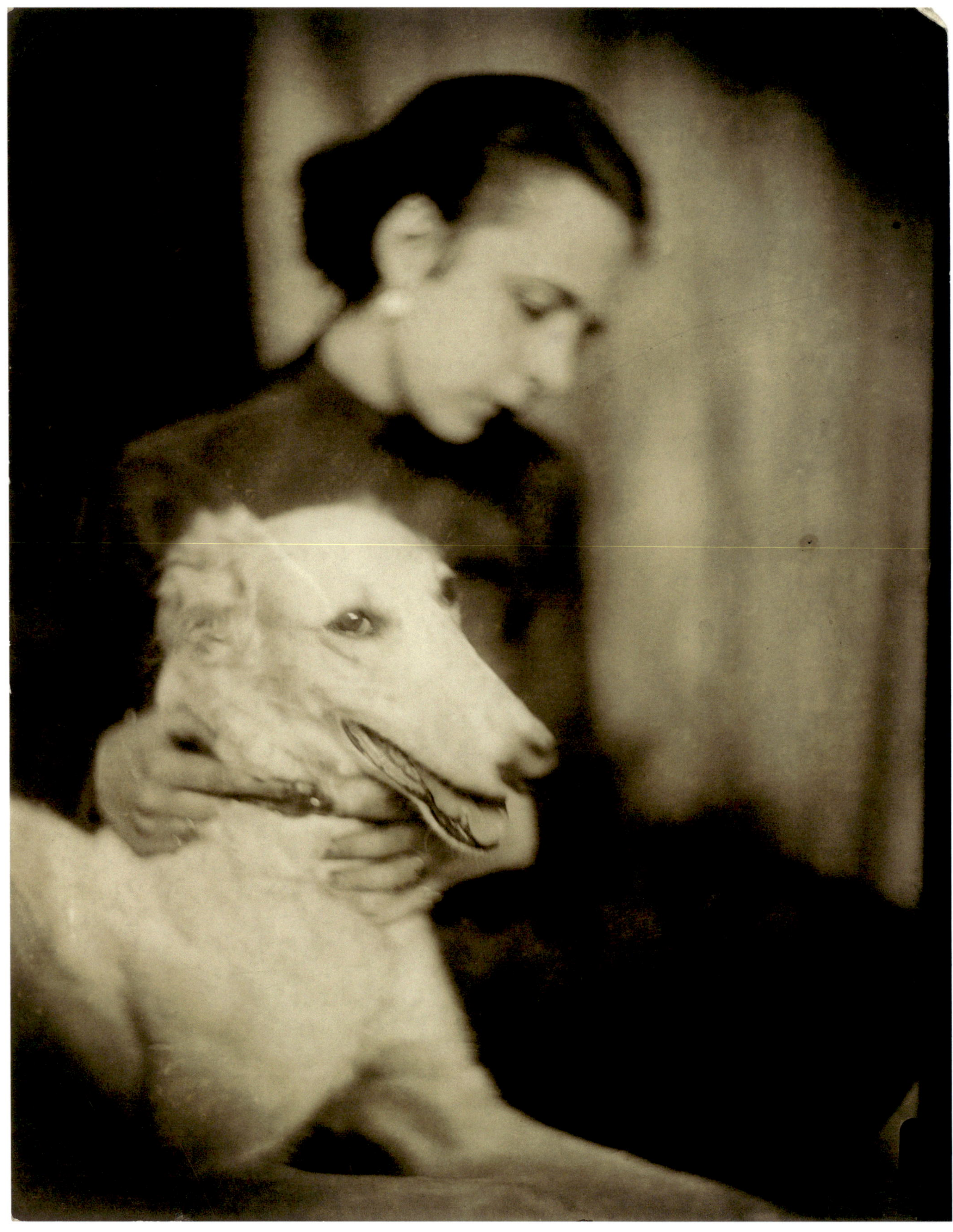

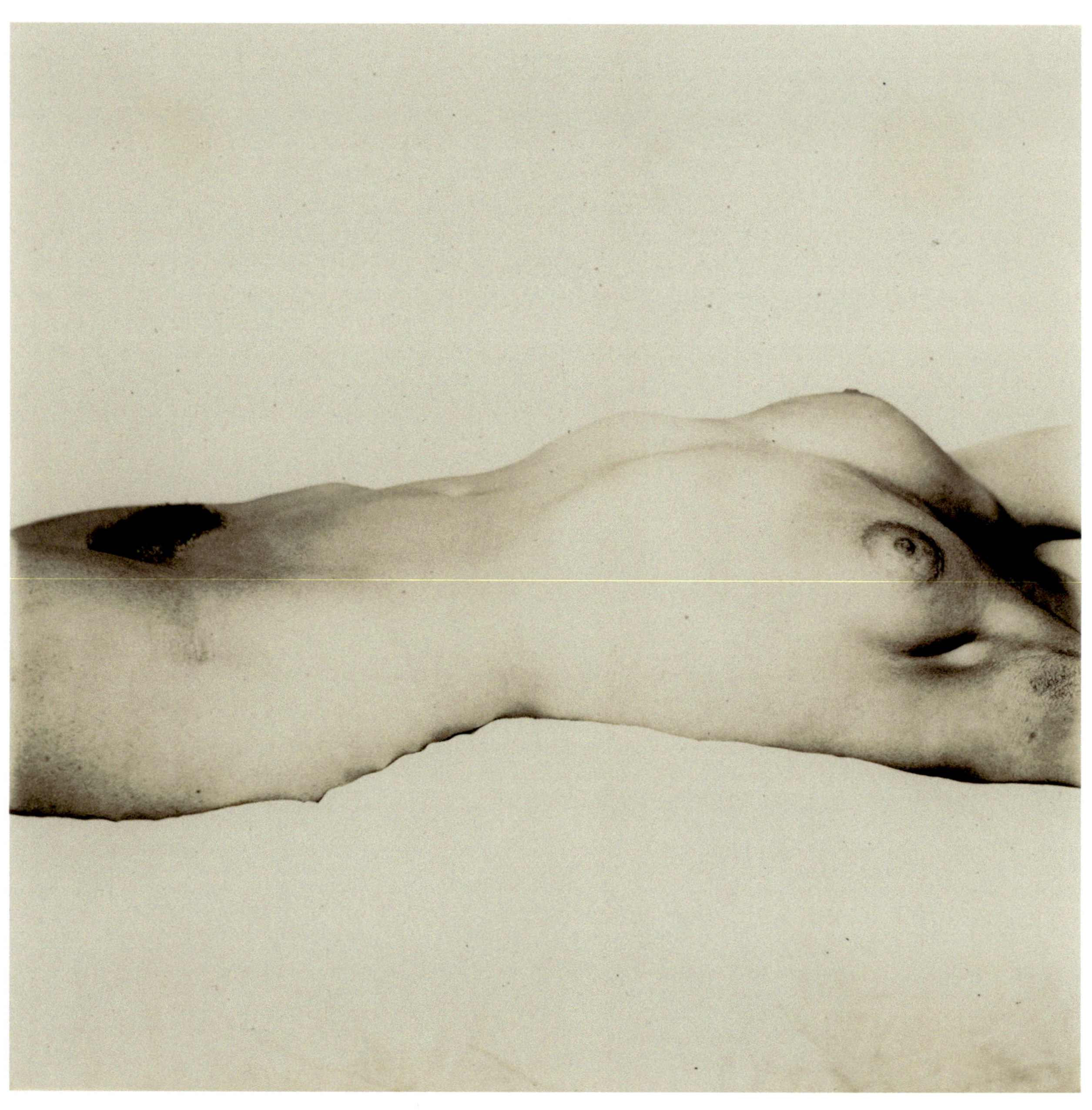

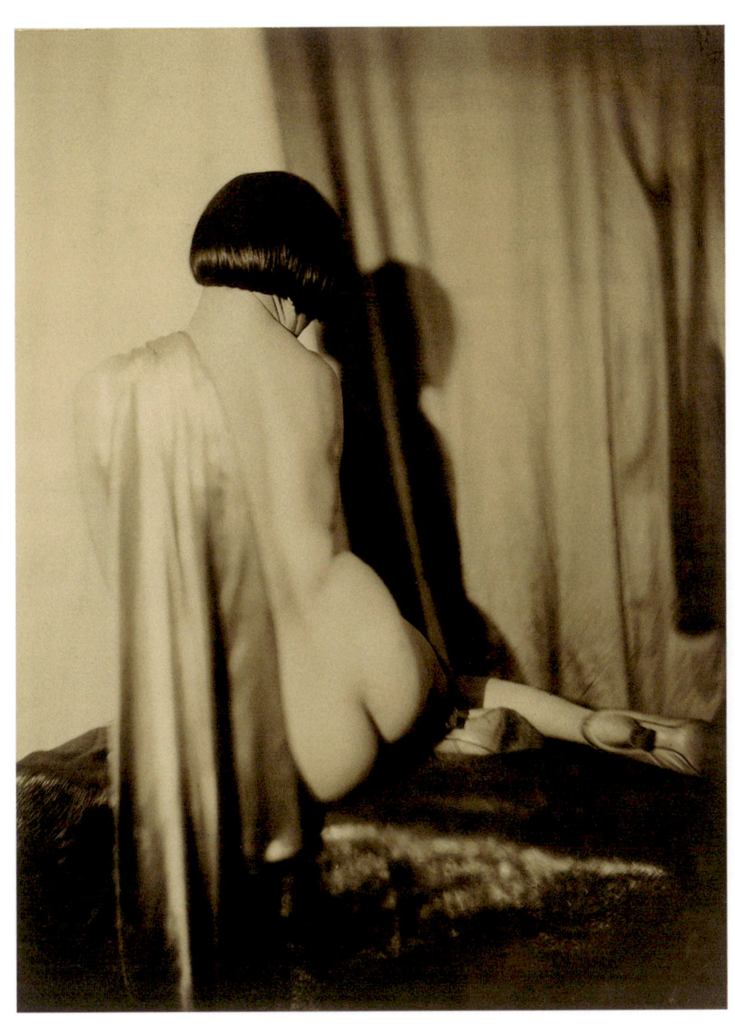

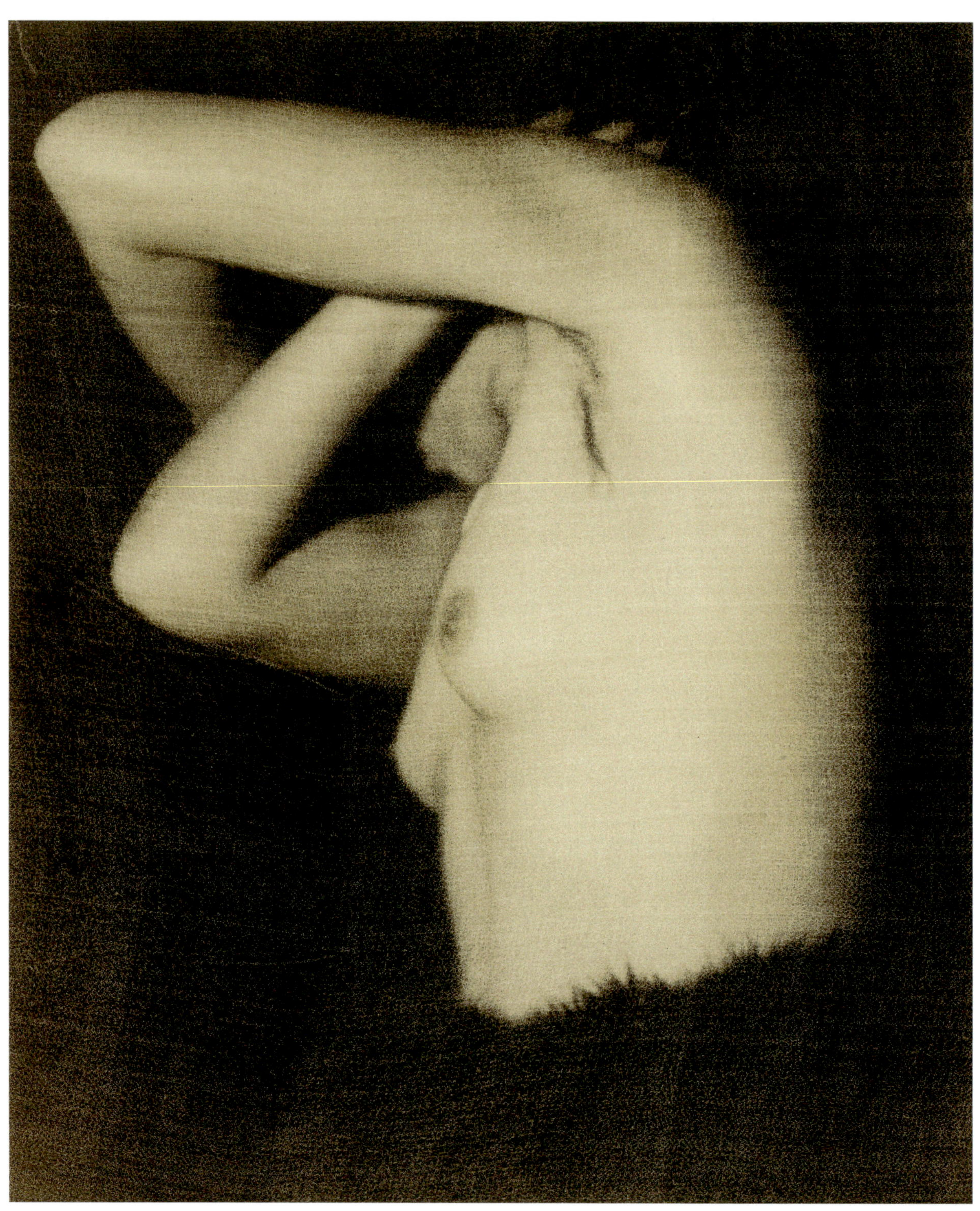

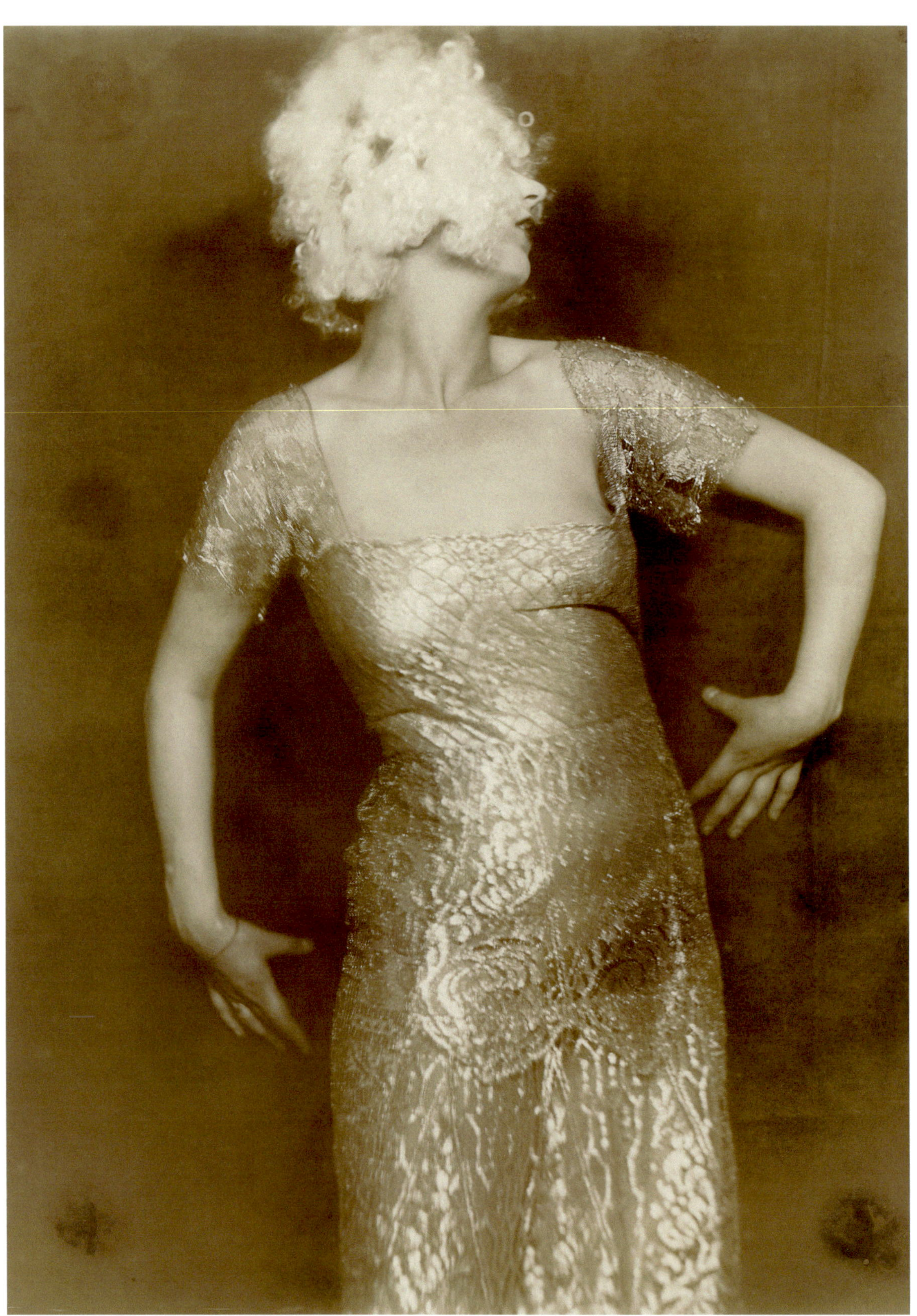

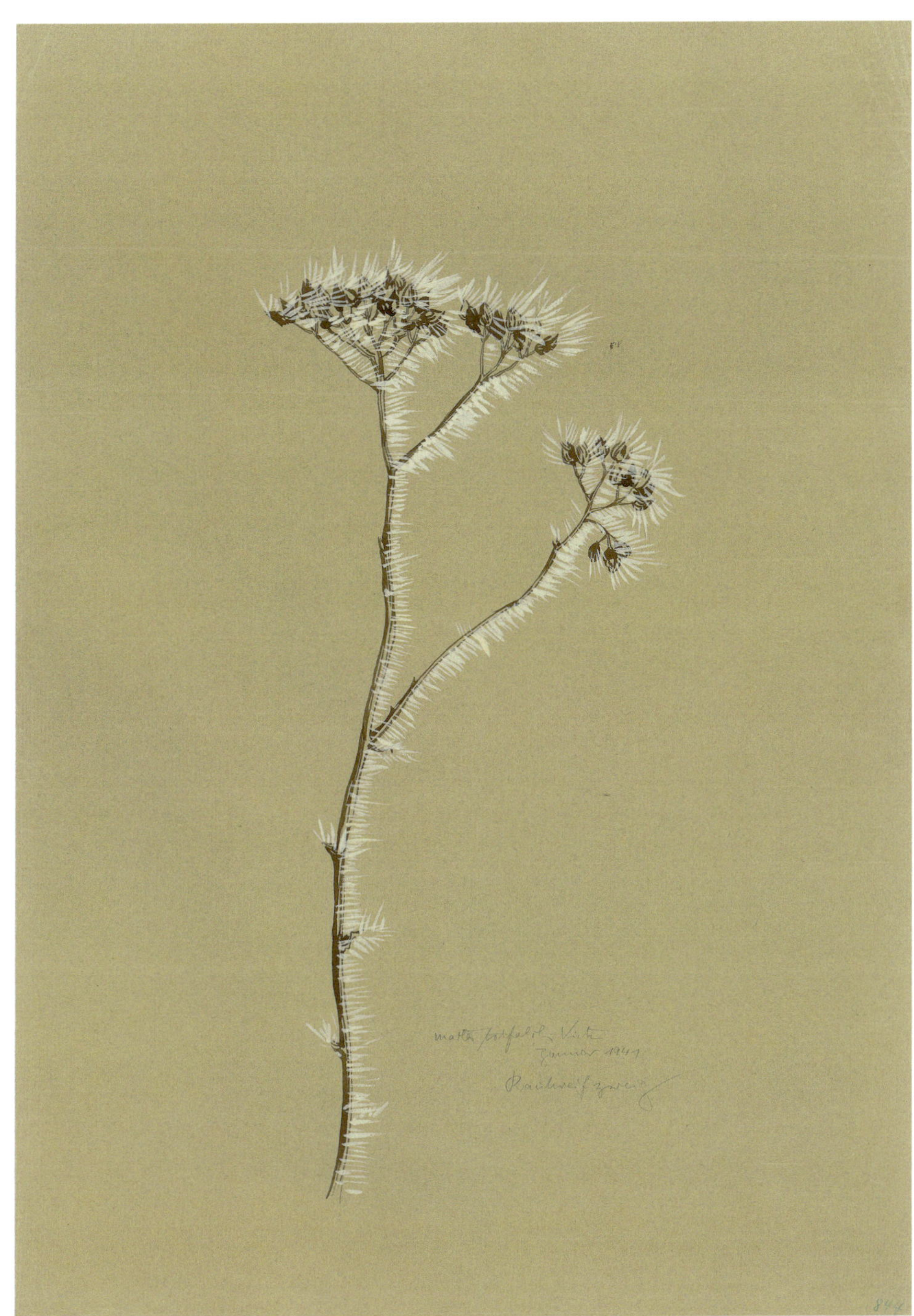

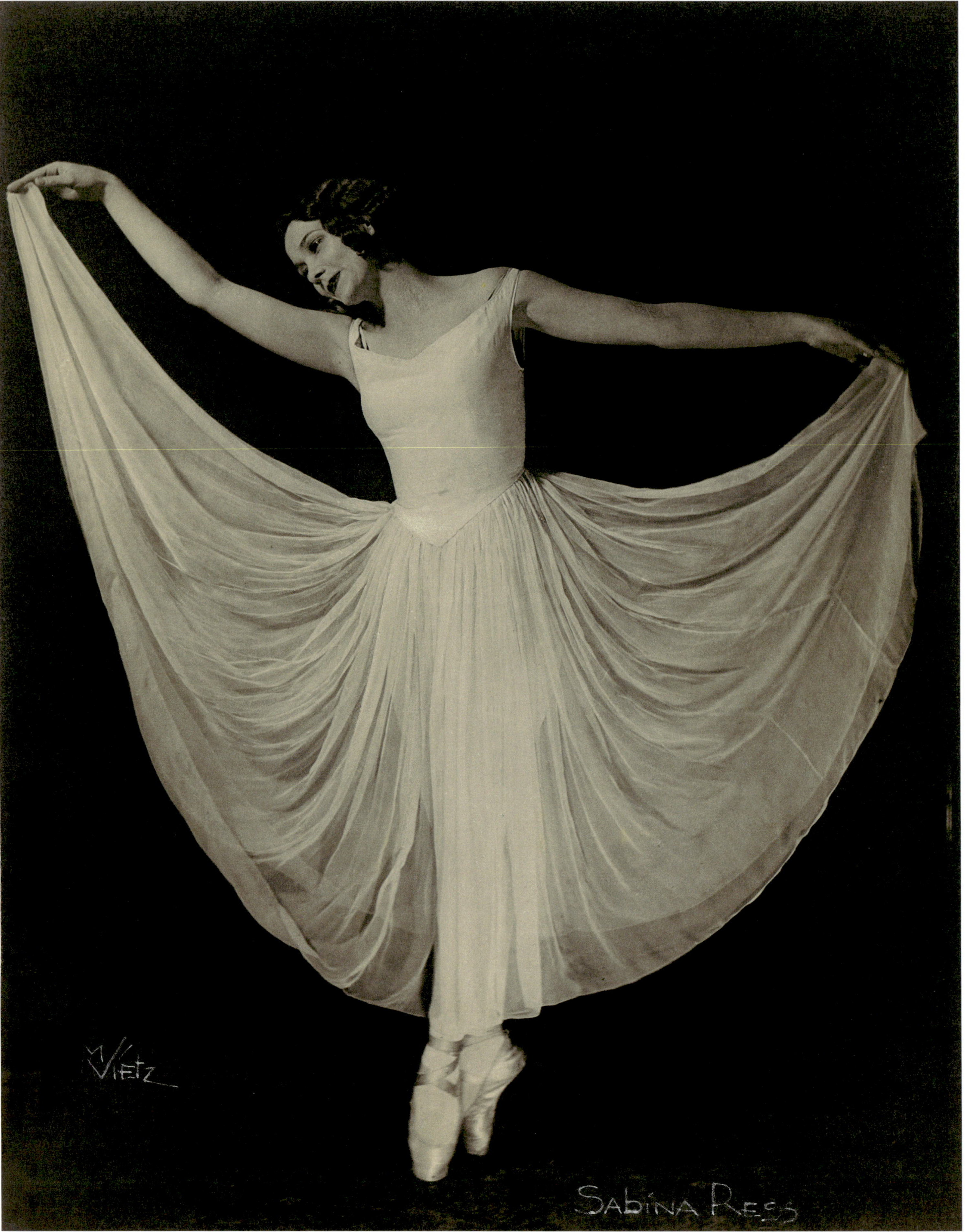
M. Vietz
Sabina Ress

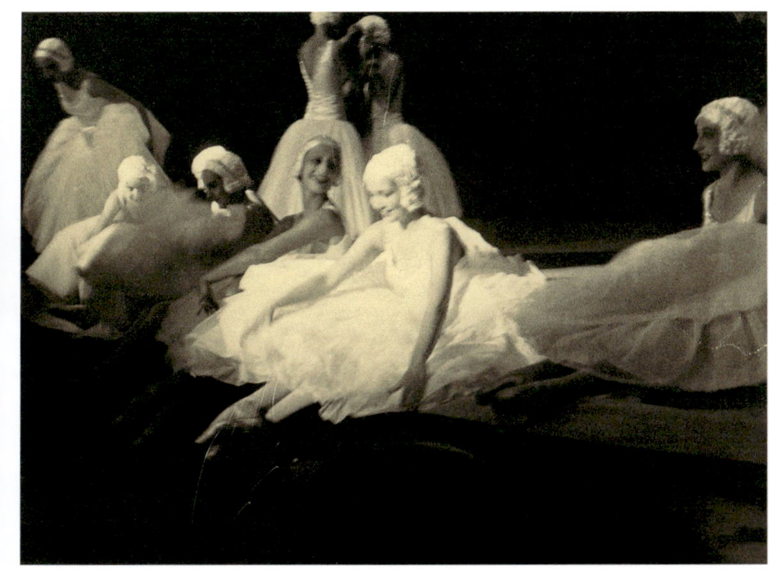

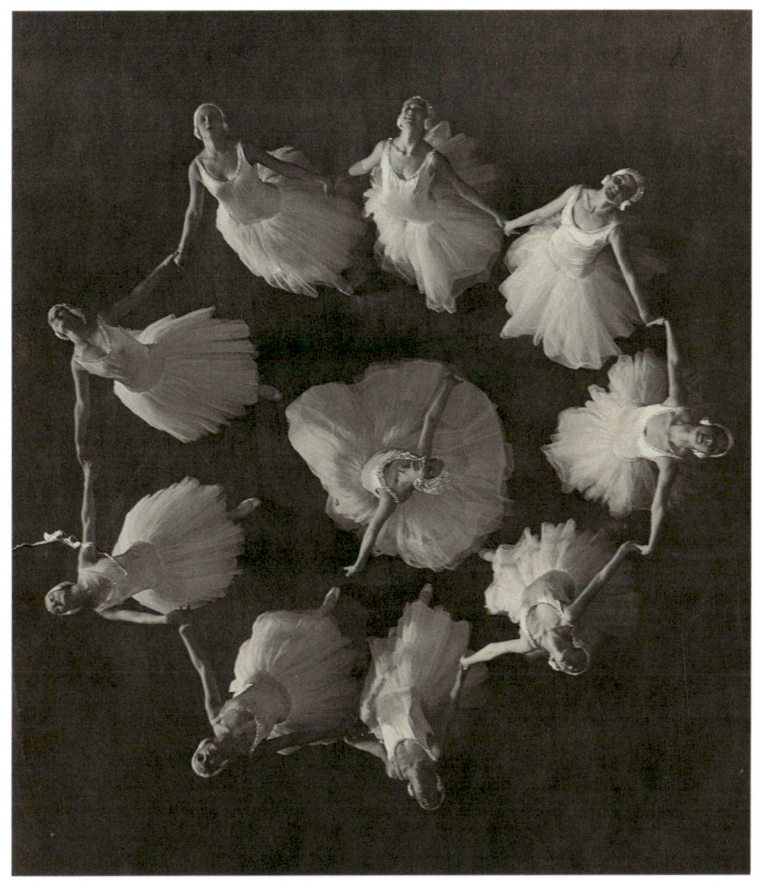

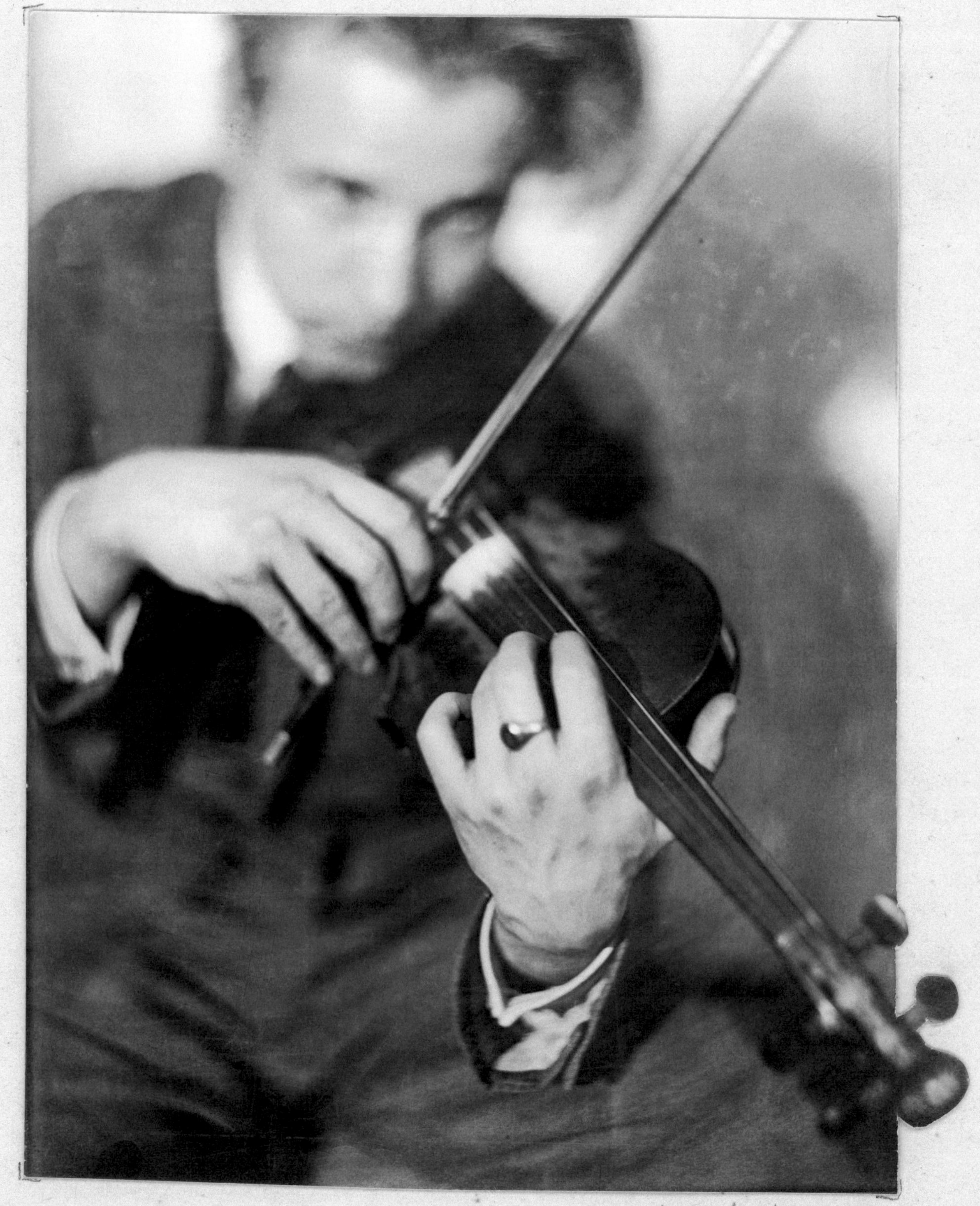

Der Geiger

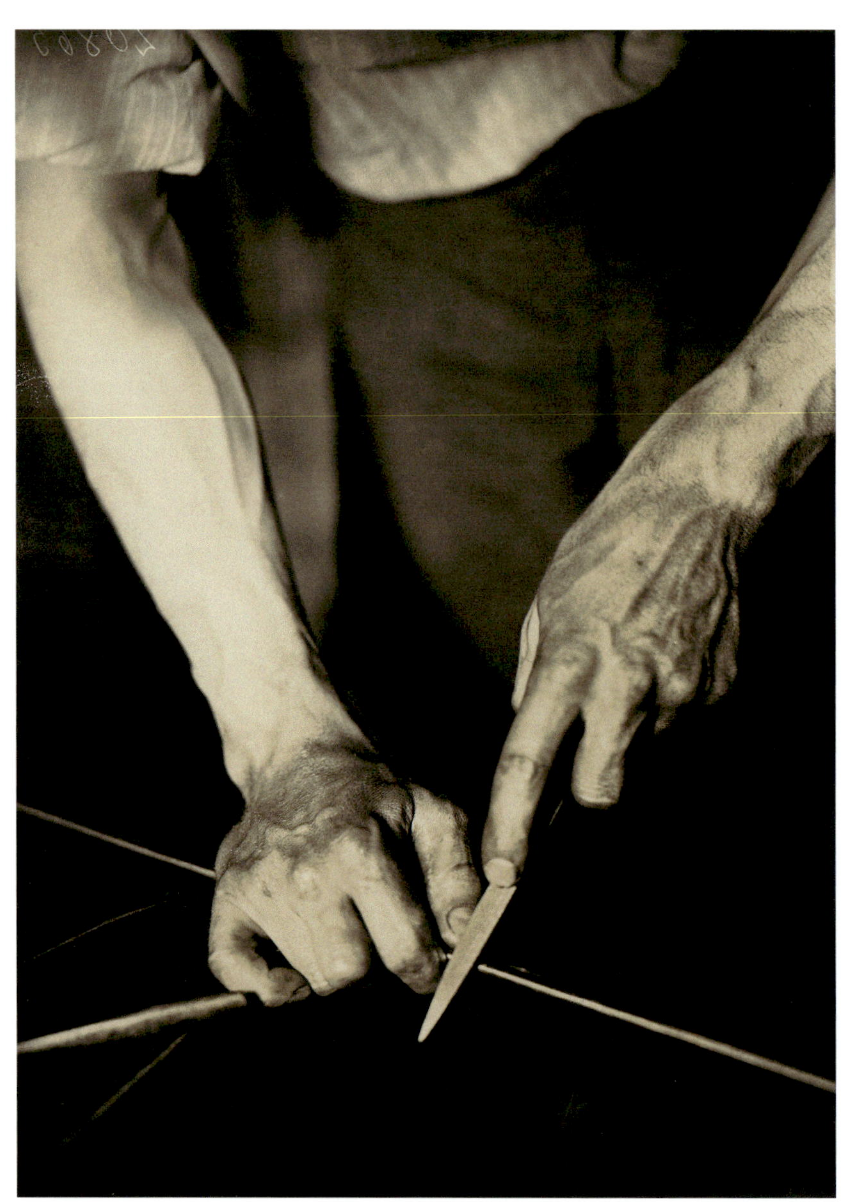

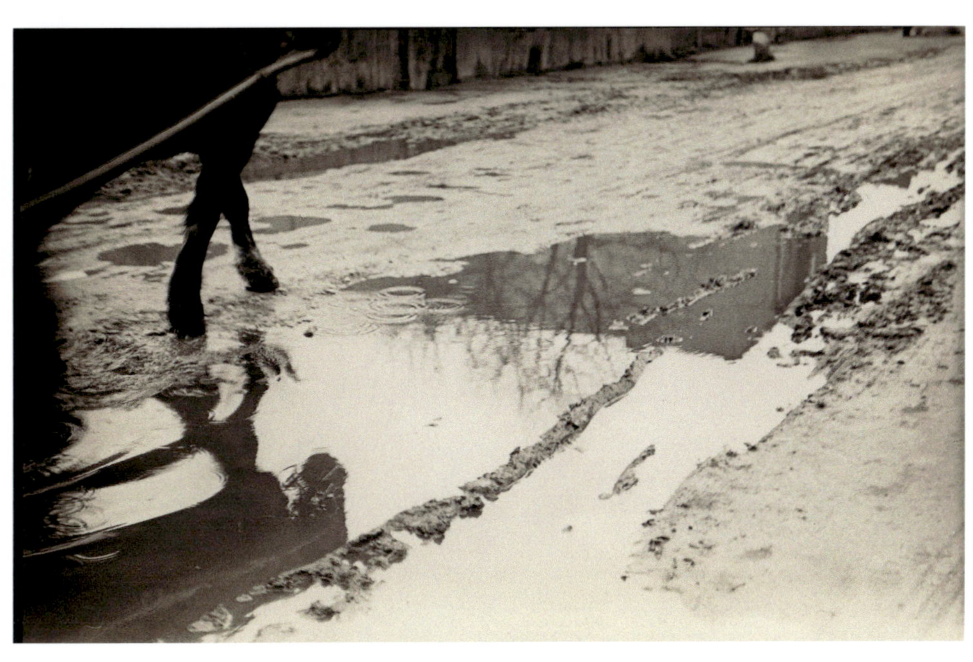

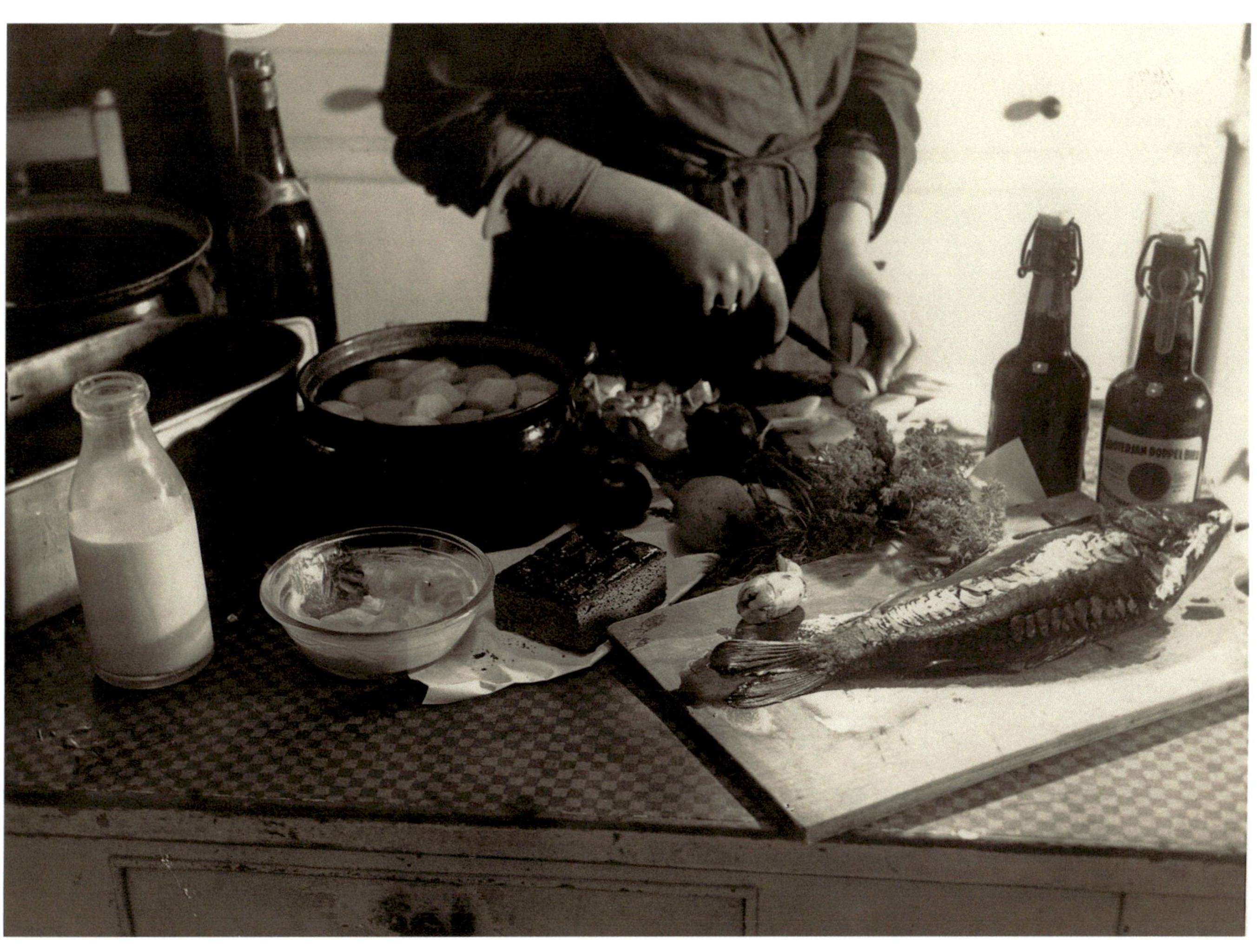

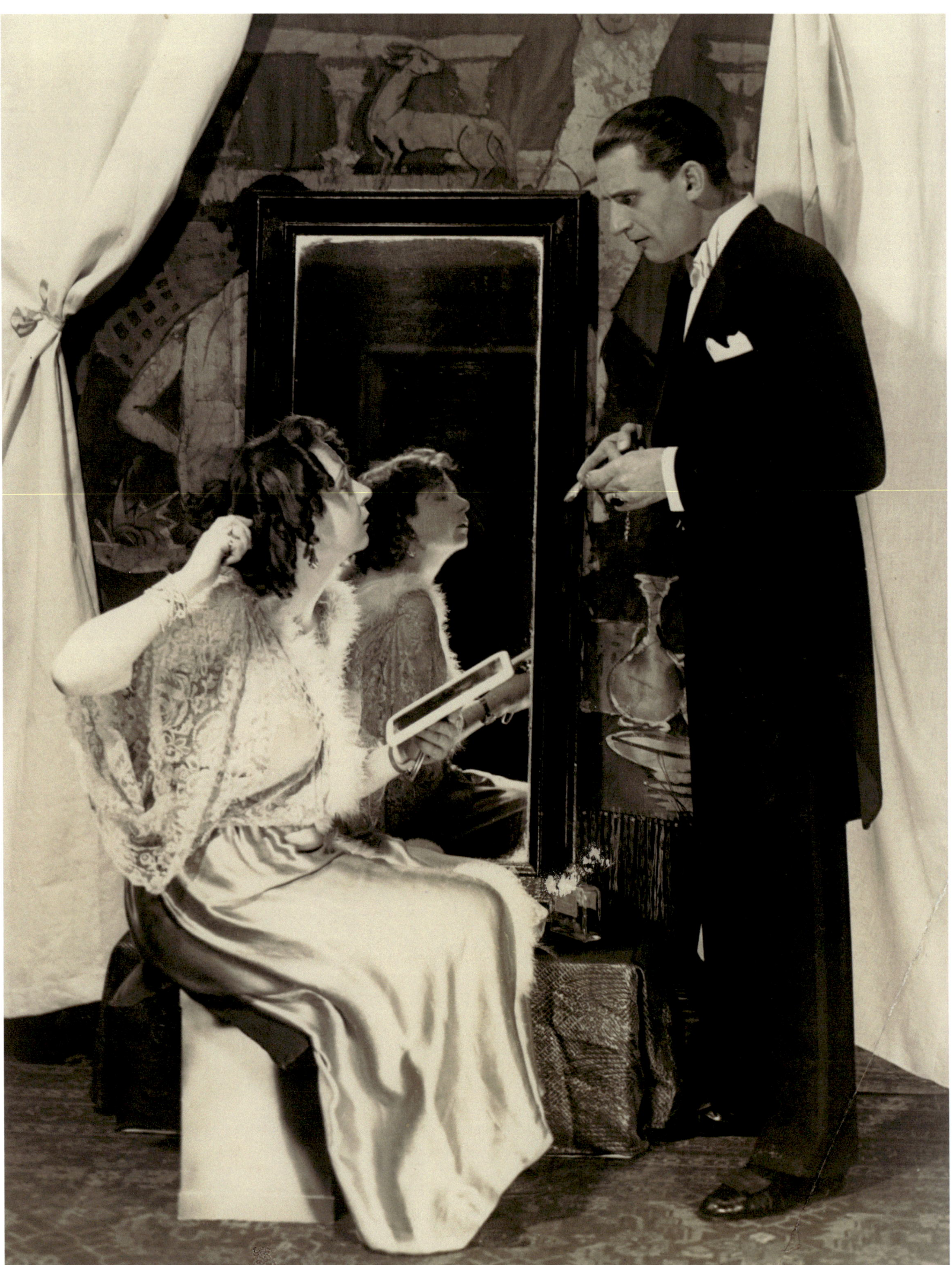

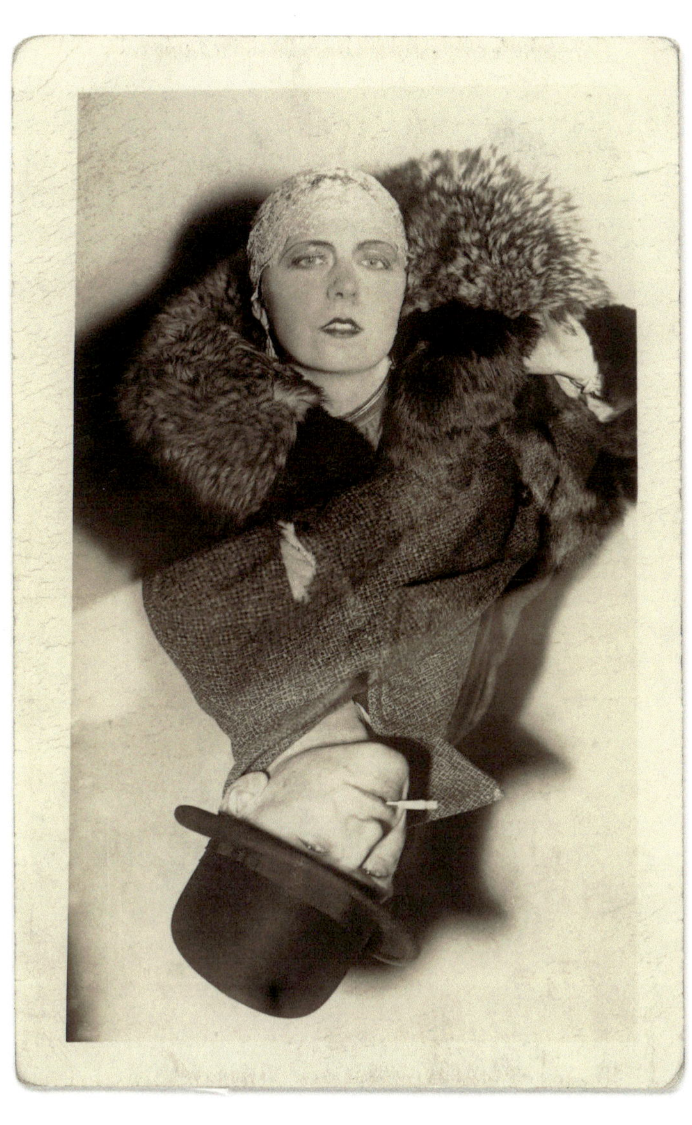

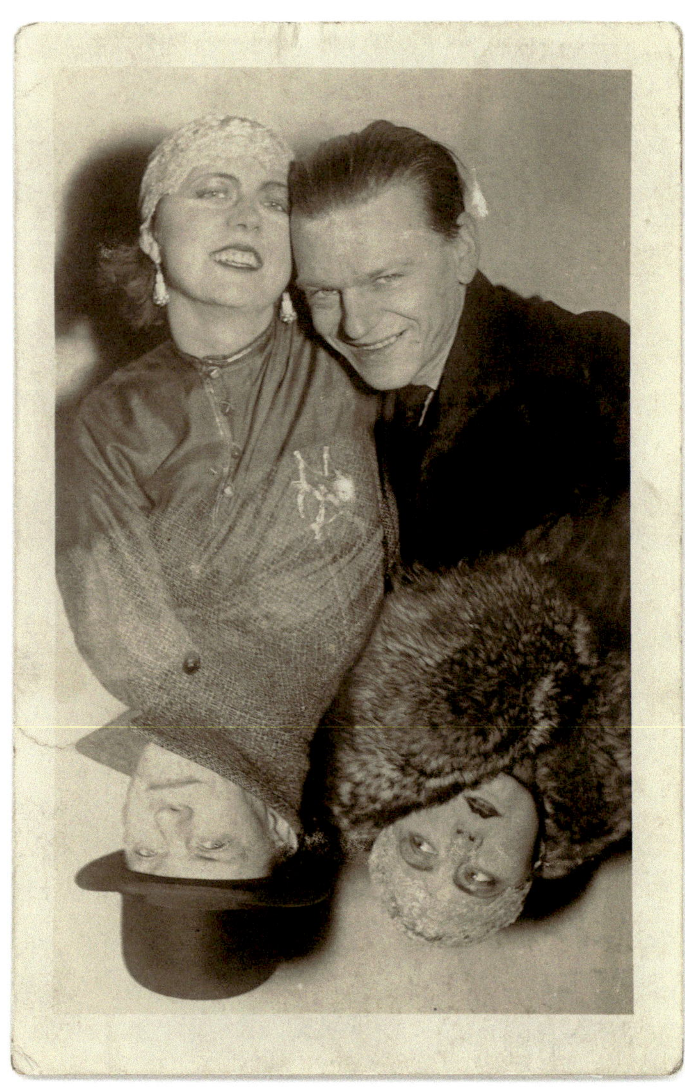

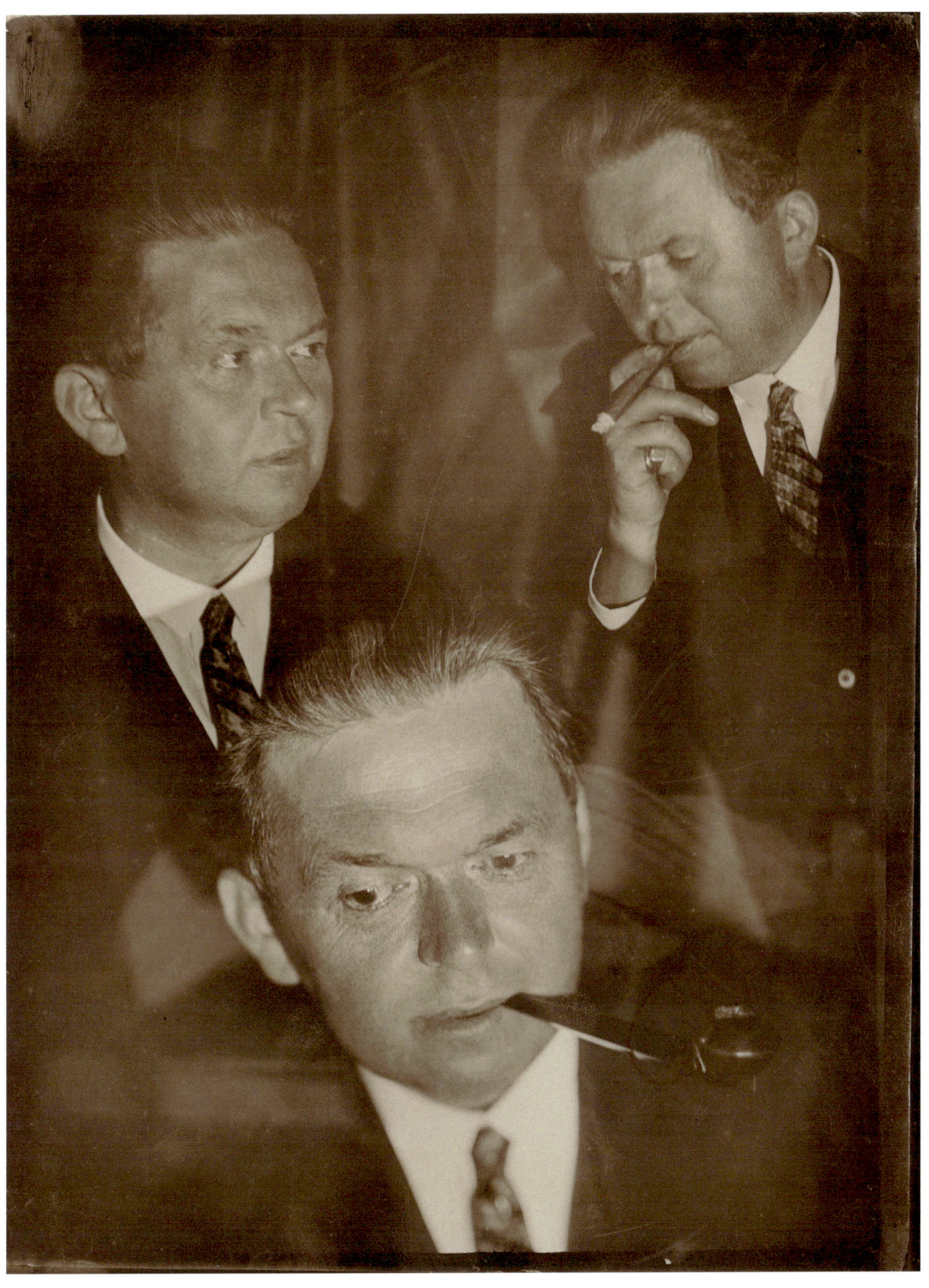

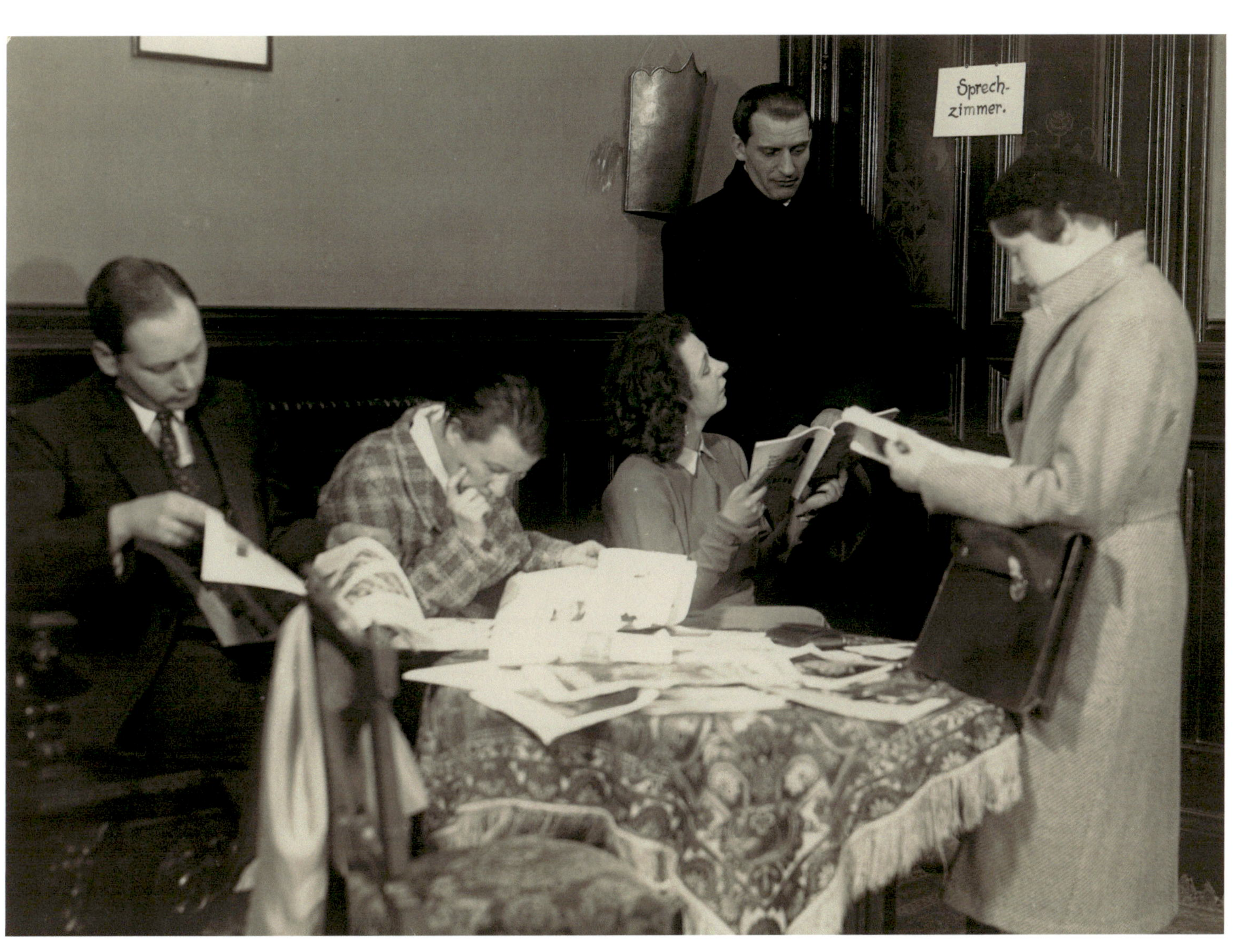
Sprech-
zimmer.

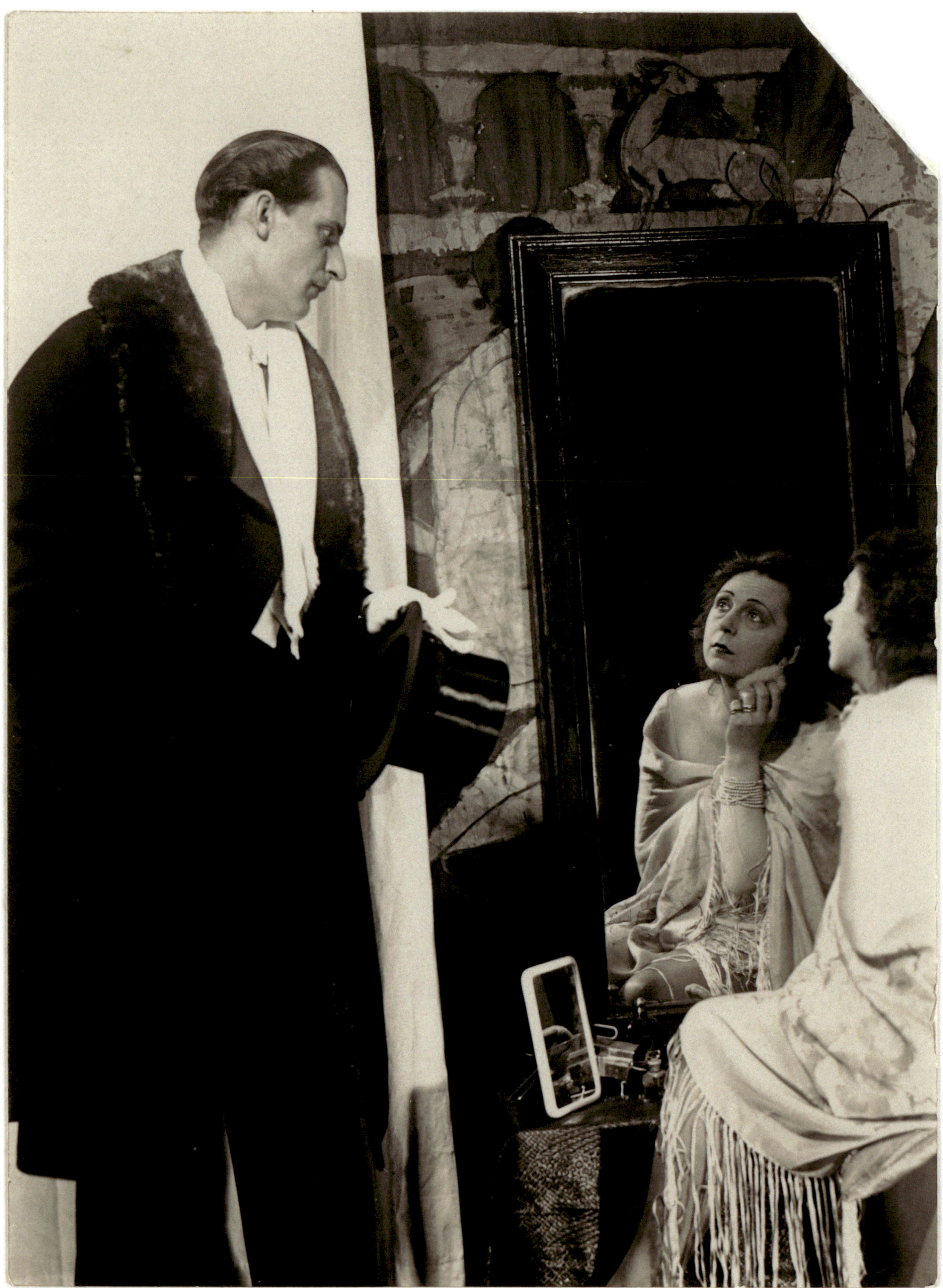

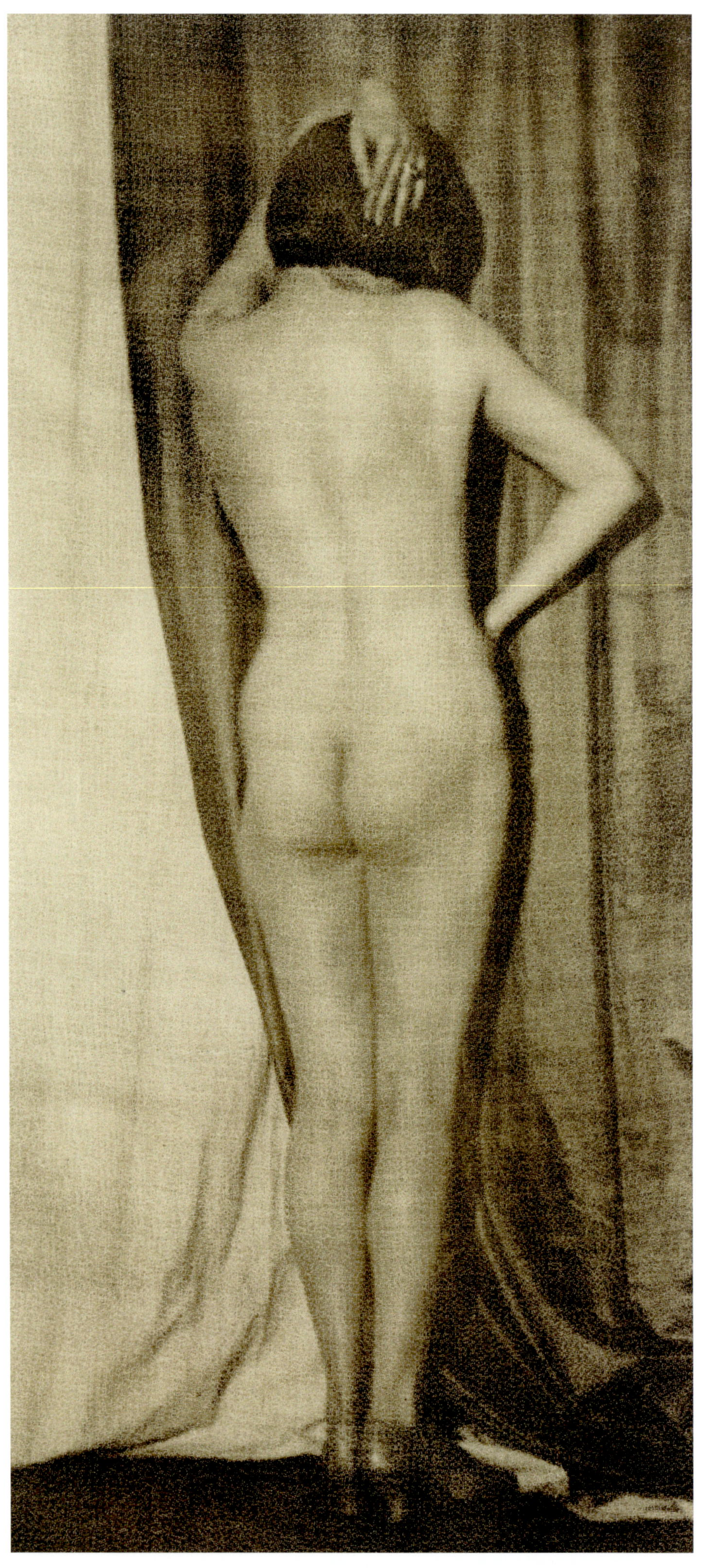

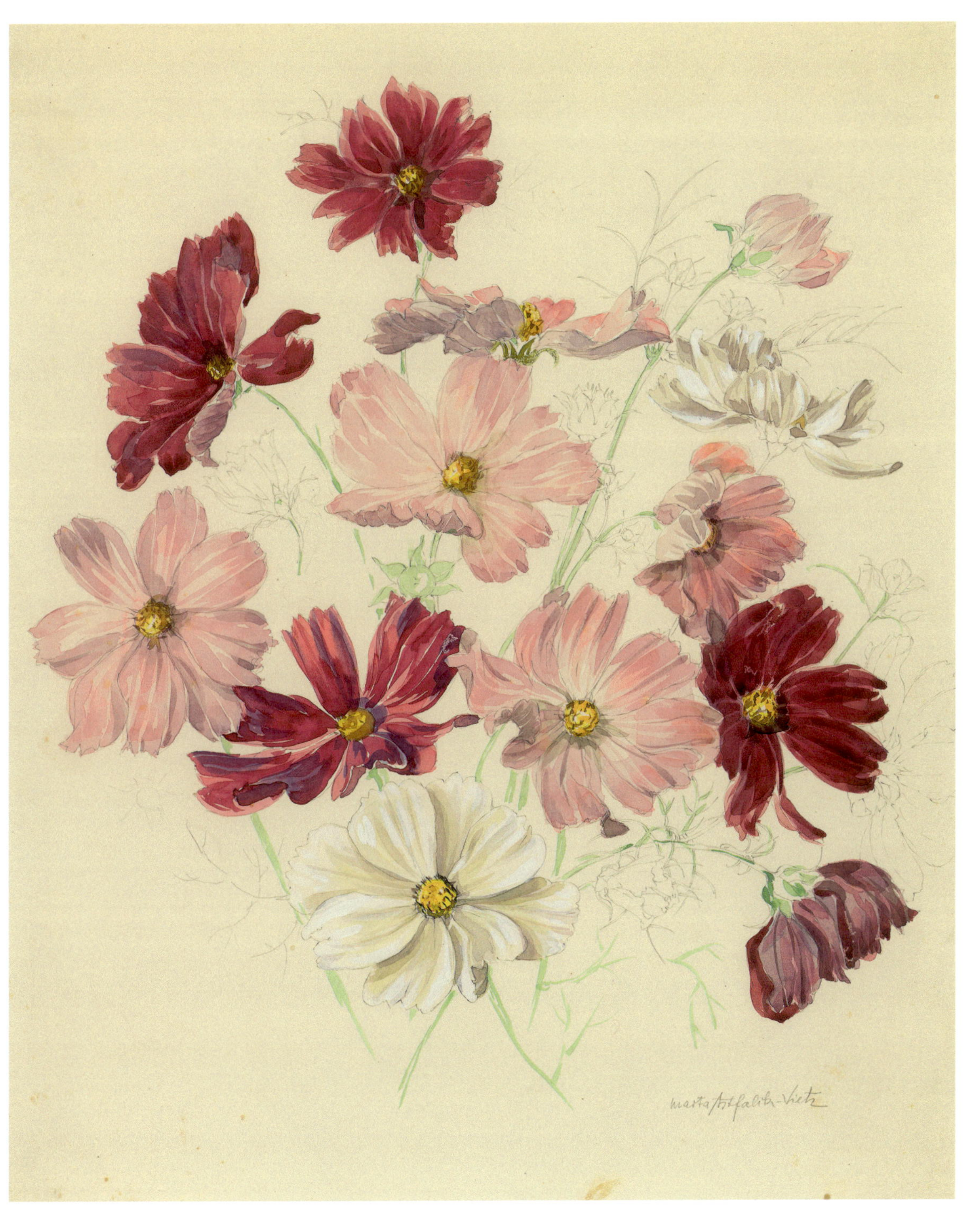

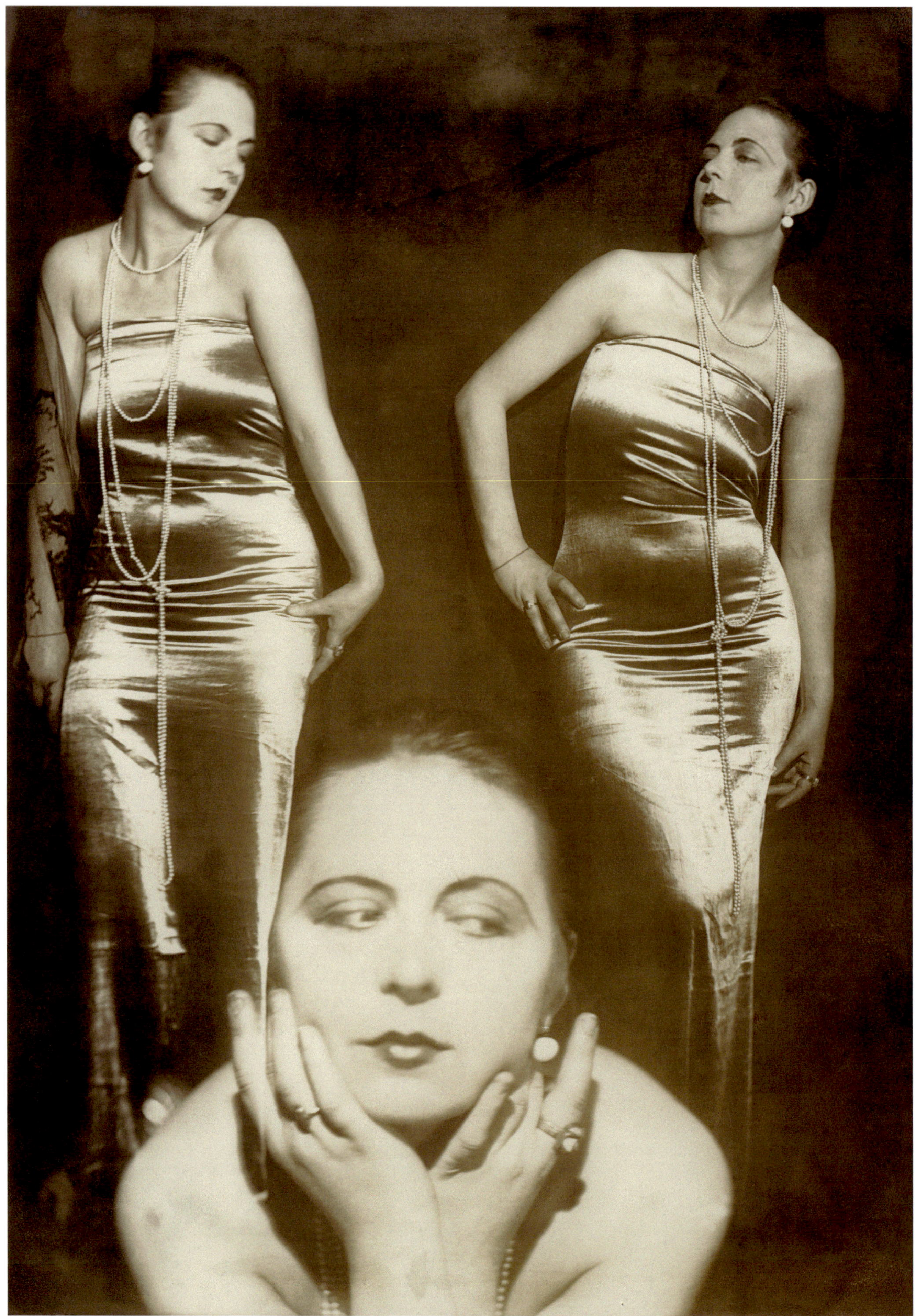

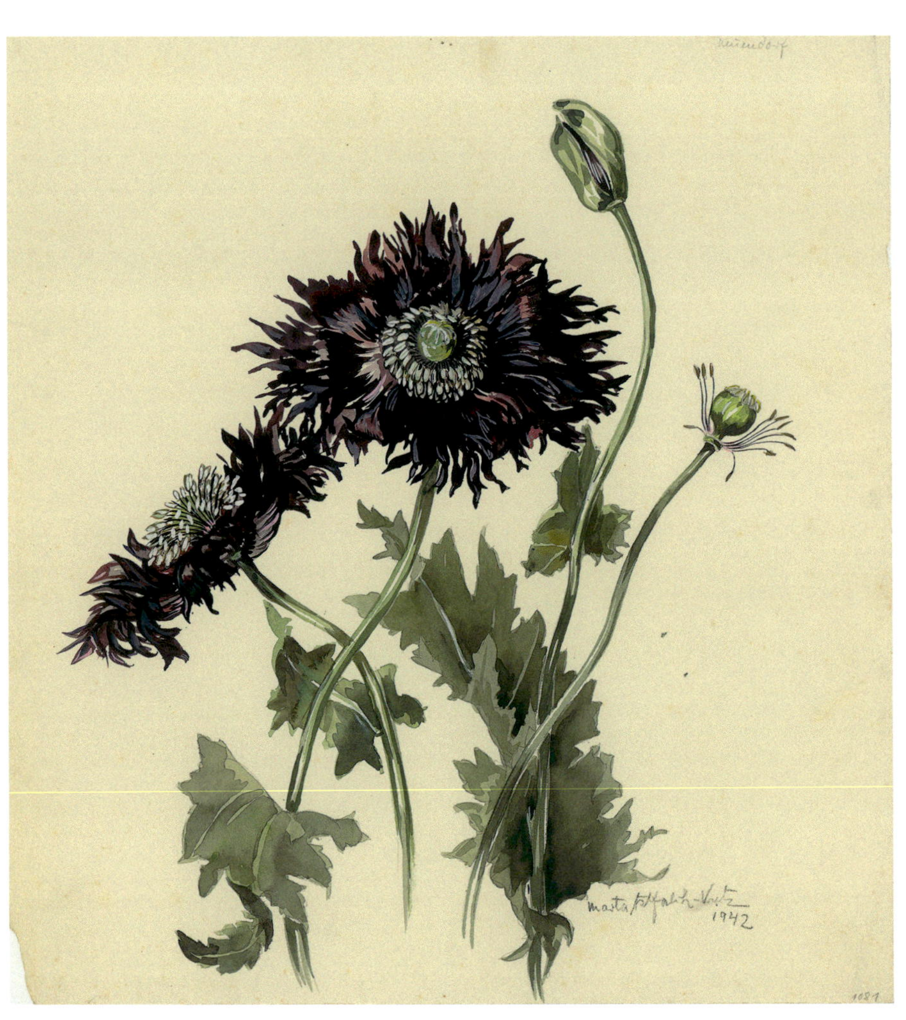

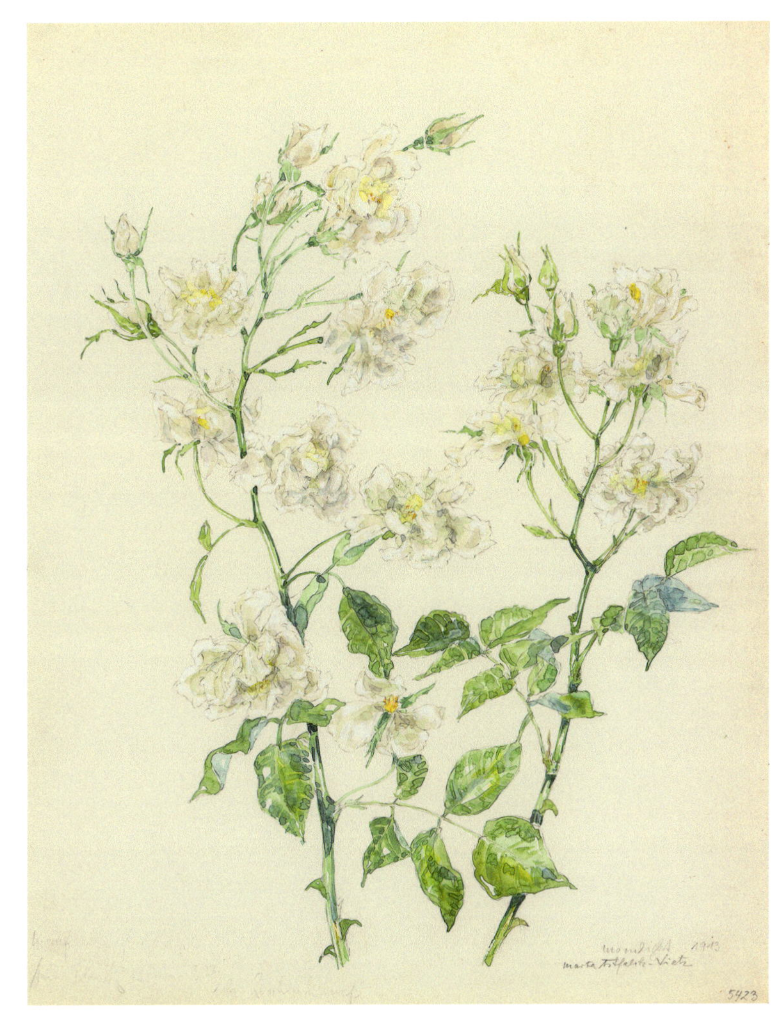

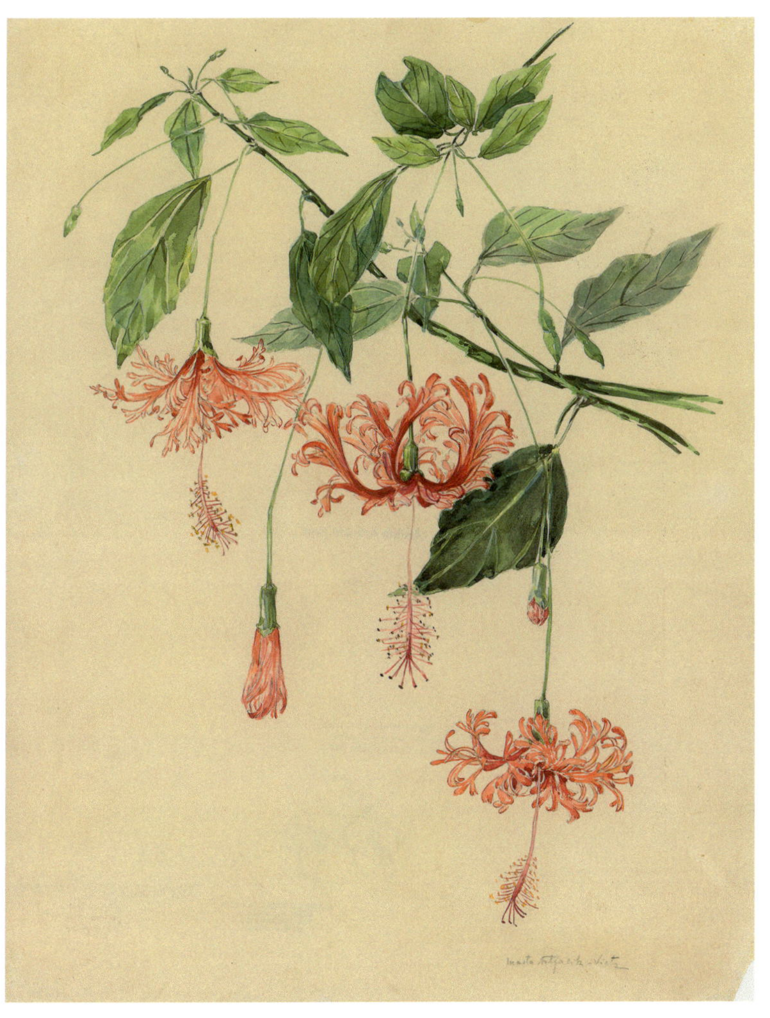

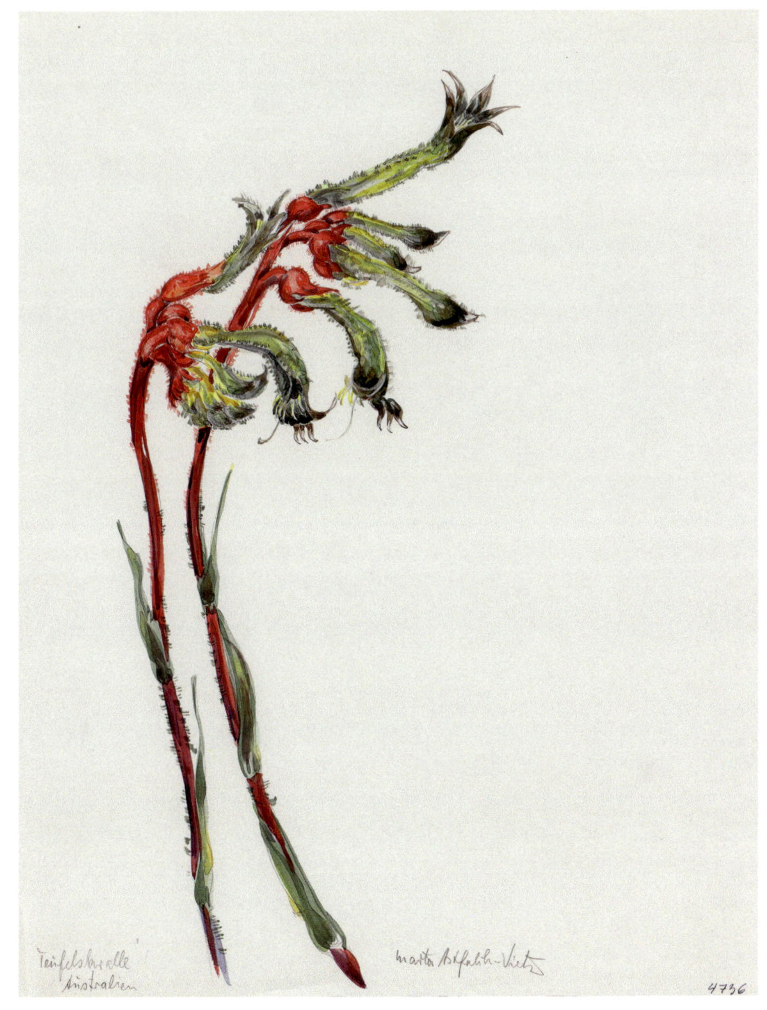

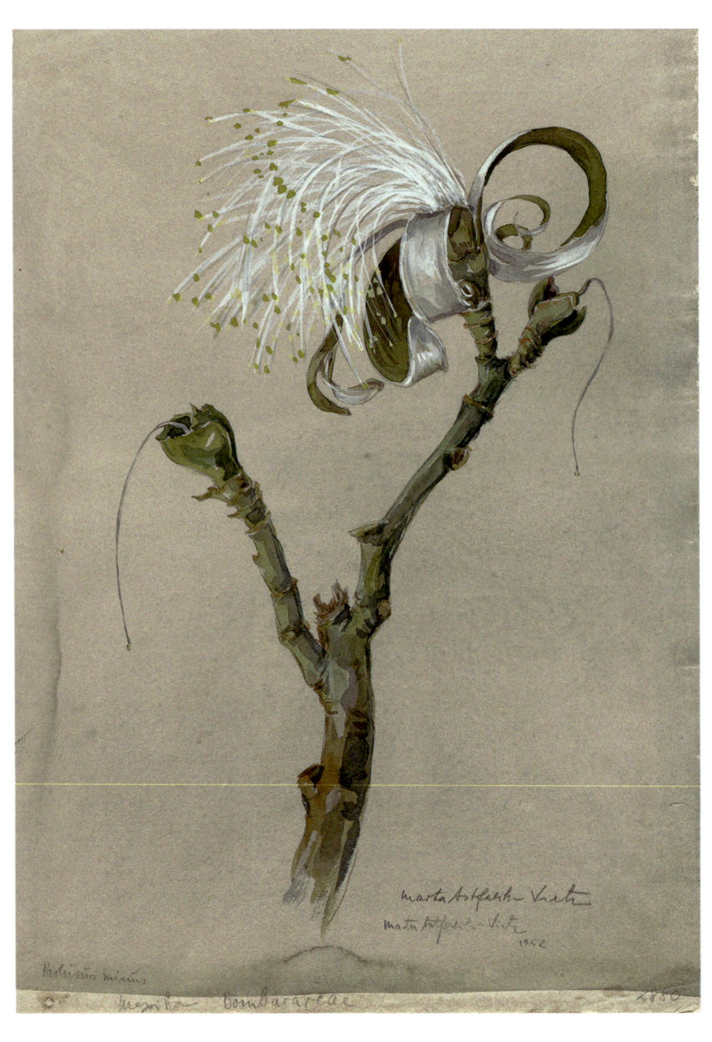

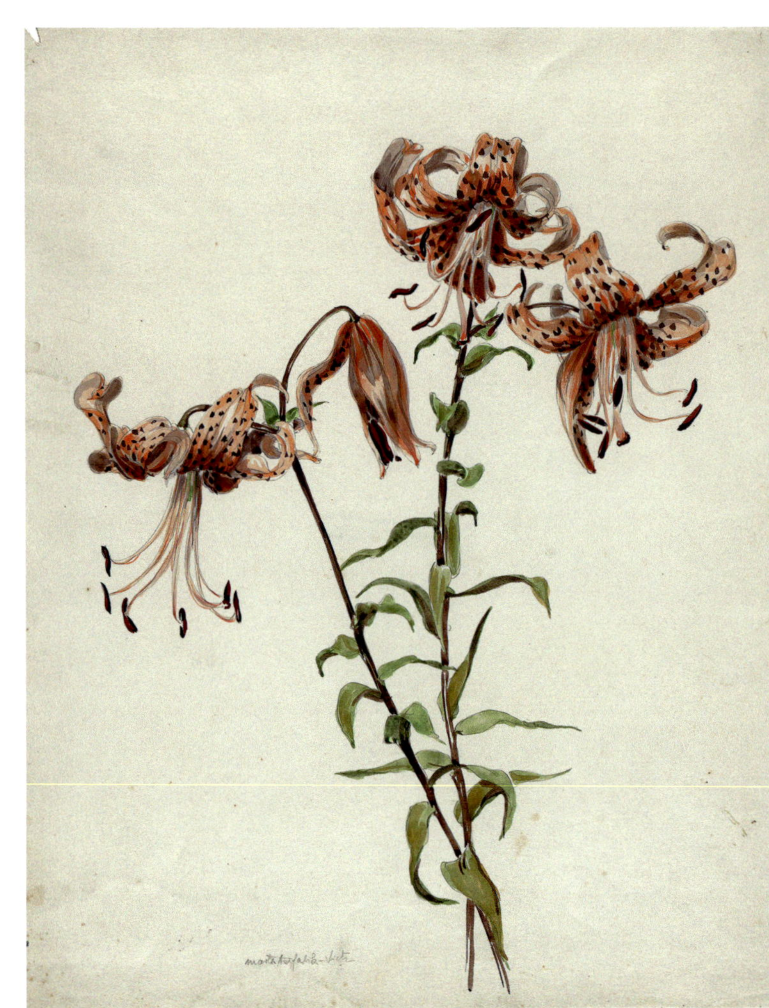

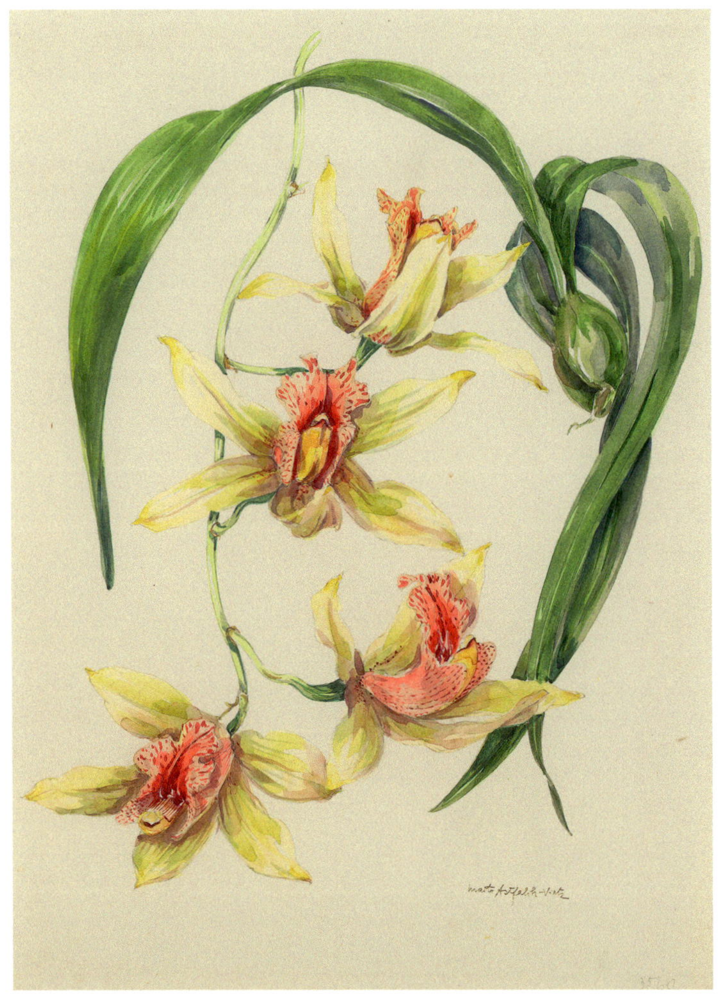

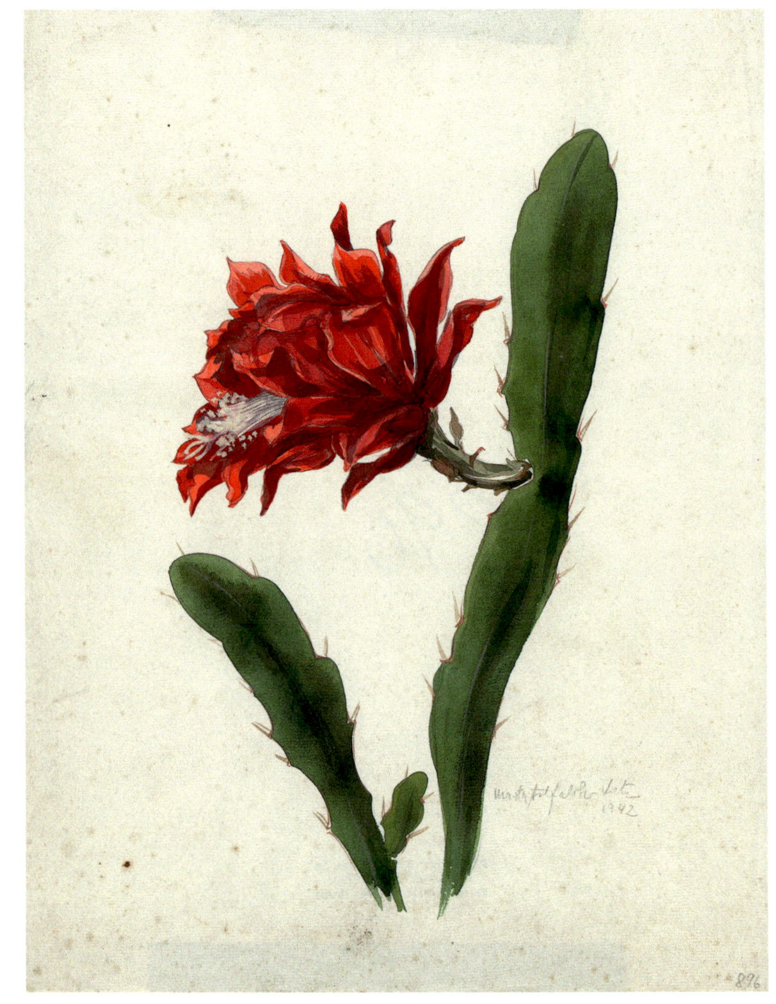

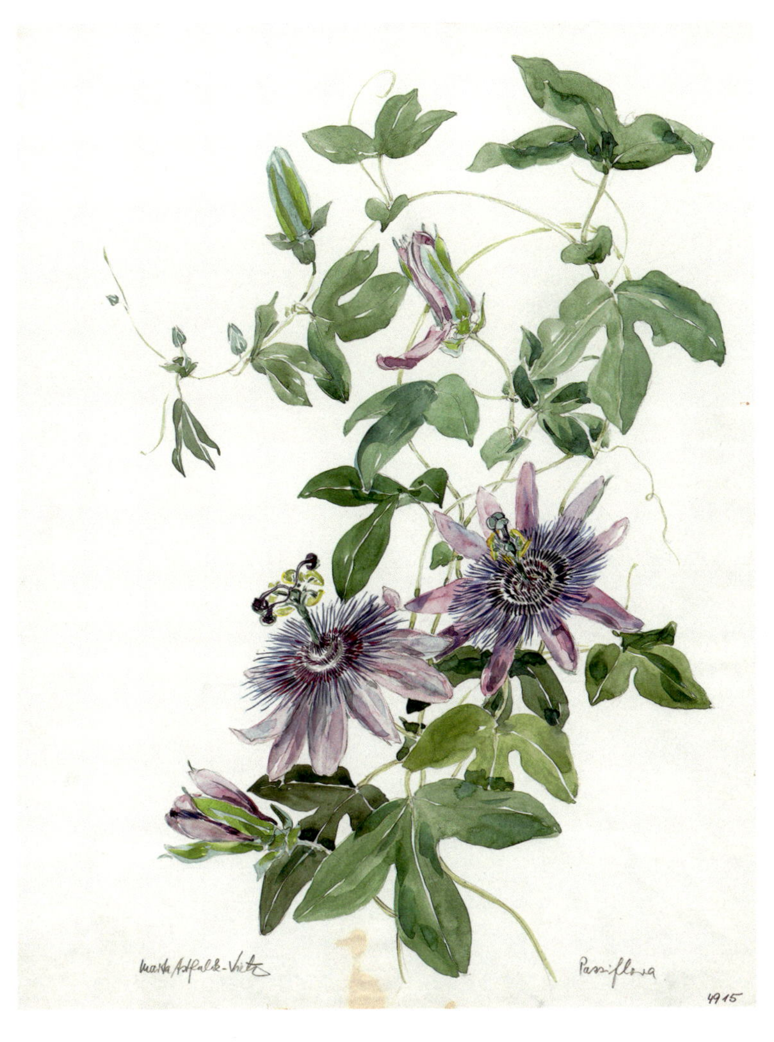

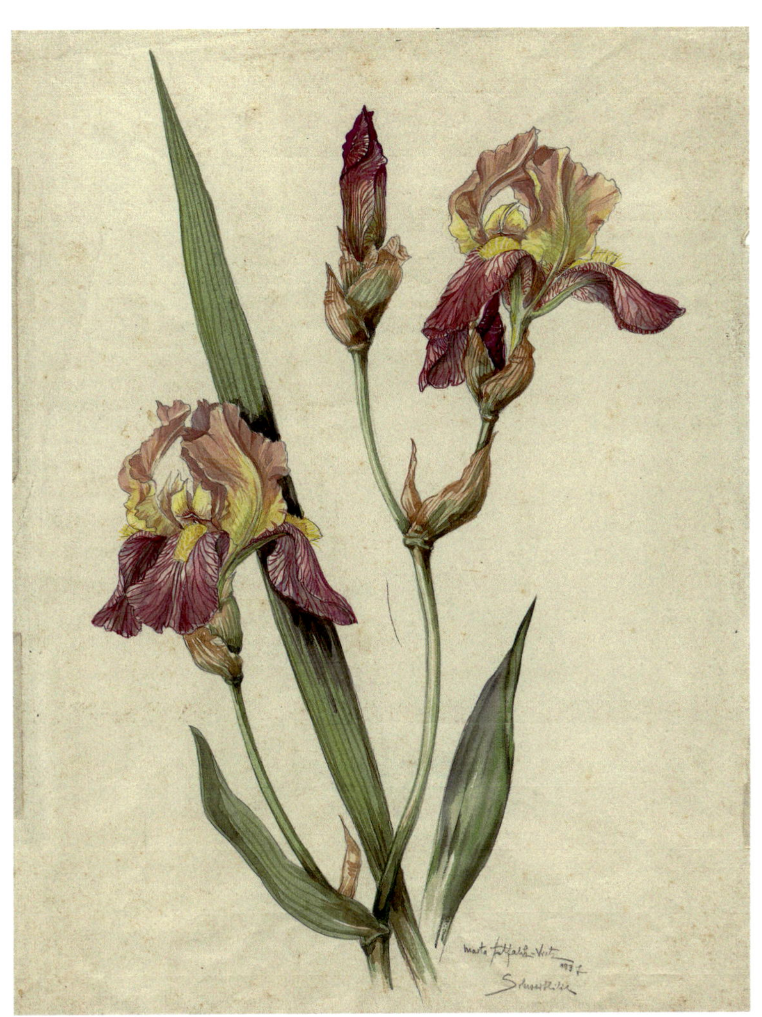

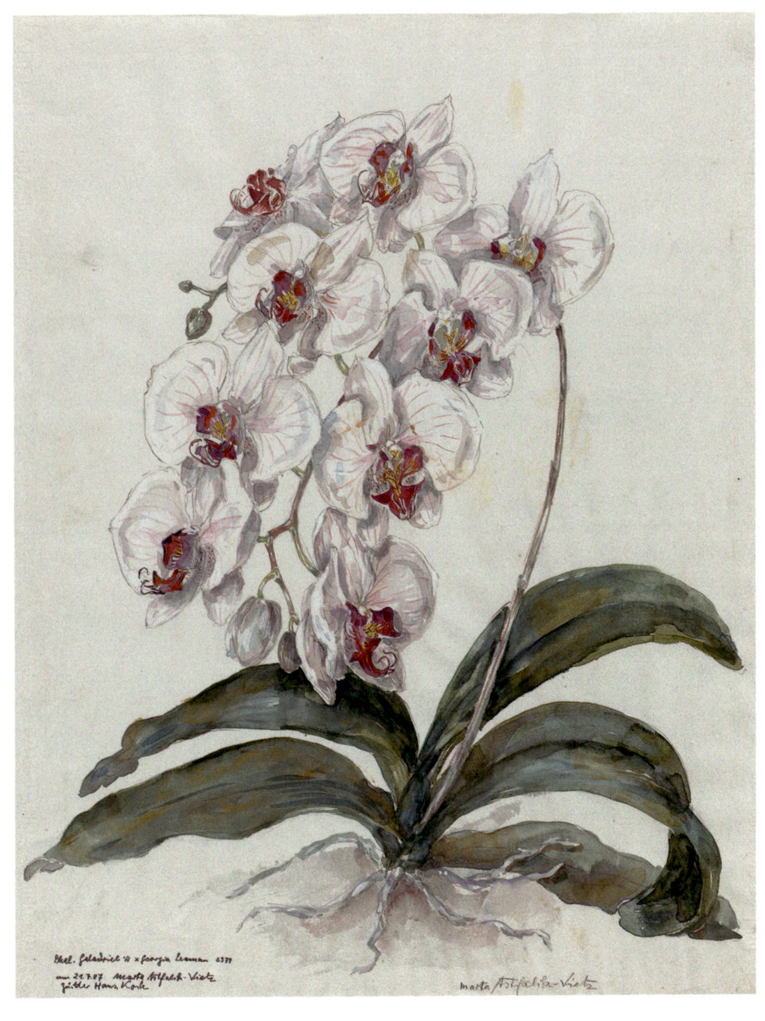

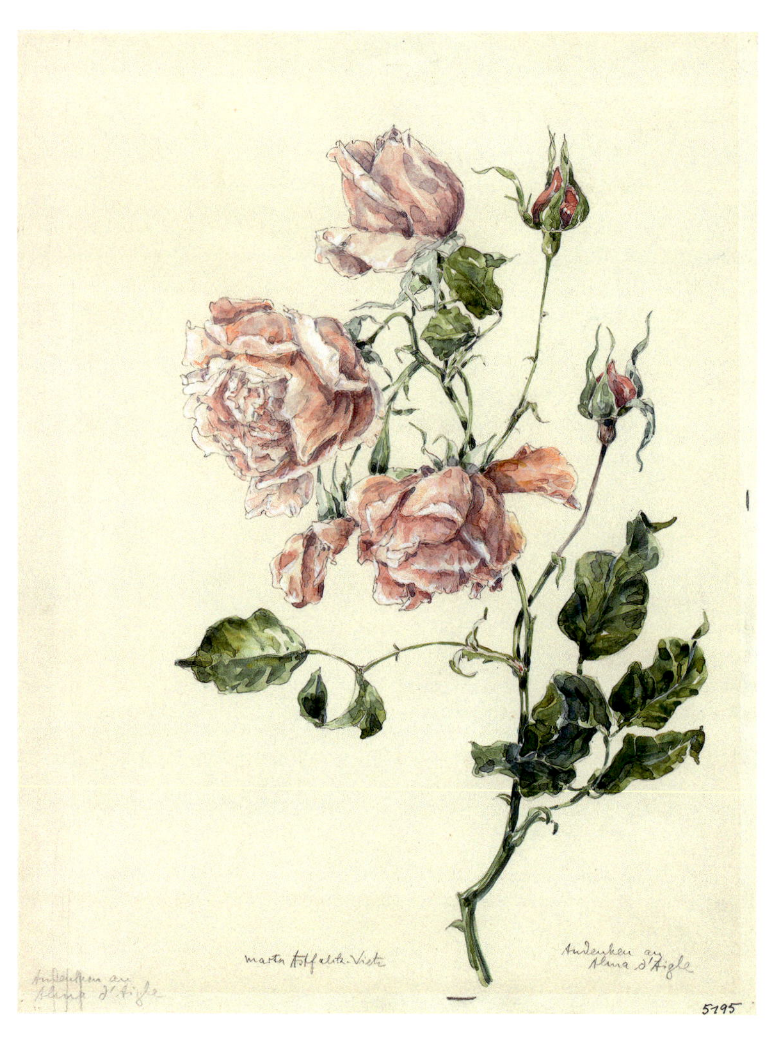

Marta Astfalck-Vietz
Andenken an Alma d'Aigle
5195

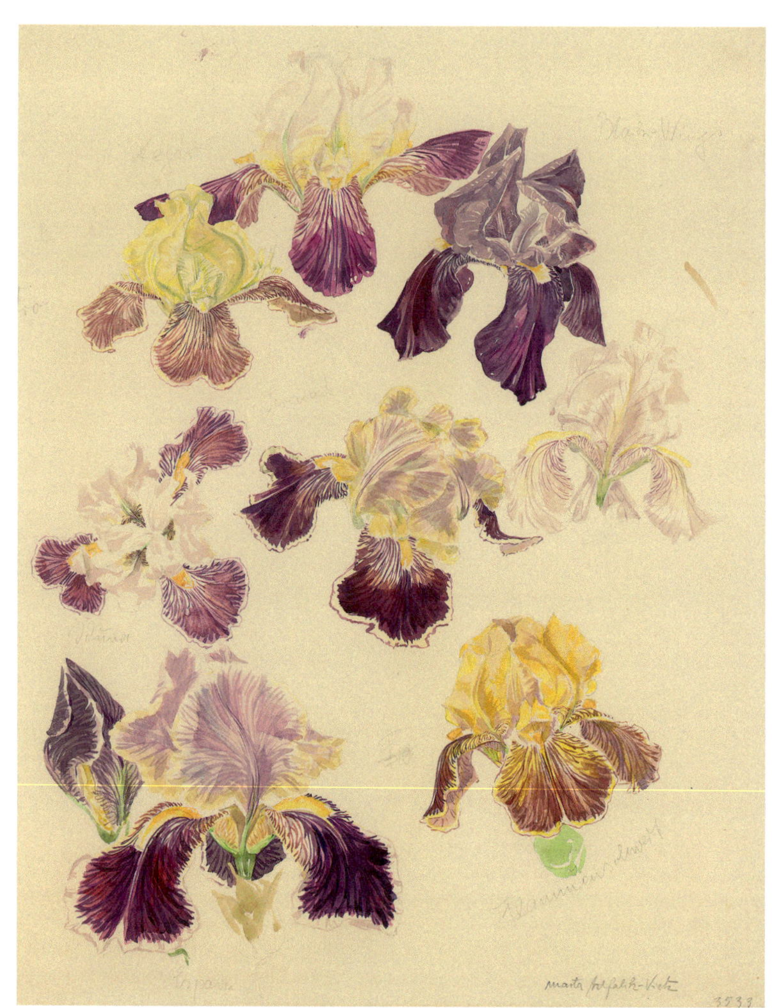

Marta Astfalck-Vietz

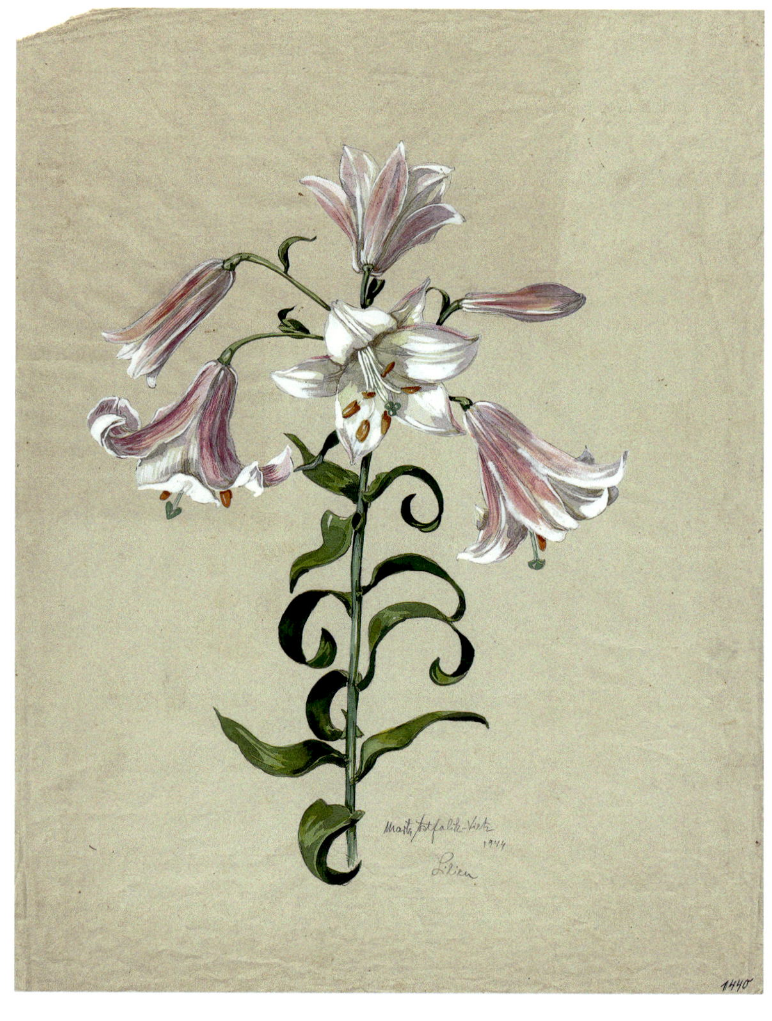

Marta Astfalck-Vietz
1944
Lilien
1440

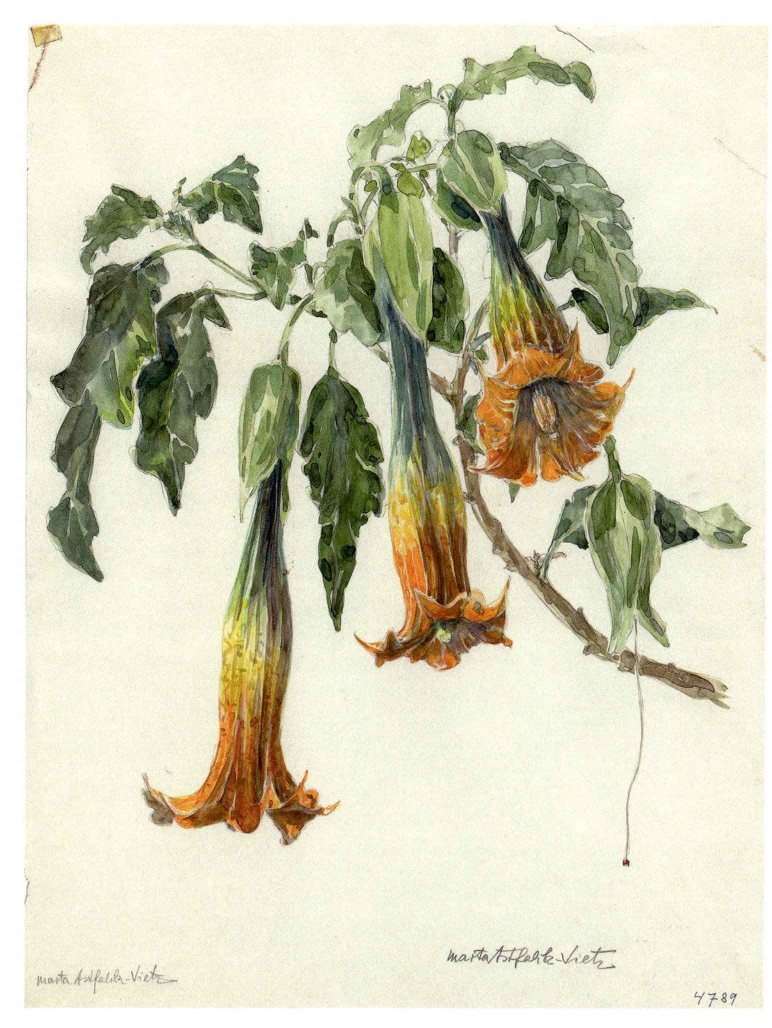
Marta Astfalck-Vietz
Marta Astfalck-Vietz
4789

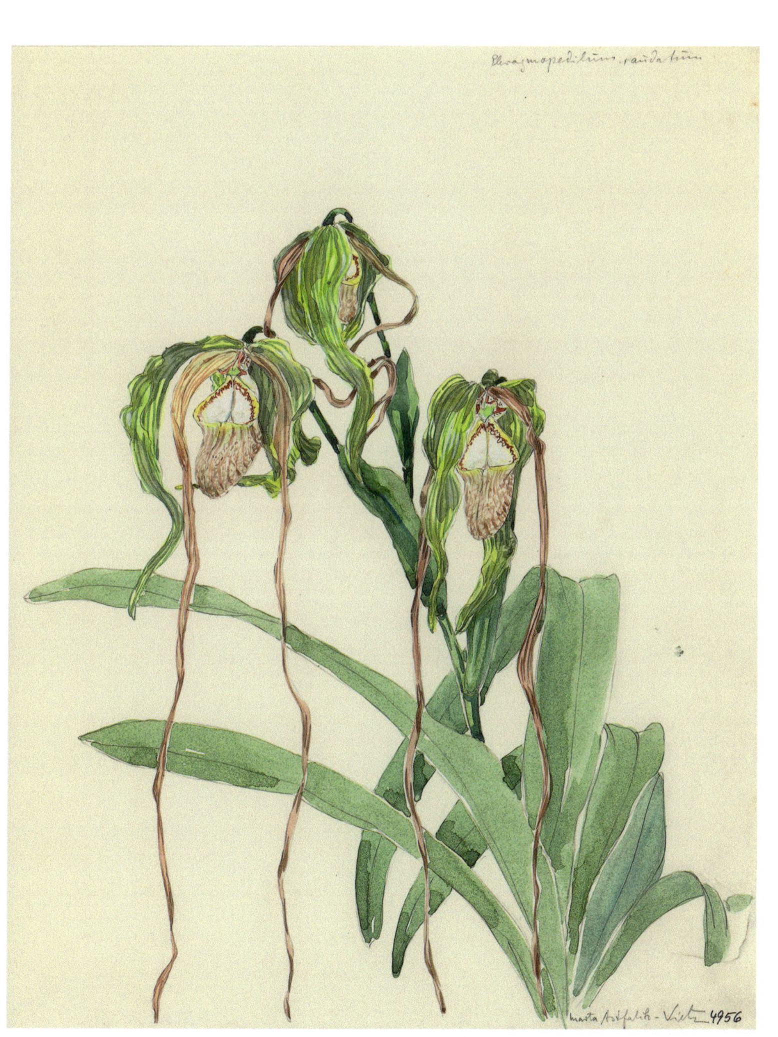
Phragmopedilum caudatum
Marta Astfalck-Vietz 4956

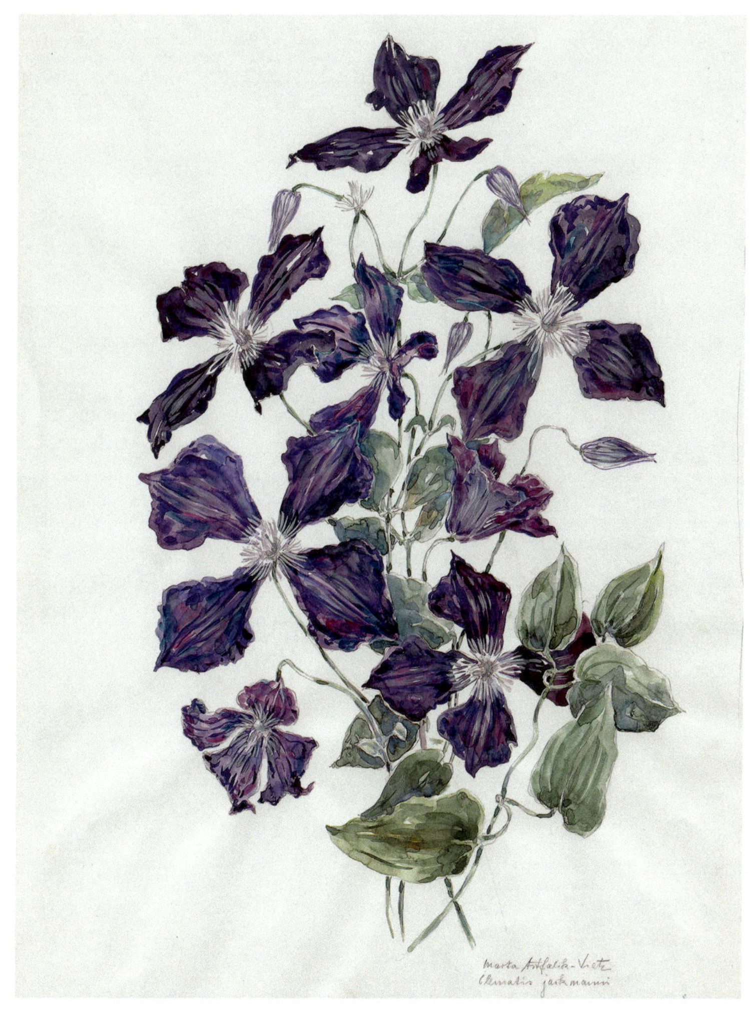
Marta Astfalck-Vietz
Clematis jackmanii

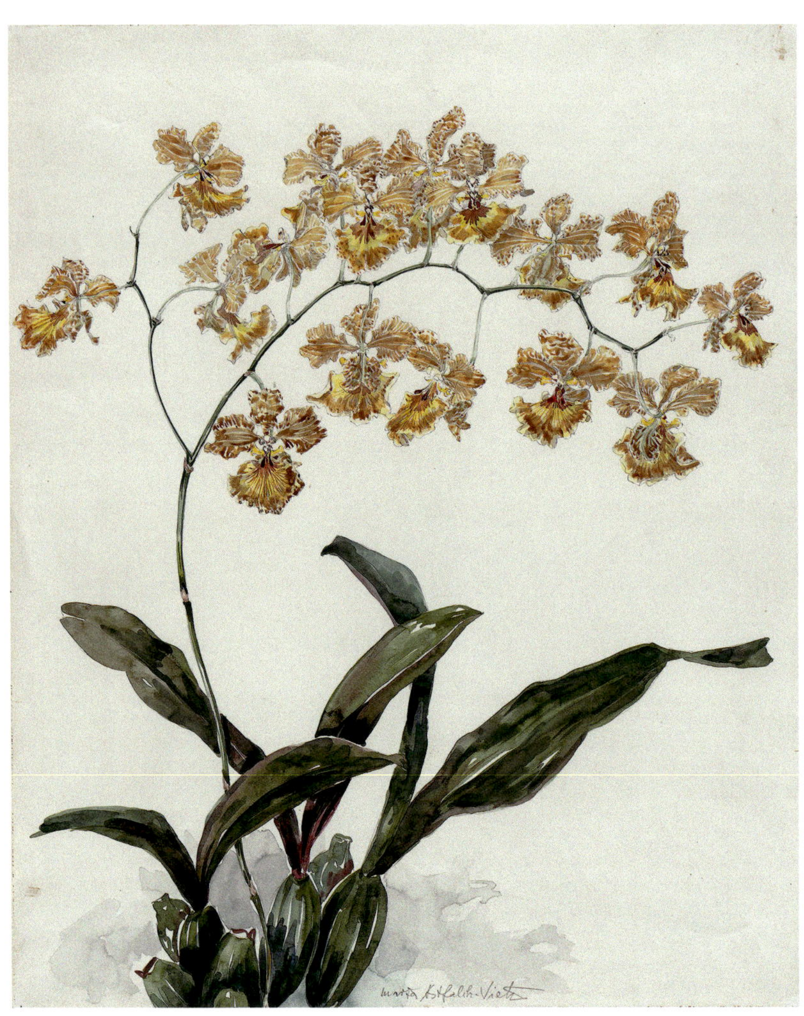

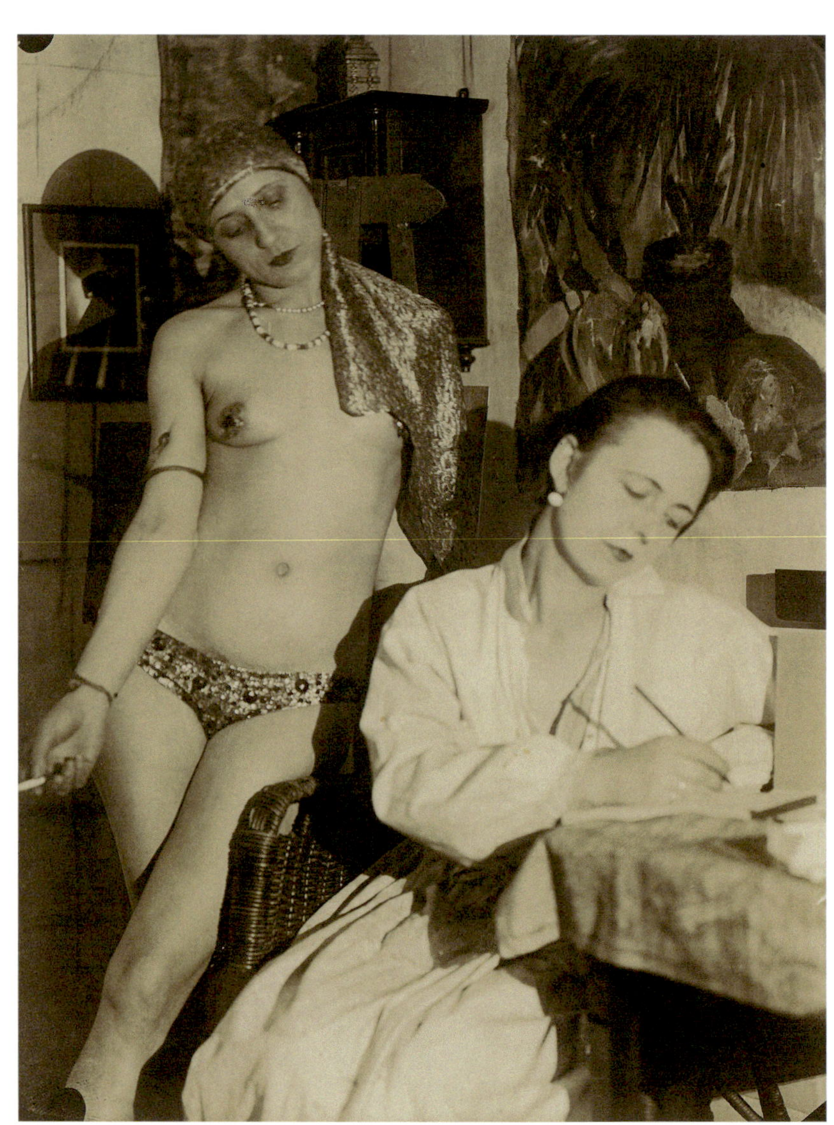

Eine kommentierte Biografie

Anne Pavlenko-Vitten

Kindheit und Jugend

Marta Klara Vietz wird am 21. Juli 1901 in Neudamm/ Neumark (heute Dębno, Polen) als Tochter des Buchdruckers, Verlegers und Kunsthändlers Reinhold Vietz (1874–1958) und der Marie Elsbeth Vietz (geb. Schubert, 1875–1920) geboren. Die Arbeitsstationen des Vaters führen zu Umzügen der Familie nach Berlin, München und Siegburg am Rhein. Von 1907 bis 1909 besucht Marta Vietz die Schule am Dom-Pedro-Platz in München, danach geht sie bis 1911 in die Roenneberg'sche höhere Mädchenschule in Berlin-Friedenau. 1911/12 ist sie Schülerin der Städtischen höheren Mädchenschule in Siegen und schließlich von 1912 bis 1918 der Dr. Richter'schen Höheren Mädchenschule in Berlin und absolviert damit einen klassischen Bildungsweg bürgerlicher junger Frauen [→ S. 217].

Reinhold Vietz arbeitet in Berlin beim Ullstein Verlag, in München für den renommierten Kunstverlag Bruckmann und übernimmt bei der Rückkehr nach Berlin die Geschäftsführung der Gesellschaft zur Verbreitung klassischer Kunst (später: Klassische und Neue Kunst-Verlagsgesellschaft), bevor er sich als Sachverständiger für das grafische Gewerbe selbstständig macht. Ab 1923 war Reinhold Vietz Freimaurer [→ S. 217].[1] Bis zu seinem Tod hat er ein sehr enges Verhältnis zu seiner Tochter. Marta

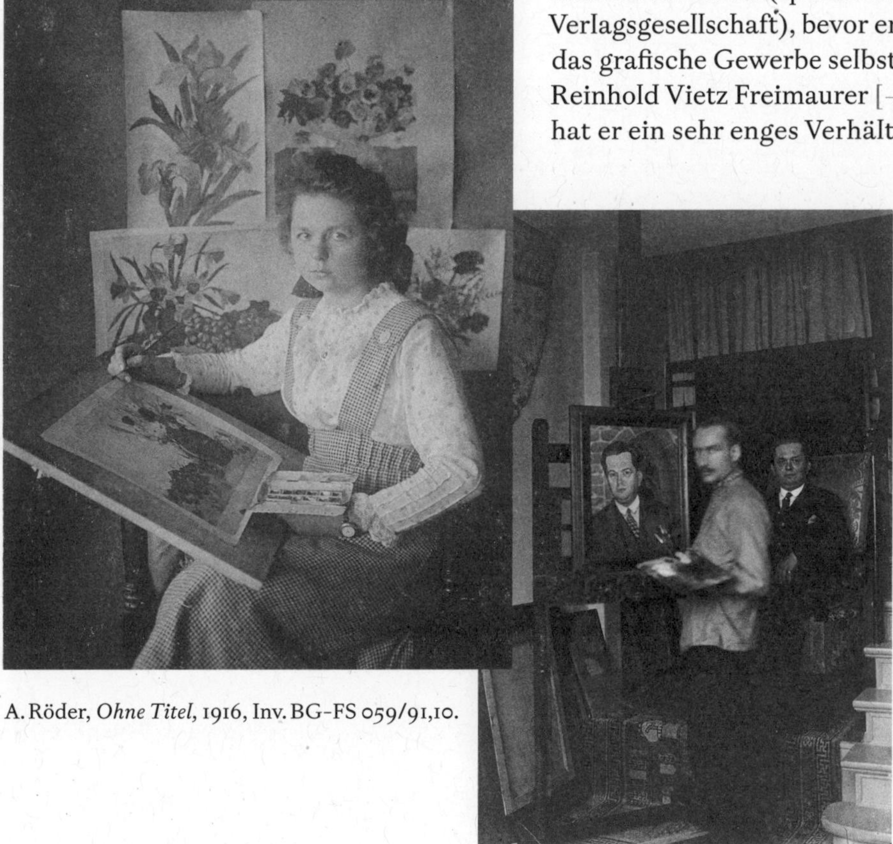

A. Röder, *Ohne Titel*, 1916, Inv. BG-FS 059/91,10.

Unbekannte*r Fotograf*in, *Ohne Titel (Christian Schad und Reinhold Vietz)*, 1929.

Vietz bezeichnet ihren Vater als »Leica-Besessenen«[2], von dem sie ihre erste Fotoausrüstung erhält. Seine Abzüge kennzeichnet er mit dem Stempel »Leicaphot Reinhold Vietz«.

Marie Vietz stirbt 1920. Nach dem Tod seiner Frau geht Reinhold Vietz 1921 eine neue Beziehung mit Käthe Ritter (1889–1965) ein, die er im September heiratet. Das Verhältnis zwischen Marta Vietz und ihrer Stiefmutter ist lange unterkühlt.

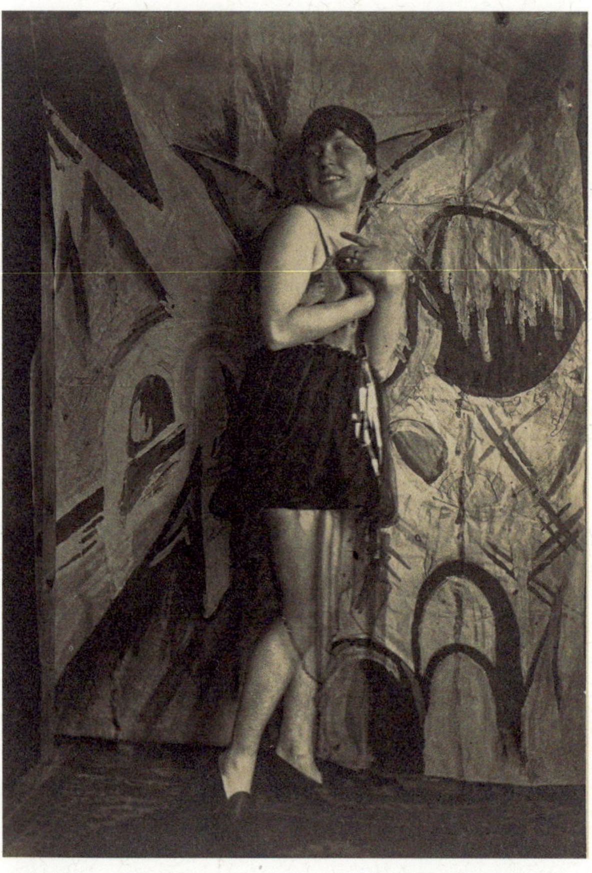

Marta Astfalck-Vietz, *Ohne Titel (Magda Bogatzki)*, 1921, Inv. BG-FS 059/91,37.

Ausbildung, Studienzeit und erste Aufträge

Zwischen 1918 und 1920 besucht Marta Vietz die Höhere Fachschule für Textil- und Bekleidungsindustrie in Berlin. Sie nimmt an einem Kurs für Musterzeichnen teil und ist schließlich Fachschülerin der Klasse für Weberei, Druckerei und Stickerei. Sie erhält unter anderem Unterricht bei dem Maler Walter Kampmann (1887–1945), einem Mitglied der 1918 gegründeten Novembergruppe. Mit dessen Bruder Alexander Kampmann (1898–1970), den sie zu dieser Zeit kennenlernt, verbindet sie eine lebenslange Freundschaft.

Die Jahre zwischen 1920 und 1924 erlebt Marta Vietz als Schülerin an der Unterrichtsanstalt des Kunstgewerbemuseums Berlin. Sie belegt die Fächer Mode, Buchillustration, Aktzeichnen und Gebrauchsgrafik. Zudem erhält sie Unterricht in der Fachklasse des Landschaftsmalers Ludwig Bartning (1876–1956), der unter anderem als Zeichner für botanische Fachbücher arbeitet. Weitere Lehrer sind der Modeschöpfer Otto Ludwig Haas-Heye (1879–1959) und der Grafiker Oskar Hermann Werner Hadank (1889–1965). In ihrem Jahrgang gehört sie zu den acht Bewerber*innen, die aus über achtzig Prüflingen ausgewählt werden. Später erinnert sie sich, dass »die Prüfungsaufgaben […] zum Teil recht schwer

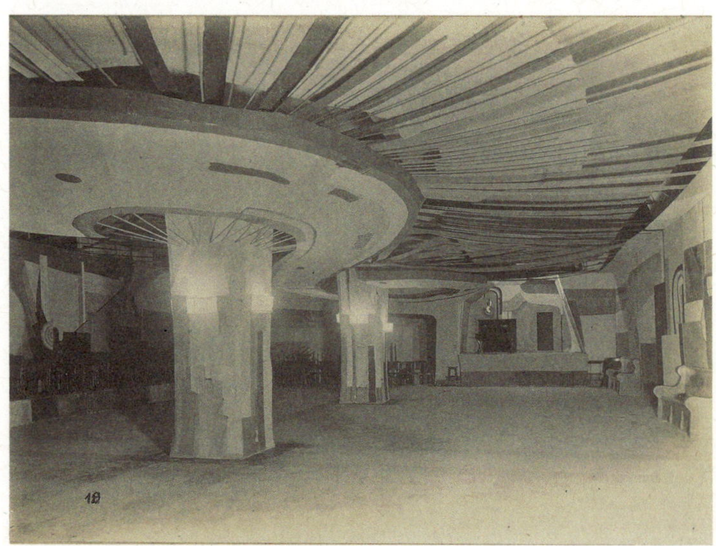

Curt Baumgarten, Kostümfest Prialbstra, Großer Saal von César Klein, Unterrichtsanstalt des Kunstgewerbemuseums Berlin, Inv. BG-Ar 049/90,11.

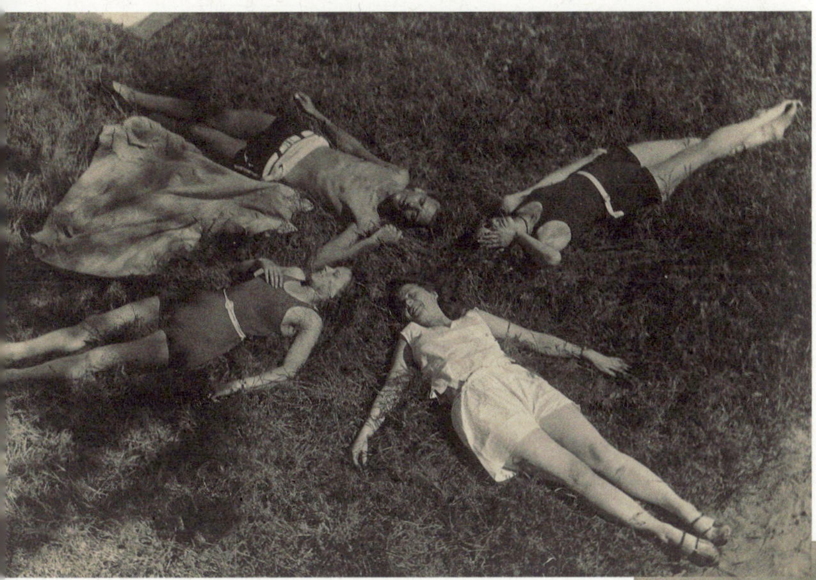

Marta Astfalck-Vietz, *Ohne Titel*, um 1930, Inv. BG-FS 059/91,523.

[waren], aber [sie] ja durch Walter Kampmann immerhin geprüft [war], denn zu der Zeit entstand die Novembergruppe, und die Feste bei Kampmanns waren auch erfüllt von den Mitschülern und vor allen Dingen von den Lehrern. Da war Walter Kampmann, César Klein, Kurt Hermann Rosenberg, Mies van der Rohe etc.«[3] Damit gibt sie einen Einblick in ihr künstlerisches Umfeld, zu dem viele Berliner Avantgardist*innen zählen.

Die von der Unterrichtsanstalt des Kunstgewerbemuseums organisierten Kostümfeste sind »berühmt für die Phantastik der individuellen Gestaltungen der Teilnehmer wie der Dekoration der Räume, die von Lehrern und Künstlern der Akademie entworfen wurden« [→ S. 218, 227].[4] Auf einem dieser Kostümfeste lernt Marta Vietz Heinz »Heini« Hajek-Halke (1898–1983) kennen. Er besucht die Fachklasse des Malers, Grafikers, Fotografen und bildenden Künstlers Emil Orlik (1870–1932). Hajek-Halke war laut Astfalck-Vietz »ein gutaussehender, wilder junger Mann [...]. Er zog uns [...] Frauen sehr an, weil er sehr lebensfroh tat, und daß wir uns später wiedertrafen und fanden, war einfach, [weil] er begeistert war, daß ich zu der Zeit schon fotografierte, was er auch angefangen hatte. Die Verbindung zu ihm war sehr intensiv.«[5]

Zwischen 1920 und 1924, also bereits während ihrer Ausbildung, arbeitet Vietz für das Seidenhaus Michels, Leipzigerstraße 43–44, für das sie Stoffbahnen bemalt [→ S. 228]. Außerdem ist sie 1922/23 als Zeichnerin für eine Gesellschaft tätig, die Filmdekorationen herstellt.[6]

Nach Abschluss ihrer Studien an der Unterrichtsanstalt des Kunstgewerbemuseums absolviert Marta Vietz von 1925 bis 1926 eine handwerkliche Fotografieausbildung im Atelier von Lutz Kloss (Lebensdaten unbekannt), das sich Unter den Linden, in den ehemaligen Räumen dessen Onkels, des kaiserlichen Hofmalers Arthur Fischer (1872–1948), befindet.

Bei Kloss, der einen klassischen Atelierbetrieb führt, lernt sie die Auswahl der Kameras und Objektive, das Einrichten des Lichts, die Positionierung der Porträtierten oder der Gegenstände im Raum sowie die Fertigkeiten der Arbeit in der Dunkelkammer.

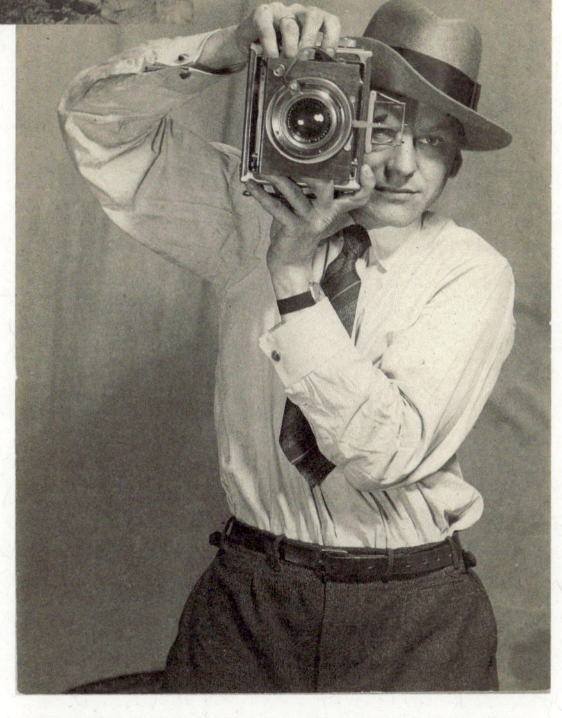

Marta Astfalck-Vietz, *Ohne Titel (Hellmuth Astfalck)*, nach 1929, Inv. BG-FS 059/91,68.

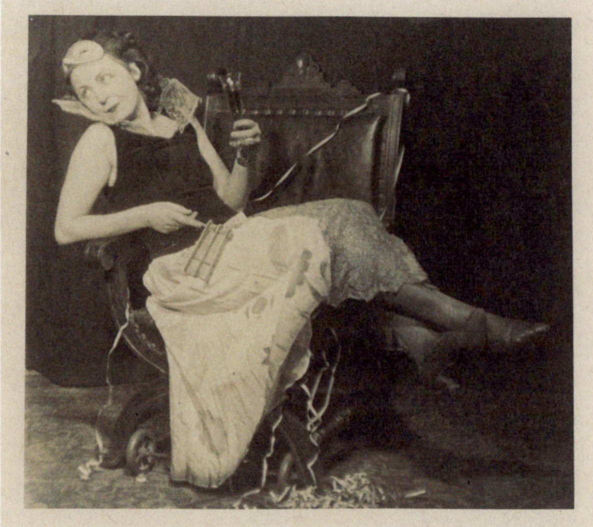

Marta Astfalck-Vietz, *Ohne Titel (Selbstporträt)*, um 1930, Inv. BG-FS 059/91,374.

Selbstständige Arbeit als Künstlerin

Nach Beendigung ihrer Studienzeit arbeitet Marta Vietz selbstständig als freie Künstlerin und übernimmt »zeitweise für namhafte Verlage auch die künstlerische Beratung, Satzspiegeleinrichtung, graphische sowie Photo-Ausstattung (meist mit eigenen künstlerischen Lichtbildern) [...] Meine Haupttätigkeit blieb dabei ständig die Blumenmalerei«.[7]

In den frühen 1920er-Jahren richtet Reinhold Vietz seiner Tochter in der Alexandrinenstraße 110 ein eigenes Atelier ein; die Dunkelkammer wird in einer alten Telefonzelle installiert. Damit legt er den Grundstein für ihre selbstständige Arbeit als Fotografin und Gebrauchsgrafikerin. In dieser Zeit trifft Marta Vietz wieder auf Hajek-Halke, der den Kontakt zur Agentur Presse-Photo in der Wilhelmstraße herstellt, wo sein Pflegebruder die Zeitschrift *Wissen und Fortschritt* redigiert und Hajek-Halke für die Schriftgrafik zuständig ist. Vietz übernimmt »dort die Position Satzspiegel«; umgeben von Fotograf*innen und einer »Riesendunkelkammer« wurde die »Photographie [zur] Hauptsache« [→ S. 229].[8] Neben Auftragsarbeiten entwirft das Duo freie Serien, die es Zeitschriften anbietet. Dabei experimentieren die beiden auch mit dem von ihnen »Combi-Phot.« genannten Verfahren, mit dem durch Mehrfachbelichtungen, Montagen, Sandwich-Techniken – dem Übereinander-Kopieren von Negativen – oder chemischen Bearbeitungen neue Effekte erzielt werden.

Hajek-Halke erstellt bei der Ufa (Universum Film AG) Standfotografien während Dreharbeiten und lernt dort den Regisseur Walter Ruttmann (1887–1941) kennen. Dieser Kontakt führt 1927 zur Erstellung von Reklamebildern für den Dokumentarfilm *Berlin – Die Sinfonie der Großstadt*, die Hajek-Halke gemeinsam mit Vietz entwirft. Die »[m]eterlangen Bildcollagen am Ku'Damm krönen 1927 die gemeinsame Arbeit«.[9]

Zwischen 1928 und 1930 leitet Marta Vietz zudem die Werbeabteilung der Schallplattenfirma Homophon Company der Lindström-AG und erstellt Fotografien für deren Kataloge.[10]

Die Zeit der Weimarer Republik war geprägt von gesellschaftlichen Umbrüchen: Berufstätige Frauen präsentierten sich jetzt selbstverständlicher in der Öffentlichkeit. Besonders Fotografinnen arbeiteten in allen Bereichen, die das Medium zu bieten hatte: in der künstlerischen Fotografie, der Theaterfotografie, der Modefotografie, der Sportberichterstattung und im Fotojournalismus. Immer mehr Frauen machten sich als Porträtfotografinnen selbstständig. Ab Oktober 1927 führte auch Marta Vietz in den Dachgeschossräumen der Markgraf-Albrecht-Straße 10 im Bezirk Berlin-Wilmersdorf ein eigenes Atelier. Der Neue Westen hatte seit der Zwischenkriegszeit bei der Auswahl einer Geschäftsadresse eine große Anziehungskraft, so betrieb Suse Byk (1884–1943)

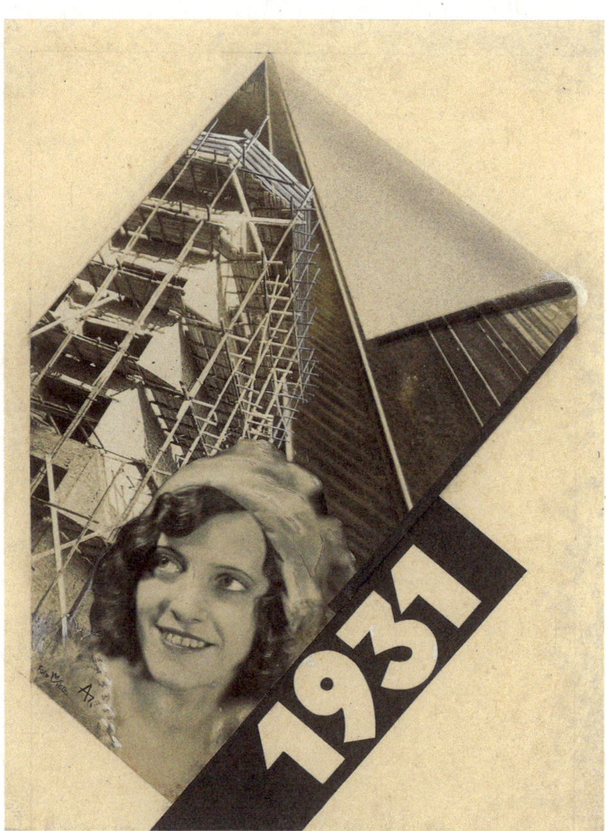

Marta Astfalck-Vietz, *Ohne Titel*, um 1931, Montage, Inv. BG-FS 059/91,527.

von 1919 bis 1938 ein Atelier am Kurfürstendamm. Marta Astfalck-Vietz erinnert sich später daran und betont dabei aber ihren individuellen Anspruch: »Manchmal standen wir am Ku-Damm vor dem Schaukasten von Suse Byk, sahen uns das an, aber es interessierte mich nur oberflächlich. Ich machte meine eigenen Bilder«.[11]

In direkter Nachbarschaft, am Kurfürstendamm 14/15, befand sich das Atelier von Frieda Riess (1890–1954). Sie hatte von 1913 bis 1915 eine Ausbildung an der Photographischen Lehranstalt des Lette-Vereins in Berlin absolviert, bevor sie von 1917 bis 1932 ein eigenes Atelier unterhielt. Auch Steffi Brandl (1897–1966), Elli Marcus (1899–1977) und Lotte Jacobi (1896–1990) zogen das Charlottenburger Publikum, Künstler*innen und internationale Gäste an. Von den im Jahr 1929 laut Branchenfernsprechbuch rund 430 fotografischen Ateliers in der Stadt wurden »mehr als dreißig Prozent von Frauen geführt […].«[12]

In ihrem Atelier, bestehend aus einem Vorraum, einer Dunkelkammer, einem großen Arbeitsraum mit Arbeitstisch, Stoffbahnen an einer Eisenstange zum Drapieren und einem Ofen sowie einem kleinen Raum mit Liege, in dem große Abzüge ihrer Fotografien hingen, inszeniert Marta Vietz viele der Aufnahmen, die aus diesen Jahren überliefert sind: »[I]ch hatte endlich eigene Räume, und da fing das Experimentieren an, daß der Apparat ja, diese große Optik, allein schon faszinierend war, daß ich sie auseinanderschraubte, und plötzlich diese Zusammenarbeit mit Heini doch sehr impulsiv geschah. Wir erfanden dauernd neue Sachen, und, ja, wir hatten Freude am Experimentieren.«[13] Ihre Modelle spricht sie teilweise auf der Straße oder in Lokalen an. Auch ihre Freund*innen lassen sich von ihr ablichten, und sie fotografiert bekannte Persönlichkeiten der Berliner Bohème, so zum Beispiel die Tänzerin und Choreografin Daisy Spies (1905–2000), mit der Marta Astfalck-Vietz gleichzeitig eine Freundschaft verband.[14] Sich selbst inszeniert sie als »Spanierin«, »Geisha« oder Biedermeier-Dame.

Seit dem Umzug in ihr Atelier am 1. Oktober 1927 führt Marta Vietz ein Gästebuch, das knapp sechs Jahrzehnte für Eintragungen aller Art dient. Die Gäste zeichnen, kommentieren Beiträge, loben die Gastfreundschaft oder nutzen das Buch zu Aufzeichnungen über die Stände von Gesellschaftsspielen. Der Name ihres späteren Ehemanns, des Architekten Hellmuth Astfalck (1898–1974), findet sich im November 1928 zum ersten Mal.[15] Am 25. September 1929 heiratet Marta Vietz ihren »Hellm« und führt seitdem den Doppelnamen Astfalck-Vietz. Trauzeug*innen sind Heinz Hajek-Halke und Martas Jugendfreundin Magda Bogazki. Das frisch vermählte Ehepaar zieht im Oktober in die Rankestraße 5 und betreibt dort gemeinsam das Atelier für Photographie, Propaganda und Kunstgewerbe [→ S. 219, 229, 230].

Es folgt 1931 ein Umzug in die Meinekestraße 22, wo sie sich erneut ein großes Fotoatelier einrichten [→ S. 220]. Die Zeit war geprägt von der »schlechte[n] wirtschaftliche[n] Lage, hohe[r] Miete etc.«,[16] weswegen sie 1933 in die Prager Straße 17 umziehen.[17]

Künstlerin im Nationalsozialismus

Ab 1933 werden besonders die Berufsfotograf*innen in das ausgeklügelte System der staatlichen propagandistischen Einflussnahme eingespannt. Um eine bereits bestehende

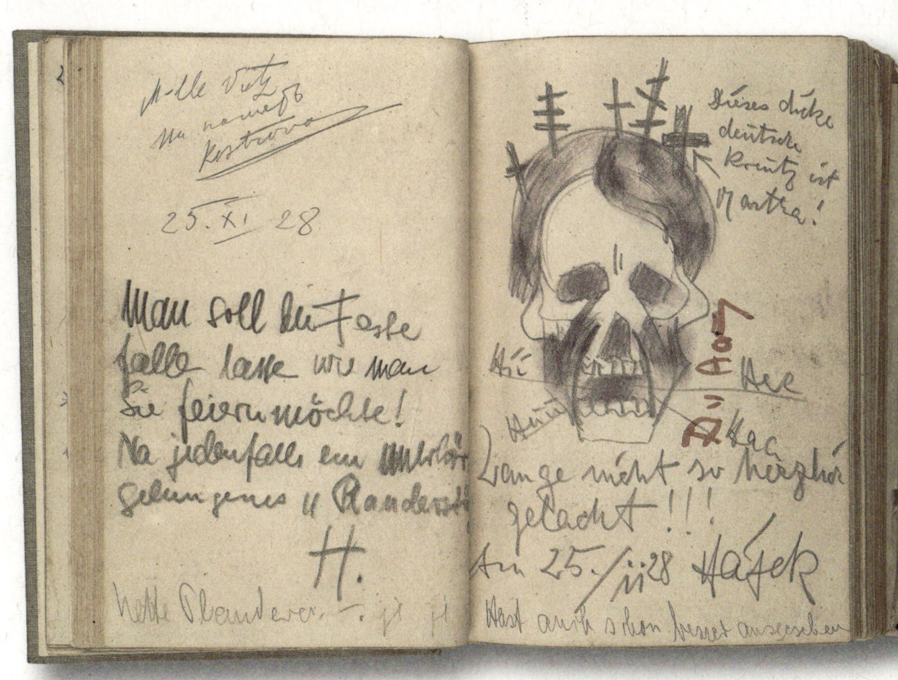

Heinz Hajek-Halke, Zeichnung im Gästebuch von Marta Astfalck-Vietz, November 1928, Inv. BG-MAV 0117.

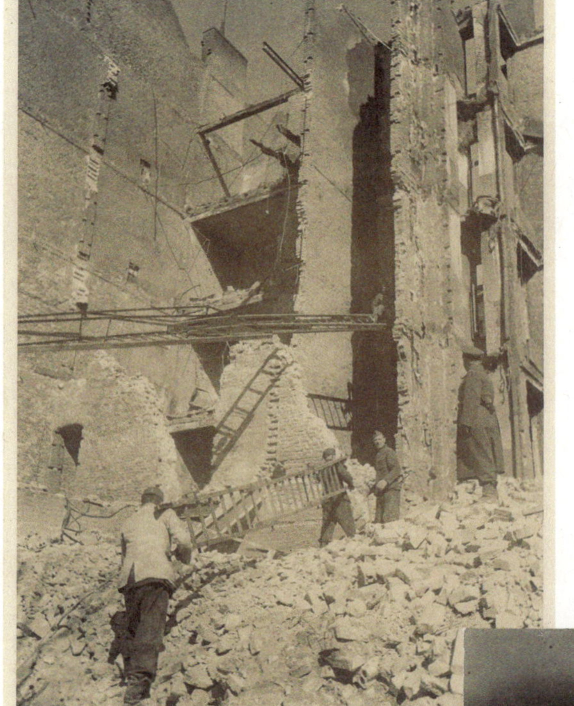

Marta Astfalck-Vietz, *Ohne Titel (Prager Platz)*, um 1945, Inv. BG-FS 059/91,513.

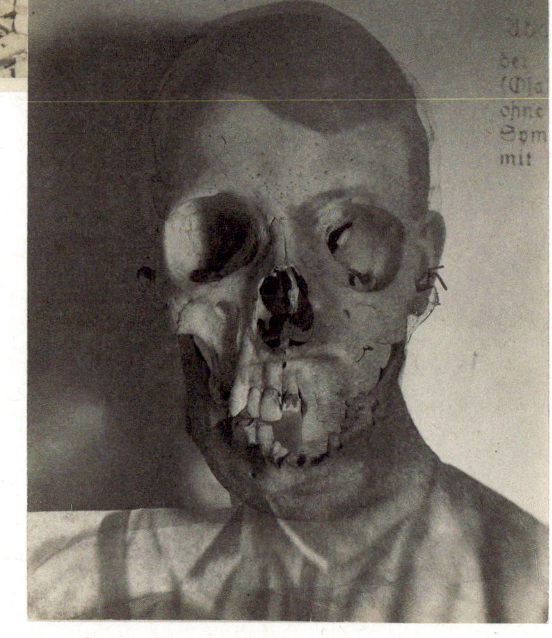

Erwin Blumenfeld, *Ohne Titel*, 1933, Inv. BG-FS 140/89.

Karriere fortzusetzen oder neu in den Berufszweig einzusteigen, müssen sich Fotograf*innen im Reichsverband der Deutschen Presse (RDP), dem der Reichskulturkammer angeschlossenen Berufsverband, bewerben.[18] Wer diesem »ideologischen Konformitätsanspruch« nicht genügt, wird dazu gezwungen, die Profession aufzugeben.[19] Marta Astfalck-Vietz sieht davon ab, sich diesen Bedingungen und damit den von der nationalsozialistischen Politik vorgegebenen Bildmotiven zu unterwerfen und widmet sich zusammen mit ihrem Mann verstärkt Werbe- und Gebrauchsgrafiken sowie innenarchitektonischen Entwürfen.

Einen besonderen Fokus legt sie in den Folgejahren wieder auf das Malen von Pflanzenaquarellen. Vorbild und Inspirationsquelle war für sie die Naturforscherin und Künstlerin Maria Sibylla Merian (1647–1717), die Pflanzen und Insekten erforschte und Zeichnungen von ihnen publizierte. Astfalck-Vietz interessiert bei ihren eigenen Studien besonders die Bewegung der Pflanze als »lebendes Modell«.[20] Ab dem 1. Mai 1936 nummeriert sie jedes Bild. Bis Ende 1945 entstehen 2548 durchgezählte Aquarelle.[21] Sie malt unter anderem im Botanischen Garten in Berlin-Dahlem, im Berliner Tiergarten, bei befreundeten Gärtner*innen in Werder an der Havel und in den Anlagen des Staudenzüchters Karl Foerster (1874–1970) in Bornim bei Potsdam.

Ab 1933 gibt die Künstlerin Zeichen- und Handfertigkeitsunterricht für jüdische Kinder und Jugendliche, denen der Besuch öffentlicher Schulen infolge der nationalsozialistischen Politik nicht mehr gestattet ist. Das Ehepaar pflegt Kontakte zu antifaschistischen Kreisen um Willi Münzenberg (1889–1940) und Kurt Hiller (1885–1972) sowie zur queeren Szene um Magnus Hirschfeld (1868–1935), mit dessen Mitarbeiter Richard Linsert (1899–1933) und seinem Lebensgefährten Peter Limann (1903–1941) sie befreundet sind [→ S. 230].[22] Nachts überlassen sie ihr Atelier Menschen aus dem Widerstand, die dort ungestört Geheimdokumente vervielfältigen können.

1938 lernt Marta Astfalck-Vietz den Journalisten und Aktivisten der Homosexuellenemanzipation Rolf Italiaander (1913–1991) kennen, mit dem sie eine lebenslange Verbindung pflegt.

1939 ziehen Marta Astfalck-Vietz und Hellmuth Astfalck in die Treuchtlinger Straße 10, wo sie »sehr viele Fotoarbeiten auf allen, auch Reklamegebieten« ausführen.[23]

Bei einem der Luftangriffe auf Berlin im November 1943 werden Wohnung, Atelier und das Archiv des Ehepaars Astfalck-Vietz zerstört [→ S. 222]. Viele der Bilder, die heute von Astfalck-Vietz überliefert sind, hatte sie bereits vor 1943 ihrem Vater übergeben, der diese bei seinem Umzug 1944 nach Süddeutschland mitnahm.[24] Das Gästebuch überdauert den Angriff – Marta Astfalck-Vietz nimmt es in ihrer Luftschutztasche mit. Ab 1928 finden sich in diesem kritische Kommentare zu Hitler und den Nationalsozialisten.

Eintrag und Zeichnung vom 25. November 1928 wirken beinahe wie ein Vorgreifen auf Erwin Blumenfelds (1897–1969) doppelbelichtete Fotografie von Hitlers Porträt mit gotischer Schrift von 1933 [→ S. 221, 222]. Am 29. Oktober 1937 werden die Äußerungen dann expliziter: »Wär die Welt schön – ohne Nazis« und Silvester 1942/43: »Down with the biest [sic]! Hitler ist damit gemeint!«

Nach dem Attentat auf Adolf Hitler am 20. Juli 1944 sind Marta Astfalck-Vietz und ihre Freund*innen »euphorisch-überkandidelt«, wie sie in der Erinnerung festhält.[25] Mit Glückwünschen zu ihrem Geburtstag am 21. Juli 1944 findet sich im Gästebuch ein großformatiges Blatt eingeklebt, das mit »ATTENTAT AUF DEN FÜHRER« und einem zerbrochenen Hakenkreuz überschrieben ist. »Tausendundein gute Wünsche dir tausendundein schlechte den ›Anderen‹« sprechen die Gratulant*innen aus [→ S. 231].[26] Wenige Monate vor dem Ende des Zweiten Weltkriegs und dem Sieg der Alliierten dann ein letztes Mal: »Down with the biest [sic], wie stets Marta.«[27]

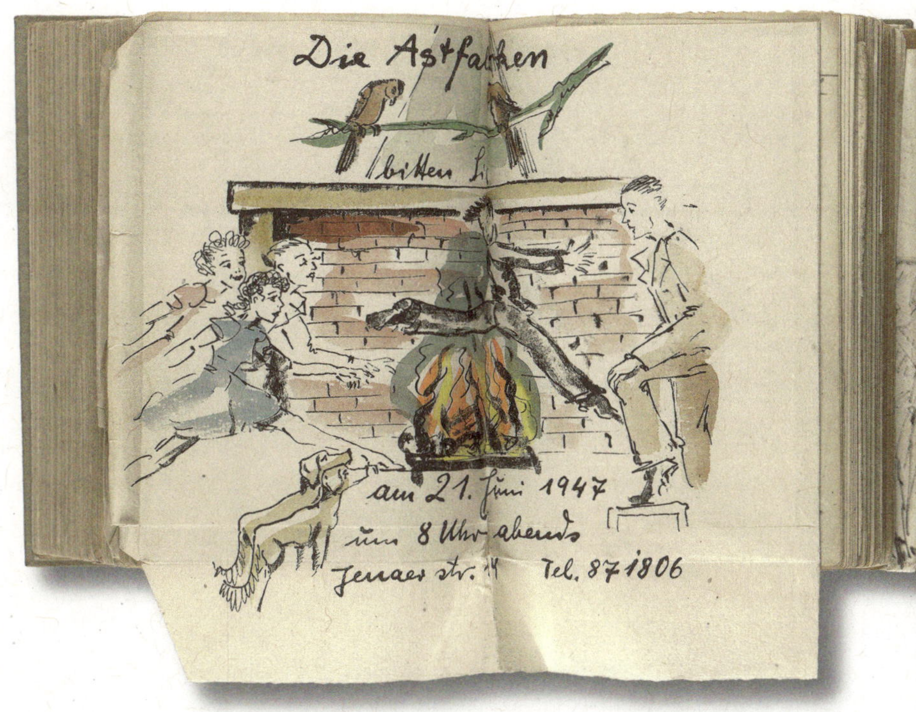

Marta Astfalck-Vietz und Hellmuth Astfalck, »Die Astfalcken bitten Sie am 21. Juni 1947 um 8 Uhr abends ...«, Einladung im Gästebuch von Marta Astfalck-Vietz, Inv. BG-MAV 0117.

Nach Kriegsende

Das Gästebuch bezeugt am 21. Juni 1945 die Gründungssitzung und einige weitere Treffen des Club Antifaschistischer Künstler. Der Inhalt der Treffen bleibt unbekannt. Mitglieder sind neben dem Ehepaar Astfalck unter anderen der Maler und Typograf Johannes Boehland (1903–1964), seine Ehefrau Else, die Tänzerin und Choreografin Mary Wigman (1886–1973) sowie der Architekt und Hochschulprofessor Klaus Müller-Rehm (1907–1999). Nach einem letzten Eintrag 1946 finden sich keine weiteren Hinweise mehr auf den Zusammenschluss.

Die bereits Anfang der 1930er-Jahre begonnene Unterstützung und Förderung von Kindern, Jugendlichen und jungen Erwachsenen intensiviert Marta Astfalck-Vietz nach Kriegsende. Sie gibt ehrenamtlich Unterricht im Zeichnen an Wilmersdorfer Schulen, bietet Kurse für Kinder und Jugendliche mit Behinderung an. Ab September 1953 wird sie Gruppenleiterin im »Jugendnoteinsatz für Körperbehinderte«[28] im Bezirk Wilmersdorf und dann ehrenamtliche Leiterin der Jugendgruppe in der Fürst Donnersmarck-Stiftung. Als Mitglied des Clubs Berufstätiger Frauen Berlin leitet Astfalck-Vietz ab 1949 den Kunstausschuss und realisiert mit dem studentischen

Nachwuchs mehrere erfolgreiche Ausstellungen, auch wenn »es ihr selber pekuniär sehr schlecht geht«, wie Ilse Denne, die 1. Vorsitzende, Anfang der 1950er-Jahre schreibt.[29] Der experimentellen Fotografie widmet sich die Künstlerin nicht mehr, private Aufnahmen macht sie weiterhin.

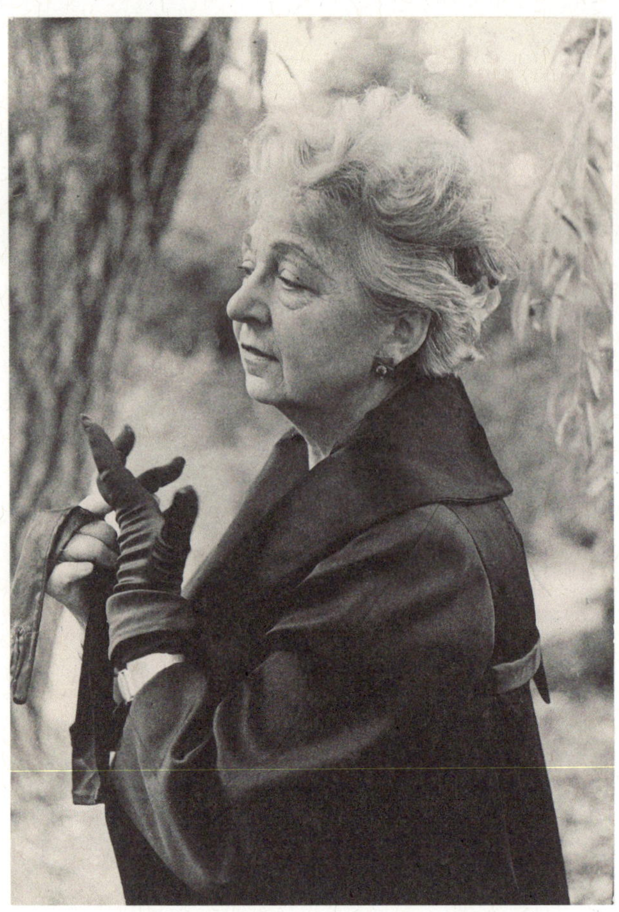

Unbekannte*r Fotograf*in, *Ohne Titel (Marta Astfalck-Vietz)*, um 1965, Inv. BG-FS 059/91,282.

Stationen in Berlin

1947—Umzug von der Jenaer Straße 14 nach Berlin-Dahlem in den Fischottersteig 3, eine kriegsbeschädigte Villa mit Garten. Hier beginnen Astfalcks mit der Zucht von Salukis, persischen Windhunden.

1953—Foerster und Astfalck-Vietz pflegen ihren Austausch in den 1950er- und 1960er-Jahren weiter; Foerster drückt seine Verehrung für die Malerin aus, tritt als ihr Förderer auf und versucht, sie für ein Farbfotografie-Projekt zu gewinnen.[30] Möglicherweise lernt die Künstlerin über ihn auch die Botaniker Erich Werdermann (1892–1959), den späteren Direktor des Botanischen Gartens in Berlin-Dahlem, sowie den Präsidenten der Deutschen Gartenbau-Gesellschaft Robert Zander (1892–1969) kennen.[31] Die beiden empfehlen sie an Lennart Bernadotte, Graf von Wisborg (1909–2004), den Besitzer der Gartenanlagen auf der Insel Mainau im Bodensee, wo Marta Astfalck-Vietz im Laufe der kommenden Jahrzehnte immer wieder malt und ihre Bilder ausstellt. Zunächst mit Freund*innen und später mit Schüler*innen ihrer Volkshochschulkurse unternimmt sie jedes Jahr eine Reise an diesen für sie besonderen Ort.

In einem Zeitungsbericht vom 16. Mai 1953, in dem die Fotografie von Pflanzen dem Malen von Pflanzen gegenübergestellt wird, kommt die Künstlerin zu Wort:

»Um die Pflanze und ihr Eigenleben richtig zu verstehen, sagt Frau Astfalck-Vietz, muß man das richtige Verhältnis zu ihr haben, also maßstabgerecht sein. Man muß sich dem Objekt gleichstellen und es in Farbe, Ton, Bewegung und Kleinheit, die zur Größe wird, erfassen. Pflanzenmalerei ist eine Expedition nach innen. Sie spiegelt die große Liebe zum Wachstum wider.«[32]

1958—Reinhold Vietz stirbt am 15. Juni.
1960—Umzug innerhalb Dahlems in die Miquelstraße 75.
1964—Marta Astfalck-Vietz nimmt den am 19. November 1947 in Berlin geborenen Apolinar Rudolph Kuckhahn als Pflegesohn auf, sie nennt ihn Apoll.

Umzug aufs Land

1970—Hellmuth Astfalck erhält einen größeren Bauauftrag in Niedersachsen, woraufhin das Ehepaar mit Apoll nach Nienhagen, im Kreis Celle, in die Wiesenstraße 30 zieht.
1974—Hellmuth Astfalck stirbt am 27. Juni. Seine Schwester, die Pädagogin Eleonore Astfalck (1900–1991), zieht zu ihrer Schwägerin nach Nienhagen, wo sie bis zu ihrem Tod lebt.

Marta Astfalck-Vietz unterrichtet ab diesem Jahr in Celle an der Volkshochschule Zeichnen, Malen und plastisches Gestalten mit Ton und Gips [→ S. 233]. Außerdem arbeitet sie mit Häftlingen der Justizvollzugsanstalt Celle.
1982—Astfalck-Vietz erhält den Verdienstorden der Bundesrepublik Deutschland – das Bundesverdienstkreuz – für ihr langjähriges soziales Engagement.

Der letzte Eintrag des 1927 begonnenen Gästebuchs wird am 21. Oktober verfasst. Das Buch wurde knapp sechs Jahrzehnte geführt, in manchen Jahren ausführlicher als in anderen, es bezeugt die tiefen Freundschaften mit den Besucher*innen. Hier bewahrte Marta Astfalck-Vietz auch Einladungen, Fotografien, Zeitungsausschnitte und nutzte es als Notizheft und Adressbuch. Neben den bereits genannten Namen finden sich hier weitere bekannte, wie der des Kunsthistorikers Edwin Redslob (1884–1973). Auch ein Dankesschreiben von Karl Hofer (1878–1955), Direktor der Berliner Hochschule für die Bildenden Künste, wurde eingeklebt.
1987/88—Nach Marta Astfalck-Vietz werden eine Orchidee (*Phaleonopsis Marta Astfalck-Vietz*) und eine Dahlie (*Dahlia variabilis Marta Astfalck-Vietz*) benannt.
1989/90—Die Ausstellung *Photographie als Photographie* wird im Martin-Gropius-Bau gezeigt.[33] Unter den Exponaten befinden sich zwei Fotografien, die die Fotografische Sammlung von Heinz Hajek-Halke als Schenkung erhalten hatte und die rückseitig mit dem Copyrightstempel »Marta Vietz« gekennzeichnet sind [→ S. 2]. Kurator und Sammlungsleiter Janos Frecot fügt der Autorin den Zusatz »Lebensdaten unbekannt« bei. Eine Besucherin und ehemalige Zeichenschülerin von Marta Astfalck-Vietz, Helga Maria Bonekamp, stellt den Kontakt zu der in Niedersachsen lebenden Künstlerin her.[34]

1991—Auch wenn die Künstlerin im Laufe der vergangenen Jahrzehnte ihre Aquarelle regelmäßig in Ausstellungen zeigt, so ist das Jahr 1991 ein besonderes für sie. Zum ersten Mal wird ihr fotokünstlerisches Werk vom 18. Mai bis zum 28. Juli in der Ausstellung *Marta Astfalck-Vietz. Photographien 1922–1935* der Berlinischen Galerie im Martin-Gropius-Bau ausgestellt. Fast gleichzeitig zeigt der Karl-Foerster-Pavillon im Britzer Garten in Berlin Pflanzenaquarelle der Künstlerin aus den Jahren 1935 bis 1955.[35]
1992—Der Dokumentarfilm *»Standorte sind zum Verlassen da«. Video-Porträt der Photographin Marta Astfalck-Vietz. Jg. 1901,* der die Künstlerin porträtiert, kommt in die Kinos.
1994—Marta Astfalck-Vietz stirbt am 14. Februar in Nienhagen.

Die Verfasserin dankt Katia Reich, Mette Kleinsteuber, Tanja Keppler, Kerstin Diether, Janos Frecot und Clemens Alexander Wimmer für den produktiven Austausch und die hilfreichen Hinweise während der Recherche. Ein besonderer Dank gilt außerdem Philip Gorki und Christiane Necker für die Bereitstellung der Archivalien.

1 Reinhold Vietz wurde am 1. Februar 1923 in die Loge »Friedrich der Große« (ab 1925 »Prometheus«) aufgenommen; dort hatte er zuletzt den Grad eines Ehrenmeisters inne, Inv. BG-MAV 1701.

2 Marta Astfalck-Vietz zit. nach *»Standorte sind zum Verlassen da«. Video-Porträt der Photographin Marta Astfalck-Vietz. Jg. 1901,* Dokumentarfilm, Idee und Konzeption: Inken Dohrmann, Regie: Gerit von Leitner, DE 1992, 00:54:48, Berlinische Galerie, Fotografische Sammlung, Künstler*innen Dossier.

3 »Marta Astfalck-Vietz. Eine Künstlerin der photographischen Avantgarde der zwanziger Jahre wird entdeckt« [Typoskript], Abschrift des Tonband-Protokolls der Radiosendung des SFB vom 8. Juli 1991, S. 1, Berlinische Galerie, Fotografische Sammlung, Künstler*innen Dossier.

4 Janos Frecot, »o. T.«, in: *Marta Astfalck-Vietz. Photographien 1922–1935*, hg. von Berlinische Galerie e. V., in Zusammenarbeit mit dem Museumspädagogischen Dienst Berlin (Ausst.-Kat. Berlinische Galerie), Berlin 1991, S. 68 f., hier S. 68.

5 Astfalck-Vietz zit. nach Abschrift Tonband-Protokoll SFB 1991 (wie Anm. 3), S. 4.
6 Vgl. die eidesstattliche Erklärung von Hellmuth Berndt, Inv. BG-MAV 0060.
7 Maschinengeschriebener Lebenslauf von Marta Astfalck-Vietz, Berlin, 9. Juni 1945, Inv. BG-MAV 0017.
8 Astfalck-Vietz zit. nach Abschrift Tonband-Protokoll SFB 1991 (wie Anm. 3), S. 4.
9 Jochen Stöckmann, »120. Geburtstag von Marta Astfalck-Vietz. Fotografin mit präzisem Gefühl für Raum und Bewegung», Deutschlandfunk, 21. Juli 2021, https://www.deutschlandfunk.de/120-geburtstag-von-marta-astfalck-vietz-fotografin-mit-100.html [gelesen am 6. 12. 2024].
10 Vgl. Lebenslauf Astfalck-Vietz, Berlin, 1945 (wie Anm. 7).
11 Marta Astfalck-Vietz zit. nach Rolf Italiaaander, in: *Marta Astfalck-Vietz* 1991 (wie Anm. 4), S. 12–16, hier S. 13.
12 *Atelier Lotte Jacobi. Berlin – New York,* hg. von Das Verborgene Museum (Ausst.-Kat. Das Verborgene Museum, Berlin / Suermondt-Ludwig-Museum, Aachen / Museum Ostdeutsche Galerie, Regensburg), Berlin 1997, S. 35.
13 Astfalck-Vietz zit. nach Abschrift Tonband-Protokoll SFB 1991 (wie Anm. 3), S. 5; bei der »große[n] Optik« handelte es sich um eine Plattenkamera mit Busch-Perscheid-Objektiv, ein Geschenk des Vaters zum Einzug ins eigene Atelier 1927, vgl. Janos Frecot, »Lebensdaten«, in: *Marta Astfalck-Vietz* 1991 (wie Anm. 4), S. 88.
14 Daisy Spies taucht auch 1947 in einem Eintrag des Gästebuchs auf, in: Gästebuch Marta Astfalck-Vietz, Inv. BG-MAV 0117.
15 Vgl. die Einträge im Gästebuch vom 3. November 1928: »Hellmuth Astfalck« sowie ein paar Tage später: »Hellmuth Astfalck – Marta. Das gehört zusammen« und »Schon wieder Hellmuth Astfalck«, Inv. BG-MAV 0117.
16 Maschinengeschriebener Lebenslauf von Marta Astfalck-Vietz, Nienhagen, 1991, Inv. BG-MAV 0022.
17 Im Anmeldeformular wird Marta Astfalck-Vietz als Kunstgewerblerin, Hellmuth Astfalck als Grafiker angegeben; das Fotoatelier befindet sich im Obergeschoss, Inv. BG-MAV 110–111.
18 Die Aufnahme war an zahlreiche Voraussetzungen geknüpft: Antragsteller*innen mussten neben der deutschen Reichsangehörigkeit im Besitz von bürgerlichen Ehrenrechten sein, eine arische Abstammung vorweisen können, das 21. Lebensjahr musste vollendet sein und sie mussten eine fachmännische Ausbildung absolviert haben.
19 *»Bildberichterstatterin« im »Dritten Reich«. Fotografien aus den Jahren 1937 bis 1944 von Liselotte Purper,* hg. vom Deutschen Historischen Museum, Berlin (Ausst.-Kat. Deutsches Historisches Museum, Berlin), Berlin 1997, S. 1.
20 Astfalck-Vietz zit. nach Abschrift Tonband-Protokoll SFB 1991 (wie Anm. 3), S. 5f.
21 Siehe auch den Beitrag von Janos Frecot im vorliegenden Band, S. 167–170.
22 Peter Limann und Hellmuth Astfalck entwickelten das sketchartige Stück *Die Klaffte. Oder: Dienst am Kunden. Szene im Warenhaus* (Uraufführung im Herbst 1932), in dem Peter Limann sich in Frauenkleidern präsentierte und vom Verkäufer Hellmuth Astfalck Stoffe vorlegen ließ. Die Kostüme entwarf Marta Astfalck-Vietz, ohne BG-Nummer.
23 Lebenslauf Astfalck-Vietz, Nienhagen, 1991 (wie Anm. 16).
24 Reinhold Vietz zog mit seiner Frau Käthe 1944 zunächst nach Lörrach und später nach Egg bei Säckigen, vgl. den Nachruf auf Reinhold Vietz, Inv. BG-MAV 1701.
25 Astfalck-Vietz zit. nach *»Standorte sind zum Verlassen da«* 1992 (wie Anm. 2).
26 Eingeklebtes Blatt im Gästebuch, datiert auf den 21. Juli 1944, Inv. BG-MAV 0117.
27 Eintrag im Gästebuch, Anfang 1945, Inv. BG-MAV 0117.
28 Zur Bezeichnung vgl. den maschinengeschriebenen Lebenslauf von Marta Astfalck-Vietz, Nienhagen, 1956, Inv. BG-MAV 0018.
29 Beurteilung von Ilse Denne, 1. Vorsitzende des Clubs Berufstätiger Frauen Berlin, vom 20. August 1953, Inv. BG-MAV 0053.
30 So fragt Foerster Astfalck-Vietz in einem Brief vom 11. Juli 1956, »ob Sie ihrem Werk schon mal Farbdias zugrunde legte [...], mit denen der Künstler ja eine bestimmte Beleuchtungsphase festhalten kann, für deren Erfassung es sonst keine Möglichkeit gibt; [es] könnte ja eine neue Periode der Malerei ansetzen, die es noch nie gegeben hat, weil es jetzt erst möglich ist, den wunderbarsten und vergänglichsten Zauber der Beleuchtung mit der Farbphotographie einzufangen.« Inv. BG-MAV 544, BG-MAV 545. Im Nachlass Foersters befinden sich drei Aquarelle, die 1954, 1959 und 1992 in den Besitz der Familie übergingen. Astfalck-Vietz hatte diese als Geschenke übersandt.
31 Zander über Astfalck-Vietz: »Als ich die Bilder zum ersten Mal sah, rief ich vor Begeisterung aus: ›endlich was Gleichwertiges zu Redouté, dem Raffael des fleures‹.« Zit. nach »Osterspaziergang durch Bilder-Galerie«, in: *Wolfsburger Kurier,* 30. März 1986, Inv. BG-MAV 1618. Zander verglich Astfalck-Vietz mit dem französischen Maler Pierre-Joseph Redouté (1759–1840).
32 H. H. Basdorf, »Große Liebe zu kleinen Pflanzen«, in: *Die Neue Zeitung,* 16. Mai 1953.
33 Die Berlinische Galerie hatte von 1986 bis 1998 ihren Sitz im Martin-Gropius-Bau.
34 Siehe auch den Beitrag von Janos Frecot im vorliegenden Band, S. 167–170.
35 *Marta Astfalck-Vietz. Pflanzenaquarelle 1935–1955,* Ausstellung 18. Mai – 16. Juni 1991, Britzer Garten, Karl-Foerster-Pavillon, Berlin.

A Biography with Commentary

Anne Pavlenko-Vitten

Childhood and Youth

Marta Klara Vietz was born on 21 July 1901 in Neudamm in the Neumark region of East Brandenburg (now Dębno in Poland). She was the daughter of the printer, publisher, and art dealer Reinhold Vietz (1874–1958) and his wife Marie Elsbeth Vietz (née Schubert, 1875–1920). Her father moved around for his work, taking the family to Berlin, Munich, and Siegburg am Rhein. From 1907 to 1909, Marta was a pupil at the school on Dom-Pedro-Platz in Munich, before going on to the Roenneberg'sche höhere Mädchenschule in Berlin's Friedenau district, where she stayed until 1911. Then, in 1911–12, she attended the Städtische höhere Mädchenschule in Siegen, and finally from 1912 to 1918, she went to the Dr. Richter'sche Höhere Mädchenschule in Berlin, thus completing the classical education typical of a young middle-class woman [→ p. 217].

Reinhold Vietz worked for the Ullstein publishing house in Berlin and the prestigious art publisher Bruckmann in Munich. When he returned to Berlin, he took over the management of the publishing house called Gesellschaft zur Verbreitung klassischer Kunst (later: Klassische und Neue Kunst-Verlagsgesellschaft), before setting himself up independently and plying his expertise as a specialist in the graphics industry. He became a Freemason in 1923 [→ p. 217].[1] Reinhold Vietz maintained a very close relationship with his daughter throughout his life. Marta Vietz described her father as a man 'obsessed with the Leica', who presented her with her first pieces of photographic equipment.[2] His prints bore the stamp 'Leicaphot Reinhold Vietz'.

Marta Vietz's mother, Marie Vietz, passed away in 1920. After the death of his wife, Reinhold Vietz embarked on a new relationship with Käthe Ritter (1889–1965) in 1921, marrying her in September of that year. For a long time, Marta had a chilly relationship with her stepmother.

Education, Studies, and First Jobs

Between 1918 and 1920, Marta Vietz attended the Höhere Fachschule für Textil- und Bekleidungsindustrie in Berlin, a technical college for the textile and clothing industry. She took a course in design and ended up specializing in weaving, printing, and embroidery. Her teachers included the painter Walter Kampmann (1887–1945), a member of the November Group, which had been founded in 1918. Marta Vietz would become a lifelong friend of his brother, Alexander Kampmann (1898–1970), whom she got to know during this period.

Marta Vietz studied at the teaching institute of the Kunstgewerbemuseum (Museum of Decorative Arts) in Berlin between 1920 and 1924. She took courses in fashion, book illustration, life drawing, and commercial art. She also attended the specialist class taught by the landscape painter Ludwig Bartning (1876–1956), who was, among

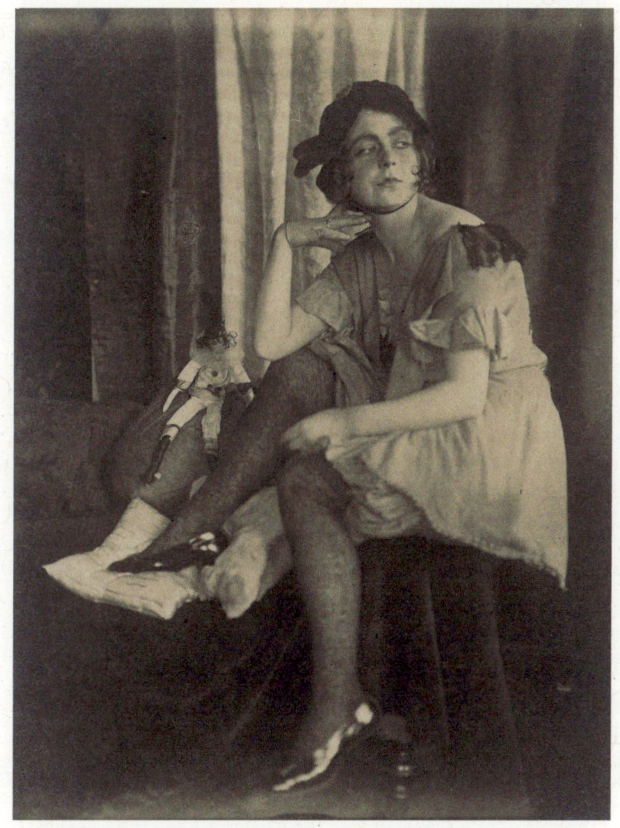

Marta Astfalck-Vietz, *Untitled (Self-portrait)*, 1921, Inv. BG-FS 059/91,39.

other things, a designer for botanical textbooks. Her other teachers included fashion designer Otto Ludwig Haas-Heye (1879–1959) and graphic designer Oskar Hermann Werner Hadank (1889–1965). She was one of the eight candidates admitted, selected from a group of over eighty examinees. She later recalled that 'some of the exam tasks ... were quite difficult, but [she] was at least examined by Walter Kampmann, because the November Group was being formed at the time, and the parties at the Kampmanns' were also full of fellow students and, most importantly, teachers—among them Walter Kampmann, César Klein, Kurt Hermann Rosenberg, and Mies van der Rohe.'[3] This provides insight into her artistic milieu, which included many of Berlin's avant-gardists.

The costume parties organized by the teaching institute at the Kunstgewerbemuseum were 'famous for the fantasy of the creations of the individuals involved and the room decorations, which were designed by teachers and artists of the academy' [→ pp. 218, 227].[4] Marta Vietz met Heinz 'Heini' Hajek-Halke (1898–1983) at one of these costume parties. He was attending the specialist class run by the painter, graphic artist, photographer, and visual artist Emil Orlik (1870–1932). According to Marta, Hajek-Halke was 'a good-looking, wild young man. ... He was very attractive to us ... women because he was so full of joie de vivre, and it was easy for us to meet again and cross paths later, [for] he was excited that I was already taking photographs at the time, which he had also started doing. The connection with him was very intense.'[5]

Between 1920 and 1924, that is, during her training, Vietz worked for the Seidenhaus Michels specialist store for textiles at Leipzigerstraße 43–44, painting fabric panels [→ p. 228]. In 1922–23, she also worked as a designer for a company making film sets.[6]

After graduating from the teaching institute at the Kunstgewerbemuseum, Marta completed technical and aesthetic training in photography from 1925 to 1926 in the studio run by Lutz Kloss (biographical data unknown), which was located on Unter den Linden in the rooms that had belonged to his uncle, the imperial court painter Arthur Fischer (1872–1948).

Kloss operated a classical studio business, where Marta Vietz learned about the process of selecting cameras and lenses, lighting, the positioning of portrait subjects and objects in the space, and darkroom skills.

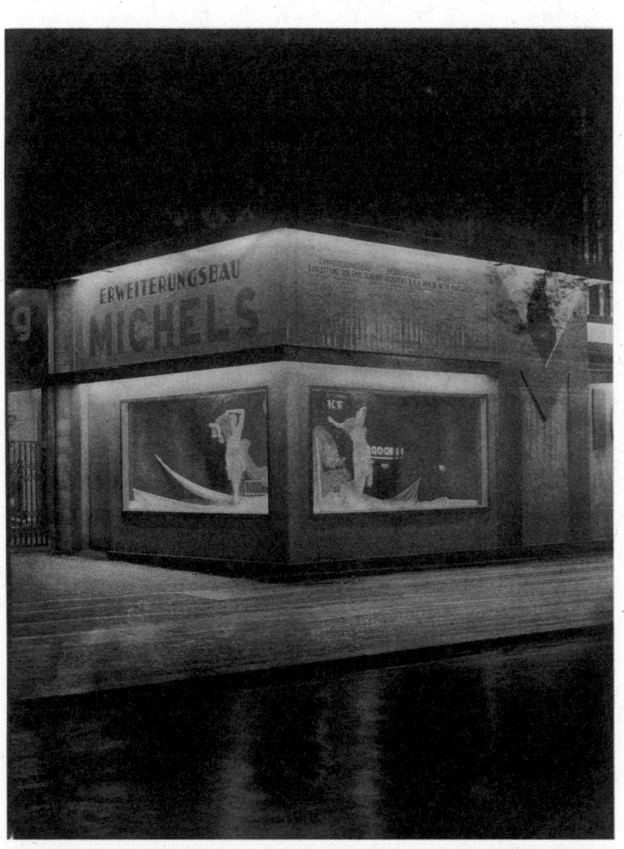

Unknown photographer, *Untitled (Michels' display window)*, 1928, Inv. BG-FS 059/89,60.

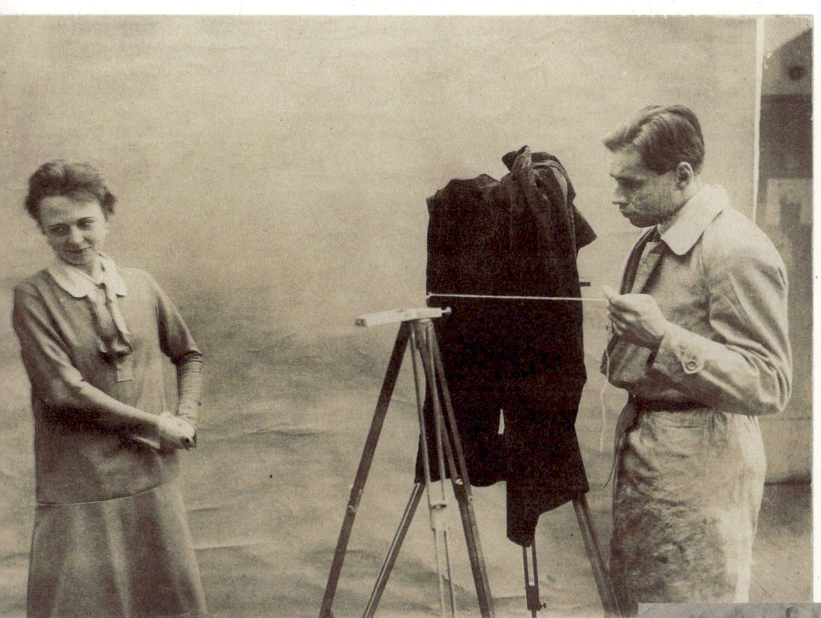

Unknown photographer, *Untitled (Marta Astfalck-Vietz and Heinz Hajek-Halke)*, 1924, Inv. BG-FS 059/91,51.

Freelance Work as an Artist

After finishing her studies, Marta Vietz worked freelance as an artist and, as she later noted, 'occasionally acted as an artistic consultant for well-known publishing houses, setting up the print space, and laying out graphics and photos (mostly my own artistic pictures). ... My main activity, however, was always flower painting.'[7]

In the early 1920s, Reinhold Vietz set up a studio for his daughter at Alexandrinenstraße 110, installing a darkroom for her in an old phone box. This laid the foundations for her career as a freelance photographer and commercial artist. During this time, Marta Vietz reconnected with Hajek-Halke, who put her in touch with the Presse-Photo agency on Wilhelmstraße, where his foster brother was editor of the magazine *Wissen und Fortschritt*, and Hajek-Halke was responsible for the typesetting and graphic design. Vietz took on 'the print space job there'; with photographers and a 'giant darkroom' around her, 'photography became [her] main concern' [→ p. 229].[8] In addition to commissioned work, the two of them created series of their own, which they offered to magazines. In the process, they also experimented with a method they called the 'Combi-Phot.', which made use of multiple exposures, montage, sandwich techniques (copying negatives on top of one another), and chemical processing to obtain new effects.

Hajek-Halke created still photos for shoots at Ufa (Universum Film AG), where he met the director Walter Ruttmann (1887–1941). This contact led, in 1927, to a commission to produce advertising images for the documentary film *Berlin: Die Sinfonie der Großstadt* (Berlin: Symphony of a Metropolis), which Hajek-Halke designed together with Vietz. 'Their work together was crowned by the metre-long collages that went up on Ku'Damm in 1927.'[9]

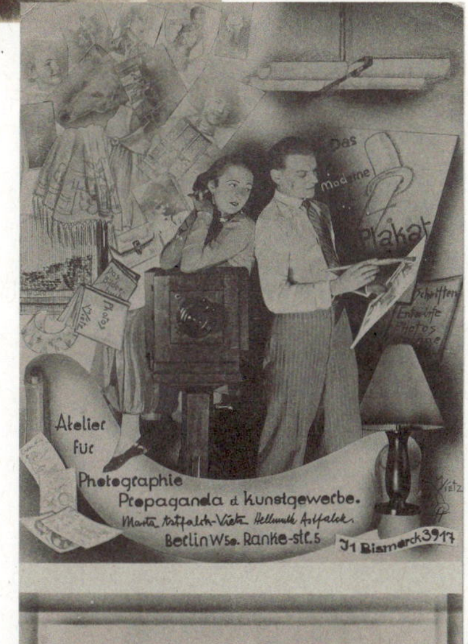

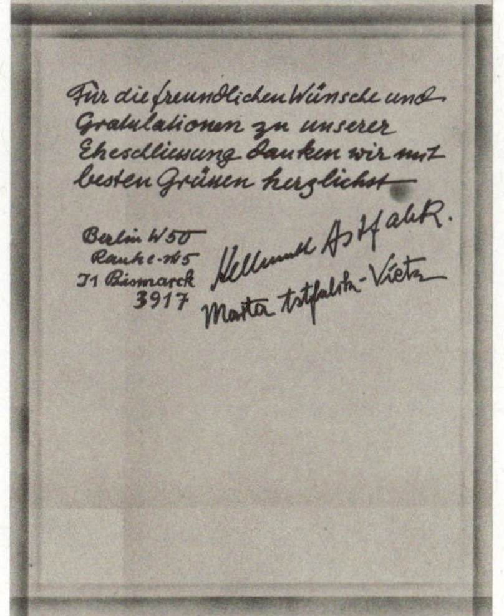

Für die freundlichen Wünsche und Gratulationen zu unserer Eheschliessung danken wir mit besten Grüßen herzlichst

Berlin W50
Ranke-str. 5
J1 Bismarck
3917

Hellmuth Astfalck.
Marta Astfalck-Vietz

Marta Astfalck-Vietz, *Untitled*, 1929, Inv. BG-FS 059/91,522.

Between 1928 and 1930, Marta Vietz also headed the advertising department of the Homophon record label, owned by Lindström AG, and produced photos for their catalogues.[10]

The Weimar period was characterized by social upheaval: it became more of a matter of course for women professionals to present themselves in public. Female photographers, in particular, worked in all the different areas the medium had to offer: in artistic photography, theatre photography, fashion photography, sports reporting, and photojournalism. More and more women were setting up their

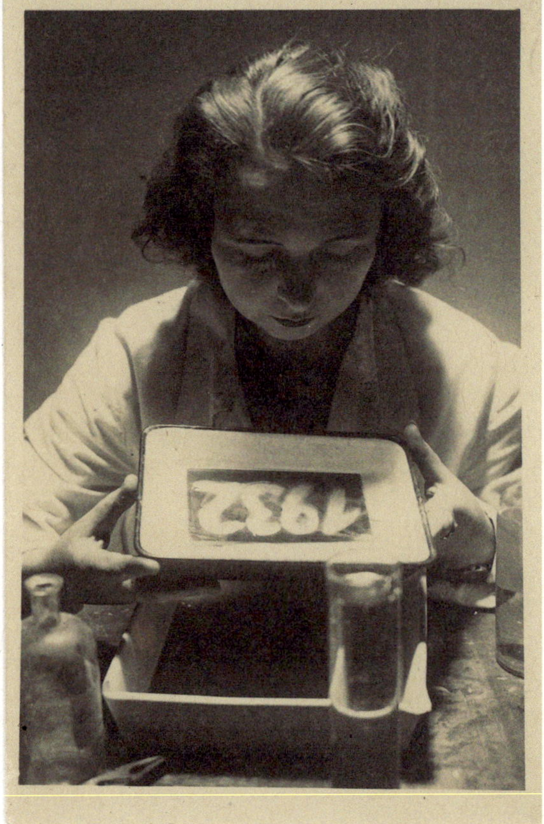

Marta Astfalck-Vietz, *Untitled*, 1931, Inv. BG-FS 059/91,532.

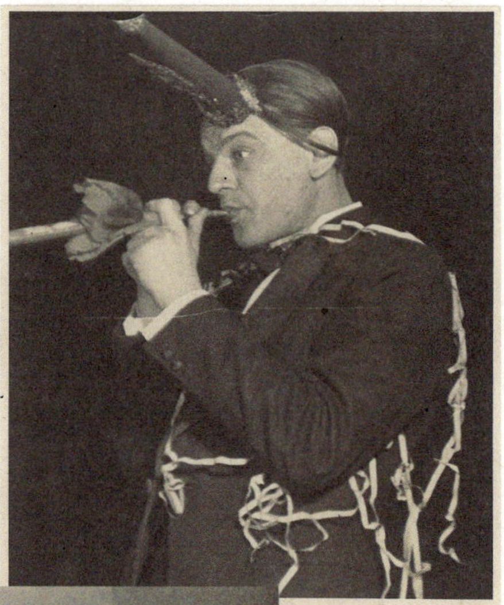

own businesses as portrait photographers. In October 1927, Marta Vietz also established her own studio in the attic spaces of Markgraf-Albrecht-Straße 10 in Berlin's Wilmersdorf district. In the interwar period, the 'Neuer Westen' (New West) area had become a prime location for businesses: Suse Byk (1884–1943), for example, ran a studio on Kurfürstendamm from 1919 to 1938. Marta Vietz would remember this later, emphasizing her own personal aspirations: 'Sometimes we would stand in front of Suse Byk's premises on Kurfürstendamm, look at her display case, but I only had a superficial interest in it. I took my own pictures.'[11]

Frieda Riess's (1890–1954) studio was close by, at Kurfürstendamm 14/15. Having completed a two-year training at the Lette Association's Photography School in Berlin in 1915, Riess operated her own studio from 1917 to 1932. Steffi Brandl (1897–1966), Elli Marcus (1899–1977), and Lotte Jacobi (1896–1990) also attracted Charlottenburg residents, artists, and international visitors. In 1929, there were around 430 photography studios in the city; of these, according to the industry's telephone directory, 'more than thirty per cent were run by women'.[12]

Marta Vietz's studio consisted of an anteroom, a darkroom, a large workspace with a work table, lengths of fabric on an iron rod that could be used for draping, and a stove, along with a small room, hung with large prints of her photographs, in which there was a couch. This was where she staged many of the photographs that have been handed down from these years: 'I finally had my own rooms, and I began experimenting there. The camera, this big optical set-up, was fascinating all by itself. I took out the screws and disassembled it. And all of a sudden, this collaboration with Heini, it all happened very spontaneously. We were constantly coming up with new things—and, to be sure, we really enjoyed experimenting.'[13] She sometimes found her models on the street or in bars. Her friends also let her take pictures of them, and she photographed some of Berlin's prominent bohemians, like the dancer and choreographer

Marta Astfalck-Vietz, *Untitled (Hellmuth Astfalck)*, c. 1930, Inv. BG-FS 059/91,379/III.

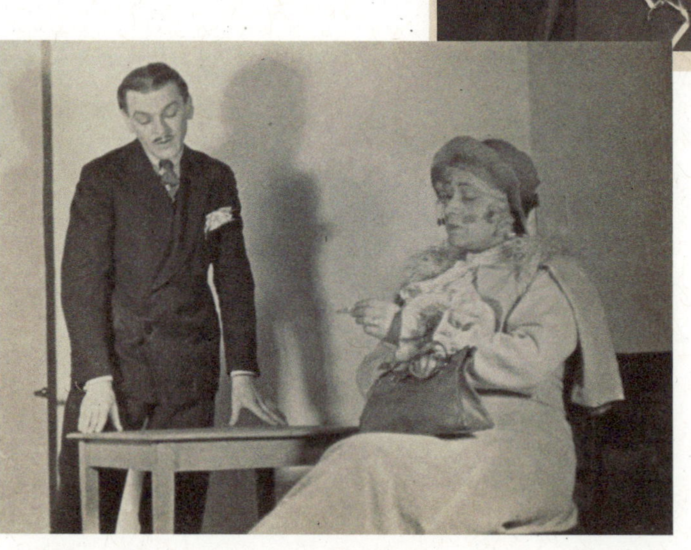

Marta Astfalck-Vietz, *Die Klaffte. Oder: Dienst am Kunden; Szene im Warenhaus* (premiere in autumn 1932; actors: Hellmuth Astfalck and Peter Limann), no inv. no. BG-FS.

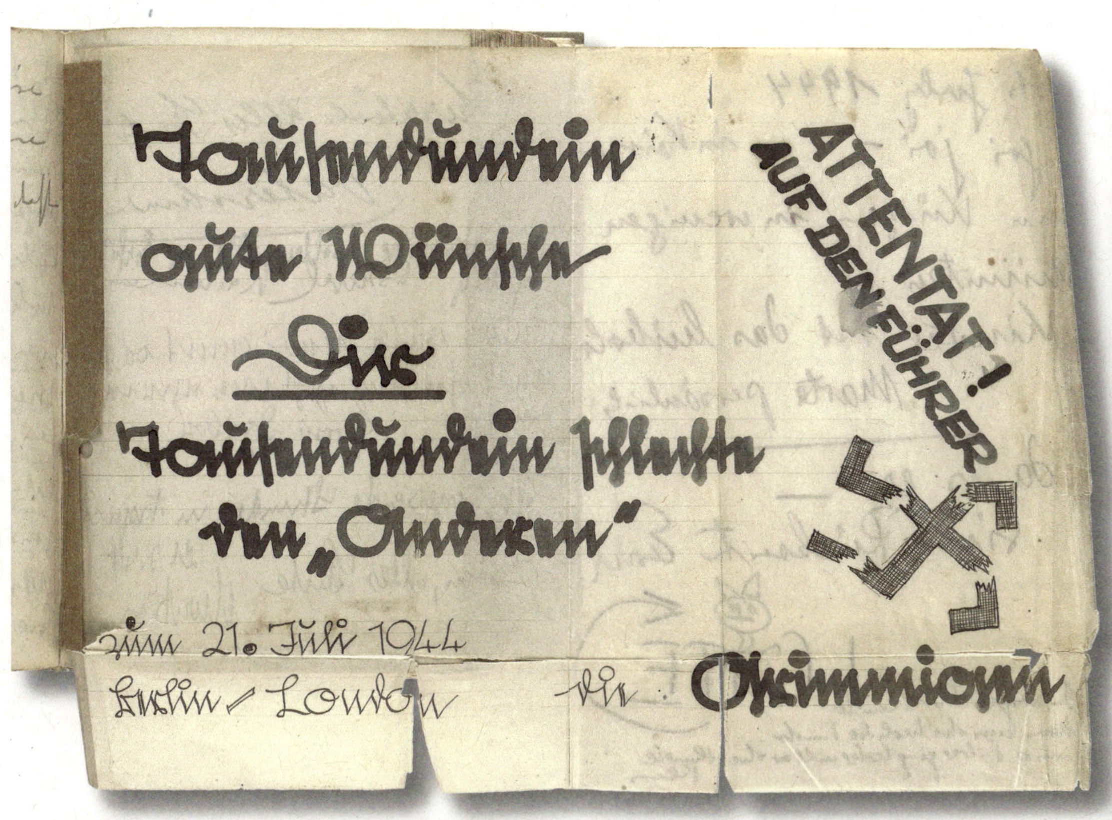

Unknown author, Drawing in Marta Astfalck-Vietz's visitors' book, following the attempted assassination of Adolf Hitler on 20 July 1944, Inv. BG-MAV 0117.

Daisy Spies (1905–2000), who was also a friend of Marta Vietz's;[14] Marta would stage herself as a 'Spaniard', a 'geisha', or a 'Biedermeier lady'.

When Vietz moved into her studio on 1 October 1927, she started keeping a visitors' book that was used for all kinds of entries and inscriptions for almost six decades. Her visitors would draw in it, comment on contributions, praise the hospitality, or use the book to record the standings in party games. The name of her future husband, the architect Hellmuth Astfalck (1898–1974), made its first appearance in the book in November 1928.[15] On 25 September 1929, Marta Vietz married her 'Hellm' and thereafter went by the double-barrelled name Astfalck-Vietz. Heinz Hajek-Halke and her childhood friend Magda Bogazki acted as witnesses. In October, the newly-weds moved into Rankestraße 5, where together they ran the Studio for Photography, Propaganda, and Arts and Crafts [→ pp. 219, 229, 230].

In 1931, the couple moved to Meinekestraße 22, where they set up another large photography studio [→ p. 220]. This period was defined by the 'poor economic situation, high rent, etc.'[16] As a result, they moved to Prager Straße 17 in 1933.[17]

A Woman Artist under the Nazis

From 1933 on, professional photographers were roped into the elaborate system of propaganda employed by the state to exert influence. Any photographer wishing to start out in the field or continue an existing career needed to apply to the German Press Federation (Reichsverband der Deutschen Presse, RDP), the professional association affiliated with the Reich Chamber of Culture (Reichskulturkammer).[18] Those who did not satisfy this 'demand for ideological conformity' were obliged to give up the profession.[19] Marta Astfalck-Vietz would not bow to these conditions and thus to the visual motifs specified by Nazi policy; together with her husband, she poured her energy increasingly into advertising and commercial art, as well as interior design.

In the years that followed, she applied herself once again to painting watercolours of plants, making this her special focus. Her role model and source of inspiration was the naturalist and artist Maria Sibylla Merian (1647–1717), who conducted studies of plants and insects and published drawings of them. In her own studies, Astfalck-Vietz was particularly interested in the movement of plants as 'living models'.[20] Starting on 1 May 1936, she assigned each picture a number, and by the end of 1945 she had produced

2,548 numbered watercolours.[21] She painted in various locations in and around Berlin, including the Tiergarten and the Botanical Garden in Dahlem, as well as at the homes of gardener friends in Werder an der Havel and in the garden of the plant breeder Karl Foerster (1874–1970) in Bornim near Potsdam.

In 1933, Marta Astfalck-Vietz began giving drawing and handicraft lessons to Jewish children and teenagers, who were now prevented by Nazi policies from attending public schools. She and her husband cultivated contact with the anti-fascist circles around Willi Münzenberg (1889–1940) and Kurt Hiller (1885–1972), and with the queer scene centred on Magnus Hirschfeld (1868–1935); the couple were friends with Hirschfeld's colleague Richard Linsert (1899–1933) and with his partner Peter Limann (1903–1941) [→ p. 230].[22] At night, they allowed people from the resistance to use their studio so that they could make copies of secret documents there without being disturbed.

In 1938, Marta Astfalck-Vietz met the journalist Rolf Italiaander (1913–1991), an activist for homosexual emancipation, with whom she maintained a lifelong relationship.

In 1939, the Astfalcks moved to Treuchtlinger Straße 10, where they did 'a great many photography jobs in all kinds of areas, including advertising'.[23]

During one of the air raids on Berlin in November 1943, the couple's flat, studio, and archive were destroyed [→ p. 222]. Many of the pictures that are still extant were preserved by Reinholdt Vietz, who had been given the photos; he took them to southern Germany when he moved there in 1944.[24] The visitors' book survived the attack—Marta Astfalck-Vietz took it with her in her air-raid bag. Starting in 1928, it contains comments that are critical of Hitler and the Nazis.

The entry in the visitors' book dated 25 November 1928, with an accompanying drawing, almost seems to anticipate Erwin Blumenfeld's (1897–1969) double exposure of Hitler's portrait with Gothic script from 1933 [→ pp. 221, 222]. On 29 October 1937, the statements become more explicit: 'What a beautiful world it would be—without Nazis'; and, on New Year's Eve 1942–43, 'Down with the beast! That means Hitler!'.

After the attempt on Hitler's life on 20 July 1944, Marta Astfalck-Vietz and her friends were 'in a state of euphoria, wildly overexcited', as she recalled.[25] A large sheet of paper is pasted into the visitors' book, wishing Marta many happy returns for her birthday on 21 July 1944; the heading at the top reads 'ASSASSINATION ATTEMPT ON THE FÜHRER', accompanied by a broken swastika. The well-wishers write, 'A thousand and one good wishes for you, a thousand and one bad wishes for the others.'[26] A few months before the end of World War II and the Allied victory, there appears, one last time, 'Down with the beast, as always, Marta'[27] [→ p. 231].

After the War

The visitors' book attests to the inaugural meeting (on 21 June 1945) and several subsequent gatherings of the Anti-Fascist Artists' Club. There is no record of the content of the meetings. Aside from the Astfalcks, the members included the painter and typographer Johannes Boehland (1903–1964) and his wife, Else, the dancer and choreographer Mary Wigman (1886–1973), and the architect and university professor Klaus Müller-Rehm (1907–1999). After one final entry in 1946, there is no further reference to the association.

After the war, Marta Astfalck-Vietz stepped up the support and encouragement that she had begun offering children, teenagers, and young adults in the early 1930s. Acting on a voluntary basis, she gave drawing lessons at schools in Wilmersdorf and offered courses for children and teenagers with disabilities. In September 1953, she became a group leader in the 'Youth Emergency Service for the Physically Disabled' in Wilmersdorf and went on to be honorary leader of the youth group in the Fürst Donnersmarck Foundation.[28] As a member of the Berlin Professional Women's Club, Marta became head of the art committee in 1949 and brought about several

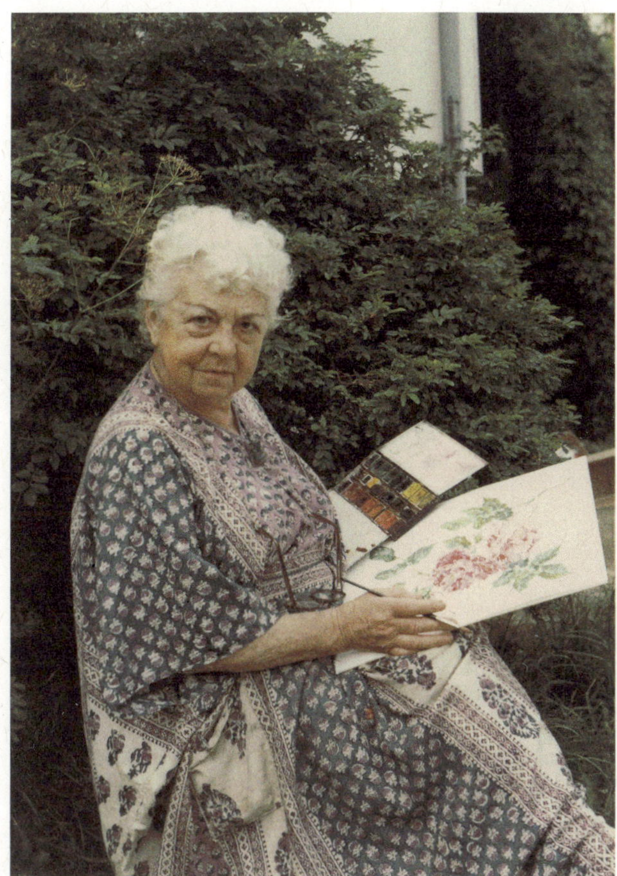

Unknown photographer, Marta Astfalck-Vietz painting a watercolour in the garden, undated, photograph in Marta Astfalck-Vietz's visitors' book, Inv. BG-MAV 0117.

successful exhibitions showing the work of up-and-coming students, even though 'her own finances are in a very poor state', as the chairwoman Ilse Denne wrote in the early 1950s.[29] The artist ceased to devote her energies to experimental photography, although she continued to take private photos.

Different Locations in Berlin

1947—Move from Jenaer Straße 14 to Fischottersteig 3 in Dahlem, a villa that had been damaged in the war and had its own garden. Here, the Astfalcks began breeding Salukis (Persian greyhounds).
1953—Marta Astfalck-Vietz continued to discuss ideas with Karl Foerster in the 1950s and 1960s; Foerster expressed his admiration for her painting, acted as her patron, and tried to engage her for a colour photography project.[30] It is possible that Foerster also introduced Marta to the botanists Erich Werdermann (1892–1959), who would later become director of the Botanical Garden in Dahlem, and Robert Zander (1892–1969), president of the German Horticultural Society.[31] They both recommended her to Lennart Bernadotte, Count of Wisborg (1909–2004), who owned the gardens on Mainau Island in Lake Constance, where Marta would paint and exhibit her pictures on a regular basis over the following decades. This was a special place for her and she made annual trips there, initially with friends and later with students from her adult education classes.

The artist expressed her thoughts in a newspaper article from 16 May 1953, in which plant photography was compared with the painting of plants: 'To properly understand a plant and the life it leads, says Frau Astfalck-Vietz, you must have the right relationship with it—for example, be true to scale. You need to put yourself on the same level as the object and capture its colour, its tone, its movement, and its smallness, which becomes greatness. Plant painting is an expedition that leads inwards. It reflects a great love of growth.'[32]

1958—Reinhold Vietz died on 15 June.
1960—Move to Miquelstraße 75, also in Berlin's Dahlem district.
1964—Marta Astfalck-Vietz became a foster mother to Apolinar Rudolph Kuckhahn, who had been born in Berlin on 19 November 1947. She called him Apoll.

Move to the Country

1970—Hellmuth Astfalck landed a major construction contract in Lower Saxony, whereupon the couple moved with Apoll to Nienhagen, in the district of Celle, taking up residence at Wiesenstraße 30.
1974—Hellmuth Astfalck died on 27 June 1974. His sister, Eleonore Astfalck (1900–1991), a teacher, moved to her sister-in-law's home and would remain in Nienhagen for the rest of her life.

Marta Astfalck-Vietz began teaching at the adult education centre in Celle, giving classes in drawing, painting, and sculpting with clay and plaster [→ p. 233]. She also worked with inmates of the prison in Celle.
1982—Marta was awarded the Order of Merit of the Federal Republic of Germany for her many years of commitment to social causes.

The last entry in the visitors' book that she had begun in 1927 is dated 21 October 1982. Marta Astfalck-Vietz kept up the book for almost six decades, some years in more detail than others, and it attests to the deep friendships she had with her visitors. She also kept invitations, photographs, and newspaper cuttings in it and used it as a notebook and address book. In addition to the people already mentioned, it includes other well-known names like that of the art historian Edwin Redslob (1884–1973). A thank-you letter from Karl Hofer (1878–1955), director of the Hochschule für bildende Künste (now the Berlin University of the Arts), was also pasted into the book.

1987–88—Two plants were named after Marta Astfalck-Vietz: an orchid (*Phaleonopsis Marta Astfalck-Vietz*) and a dahlia (*Dahlia variabilis Marta Astfalck-Vietz*).
1989–90—The exhibition *Photographie als Photographie* went on display at the Martin-Gropius-Bau in Berlin.[33] The exhibits included two photographs donated to the Berlinische Galerie's Photography Collection by Heinz Hajek-Halke and stamped 'Marta Vietz' on the back for copyright purposes [→ p. 2], to which Janos Frecot, curator and head of the collection, added the note 'biographical data unknown'. Helga Maria Bonekamp, a visitor to the exhibition who had studied drawing with Marta Astfalck-Vietz, put the museum in contact with the artist, who was living in Lower Saxony.[34]
1991—Even though the artist's watercolours had regularly featured in exhibitions over the preceding decades, 1991 was a special year for her. Between 18 May and 28 July, the Berlinische Galerie in the Martin-Gropius-Bau mounted the first show of her artistic photography work: *Marta Astfalck-Vietz: Photographien 1922–1935*. This exhibition ran more or less in parallel with the one at Karl-Foerster-Pavillon in Berlin's Britzer Garten showcasing the artist's watercolours of plants painted between 1935 and 1955.[35]
1992—The documentary film *Marta Astfalck-Vietz: Standorte sind zum Verlassen da* (Locations Are for Leaving), which presents a portrait of the artist, was released in cinemas.
1994—Marta Astfalck-Vietz died on 14 February in Nienhagen at age ninety-two.

Author's Note: I would like to thank Katia Reich, Mette Kleinsteuber, Tanja Keppler, Kerstin Diether, Janos Frecot, and Clemens Alexander Wimmer for the fruitful discussions and helpful suggestions during the research process. Special thanks also go to Philip Gorki and Christiane Necker for providing the archival materials.

1 Reinhold Vietz was admitted to the Friedrich der Große lodge (which changed its name to Prometheus in 1925) on 1 February 1923. He ended up attaining the rank of honorary master there; Inv. BG-MAV 1701.
2 Marta Astfalck-Vietz, quoted in *Marta Astfalck-Vietz: Standorte sind zum Verlassen da*, documentary film; idea and concept: Inken Dohrmann; director: Gerit von Leitner, DE, 1992, 00:54:48.
3 Marta Astfalck-Vietz, quoted in the transcript of the recording for the SFB radio broadcast 'Fotografin Marta Astfalck-Vietz', which aired on 8 July 1991, p. 1, Artist Dossiers, Photography Collection, Berlinische Galerie.
4 Janos Frecot, 'Untitled', in *Marta Astfalck-Vietz: Photographien 1922–1935*, exh. cat. Berlinische Galerie (Berlin, 1991), pp. 68–69, esp. p. 68.
5 Astfalck-Vietz, quoted in the transcript of an SFB radio broadcast (see note 3), p. 4.
6 See the affidavit of Hellmuth Berndt, Inv. BG-MAV 0060.
7 See Marta Astfalck-Vietz's typed CV, Berlin, 9 June 1945, Inv. BG-MAV 0017.
8 Astfalck-Vietz, quoted in the transcript of an SFB radio broadcast (see note 3), p. 4.
9 Jochen Stöckmann, '120. Geburtstag von Marta Astfalck-Vietz: Fotografin mit präzisem Gefühl für Raum und Bewegung', Deutschlandfunk, 21 July 2021, https://www.deutschlandfunk.de/120-geburtstag-von-marta-astfalck-vietz-fotografin-mit-100.html, accessed 6 December 2024.
10 See Astfalck-Vietz's CV from 1945 (see note 7).
11 Marta Astfalck-Vietz, quoted by Rolf Italiaander, in *Marta Astfalck-Vietz: Photographien 1922–1935* (see note 4), pp. 12–16, esp. p. 13.
12 *Atelier Lotte Jacobi: Berlin – New York*, exh. cat. Das Verborgene Museum, Berlin, Suermondt-Ludwig-Museum, Aachen, and Museum Ostdeutsche Galerie Regensburg (Berlin, 1997), p. 35.
13 Astfalck-Vietz, quoted in the transcript of an SFB radio broadcast (see note 3), p. 5. The 'big optical setup' she refers to was a plate camera with a Busch-Perscheid lens.
14 Daisy Spies also shows up in an entry in the visitors' book in 1947, in Gästebuch Marta Astfalck-Vietz, Inv. BG-MAV 0117.
15 See the entries in the visitors' book from 3 November 1928, 'Hellmuth Astfalck', followed a few days later by 'Hellmuth Astfalck – Marta. They belong together' and 'Hellmuth Astfalck again', Inv. BG-MAV 0117.
16 See Marta Astfalck-Vietz's typed CV, Nienhagen, 1991, Inv. BG-MAV 0022.
17 On the registration form, Marta is identified as a commercial artist, and Hellmuth as a graphic designer; the photo studio is on the upper floor, Inv. BG-MAV 110–111.
18 Admission was tied up with numerous conditions: in addition to the requirement that applicants be citizens of the German Reich, they also had to be in possession of civil rights, be able to prove their Aryan descent, be at least twenty-one years old, and have completed a specialist professional training.
19 *'Bildberichterstatterin' im 'Dritten Reich': Fotografien aus den Jahren 1937 bis 1944 von Liselotte Purper*, exh. cat. Deutsches Historisches Museum, Berlin (Berlin, 1997), p. 1.
20 Astfalck-Vietz, quoted in the transcript of an SFB radio broadcast (see note 3), pp. 5–6.
21 See the essay by Janos Frecot in the present volume, pp. 171–74.
22 Peter Limann and Hellmuth Astfalck developed a kind of sketch called *Die Klaffte. Oder: Dienst am Kunden; Szene im Warenhaus*, in which Limann appeared in women's clothing and had Astfalck, as the sales assistant, show him different fabrics. The piece had its premier in autumn 1932; Marta designed the costumes. [No BG inventory number.]
23 See Marta Astfalck-Vietz's typed CV from 1991 (see note 16).
24 In 1944, Reinhold and Käthe Vietz moved house, first to Lörrach and then later to Egg near Säckingen—see Reinhold Vietz's obituary, Inv. BG-MAV 1701.
25 Astfalck-Vietz, quoted in *Marta Astfalck-Vietz: Standorte sind zum Verlassen da* (see note 2).
26 See the sheet pasted into the visitors' book, dated 21 July 1944, Inv. BG-MAV 0117.
27 See the entry in the visitors' book, early 1945, Inv. BG-MAV 0117.
28 On this name, see Marta Astfalck-Vietz's typed CV, Nienhagen, 1956, Inv. BG-MAV 0018.
29 Assessment made by Ilse Denne, chairwoman of the Berlin Professional Women's Club, 20 August 1953, Inv. BG-MAV 0053.

30 In a letter dated 11 July 1956, Foerster asks Astfalck-Vietz whether she has 'ever used colour slides as the basis for her work … as an artistic means to record light in a particular phase that can only be captured in this way; it might start a whole new period in painting, something unprecedented, as it is only now possible to capture the most wonderful and fleeting magic of light using colour photography.' Inv. BG-MAV 544, BG-MAV 545. Foerster's estate contains three watercolours that passed into the family's hands in 1954, 1959, and 1992 as gifts sent by Marta.

31 Zander said of Marta, 'When I first saw the pictures, I was very excited and exclaimed: "Finally something to rival Redouté, the Raphael of the *fleur*".' Quoted in 'Osterspaziergang durch Bilder-Galerie', *Wolfsburger Kurier*, 30 March 1986, Inv. BG-MAV 1618. Zander's comparison was with the French painter Pierre-Joseph Redouté (1759–1840).

32 H. H. Basdorf, 'Große Liebe zu kleinen Pflanzen', *Die Neue Zeitung*, 16 May 1953.

33 The Berlinische Galerie was housed in the Martin-Gropius-Bau from 1986 to 1998.

34 See also Janos Frecot's essay in the present volume, pp. 171–74.

35 *Marta Astfalck-Vietz: Pflanzenaquarelle 1935–1955*, exhibition, 18 May to 16 June 1991, Karl-Foerster-Pavillon, Britzer Garten, Berlin.

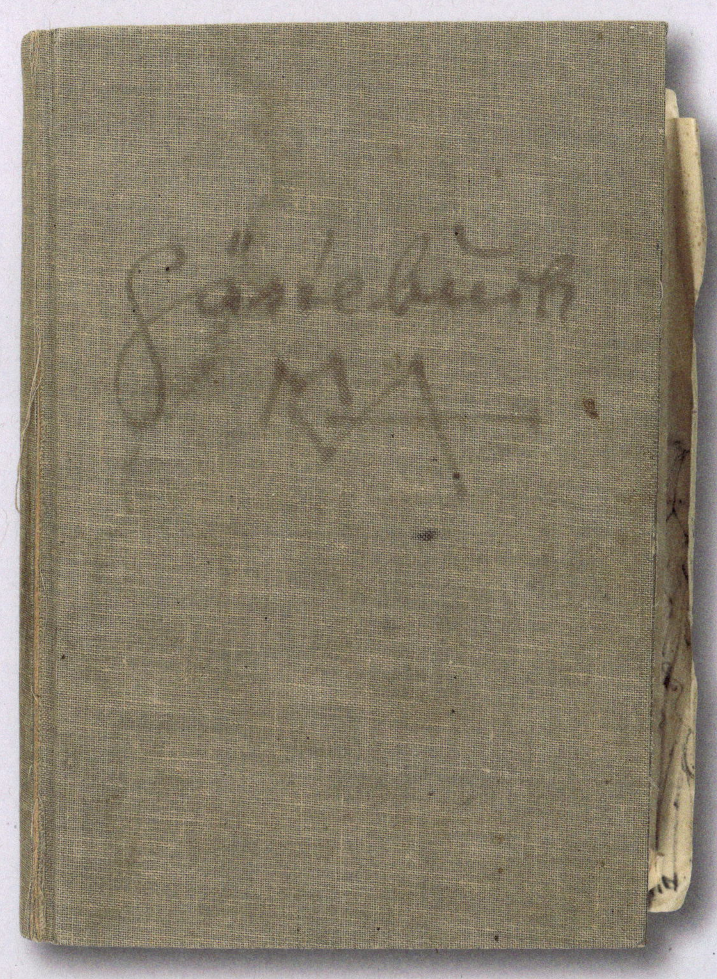

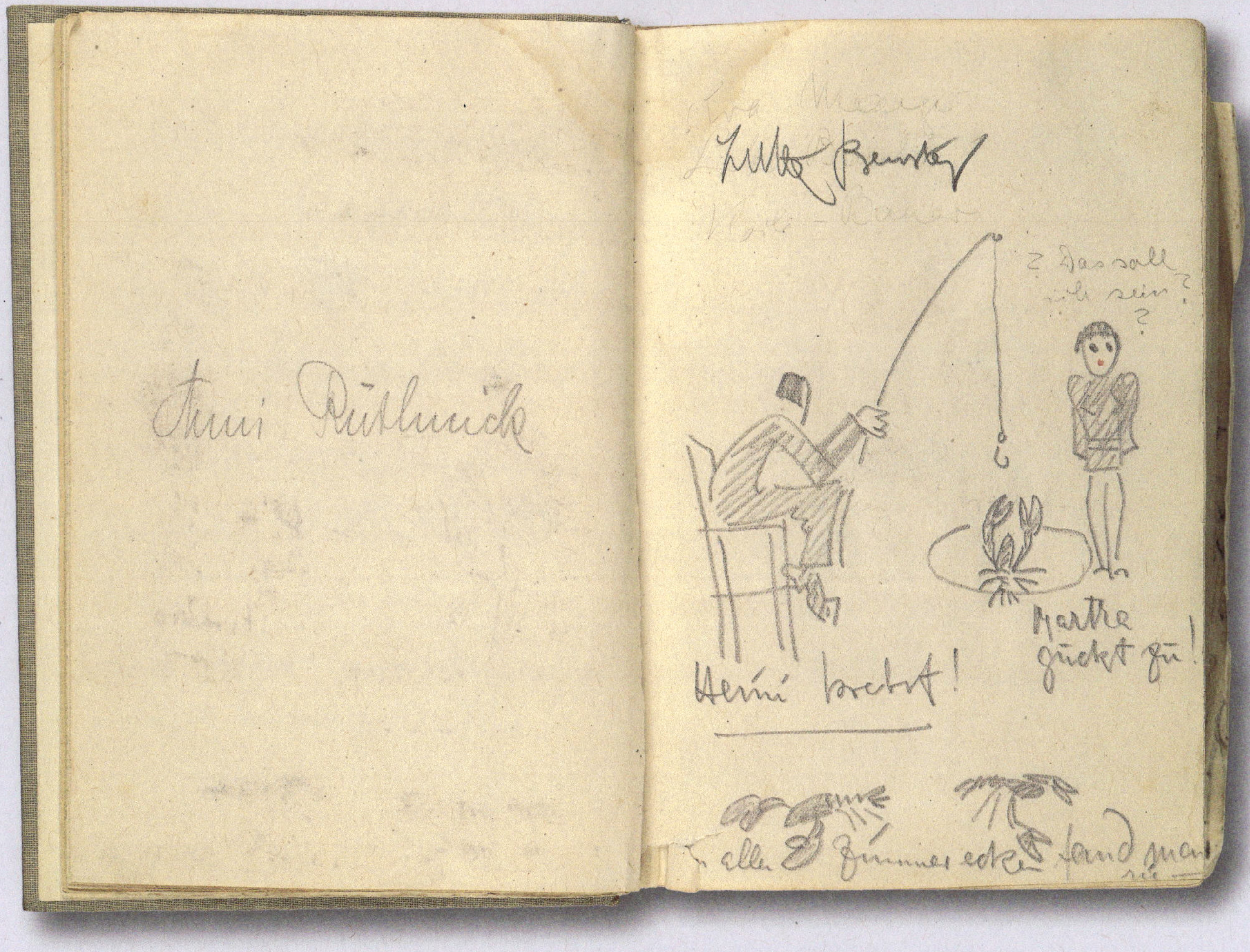

Einband und Doppelseiten aus dem Gästebuch von Marta Astfalck-Vietz, 1927–1982, hier aus den Jahren 1928–1945, Inv. BG-MAV 0117.

Cover and double-page spreads from the visitors' book by Marta Astfalck-Vietz, 1927–1982, here from the years 1928–1945, Inv. BG-MAV 0117.

Kaffee und viel Kuchen.
999. Ullsteinheft:
wie werde ich alt und fett?

Alles wartete gespannt !!!

Heini als Schmecker!

Tagelang waren in Berlin nach dem keine Krebse mehr zu kriegen

Warum? Ohne mich? Nicht möglich! H.

Zwei Mädchen und drei Männer waren anwesend und da wolltest Du zur Ergänzung noch dabei sein wie kommt mich das vor, Du böser Feind.

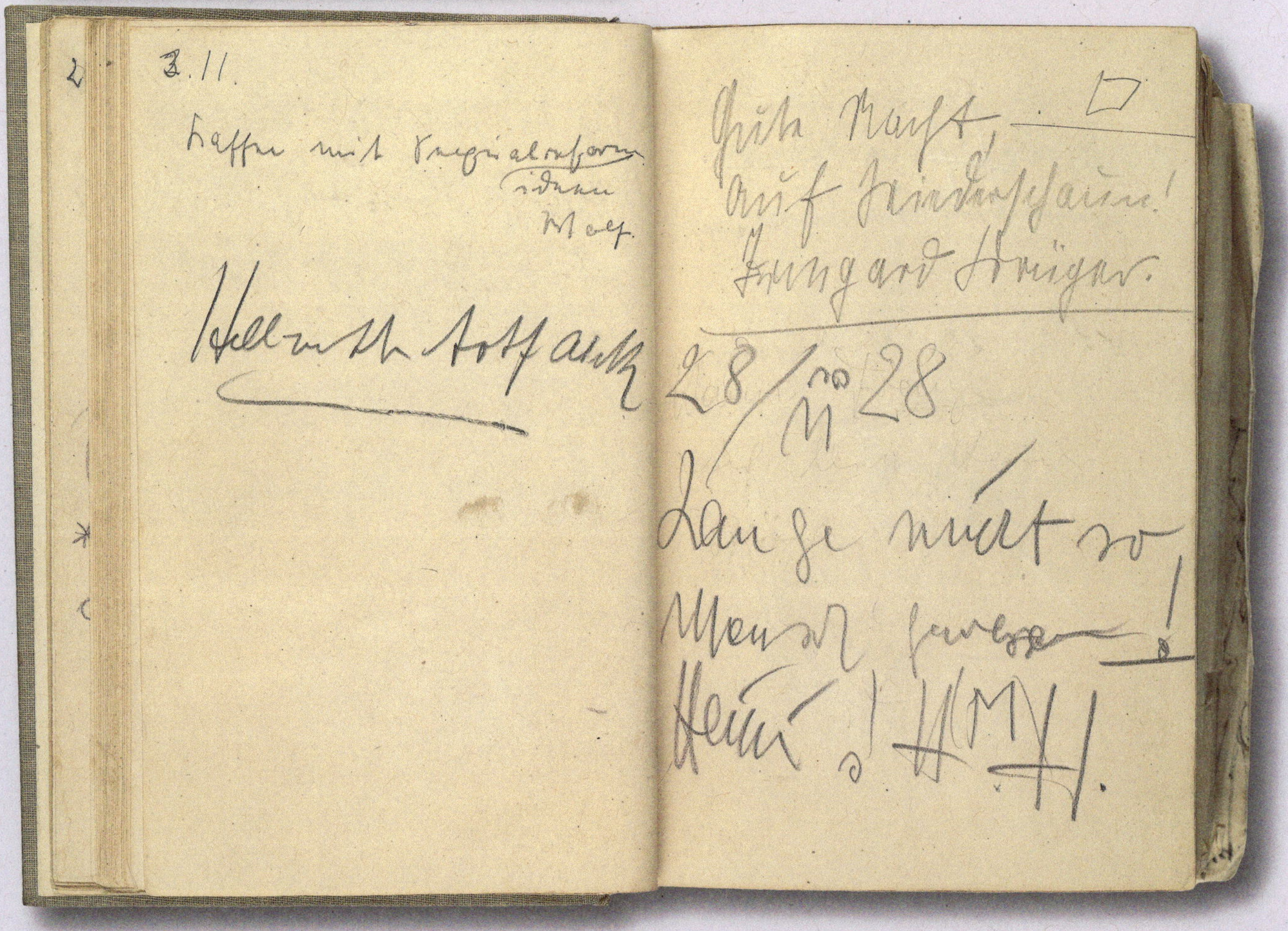

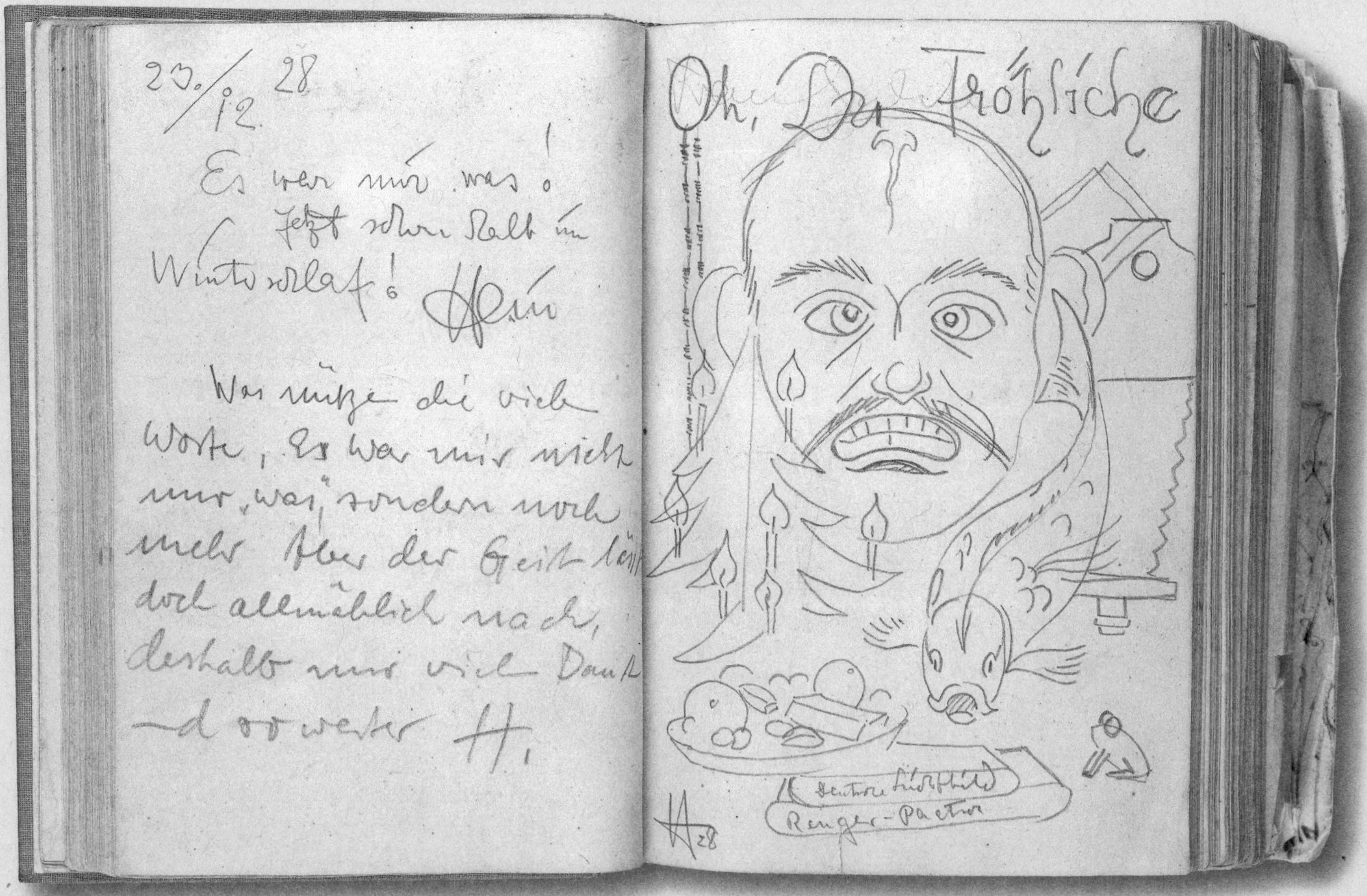
23./12. 28
Es war mir was!
Was nützen die vielen Worte, Es war mir nicht nur „was", sondern noch mehr.
Oh, Du Fröhliche
Rengger-Pastor

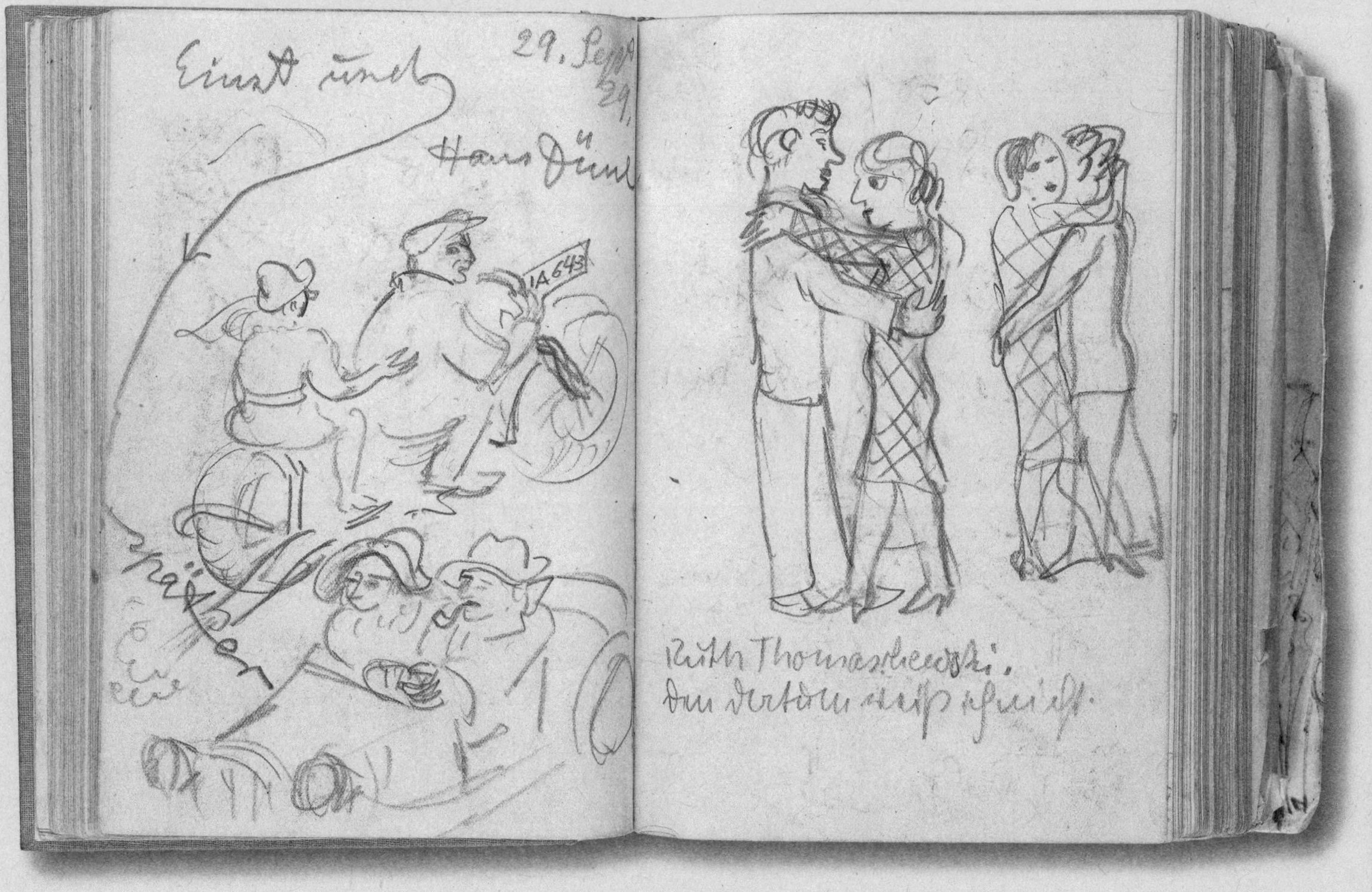
29. Sept. 29
Einst und
1A 643
Ruth Thomaschewski.

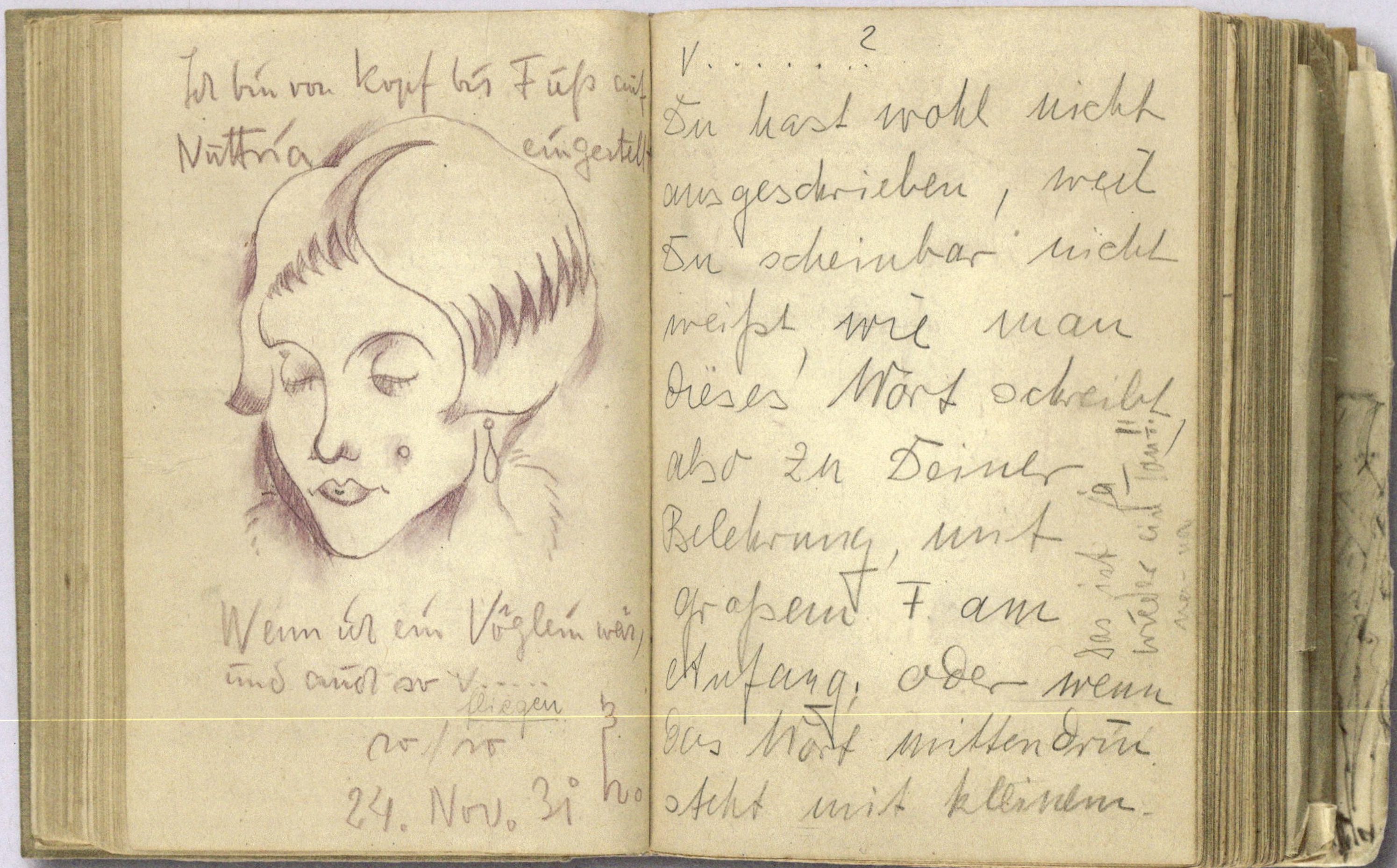

Ich bin von Kopf bis Fuß auf Nuttria eingestellt

Wenn ich ein Vöglein wär,
und auch so V......
fliegen
so/so

24. Nov. 31 3 Ho

2

V........

Du hast wohl nicht ausgeschrieben, weil Du scheinbar nicht weißt, wie man dieses Wort schreibt, also zu Deiner Belehrung, mit großem V am Anfang, oder wenn das Wort mittendrin steht mit kleinem.

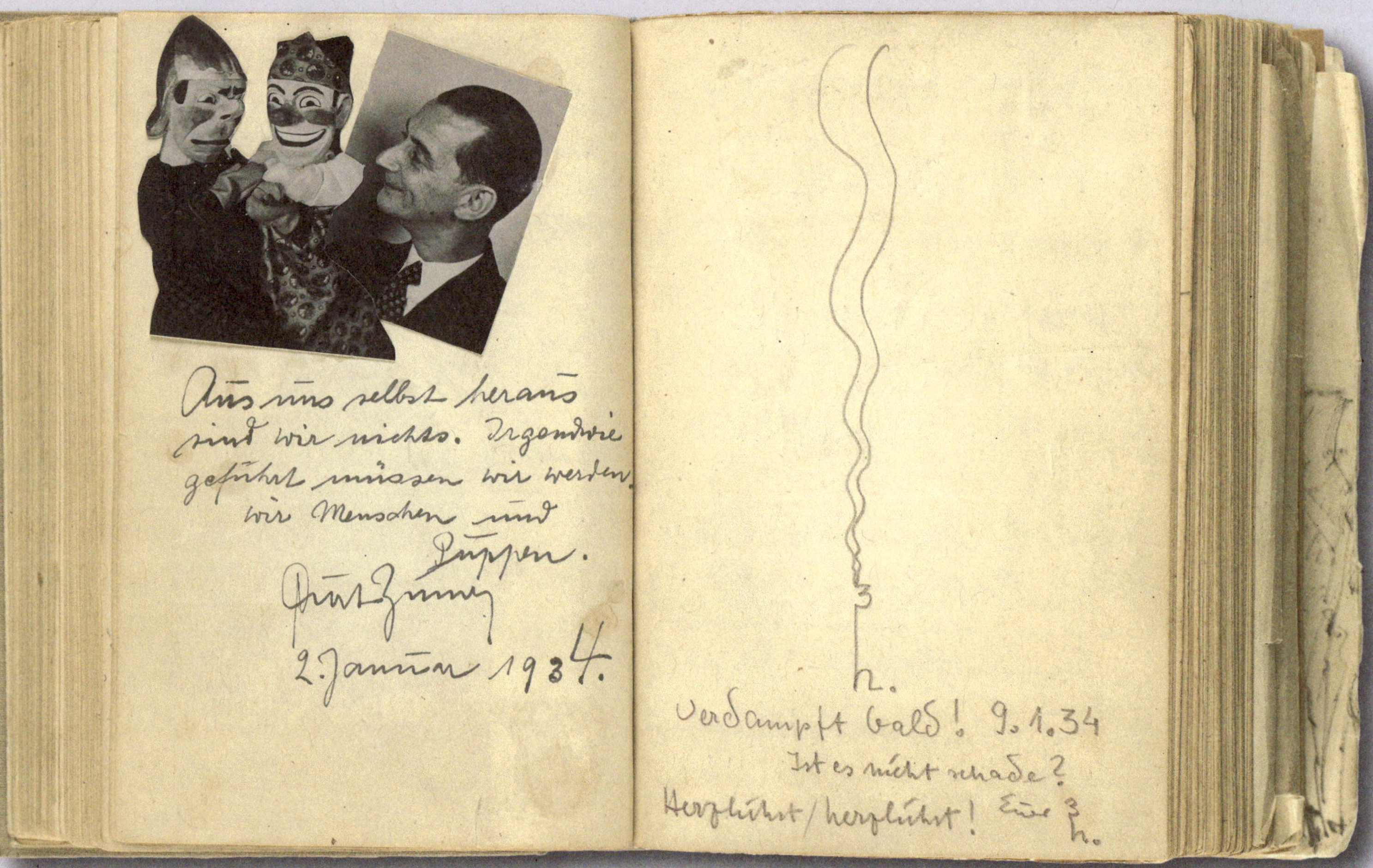

Das ist wieder ein Spaß!
[illegible]

Aus uns selbst heraus sind wir nichts. Irgendwie geführt müssen wir werden, wir Menschen und Puppen.

Curt Zimmer

2. Januar 1934.

3
h.

Verdampft bald! 9.1.34

Ist es nicht schade?

Herzlichst/herzlichst! Eure 3 h.

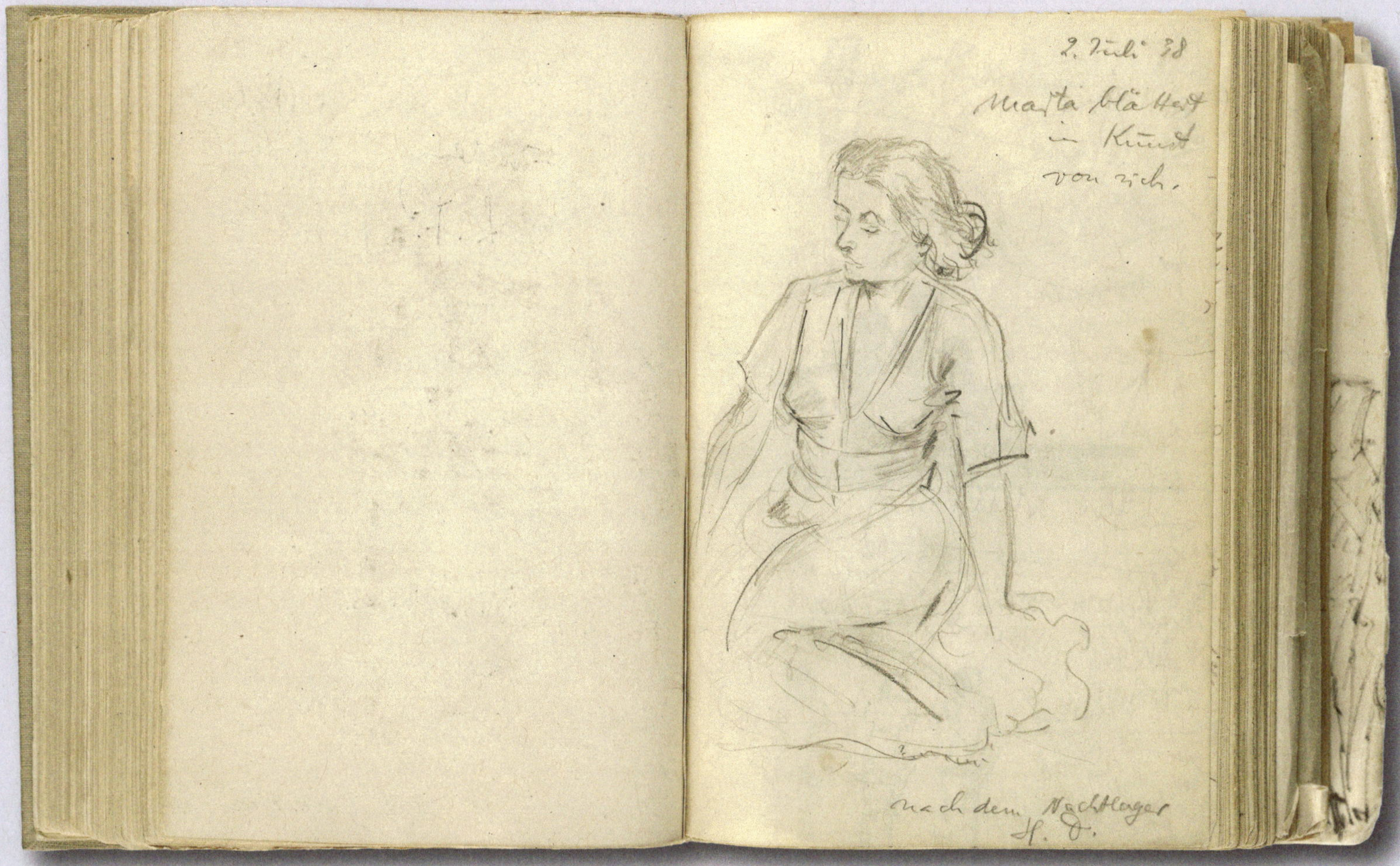

2. Juli 38

Marta blättert in Kunst von sich.

nach dem Nachtlager H. D.

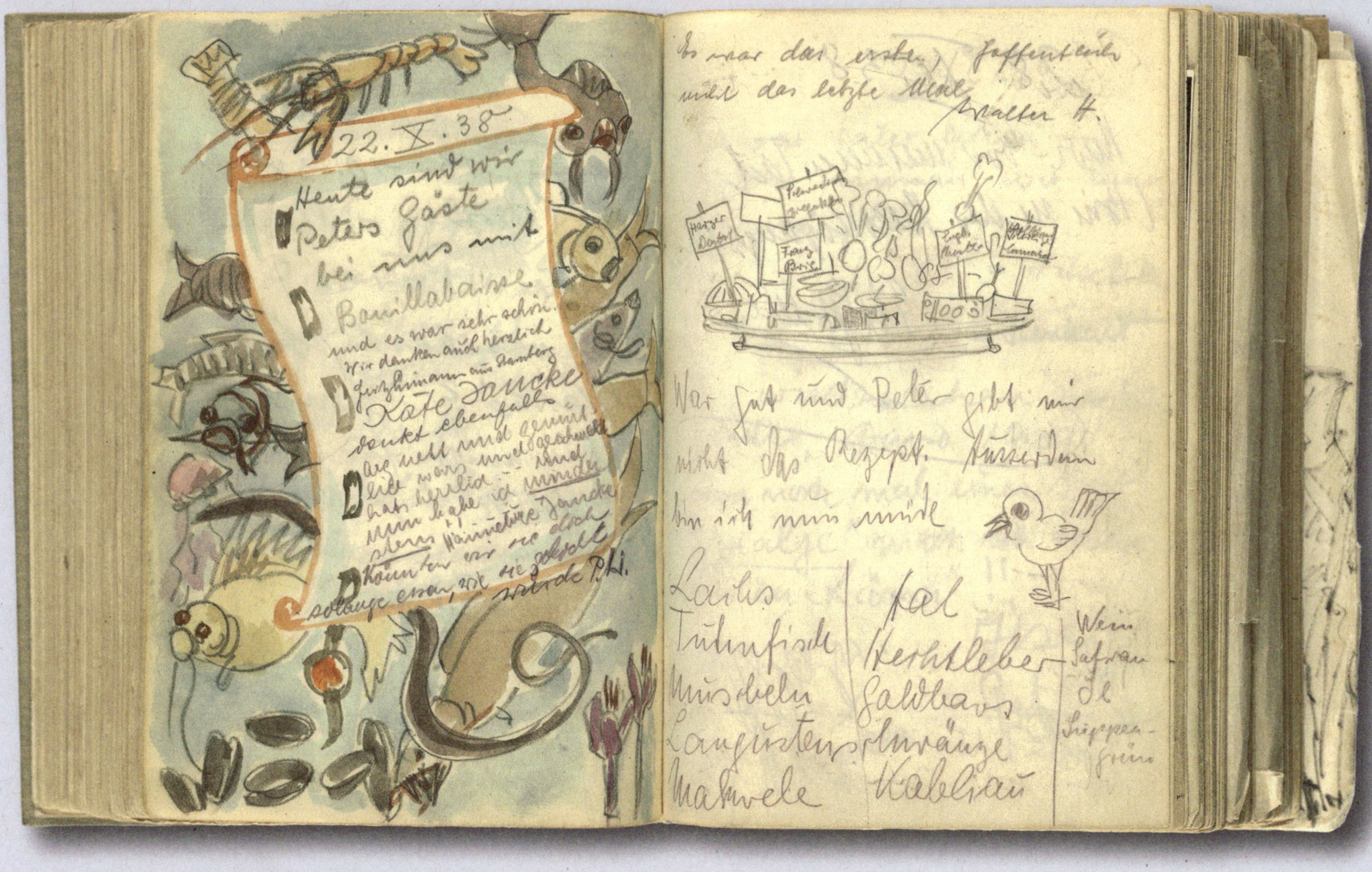

22. X. 38

Heute sind wir Peters Gäste bei uns mit Bouillabaisse und es war sehr schön. Wir danken auch herzlich

Käte Dancke ebenfalls

nicht das letzte Mal Walter H.

War gut und Peter gibt mir nicht das Rezept. Außerdem bin ich nun müde

Lachs	Aal	Wein
Thunfisch	Hechtleber	Safran
Muscheln	Goldbarsch	Öl
Langusten-schwänze		Suppengrün
Makrele	Kabeljau	

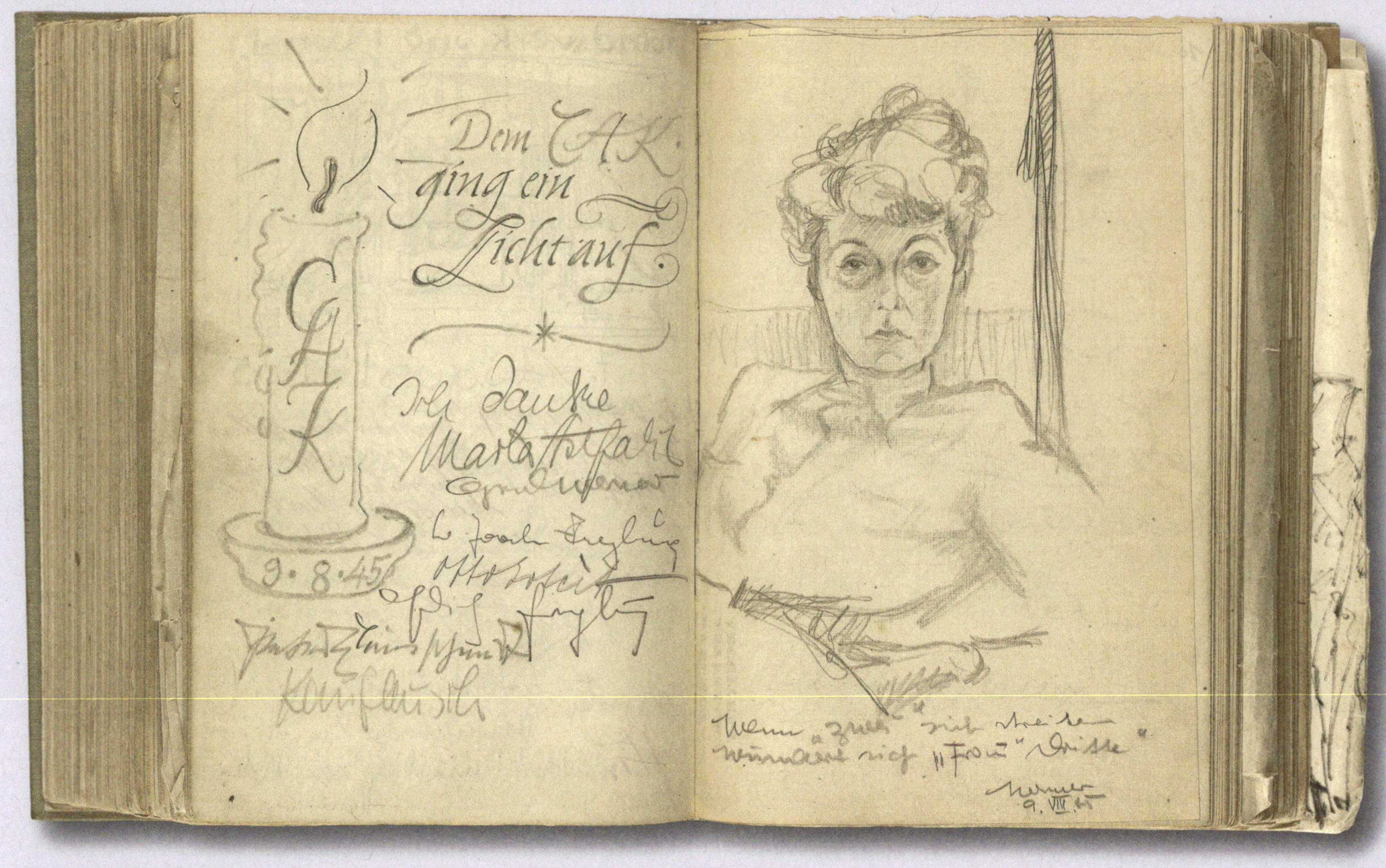

Fast sechs Jahrzehnte lang, von 1927 bis 1982, führte Marta Astfalck-Vietz ihr Gästebuch, das sich heute als künstlerisches Zeugnis und Quelle zugleich lesen lässt. Den Auftakt bildet der Einzug in ihr erstes Atelier am 1. Oktober 1927. Es überdauerte den Zweiten Weltkrieg und dokumentiert sowie kommentiert bis zum 21. Oktober 1982 Zusammenkünfte von Freund*innen wie Hellmuth Astfalck, Alexander Kampmann, Peter Limann oder auch Mary Wigman. In Skizzen und Bildgeschichten von Martas Besucher*innen – allen voran von Heinz Hajek-Halke – versammelt es humorvolle Ereignisse, Anekdoten, spöttische Wortgefechte und Rezepte. In ihm bewahrte die Künstlerin Einladungen, Fotografien, getrocknete Pflanzen und Zeitungsausschnitte auf, zugleich nutzte sie es als Notizheft und Adressbuch.

The visitors' book that Marta Astfalck-Vietz kept for almost six decades, from 1927 to 1982, can be read today as both an artistic record and a source. It began with her move to her first studio on 1 October 1927 and continued until 21 October 1982, having survived World War II. The book documented and commented on gatherings of friends such as Hellmuth Astfalck, Alexander Kampmann, Peter Limann, and Mary Wigman. It includes sketches and stories told in pictures by Marta's visitors—Heinz Hajek-Halke, in particular—bringing together humorous events, anecdotes, facetious verbal duels, and recipes. The artist saved invitations, photographs, dried plants, and newspaper clippings in it, and also used it as a notebook and address book.

Ausstellungen
Exhibitions

Einzelausstellungen (Auswahl)
Solo Exhibitions (Selection)

1991
Marta Astfalck-Vietz. Pflanzenaquarelle 1935–1955, Britzer Garten, Karl-Foerster-Pavillon, Berlin (18. Mai – 16. Jun. 1991)

1991–1995
Marta Astfalck-Vietz. Photographien 1922–1935, Berlinische Galerie, Berlin (18. Mai – 28. Jul. 1991); Banco Bilbao Bizkaia Kutxa, Bilbao (7. Okt. – 6. Nov. 1994); Sala Canal de Isabel II, Madrid (9. Dez. 1994 – 9. Jan. 1995); Photomuseum Argazki Euskal Museoa Zarautz (24. Jan. – 19. Feb. 1995)*

1992
Marta Astfalck-Vietz. Blumen- und Pflanzenportraits, Pavillon auf der Freundschaftsinsel, Potsdam (20. Jun. – 5. Jul. 1992)

Marta Astfalck-Vietz. Pflanzenaquarelle, Insel-Galerie, Werder / Havel (1. Okt. – 31. Dez. 1992)

1995
Marta Astfalck-Vietz, Fotografien der 20er Jahre, Winser Heimatverein, Winsen (16. Apr. – 5. Jun. 1995); Albert-König-Museum, Unterlüß (13. Mai – 30. Jul. 1995)*

Gruppenausstellungen (Auswahl)
Group Exhibitions (Selection)

1989/1990
Photographie als Photographie. Zehn Jahre Photographische Sammlung 1979–1989, Berlinische Galerie, Berlin (20. Okt. 1989 – 7. Jan. 1990)*

1990
Pflanzen auf der Roten Liste. Gruppe um und mit Marta Astfalck Vietz, Schloss Reinbek bei Hamburg, Reinbek (4. Apr. – 29. Apr. 1990)

1991/1992
Meisterwerke aus der Photographischen Sammlung der Berlinischen Galerie 1918–1938, Berlinische Galerie, Berlin (10. Nov. 1991 – 14. Feb. 1992); El Depósito, Madrid (11. Jun. – 15. Jul. 1992)

1992
Profession ohne Tradition. 125 Jahre Verein der Berliner Künstlerinnen, Berlinische Galerie, Berlin (11. Sep. – 1. Nov. 1992)*

1993
Iwan Puni 1892–1956, Musée d'Art Moderne de Paris (13. Mai – 22. Aug. 1993); Berlinische Galerie, Berlin (10. Sep. –14. Nov. 1993)*

Im Blickfeld George Grosz »John, der Frauenmörder«, Hamburger Kunsthalle (3. Okt. – 12. Dez. 1993)*

1994
Erdnähe, Sonnenferne. Photographische Bilder 1918–1938 in der Berlinischen Galerie, Berlinische Galerie, Berlin (9. Jan. – 20. Feb. 1994)

Künstler mit der Kamera. Photographie als Experiment, Kunstverein Ludwigshafen am Rhein (9. Sep. – 31. Dez. 1994)*

1994/1995
Fotografieren hieß teilnehmen. Fotografinnen der Weimarer Republik, Museum Folkwang, Essen (16. Okt. 1994 – 8. Jan. 1995); Fundació »La Caixa«, Barcelona (23. Jan. – 26. Mär. 1995); The Jewish Museum, New York (23. Apr. – 31. Jul. 1995)*

George Grosz. Berlin – New York, Neue Nationalgalerie, Berlin (21. Dez. 1994 – 17. Apr. 1995); Kunstsammlung Nordrhein-Westfalen, Düsseldorf (6. Mai – 30. Jul. 1995); Staatsgalerie Stuttgart (7. Sep. – 3. Dez. 1995)*

1997
Deutsche Fotografie. Macht eines Mediums 1870–1970, Bundeskunsthalle, Bonn (7. Mai – 24. Aug. 1997)*

Goodbye to Berlin? 100 Jahre Schwulenbewegung, Akademie der Künste, Berlin (17. Mai – 17. Aug. 1997)*

1997/1998
Im Reich der Phantome. Fotografie des Unsichtbaren, Städtisches Museum Abteiberg, Mönchengladbach (12. Okt. 1997 – 4. Jan. 1998); Kunsthalle Krems (21. Feb. – 1. Jun. 1998); Fotomuseum Winterthur (13. Jun. – 16. Aug. 1998)*

1998/1999
100 Jahre Kunst im Aufbruch. Die Berlinische Galerie zu Gast in Bonn, Kunst und Ausstellungshalle der Bundesrepublik Deutschland, Bonn (25. Sep. 1998 – 10. Jan. 1999)*

1998–2002
Lichtseiten. Die schönsten Bilder aus der Photographischen Sammlung der Berlinischen Galerie, Berlinische Galerie im Kunstforum der Grundkreditbank, Berlin (2. Sep. – 27. Dez. 1998); Kunsthalle in Emden (16. Jan. – 7. Mär. 1999); Kunsthalle zu Kiel, Kiel (28. Mar. – 18. Apr. 1999); Suermondt-Ludwig-Museum, Aachen (19. Jun. – 19. Sep. 1999); Kunstverein Ludwigshafen am Rhein (12. Nov. 1999 – 9. Jan. 2000); Museum Bad Arolsen (26. Feb. – 16. Apr. 2000); Städtische Museen Jena (17. Feb. – 8. Apr. 2001); Josef Albers Museum, Bottrop (10. Feb. – 31. Mär. 2002)*

2002
A Doble Cara, Sala Julio González, Madrid (12. Jun. – 14. Jul. 2002)

2003
Zwischenspiel V. ICH BIN'S, Berlinische Galerie im Kunstforum der Grundkreditbank, Berlin (30. Jan. – 27. Apr. 2003)*

Portrait im Aufbruch. Photographie in Deutschland und Österreich 1900–1938, Neue Galerie, New York (11. Mär. – 12. Jun. 2003); Albertina, Wien (5. Jul. – 16. Okt. 2003)*

2007
Die Zwanziger Jahre aus der Sammlung, Berlinische Galerie, Berlin (5. Mär. – 2. Jul. 2007)

2008
Female Trouble. Die Kamera als Spiegel und Bühne weiblicher Inszenierungen, Pinakothek der Moderne, München (17. Jul. – 26. Okt. 2008)*

Marianne Breslauer. Unbeachtete Momente. Fotografien 1927–1936, Berlinische Galerie, Berlin (10. Jun. – 1. Nov. 2008)*

2010/2011
Preußens Eros – Preußens Musen. Frauenbilder aus Brandenburg-Preußen, Haus der Brandenburgisch-Preußischen Geschichte, Potsdam (24. Sep. 2010 – 2. Jan. 2011)*

2015/2016
Qui a peur des femmes photographes? 1839–1945, Musée de l'Orangerie, Paris (1839–1919) & Musée d'Orsay, Paris (1918–1945) (14. Okt. 2015 – 24. Jan. 2016)*

2016/2017
Geschlechterkampf. Franz von Stuck bis Frida Kahlo, Städel Museum, Frankfurt am Main (24. Nov. 2016 – 19. Mär. 2017)*

2019/2020
Welt im Umbruch. Kunst der 20er Jahre, Bucerius Kunstforum, Hamburg (9. Feb. – 19. Mai 2019); Stadtmuseum München (2. Okt. 2019 – 10. Jan. 2020)*

Amateurfotografie. Vom Bauhaus zu Instagram, Museum für Kunst und Gewerbe Hamburg (3. Okt. 2019 – 12. Jan. 2020)*

*mit Katalog with catalogue

2021
Faces. Die Macht des Gesichts, Albertina, Wien (12. Feb. – 20. Jun. 2021)*

Schau mich an! Frauenporträts der 1920er Jahre, Berlinische Galerie, Berlin (7. Apr. – 2. Aug. 2021)

2021/2022
The New Woman Behind the Camera, The Metropolitan Museum of Art, New York (2. Jul. – 3. Okt. 2021); National Gallery of Art, Washington, D.C. (31. Okt. 2021 – 30. Jan. 2022)*

2022
Modebilder – Kunstkleider. Fotografie, Malerei und Mode 1900 bis heute, Berlinische Galerie, Berlin (18. Feb. – 30. Mai 2022)*

2022/2023
Grüne Moderne. Die neue Sicht auf Pflanzen, Museum Ludwig, Köln (17. Sep. 2022 – 22. Jan. 2023)

Publikationen (Auswahl)
Publications (Selection)

Mit Fotografien und Aquarellen von Marta Astfalck-Vietz With Photographs and Watercolours by Marta Astfalck-Vietz

– Hertwig, Hugo, *Knaurs Heilpflanzenbuch. Ein Hausbuch der Naturheilkunde von Hugo Hertwig,* München Munich 1954
– Grunert, Christian, *Pflanzenporträts,* Berlin 1957
– Astfalck-Vietz, Marta, *Edition die Pflanzen. Marta Astfalck-Vietz,* Nienhagen 1983
– *Marta Astfalck-Vietz. Photographien 1922–1935,* hg. von ed. Berlinische Galerie, in Zusammenarbeit mit dem in collaboration with the Museumspädagogischen Dienst Berlin (Ausst.-Kat. exh. cat. Berlinische Galerie), Berlin 1991
– Astfalck-Vietz, Marta, Günther Dankmeyer und and Volker Probst, *Die Welt der Orchideen. Pflanzenaquarelle aus fünf Jahrzehnten,* Celle 1992
– *Marta Astfalck-Vietz. 1994,* hg. von ed. Marta Astfalck-Vietz und and Berlinische Galerie (Jahreskalender calender 1994), Berlin 1993
– *Marta Astfalck-Vietz, Fotografien der 20er Jahre,* hg. von ed. Kirsten Weinig (Ausst.-Kat. exh. cat. Albert-König-Museum, Unterlüß), Unterlüß 1995

Mit Fotografien von Marta Astfalck-Vietz und anderen With Photographs by Marta Astfalck-Vietz and Others

– *Photographie als Photographie. 10 Jahre Photographische Sammlung,* hg. von ed. Janos Frecot und and Berlinische Galerie (Ausst.-Kat. exh. cat. Berlinische Galerie), Berlin 1989
– Dose, Ralf, »Aufklärungen über ›Die Aufklärung‹ – Ein Werkstattbericht«, in: *Mitteilungen der Magnus-Hirschfeld-Gesellschaft,* 1991, H. no. 15, S. pp. 31–42
– *Bauwelt,* 1993, H. no. 32, Thema theme: *Die Nase des Architekten*
– *Berlin – Kultur in Berlin,* hg. von ed. Berlin-Touristen-Information, in Zusammenarbeit mit der in collaboration with the Senatsverwaltung für Wirtschaft und Technologie, Referat VII A, Berlin 1993
– *George Grosz. »John, der Frauenmörder«,* hg. von ed. Uwe M. Schneede und and Hamburger Kunsthalle (Ausst.-Kat. exh. cat. Hamburger Kunsthalle), Hamburg 1993
– *Fotografieren hieß teilnehmen. Fotografinnen der Weimarer Republik,* hg. von ed. Ute Eskilden und and Museum Folkwang (Ausst.-Kat exh. cat. Folkwang Museum Essen / Fundació »La Caixa« Barcelona), Düsseldorf 1994
– *George Grosz. Berlin – New York,* hg. von ed. Peter-Klaus Schuster, Helen Adkins und and Neue Nationalgalerie Berlin (Ausst.-Kat. exh. cat. Neue Nationalgalerie Berlin u. a. et al.), Berlin 1994
– *Deutsche Fotografie. Macht eines Mediums 1870–1970,* hg. von ed. Klaus Honnef und and Bundeskunsthalle (Ausst.-Kat. exh. cat. Bundeskunsthalle, Bonn), Köln Cologne 1997
– *Goodbye to Berlin? 100 Jahre Schwulenbewegung,* hg. von ed. Monika Hingst und and Schwules Museum Berlin (Ausst.-Kat. exh. cat. Schwules Museum Berlin u. a. et al.), Berlin 1997
– *Im Reich der Phantome. Fotografie des Unsichtbaren,* hg. von ed. Eva Bracke und and Städtisches Museum Abteiberg, Mönchengladbach (Ausst.-Kat. exh. cat. Städtisches Museum Abteiberg, Mönchengladbach), Ostfildern-Ruit 1997
– *Lichtseiten. Die schönsten Bilder aus der Photographischen Sammlung der Berlinischen Galerie,* hg. von ed. Janos Frecot und and Berlinische Galerie (Ausst.-Kat. exh. cat. Berlinische Galerie zu Gast in der Grundkreditbank, Berlin u. a. et al.), Berlin 1998
– Toepfer, Karl Eric, *Empire of Ecstasy. Nudity and Movement in German Body Culture 1910–1935,* Berkeley 1998
– *100 Jahre Kunst im Aufbruch. Berlinische Galerie,* hg. von ed. Kunst- und Ausstellungshalle der Bundesrepublik Deutschland, Bonn, und and Berlinische Galerie (Ausst.-Kat. exh. cat. Kunst- und Ausstellungshalle der Bundesrepublik Deutschland, Bonn u. a. et al.), Köln Cologne 1998
– *Zwischenspiel IV. Zwiesprache,* hg. von ed. Berlinische Galerie (Ausst.-Kat. exh. cat. Berlinische Galerie), Berlin 2002
– *Zwischenspiel V. Ich bin's,* hg. von ed. Berlinische Galerie (Ausst.-Kat. exh. cat. Berlinische Galerie), Berlin 2003
– *Heinz Hajek-Halke, Form aus Licht und Schatten,* Bd. vol. 2, Göttingen 2005
– *Portrait im Aufbruch. Photographie in Deutschland und Österreich 1900–1938,* hg. von ed. Neue Galerie, New York (Ausst.-Kat. exh. cat. Neue Galerie, New York, u. a. et al.), Ostfildern-Ruit 2005
– Honnef, Klaus und and Michael Ruetz, *Heinz Hajek-Halke. Artist, Anarchist,* Göttingen 2006
– *City Girls. Frauenbilder im Stummfilm,* hg. von ed. Gabriele Jatho, Rainer Rother und and Deutsche Kinemathek – Museum für Film und Fernsehen, Berlin 2007
– *Female trouble. Die Kamera als Spiegel und Bühne weiblicher Inszenierungen,* hg. von ed. Inka Graeve Ingelmann (Ausst.-Kat. exh. cat. Pinakothek der Moderne, München Munich), Ostfildern-Ruit 2008
– *Marianne Breslauer. Fotografien,* hg. von ed. Kathrin Beer und and Fotostiftung Schweiz (Ausst.-Kat. exh. cat. Fotostiftung Schweiz, Winterthur), Wädenswil 2010
– *Preußens Eros, Preußens Musen. Frauenbilder aus Brandenburg-Preußen,* hg. von ed. Sven Kuhrau, Isabelle von Marschall und and Haus der Brandenburgisch-Preußischen Geschichte, Potsdam (Ausst.-Kat. exh. cat. Haus der Brandenburgisch-Preußischen Geschichte, Potsdam), Bönen 2010
– Breuer, Gerda und and Elina Knorpp, *Gespiegeltes Ich. Fotografische Selbstbildnisse von Frauen in den 1920er Jahren,* Berlin 2014
– *Berlinische Galerie. Museum für Moderne Kunst,* hg. von ed. Berlinische Galerie, München Munich 2015
– *Qui a peur des femmes photographes? 1839–1945,* hg. von ed. Marie Robert, Ulrich Pohlmann und and Thomas Galifot (Ausst.-Kat. exh. cat. Musée d'Orsay, Paris / Musée d'Orangerie, Paris), Vanves 2015
– *Geschlechterkampf. Franz von Stuck bis Frida Kahlo,* hg. von ed. Felix Krämer (Ausst.-Kat. exh. cat. Städel Museum, Frankfurt am Main), München Munich 2016
– *Marianne Breslauer. Fotografies 1927–1938,* hg. von ed. Mercedes Valdivieso und and Museu Nacional d'Art de Catalunya (Ausst.-Kat. exh. cat. Museu Nacional d'Art de Catalunya, Barcelona), Barcelona 2016
– *Amateurfotografie. Vom Bauhaus zu Instagram,* hg. von ed. Esther Ruelfs und and Tulga Beyerle (Ausst.-Kat. exh. cat. Museum für Kunst und Gewerbe Hamburg), Heidelberg 2019
– *Welt im Umbruch. Kunst der 20er Jahre,* hg. von ed. Kathrin Baumstark, Andreas Hoffmann, Franz. W. Kaiser und and Ulrich Pohlmann (Ausst.-Kat. exh. cat. Bucerius Kunst Forum, Hamburg u. a. et al.), München Munich 2019
– *The New Woman Behind the Camera,* hg. von ed. Andrea Nelson, Elizabeth Cronin und and Mila Ganeva (Ausst.-Kat. exh. cat. National Gallery of Art, Washington, D. C., u. a. et al.), Washington, D. C. 2020
– *Women Photographers. Pioneers 1851–1936,* hg. von ed. Clara Bouveresse, London 2020
– *Faces. Die Macht des Gesichts: Helmar Lerski und die Porträtfotografie der Zwischenkriegszeit,* hg. von ed. Walter Moser (Ausst.-Kat. exh. cat. Albertina, Wien Vienna), München Munich 2021
– *Modebilder – Kunstkleider. Fotografie, Malerei und Mode 1900 bis heute,* hg. von ed. Annelie Lütgens, Thomas Köhler und and Berlinische Galerie (Ausst.-Kat. exh. cat. Berlinische Galerie), Köln Cologne 2022
– *Grüne Moderne. Die neue Sicht auf Pflanzen,* hg. von ed. Miriam Szwast (Ausst.-Kat. exh. cat. Museum Ludwig, Köln Cologne, nur online online only), 2022, https://www.gruene-moderne.de/ [gelesen am accessed 15. 3. 2025]

Texte zu Marta Astfalck-Vietz (Auswahl)
Texts about Marta Astfalck-Vietz (Selection)

– Bothe-von Richthofen, Felicitas, »Marta Astfalck-Vietz«, in: *Widerstand 1933–1945 Berlin*, Bd. vol. 7: *Wilmersdorf*, hg. von ed. Gedenkstätte Deutscher Widerstand, Berlin 1993, S. pp. 88–89
– Leßmann, Sabina, »›Weiblichkeit ist Maskerade‹. Verkleidungen und Inszenierungen von Frauen in Fotografien Madame d'Oras, Marta Astfalck-Vietz' und Olga / Adjoran Wlassics'«, in: *Die Neue Frau. Herausforderungen für die Bildmedien der Zwanziger Jahre*, hg. von ed. Katharina Sykora u. a. et al., Marburg 1993, S. pp. 141–152
– Peter, Frank-Manuel, »›Mitgift war mir ja wurscht‹. Die Photographin Marta Astfalck-Vietz (1901–1994)«, in: *Tanzdrama Magazin* 26, 1994, H. no. 3, S. pp. 8–10
– Frecot, Janos, »Die Dunkelkammer als Theaterraum. Marta Astfalck-Vietz und ihre surrealen Selbstporträts«, in: *Rundbrief Fotografie* 9, 2002, S. pp. 3f.
– Kunze, Franziska, *Der Stoff, aus dem die Bilder sind. Zur Materialität vor, in und hinter der Fotokamera von Marta Astfalck-Vietz* [Typoskript typescript], Masterarbeit Humboldt-Universität zu Berlin, 2011
– Tubb, Katherine Anne, *Marta Astfalck-Vietz. Photographs 1924–1936* [Typoskript typescript], Diss. Universität Glasgow, 2011
– Gozalbez Cantó, Patricia, *Fotografische Inszenierungen von Weiblichkeit. Massenmediale und künstlerische Frauenbilder der 1920er und 1930er Jahre in Deutschland und Spanien*, Bielefeld 2012
– Schwarz, Inga Elsbeth, *Feminismus im Zeitschriftenformat? Visuelle Diskurse bei Marta Astfalck-Vietz, Marianne Breslauer und Hanna Nagel, 1925 bis 1944*, Diss. Universität Hamburg, 2025 [erscheint demnächst forthcoming]

Interviews und Radiobeiträge (Auswahl)
Interviews and Radio Features (Selection)

– »Marta Astfalck-Vietz. Eine Künstlerin der photographischen Avantgarde der zwanziger Jahre wird entdeckt«, *KulturTermin*, SFB [Radio], 8. Juli July 1991, 00:24:45
– »Marta Astfalck-Vietz. Eine Künstlerin der photographischen Avantgarde der zwanziger Jahre wird entdeckt«, Abschrift des Tonband-Protokolls der Radiosendung des SFB vom manuscript of tape transcript of the SFB radio programme broadcast on 8. Juli July 1991, S. p. 1, Berlinische Galerie, Fotografische Sammlung Photography Collection, Künstler*innen Dossier Artist Dossiers
– [»Marta Astfalck-Vietz«], *Alex*, Folge episode 11 (Ausschnitt clip), rbb [TV], 23. Juli July 1991, 00:09:49 (00:03:54–00:13:43)
– »Pflanzen-Porträts von Marta Astfalck-Vietz auf der Freundschaftsinsel in Potsdam«, *Kulturspiegel*, rbb Hörfunk [Radio], 25. Juni June 1992, 00:04:18
– Interview mit with Marta Astfalck-Vietz von by Sabina Leßmann, 6. August 1993. Mitschnitt im Archiv der recording in the archives of the Akademie der Künste, Berlin, Inv. AVM-35 10163 und and AVM-35 10164
– Stöckmann, Jochen, »120. Geburtstag von Marta Astfalck-Vietz. Fotografin mit präzisem Gefühl für Raum und Bewegung«, Deutschlandfunk, 21. Juli July 2021, https://www.deutschlandfunk.de/120-geburtstag-von-marta-astfalck-vietz-fotografin-mit-100.html [gelesen am accessed 6.12.2024]

Dokumentarfilm Documentary

– *»Standorte sind zum Verlassen da«. Video-Porträt der Photographin Marta Astfalck-Vietz. Jg. 1901*, Dokumentarfilm documentary, Idee und Konzeption idea and concept: Inken Dohrmann, Regie director: Gerit von Leitner, DE 1992, 00:54:48

Abbildungsverzeichnis
List of Works

Sofern nicht anders vermerkt, handelt es sich um originale Abzüge (Vintage Prints) auf Silbergelatinepapier von Marta Astfalck-Vietz. Angegeben sind Bildmaß vor Fotopapiermaß (Höhe vor Breite). Unless otherwise noted, the original vintage prints by Marta Astfalck-Vietz were reproduced on gelatin silver paper. The dimensions given refer first to the photograph itself and then, if applicable, to the photo paper (height by width).

Marta Astfalck-Vietz hat ihre Werke selten betitelt und so gut wie nie datiert. Die hier verwendeten Datierungen erfolgten zu Anfang der 1990er-Jahre, also zu Lebzeiten der Künstlerin. Marta Astfalck-Vietz rarely gave titles to her works and almost never dated them. The dating used here was determined in the early 1990s, during the artist's lifetime.

→ S. p. 2
Ohne Titel Untitled, um c. 1927
9,9 × 15,3 cm
Inv. BG-FS 050/83,1

→ S. p. 5
Marta Astfalck-Vietz,
Heinz Hajek-Halke
Ohne Titel Untitled, um c. 1927
20,5 × 13,4 cm
Inv. BG-FS 059/91,62/I

→ S. p. 6
Ohne Titel Untitled, um c. 1927
16,4 × 9,9 cm
Inv. BG-FS 059/91,292

→ S. p. 9
Ohne Titel Untitled, um c. 1927
11,2 × 15,5 cm
Inv. BG-FS 059/91,147

→ S. p. 11
Ohne Titel Untitled, um c. 1927
15,1 × 11,3 cm
Inv. BG-FS 059/91,111

→ S. p. 12
Ohne Titel Untitled, um c. 1927
21,1 × 16,8 cm
Inv. BG-FS 059/91,147a

Ohne Titel Untitled, um c. 1927
18 × 17 cm
Inv. BG-FS 059/91,133

→ S. p. 13
Ohne Titel Untitled, um c. 1929
16,3 × 11,5 cm
Inv. BG-FS 059/91,66

→ S. p. 14
Ohne Titel Untitled, um c. 1927
11,6 × 14,4 cm
Inv. BG-FS 059/91,520

→ S. p. 17
Die Figuren aus dem Aschenbecher des Künstlers The figures from the artist's ashtray, um c. 1930
23 × 16,6 cm
Inv. BG-FS 059/91,120

→ S. p. 18
Die Tänzerin Maj Carlstedt The dancer Maj Carlstedt, um c. 1929
22,3 × 15,6 cm | 22,6 × 16 cm
Inv. BG-FS 059/91,196

→ S. p. 19
Die Tänzerin Maj Carlstedt The dancer Maj Carlstedt, um c. 1929
22,3 × 15,6 cm | 22,5 × 15,8 cm
Inv. BG-FS 059/91,198

→ S. p. 20
Die Tänzerin Maj Carlstedt The dancer Maj Carlstedt, um c. 1929
22,1 × 15,6 cm | 22,6 × 15,8 cm
Inv. BG-FS 059/91,199

Die Tänzerin Maj Carlstedt The dancer Maj Carlstedt, um c. 1929
22,3 × 15,7 cm | 22,7 × 15,8 cm
Inv. BG-FS 059/91,197

→ S. p. 21
Die Tänzerin Maj Carlstedt The dancer Maj Carlstedt, um c. 1929
21,7 × 15 cm | 22,1 × 15,5 cm
Inv. BG-FS 059/91,200

→ S. p. 22
Die Tänzerin Daisy Spies The dancer Daisy Spies, um c. 1930
15,4 × 12,4 cm
Inv. BG-FS 059/91,203

→ S. p. 23
Farn Fern, 1937
Aquarell auf Papier Watercolour on paper
35,6 × 24,9 cm
Inv. BG-G 49 DigiS

→ S. pp. 24/25
Ohne Titel (Die Kameradschaftsehe) Untitled (The Companionate Marriage), um c. 1930
12,2 × 16,9 cm | 13 × 18 cm
Inv. BG-FS 059/91,373

→ S. p. 26
Marta Astfalck-Vietz, Heinz Hajek-Halke
Marta Astfalck-Vietz, um c. 1927
23,4 × 17,3 cm | 24 × 17,9 cm
Inv. BG-FS 059/91,52

→ S. p. 28
Der Liebling Her darling, um c. 1927
16,3 × 11,7 cm
Inv. BG-FS 059/91,299

→ S. p. 29
Ohne Titel Untitled, um c. 1929
22,8 × 16 cm
Inv. BG-FS 059/91,113

→ S. p. 31
Heinz Hajek-Halke
Ohne Titel Untitled, undatiert undated
16,3 × 12,2 cm
Inv. BG-FS 048/83,10

→ S. p. 32
Dahlie Dahlia, undatiert undated
Aquarell und Bleistift auf Papier Watercolour and pencil on paper
63,4 × 52,8 cm
Inv. BG-G 11 DigiS

→ S. p. 34
Marta Astfalck-Vietz, Heinz Hajek-Halke
Ohne Titel Untitled, um c. 1927
21,9 × 16,6 cm
Inv. BG-FS 059/91,58

→ S. p. 35
Marta Astfalck-Vietz, Heinz Hajek-Halke
Ohne Titel Untitled, um c. 1927
23 × 16,4 cm
Inv. BG-FS 059/91,62

Ohne Titel Untitled, undatiert undated
Heliogravüre, koloriert Photogravure, coloured
18,7 × 13,7 cm | 20 × 15 cm
Inv. BG-FS 059/91,320

Ohne Titel Untitled, um c. 1927
22,3 × 15,9 cm
Inv. BG-FS 059/91,289

Ohne Titel Untitled, um c. 1926
15,1 × 10,5 cm
Inv. BG-FS 059/91,306

→ S. p. 36
Ohne Titel Untitled, um c. 1927
13,8 × 8,8 cm
Inv. BG-FS 059/91,301

Ohne Titel (Mode um 1850) Untitled (Fashion c. 1850), um c. 1930
13,7 × 8,4 cm
Inv. BG-FS 059/91,357

→ S. p. 38
Heinz Hajek-Halke
Ohne Titel Untitled, um c. 1927
22,5 × 17,5 cm
Inv. BG-FS 072/91,1

→ S. p. 39
Ohne Titel Untitled, um c. 1929
20,4 × 14,5 cm
Inv. BG-FS 059/91,122

Ohne Titel Untitled, um c. 1927
16,4 × 12 cm
Inv. BG-FS 059/91,291

→ S. p. 40
Marta Astfalck-Vietz, Heinz Hajek-Halke
Ohne Titel Untitled, um c. 1925
17 × 12,1 cm
Inv. BG-FS 059/91,153

→ S. p. 43
Ohne Titel Untitled, um c. 1927
15 × 11,2 cm
Inv. BG-FS 059/91,103

→ S. p. 44
Ohne Titel Untitled, um c. 1927
13,6 × 8,7 cm
Inv. BG-FS 059/91,102

→ S. p. 45
Ohne Titel Untitled, um c. 1927
16,3 × 9,2 cm
Inv. BG-FS 059/91,77

→ S. p. 46
Ohne Titel Untitled, um c. 1927
10,4 × 12,2 cm | Kartonmaß cardboard size: 25,7 × 18,8 cm
Inv. BG-FS 059/91,81

→ S. p. 47
Ohne Titel Untitled, um c. 1927
13,7 × 10,1 cm
Inv. BG-FS 059/91,79

→ S. p. 48
Ohne Titel Untitled, um c. 1929
15,9 × 11,7 cm
Inv. BG-FS 059/91,104

→ S. p. 97
Heinz Hajek-Halke, Yva
Der Trinker The drinker, 1925
39,8 × 29,2 cm
Inv. BG-FS 082/93

→ S. p. 99
Ohne Titel Untitled, aus der Serie from the series: *Warten Waiting*, um c. 1927
18 × 13 cm
Inv. BG-FS 059/91,391

→ S. p. 100
Ohne Titel Untitled, aus der Serie from the series: *Höflichkeit Courtesy*, undatiert undated
15,6 × 11 cm | 16,5 × 12,1 cm
Inv. BG-FS 059/91,285

→ S. p. 101
Ohne Titel Untitled, aus der Serie from the series: *Warten Waiting*, um c. 1927
11,9 × 16,6 cm
Inv. BG-FS 059/91,389

Marta Astfalck-Vietz, Hellmuth Astfalck
Ohne Titel (Marta Astfalck-Vietz) Untitled (Marta Astfalck-Vietz), um c. 1929
11,5 × 8,6 cm
Inv. BG-FS 059/91,106

→ S. p. 103
Marta Astfalck-Vietz, Heinz Hajek-Halke
Ohne Titel Untitled, um c. 1927
16 × 12,7 cm | 25,4 × 16,5 cm
Inv. BG-FS 059/91,54

→ S. p. 104
Marta Astfalck-Vietz, Heinz Hajek-Halke
Ohne Titel Untitled, um c. 1927
16,1 × 10,7 cm
Inv. BG-FS 059/91,55

→ S. p. 107
Ohne Titel Untitled, um c. 1927
21 × 16,3 cm
Inv. BG-FS 059/91,59

→ S. p. 109
Ohne Titel Untitled, um c. 1927
21,8 × 16,9 cm | 24 × 18 cm
Inv. BG-FS 059/91,108

→ S. p. 110
Ohne Titel (Mode um 1900) Untitled (Fashion c. 1900), um c. 1930
13,7 × 8,7 cm
Inv. BG-FS 059/91,359

Ohne Titel (Mode um 1840) Untitled (Fashion c. 1840), um c. 1930
13,5 × 7,5 cm | 13,7 × 7,6 cm
Inv. BG-FS 059/91,363a

→ S. p. 111
Ohne Titel Untitled, um c. 1927
23,2 × 17,4 cm
Inv. BG-FS 059/91,109

→ S. p. 113
Ohne Titel Untitled, um c. 1929
16,8 × 19,4 cm | 17 × 19,7 cm | Kartonmaß cardboard size: 34,2 × 25 cm
Inv. BG-FS 059/91,218

→ S. p. 114
Ohne Titel Untitled, um c. 1925
16,4 × 12,3 cm
Inv. BG-FS 059/91,154

→ S. p. 116
Ohne Titel Untitled, um c. 1927
17,1 × 8,1 cm
Inv. BG-FS 059/91,164a

Ohne Titel Untitled, um c. 1929
16,2 × 12 cm
Inv. BG-FS 059/91,125

→ S. p. 117
Ohne Titel Untitled, um c. 1927
17,3 × 12,1 cm
Inv. BG-FS 059/91,176

→ S. pp. 118 / 119
Ohne Titel (Die Kameradschaftsehe) Untitled (The Companionate Marriage), um c. 1930
12,4 × 15 cm | 13 × 15,5 cm
Inv. BG-FS 059/91,372

→ S. p. 120
Die Beine der Tänzerin Daisy Spies The legs of the dancer Daisy Spies, um c. 1929
21,7 × 17,3 cm
Inv. BG-FS 059/91,205

→ S. p. 121
Der Tänzer Henri Châtin Hofmann The dancer Henri Châtin Hofmann, 1931
21,9 × 14,4 cm | 23,6 × 15,1 cm
Inv. BG-FS 059/91,210/I

→ S. p. 122
Heinz Hajek-Halke
Ohne Titel Untitled, undatiert undated
19,8 × 17,1 cm
Inv. BG-FS 048/83,7

→ S. p. 123
Marta Astfalck-Vietz, Heinz Hajek-Halke
Ohne Titel (Marta Astfalck-Vietz) Untitled (Marta Astfalck-Vietz), um c. 1927
16 × 11 cm
Inv. BG-FS 048/83,3

→ S. p. 124
Ohne Titel *Untitled*, um c. 1927
14,5 × 11,1 cm
Inv. BG-FS 059/91,141

→ S. p. 125
Ohne Titel *Untitled*, um c. 1929
22,6 × 16,8 cm | 22,8 × 16,8 cm
Inv. BG-FS 059/91,114

→ S. p. 127
Ohne Titel *Untitled*, um c. 1927
16,6 × 12,2 cm
Inv. BG-FS 059/91,298

→ S. p. 128
Ohne Titel *Untitled*, um c. 1927
16,6 × 12,5 cm
Inv. BG-FS 059/91,175a

Ohne Titel *Untitled*, um c. 1927
17,8 × 11,9 cm
Inv. BG-FS 059/91,167

→ S. p. 129
Ohne Titel *Untitled*, um c. 1927
17,3 × 12,1 cm
Inv. BG-FS 059/91,177

→ S. p. 130
Ohne Titel *Untitled*, um c. 1927
23,9 × 17,6 cm
Inv. BG-FS 059/91,116

→ S. p. 133
Ohne Titel *Untitled*, um c. 1927
17,1 × 11,5 cm
Inv. BG-FS 059/91,166

→ S. p. 134
Ohne Titel *Untitled*, um c. 1927
15,7 × 12,9 cm
Inv. BG-FS 059/91,107

→ S. p. 136
Selbstmord in Spiritus *Suicide in Spirits*, um c. 1927
21,5 × 15,9 cm | 23,8 × 17,9 cm
Inv. BG-FS 059/91,53

→ S. p. 177
Die Tänzerin Daisy Spies *The dancer Daisy Spies*, um c. 1929
22,2 × 13 cm | 23,3 × 13,3 cm
Inv. BG-FS 059/91,204

→ S. p. 178
Ohne Titel *Untitled*, um c. 1927
16,4 × 11,3 cm
Inv. BG-FS 059/91,163

→ S. p. 179
Ohne Titel *Untitled*, um c. 1927
15,8 × 11,2 cm
Inv. BG-FS 059/91,112

Ohne Titel *Untitled*, um c. 1929
16,4 × 9,2 cm
Inv. BG-FS 059/91,78

→ S. p. 180
Ohne Titel *Untitled*, um c. 1927
17,6 × 22,9 cm
Inv. BG-FS 059/91,247

→ S. p. 182
Ohne Titel *Untitled*, undatiert undated
12,6 × 12,4 cm
Inv. BG-FS 059/91,149

→ S. p. 183
Ohne Titel *Untitled*, um c. 1927
20,8 × 14,9 cm
Inv. BG-FS 059/91,137

→ S. p. 184
Ohne Titel *Untitled*, um c. 1927
20 × 16,2 cm
Inv. BG-FS 059/91,148

→ S. p. 186
Marta Astfalck-Vietz, Heinz Hajek-Halke
Ohne Titel *Untitled*, um c. 1927
23 × 16,2 cm
Inv. BG-FS 059/91,61

→ S. p. 187
Raureifzweig *Frosted twig*, 1941
Aquarell auf Papier Watercolour on paper
46,4 × 30,1 cm
Inv. BG-G 38 DigiS

→ S. p. 188
Die Tänzerin Sabina Ress *The dancer Sabina Ress*, um c. 1929
28,4 × 21,7 cm
Inv. BG-FS 059/91,202

→ S. p. 189
Ohne Titel *Untitled*, um c. 1927
16,8 × 22,3 cm | 17 × 22,5 cm
Inv. BG-FS 059/91,211

Anmut im Bühnentanz *The grace of theatrical dance*, um c. 1930
18,7 × 16,1 cm | 19,2 × 16,3 cm
Inv. BG-FS 059/91,212

→ S. p. 191
Der Geiger *The violinist*, um c. 1927
16,1 × 12,8 | Kartonmaß cardboard size: 25,7 × 18,1 cm
Inv. BG-FS 059/91,92

→ S. p. 192
Ohne Titel *Untitled*, um c. 1929
12,9 × 9,2 cm | 13,3 × 9,5 cm
Inv. BG-FS 059/91,82a

→ S. p. 193
Ohne Titel *Untitled*, um c. 1939
11,4 × 17,2 cm | 11,9 × 17,8 cm
Inv. BG-FS 059/91,472

→ S. p. 195
Ohne Titel *Untitled*, um c. 1930
11,5 × 15,4 cm | 13,2 × 18,1 cm
Inv. BG-FS 059/91,413

→ S. p. 196
Ohne Titel *Untitled*, aus der Serie from the series: *Warten* *Waiting*, um c. 1927
16,4 × 12,3 cm | 17,9 × 13,1 cm
Inv. BG-FS 059/91,390

→ S. p. 197
Selbstporträt mit Hellmuth Astfalck *Self-portrait with Hellmuth Astfalck*, nach after 1929
12,7 × 7,4 cm | 14 × 8,8 cm
Inv. BG-FS 059/91,70

→ S. p. 198
Selbstporträt mit Hellmuth Astfalck *Self-portrait with Hellmuth Astfalck*, nach after 1929
12,5 × 7,6 cm | 14 × 8,8 cm
Inv. BG-FS 059/91,69

→ S. p. 199
Ohne Titel *Untitled*, um c. 1925
18 × 13 cm
Inv. BG-FS 059/91,57

→ S. p. 201
Sie warten *They wait*, aus der Serie from the series: *Warten* *Waiting*, um c. 1930
12,3 × 16,4 cm | 12,8 × 16,7 cm
Inv. BG-FS 059/91,392

→ S. p. 202
Ohne Titel *Untitled*, aus der Serie from the series: *Warten* *Waiting*, um c. 1927
9 × 6,5 cm
Inv. BG-FS 059/91,390/I

→ S. p. 204
Ohne Titel *Untitled*, um c. 1927
20,9 × 9,4 cm
Inv. BG-FS 059/91,138

→ S. p. 205
Cosmea Cosmos, undatiert undated
Aquarell und Bleistift auf Papier Watercolour and pencil on paper
50 × 40,1 cm
Inv. BG-G 26 DigiS

→ S. p. 206
Ohne Titel Untitled, um c. 1927
21,3 × 14,9 cm
Inv. BG-FS 059/91,245

→ S. p. 208
Mohn Poppy, um c. 1942
Aquarell und Bleistift auf Papier Watercolour and pencil on paper
39,6 × 35,8 cm
Inv. BG-G 57 DigiS

→ S. p. 209
Moonlight 1913, undatiert undated
Aquarell und Bleistift auf Papier Watercolour and pencil on paper
48 × 36 cm
Inv. BG-G 02 DigiS

Hibiscus schizopetalus (Hibiskus Hibiscus), undatiert undated
Aquarell und Bleistift auf Papier Watercolour and pencil on paper
44,6 × 34,4 cm
Inv. BG-G 65 DigiS

Teufelskralle Harpagophytum, undatiert undated
Aquarell und Bleistift auf Papier Watercolour and pencil on paper
62,6 × 50,3 cm
Inv. Nr.: K Astfalck-Vietz 123
(Albert-König-Museum, Unterlüß)

→ S. p. 210
Pachirus minus, Bombacaceae, Mexiko (Wollbaumgewächs) Pachirus minus, Bombacaceae, Mexico (Mallow), 1952
Aquarell und Bleistift auf Papier Watercolour and pencil on paper
47,6 × 31,4 cm
Inv. Nr.: K Astfalck-Vietz 262
(Albert-König-Museum, Unterlüß)

Lilium bulbiferum (Feuerlilie Fire lily), undatiert undated
Aquarell und Bleistift auf Papier Watercolour and pencil on paper
50,3 × 39,2 cm
Inv. Nr.: K Astfalck-Vietz 241
(Albert-König-Museum, Unterlüß)

Orchidee Orchid, undatiert undated
Aquarell und Bleistift auf Papier Watercolour and pencil on paper
41,4 × 29,6 cm
Inv. BG-G 53 DigiS

Epiphyllum (Blattkaktus Cactus), 1942
Aquarell und Bleistift auf Papier Watercolour and pencil on paper
44,6 × 34,4 cm
Inv. Nr.: K Astfalck-Vietz 6
(Albert-König-Museum, Unterlüß)

→ S. p. 211
Passionsblume Passion flower (Passiflora), undatiert undated
Aquarell und Bleistift auf Papier Watercolour and pencil on paper
47,8 × 36 cm
Inv. Nr.: K Astfalck-Vietz 208
(Albert-König-Museum, Unterlüß)

Schwertlilie Iris, 1937
Aquarell und Bleistift auf Papier Watercolour and pencil on paper
43,6 × 31 cm
Inv. Nr.: K Astfalck-Vietz 111
(Albert-König-Museum, Unterlüß)

Phalaenopsis Marta Astfalck-Vietz (Orchidee Moth orchid), 1987
Aquarell und Bleistift auf Papier Watercolour and pencil on paper
60,1 × 48 cm
Inv. Nr.: K Astfalck-Vietz 1
(Albert-König-Museum, Unterlüß)

→ S. p. 212
Andenken an Alma d'Aigle In memory of Alma d'Aigle (Rose), undatiert undated
Aquarell und Bleistift auf Papier Watercolour and pencil on paper
39,8 × 30 cm
Inv. Nr.: AKM-Astfalck-Vietz 0371
(Albert-König-Museum, Unterlüß)

Flammenschwert Flaming Sword (Iris), undatiert undated
Aquarell und Bleistift auf Papier Watercolour and pencil on paper
62,6 × 50,3 cm
Inv. BG-G 09 DigiS

Lilie Lily, 1944
Aquarell und Bleistift auf Papier Watercolour and pencil on paper
62,7 × 48,4 cm
Inv. Nr.: K Astfalck-Vietz 308
(Albert-König-Museum, Unterlüß)

→ S. p. 213
Datura (Engelstrompete Brugmansia), undatiert undated
Aquarell und Bleistift auf Papier Watercolour and pencil on paper
48 × 36 cm
Inv. Nr.: K Astfalck-Vietz 195
(Albert-König-Museum, Unterlüß)

Phragmipedium caudatum (Orchidee Orchid), undatiert undated
Aquarell und Bleistift auf Papier Watercolour and pencil on paper
40 × 30 cm
Inv. BG-G 40 DigiS

Clematis jackmanii (Waldrebe Clematis), undatiert undated
Aquarell und Bleistift auf Papier Watercolour and pencil on paper
62,3 × 40,7 cm
Inv. Nr.: K Astfalck-Vietz 17
(Albert-König-Museum, Unterlüß)

→ S. p. 214
Oncidium forbesii (Orchidee Orchid), undatiert undated
Aquarell und Bleistift auf Papier Watercolour and pencil on paper
50 × 40 cm
Inv. Nr.: Landkreis Celle 1
(Albert-König-Museum, Unterlüß)

→ S. p. 216
Ohne Titel Untitled, nach after 1929
17 × 12,6 cm
Inv. BG-FS 059/91,297

Autor*innen

Prof. Dr. Stefanie Diekmann ist Professorin für Medienkulturwissenschaft an der Universität Hildesheim sowie Gastdozentin und -professorin an Universitäten in Bern, Austin, Cork, Louvain, Paris u. a. Ihre Forschungsinteressen liegen auf intermedialen Konstellationen, mit Fokus auf Film und Fotografie. Neben der wissenschaftlichen Tätigkeit schreibt sie Rezensionen für Print- und Online-Magazine. Zu ihren Publikationen gehören u. a.: *Artist Meets Archive* (Hg., mit Esther Ruelfs, 2022), *Die Attraktion des Apparativen* (Hg., mit Volker Wortmann, 2020), *Fotografie im Dokumentarfilm* (Hg., 2007), *Theater und Fotografie* (Hg., 2006).

Janos Frecot ist Autor und Herausgeber zahlreicher Publikationen zu kultur- und sozialhistorischen Themen, vor allem zur Fotografie. Mitte der 1960er-Jahre schuf er eine eigene fotografische Arbeit mit einer Großformatkamera. Anfang der 1970er-Jahre war er maßgeblich beteiligt am Aufbau des Werkbund-Archivs in Berlin, heute Museum der Dinge. Von 1976 bis 1978 war er Sekretär der Abteilung Bildende Kunst der Akademie der Künste Berlin (West), 1978 Gründer und Leiter der Fotografischen Sammlung der Berlinischen Galerie. Dort kuratierte er Ausstellungen wie *Photographie als Photographie* (1989), *Marta Astfalck-Vietz* (1991), *Sprung in die Zeit* (1992) und *Erich Salomon – Mit Frack und Linse durch Politik und Gesellschaft* (2004). 2001 wurde er mit dem Verdienstorden der Bundesrepublik Deutschland für die Förderung der fotografischen Kultur in Berlin ausgezeichnet. Seit 2002 ist er als freier Ausstellungskurator und Autor tätig.

Mette Kleinsteuber studierte Kunstgeschichte an der Humboldt-Universität zu Berlin, der Rijksuniversiteit Groningen sowie der Freien Universität Berlin. Sie ist seit 2024 Volontärin in der Fotografischen Sammlung der Berlinischen Galerie. In ihrer Masterarbeit *Der »Pavillon de l'URSS« von Konstantin Melnikow in Paris: 1925 und 1931. Kontinuitäten in kommunistischer Ausstellungsgestaltung und sowjetischer Architektursprache* beschäftigte sie sich mit propagandistischer Ausstellungspraxis. Seit 2019 ist sie freiberuflich in der Kunstvermittlung tätig. 2021/22 absolvierte sie ein Praktikum am Deutschen Forum für Kunstgeschichte in Paris. Seit 2015 organisiert sie im Kollektiv, u. a. in der Kleinen Humboldt Galerie, sowie selbstständig zeitgenössische Ausstellungen.

Dr. Christopher A. Nixon ist Philosoph und Komparatist. Von 2013 bis 2020 war er wissenschaftlicher Mitarbeiter an der Professur für Praktische Philosophie an der JGU Mainz und 2022 an der Professur für Politikwissenschaft mit Schwerpunkt Politische Theorie und Ideengeschichte an der TU Dresden. Zuletzt vertrat er die Professur für Soziale Ungleichheit und Sozialpolitik an der Hochschule RheinMain in Wiesbaden. Als Kurator für koloniale Vergangenheit und postkoloniale Gegenwart realisierte er bei der Stiftung Historische Museen Hamburg 2020/21 ein Sonderausstellungsprojekt. Seine Dissertation *Den Blick erwidern. Epiphanie und Ästhetik postkolonial* erschien 2023. In der Reihe *kritische berichte* gab er 2024 das Themenheft »Visuelle Gerechtigkeit« heraus. Seine Arbeitsschwerpunkte sind u. a. Ästhetik, Postkoloniale, Kritische und Politische Theorie, Sozialphilosophie und Visual Studies.

Anne Pavlenko-Vitten ist Historikerin und forscht zur Fotografie- und Geschlechtergeschichte mit einem Fokus auf dem späten 19. und frühen 20. Jahrhundert. Ihre an der Humboldt Universität zu Berlin eingereichte Dissertation *Unbequeme Konkurrentinnen* widmet sich der Ausbildung von Fotografinnen und Technischen Assistentinnen an der Photographischen Lehranstalt des Berliner Lette-Vereins zwischen 1890 und 1940. 2023 gab sie das *Fotogeschichte*-Themenheft *Das fotografische Atelier. Kunst, Geschäft, Industrie* mit einem Schwerpunkt auf frauengeführte Ateliers im 20. Jahrhundert heraus. Sie ist Mitgründerin des interdisziplinären Arbeitskreises Foto:Diskurs und berufenes Mitglied der Deutschen Gesellschaft für Photographie e. V. (DGPh).

Katia Reich studierte Kunstgeschichte an der Freien Universität Berlin und an der Università degli Studi di Milano Statale. Seit 2020 ist sie Leiterin der Fotografischen Sammlung der Berlinischen Galerie. Seit 1999 konzipiert und realisiert sie Ausstellungen zur internationalen und insbesondere zur ostdeutschen Fotografie, u. a. in der neuen Gesellschaft für bildende Kunst (nGbK) in Berlin (1999–2004) und bei der Berlin Biennale für zeitgenössische Kunst (2004–2012). Seit 2008 ist Katia Reich Beiratsmitglied des European Month of Photography, eines alle zwei Jahre in Berlin stattfindenden Festivals, das sie 2012 leitete. Zu ihren Publikationen gehören: *Akinbode Akinbiyi. Seeing Being Wandering* (2024), *Özlem Altın. Prisma* (2024), *Sibylle Bergemann. Stadt Land Hund – Fotografien 1966–2010* (2022).

Dr. phil. Birgit Schillak-Hammers ist seit 2018 Akademische Rätin a. Z. am Institut für Kunstgeschichte, Fakultät für Architektur der RWTH Aachen University. 2014 promovierte sie zu Leben und Werk Sasha Stones; seit 2016 arbeitet sie an ihrer Habilitationsschrift *Der Architekt und sein Foto. Strategien der Selbstinszenierung in der Moderne*. Ihre Forschungsschwerpunkte sind Fotografie der 1920er- und 1930er-Jahre, Fotobücher, Fotografie als Entwurfsmedium, Prozesse medialer Transformation, visuelle Analyse urbaner Räume, Architektur der 1970er- und 1980er-Jahre in Westdeutschland.

Inga Elsbeth Schwarz studierte Kunstgeschichte und Kulturanthropologie in Hamburg und London. In ihrer Doktorarbeit *Feminismus im Zeitschriftenformat? Visuelle Diskurse bei Marta Astfalck-Vietz, Marianne Breslauer und Hanna Nagel, 1925 bis 1944*, die in Kürze erscheint, untersucht sie die illustrierte Presse der Zwischenkriegszeit aus feministischer Perspektive, darunter auch Veröffentlichungen von Marta Astfalck-Vietz. Von 2013 bis 2021 war Schwarz als Autorin, Ausstellungsassistentin und Vermittlerin an der Hamburger Kunsthalle tätig. Zuletzt publizierte sie Aufsätze in dem Tagungsband *Um 1800. Kunst ausstellen als wissenschaftliche Praxis* (2024) sowie in der kunst- und kulturwissenschaftlichen Zeitschrift *kritische berichte* (2022).

Authors

Prof Dr Stefanie Diekmann is a professor of media culture studies at the University of Hildesheim and a visiting lecturer and professor at universities in Bern, Austin, Cork, Leuven, Paris, and elsewhere. Her research examines intermedial constellations, with a focus on film and photography. In addition to her scholarly activities, Diekmann writes reviews for print and online magazines. Her edited publications include *Artist Meets Archive* (with Esther Ruelfs, 2022), *Die Attraktion des Apparativen* (with Volker Wortmann, 2020), *Fotografie im Dokumentarfilm* (2007), and *Theater und Fotografie* (2006).

Janos Frecot is the author and editor of numerous publications on themes relating to cultural and social history, especially photography. In the mid-1960s, he produced his own body of photographic work using a large-format camera. In the early 1970s, he was heavily involved in setting up the Werkbund archive, now the Museum der Dinge in Berlin. From 1976 to 1978 he was secretary of the Visual Arts Section at the Akademie der Künste Berlin (West), and in 1978 he founded and headed the Photography Collection at the Berlinische Galerie, where he curated exhibitions like *Photographie als Photographie* (1989), *Marta Astfalck-Vietz* (1991), *Sprung in die Zeit* (1992), and *Erich Salomon: Mit Frack und Linse durch Politik und Gesellschaft* (2004). In 2001, he was awarded the Order of Merit of the Federal Republic of Germany for fostering photographic culture in Berlin. Since 2002 Frecot has been working as a freelance exhibition curator and author.

Mette Kleinsteuber studied art history at Humboldt-Universität zu Berlin, University of Groningen, and Freie Universität Berlin. Since 2024 she has been a trainee in the Berlinische Galerie's Photography Collection. Her master's dissertation, 'Der "Pavillon de l'URSS" von Konstantin Melnikow in Paris: 1925 und 1931; Kontinuitäten in kommunistischer Ausstellungsgestaltung und sowjetischer Architektursprache', dealt with propagandistic exhibition practices. Since 2019 she has been working freelance in the area of art education. In 2021–22, Kleinsteuber completed an internship at the German Center for Art History (DFK) in Paris. Since 2015 she has been organizing contemporary exhibitions both as part of a collective, including at Kleine Humboldt Galerie (KHG), and in an independent capacity.

Dr Christopher A. Nixon is a philosopher and comparatist. From 2013 to 2020, he was a research assistant in the Chair of Practical Philosophy at Johannes Gutenberg University of Mainz (JGU) and in 2022 in the Dresden University of Technology Chair of Political Science with a focus on Political Theory and the History of Political Thought. Most recently, he has held the professorship for Social Inequality and Social Policy at the RheinMain University of Applied Sciences in Wiesbaden. In 2020–21, as a curator for the colonial past and postcolonial present, he realized a special exhibition project at the Foundation of Historical Museums Hamburg. His thesis *Den Blick erwidern: Epiphanie und Ästhetik postkolonial* was published in 2023. In 2024, he edited 'Visuelle Gerechtigkeit', the special issue of *kritische berichte* on visual justice. His main areas of interest include aesthetics, postcolonial studies, critical and political theory, social philosophy, and visual studies.

Anne Pavlenko-Vitten is a historian whose research delves into the history of photography and gender, with a focus on the late nineteenth and early twentieth centuries. Her doctoral thesis, 'Unbequeme Konkurrentinnen', which is in submission at Humboldt-Universität zu Berlin, is devoted to the training of women photographers and technical assistants at the Photographic Teaching Institute of the Lette-Verein School in Berlin between 1890 and 1940. In 2023, she edited 'Mehr als ein Raum: Das fotografische Atelier; Kunst, Geschäft, Industrie', a themed issue of the *Fotogeschichte* journal with a focus on studios run by women in the twentieth century. Pavlenko-Vitten is a co-founder of the interdisciplinary working group Foto:Diskurs and an elected member of the German Photographic Society (DGPh).

Katia Reich studied art history at the Freie Universität Berlin and the University of Milan. Since 2020 she has been head of the Berlinische Galerie's Photography Collection. Since 1999 she has been devising and realizing exhibitions on international photography, with a particular focus on East Germany, for a number of institutions including the neue Gesellschaft für bildende Kunst (nGbK) in Berlin (1999–2004) and the Berlin Biennale for Contemporary Art (2004–12). Since 2008 she has been a member of the advisory board for the European Month of Photography, a festival that takes place in Berlin every two years and which she directed in 2012. Her publications include *Akinbode Akinbiyi: Seeing Being Wandering* (2024), *Özlem Altın: Prisma* (2024), and *Sibylle Bergemann: Stadt Land Hund – Fotografien 1966–2010* (2022).

Dr Birgit Schillak-Hammers has been a temporary academic councillor at the History of Art Institute in the Faculty of Architecture at RWTH Aachen University since 2018. In 2014, she earned her doctorate on the life and work of Sasha Stone; since 2016 she has been working on her habilitation thesis 'Der Architekt und sein Foto: Strategien der Selbstinszenierung in der Moderne'. Her research centres on photography of the 1920s and 1930s, photobooks, photography as a design medium, processes of media transformation, the visual analysis of urban spaces, and the architecture of the 1970s and 1980s in West Germany.

Inga Elsbeth Schwarz studied art history and cultural anthropology in Hamburg and London. In her forthcoming doctoral thesis, 'Feminismus im Zeitschriftenformat? Visuelle Diskurse bei Marta Astfalck-Vietz, Marianne Breslauer und Hanna Nagel, 1925 bis 1944', she looks at the illustrated press of the interwar period from a feminist perspective, including publications by Marta Astfalck-Vietz. From 2013 to 2021 she worked as an author, exhibition assistant, and educator at the Hamburger Kunsthalle in Hamburg. Her recent publications include essays in the conference proceedings *Um 1800: Kunst ausstellen als wissenschaftliche Praxis* (2024) and in the art and cultural studies journal *kritische berichte* (2022).

Dank
Acknowledgements

Clara Bahlsen, Amy Batty, Marion Beckers, Prof. Tulga Beyerle, Nadia Blumenfeld Charbit, Franzisca Bulicke-Kuhr, Gabi Deeg, Ralf Dose, Eduard Dückmann, Wolfgang Erler, Bianca Fassauer, Janos Frecot, Katharina Gart, Prof. Peter Gorschlüter, Teresa Gruber, Joachim Hiltmann, Henrik Hofer, Markus Hoffmann, Kristina Jaspers, Susan Kämpf, Stefan Klausewitz, Anne-Dorte Krause, Franziska Kunze, Andreas Langfeld, Isabelle Le Guern, Olivia Lehenauer, Mathilde Leroy, Sara-Lena Meierhofer, Kerstin Meinken, Elisabeth Moortgat, Jörg Nähte, Klaus Niermann, Prof. Dr. Frank-Manuel Peter, Christina Peters, Dr. Volker Probst, Julia von Randow, Dr. Esther Ruelfs, Frauke Runge, Hannah Runge, Lena Schott, Gregor Schreiter, Thomas Seelig, Wolfgang Stade, Petra Steinhardt, Miriam Szwast, Sophie Thun, Helmut Völter, Robert Wein, Lars Willumeit

Fotonachweis und Urheber*innenrechte
Illustration Credits and Copyrights

2, 6, 9, 11, 12, 13, 14, 17, 18, 19, 20, 21, 22, 23, 24/25, 28, 29, 32, 36, 39, 43, 44, 45, 46, 47, 48, 60, 67, 72, 73, 79, 100, 101, 107, 109, 110, 111, 113, 114, 116, 117, 118/119, 120, 121, 124, 125, 127, 128, 129, 130, 133, 134, 136, 159, 160, 165, 177, 178, 179, 180, 182, 183, 184, 187, 188, 189, 191, 192, 193, 195, 196, 197, 198, 199, 200/201, 202, 204, 205, 206, 208, 209, 210, 212, 213, 216, 219, 220, 222, 224, 230: Marta Astfalck-Vietz © VG Bild-Kunst, Bonn 2025, Berlinische Galerie, recom Art GmbH & Co. KG, Berlin
5, 26, 34, 35, 40, 103, 104, 123, 147, 186: Marta Astfalck-Vietz © VG Bild-Kunst, Bonn 2025 / © Heinz Hajek-Halke Collection, Courtesy CHAUSSEE 36, Berlinische Galerie
31, 38, 84, 92, 97, 122, 221: © Heinz Hajek-Halke Collection, Courtesy CHAUSSEE 36, Berlinische Galerie, Dietmar Katz
39, 55, 99, 153, 156, 209, 210, 211, 212, 213, 214, 218, 223, 227, 229, 230: Marta Astfalck-Vietz © VG Bild-Kunst, Bonn 2025, Berlinische Galerie, Anja Elisabeth Witte
57: Charlotte Rudolph © VG Bild-Kunst, Bonn 2025, Deutsches Tanzarchiv Köln, Obj. Nr. 12249
58: © Madame d'Ora / Archiv Setzer-Tschiedel / brandstaetter images / picturedesk.com
59: Charlotte Rudolph © VG Bild-Kunst, Bonn 2025, Anja Elisabeth Witte
63, 65: © Urheber*innenrechte erloschen Copyrights expired, Berlinische Galerie, Anja Elisabeth Witte
71: Rechtsnachfolge unbekannt Legal successor unknown, Stadtmuseum Berlin, Reproduktion reproduction: Stiftung Stadtmuseum Berlin
77: Rechtsnachfolge unbekannt Legal successor unknown, Stadtmuseum Berlin, Reproduktion reproduction: Sammlung Collection Stiftung Stadtmuseum Berlin
82: © Heinz Hajek-Halke Collection, Courtesy CHAUSSEE 36
83, 89, 90, 231, 233, 240, 241, 242: Berlinische Galerie, Anja Elisabeth Witte
85, 91, 138, 163, 228: © Rechtsnachfolge unbekannt Legal successor unknown, Berlinische Galerie, Anja Elisabeth Witte
137, 161, 165: Berlinische Galerie, recom Art GmbH & Co. KG, Berlin
139: © Lee Miller Archives, England 2025. All rights reserved. leemiller.co.uk
141: Claude Cahun, CCØ Paris Musées / Musée d'Art Moderne de Paris
143: Rechtsnachfolge unbekannt Legal successor unknown, bpk / Deutsches Historisches Museum
145: © Emil Bieber / Klaus Niermann, Hamburg, Staatsbibliothek zu Berlin – Preußischer Kulturbesitz, Abteilung Handschriften und Historische Drucke Manuscripts and Historical Prints Department, Signatur signature: 4" Kd 999/71<a> : R
146: Marta Astfalck-Vietz © VG Bild-Kunst, Bonn 2025, Universitätsbibliothek der Humboldt-Universität zu Berlin, Historische Sammlungen: Fo 21800/2:F4
148, 154: Marta Astfalck-Vietz © VG Bild-Kunst, Bonn 2025, Staatsbibliothek zu Berlin – Preußischer Kulturbesitz, Abteilung Handschriften und Historische Drucke Manuscripts and Historical Prints Department, Signatur signature: 4" Kd 999/71<a> : R
151: Marta Astfalck-Vietz © VG Bild-Kunst, Bonn 2025, Inga Elsbeth Schwarz
160, 229: © Rechtsnachfolge unbekannt Legal successor unknown, Berlinische Galerie, recom Art GmbH & Co. KG, Berlin
217: Christian Schad © Christian-Schad-Stiftung Aschaffenburg / VG Bild-Kunst, Bonn 2025, Berlinische Galerie, Anja Elisabeth Witte
218: Curt Baumgarten, Berlinische Galerie, recom Art GmbH & Co. KG, Berlin
222: © The Estate of Erwin Blumenfeld, Berlinische Galerie, Anja Elisabeth Witte
237, 238, 239: Berlinische Galerie, Dietmar Katz

Trotz sorgfältiger Recherche war es nicht in allen Fällen möglich, die Rechteinhaber ausfindig zu machen. Berechtigte Ansprüche werden selbstverständlich im Rahmen der üblichen Vereinbarungen abgegolten.
We have made every effort to identify copyright holders. Any copyright owner who has been inadvertently overlooked is asked to contact the publisher. Justified claims will be settled in accordance with the customary agreements.

Impressum
Imprint

Diese Publikation erscheint anlässlich der Ausstellung This catalogue has been published in conjunction with the exhibition

Inszeniertes Selbst. Marta Astfalck-Vietz
Staging the Self: Marta Astfalck-Vietz
11.7.–13.10.2025

Berlinische Galerie
Landesmuseum für Moderne
Kunst, Fotografie und Architektur
Stiftung öffentlichen Rechts
Berlin's Museum of Modern
Art, Photography and Architecture
Foundation under Public Law
Alte Jakobstraße 124–128
10969 Berlin

Tel +49 30 78902-600
Fax +49 30 78902-700
bg@berlinischegalerie.de
www.berlinischegalerie.de

Ausstellung Exhibition

Kuratorin Curator
Katia Reich

Kuratorische Assistenz Curatorial Assistance
Mette Kleinsteuber

Restauratorische Betreuung Conservation
Maria Bortfeldt, Katharina Siedler

Registrar
Tanja Keppler

Technische Leitung Technical Director
Robert Frank

Aufbau Installation
RT Ausstellungstechnik, Berlin

Ausstellungsarchitektur und Farbgestaltung
Exhibition Architecture and Colour Scheme
bfs d flachsbarth schultz
Stefan Flachsbarth, Michael Schultz,
Erman Aksoy

Kommunikation und Bildung Communications and Education
Sascha Perkins, Christine van Haaren, Tabea Hartig, Katrin-Marie Kaptain, Lena Klauser, Jessica Krieg, Andreas Krüger, Linus Lütcke, Paula Rosenboom, Zara Morris, Magdalena de Arruda Ilg, Louisa Engel, Sarah Marcinkowski, Lea Felicitas Lachmann

Kommunikationsstrategische Beratung
Strategic Communication Adviser
Karoline Köber

Gestaltung Ausstellungskommunikation
Exhibition Communication Design
Gregor Schreiter

Katalog Catalogue

Herausgeber*innen Editors
Dr. Thomas Köhler, Katia Reich

Konzeption Concept
Nicola Reiter, Katia Reich, Mette Kleinsteuber

Redaktion Editorial Team
Katia Reich, Tanja Keppler, Mette Kleinsteuber

Lektorat Copyediting
Karoline Mueller-Stahl (Deutsch German)
Dawn Michelle d'Atri (Englisch English)

Korrektorat Proofreading
Susanne Ibisch (Deutsch German)
Olivia Parkes (Englisch English)

Übersetzung Translation
Simon Cowper

Lithografie und Druckvorstufe Lithography and Pre-Press
Sylvia Doebelt, Falk Messerschmidt

Gestaltung Graphic Design
Nicola Reiter

Herstellung Production
Katja Durchholz, Hirmer Verlag

Projektmanagement Project Management
Katja Durchholz, Judith Kárpáty,
Hirmer Verlag

Druck und Bindung Printing and Binding
DZA Druckerei zu Altenburg GmbH

Schrift Typefaces
Gaisyr, Gaisyr Mono

Papier Paper
Gardamatt Eleven, 150 g/m²,
Circle Offset White, 110 g/m²

Bibliografische Information der Deutschen Nationalbibliothek: Die Deutsche Nationalbibliothek verzeichnet diese Publikation in der Deutschen Nationalbibliografie; detaillierte bibliografische Daten sind im Internet über https://www.dnb.de abrufbar.
Bibliographic information published by the Deutsche Nationalbibliothek: The Deutsche Nationalbibliothek lists this publication in the Deutsche Nationalbibliografie; detailed bibliographic data are available online at https://www.dnb.de.

Erschienen im Published by

HIRMER VERLAG
Geschäftsführerin Managing Director:
Kerstin Ludolph
Bayerstraße 57–59
80335 München Munich
www.hirmerverlag.de
www.hirmerpublishers.com
www.hirmerpublishers.co.uk

Museumsausgabe Museum Edition
ISBN 978-3-940208-86-6
Buchhandelsausgabe Trade Edition
ISBN 978-3-7774-4534-2

Printed in Germany

Cover
Marta Astfalck-Vietz, Heinz Hajek-Halke
Ohne Titel Untitled, um c. 1927

Ermöglicht durch Supported by

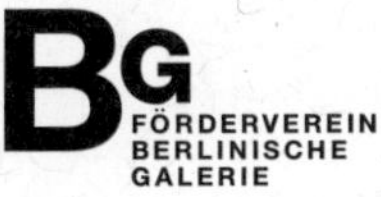

Berlinische Galerie

Direktor Director: Dr. Thomas Köhler
Verwaltungsdirektorin Director of Administration: Birgitta Müller-Brandeck

Sekretariat der Direktion Director's Office: N. N.
Kuratorische Referentin des Direktors Curator, Director's Office: Anne Bitterwolf
Projektmitarbeiterin des Direktors Project Assistant to the Director: Sophie Angelov

Assistenz der Verwaltungsdirektorin Assistant to the Director of Administration: Daniela Siegel
Referentin der Verwaltungsdirektorin Officer to the Director of Administration: Anni Heuchel
Manager für Sicherheit und Nachhaltigkeit Manager for Security and Sustainability: Haisam Karim
Referent Masterplan Consultant, Master Plan: Wolfgang Heigl

Sammlungen Collections

Sammlung Bildende Kunst Fine Arts: Dr. Stefanie Heckmann (Leitung HoD), Guido Faßbender, Anna-Maria Gogonjan, Dr. Janina Nentwig, Christian Tagger, Anja Elisabeth Witte
Fotografische Sammlung Photography: Katia Reich (Leitung HoD), Kerstin Diether, Tanja Keppler
Grafische Sammlung Prints and Drawings: Dr. Ilka Voermann (Leitung HoD), Katharina Hoffmann, Josefine Kretschel, Anna Straetmans
Architektur Sammlung Architecture: Ursula Müller (Leitung HoD), Frank Schütz, Dominik Vukoja
Künstler*innen-Archive Artists' Archives: Dr. Ralf Burmeister (Leitung HoD), Julia Bärnighausen, Philip Gorki, Denise Handte, Christiane Necker, Nils Philippi, Dr. Wolfgang Schöddert

Bibliothek Library: Jan-Tillmann Rierl (Leitung HoD), Jana Kornowsky, Marion Molnos

Restaurierung Conservation: Andreas Piel (Leitung HoD), Maria Bortfeldt, Corinna Nisse, Katharina Siedler

Wissenschaftliche Volontär*innen Trainee Curators: Katharina Deppisch, Annina Guntli, Johanna Haug, Mette Kleinsteuber, Franziska Ziegler

Kommunikation und Bildung Communications and Education

Sascha Perkins (Leitung HoD), Christine van Haaren (Leitung HoD Bildung und and Outreach), Tabea Hartig, Katrin-Marie Kaptain, Lena Klauser, Jessica Krieg, Andreas Krüger, Linus Lütcke, Zara Morris, Paula Rosenboom; Wiss. Volontär*innen Trainees: Magdalena de Arruda Ilg, Louisa Engel, Sarah Marcinkowski; FSJK: Lea Felicitas Lachmann
Förderverein Friends of the Museum: Rosa Marie Wesle (Leitung der Geschäftsstelle HoD), Carolin Wagner (Elternzeit parental leave), Stephanie Krumbholz, Jung und Artig: Daryna Khomenko

Zentrale Dienste Administration

IT: Susana Sáez (Kommissarische Leitung Interim HoD), Christin Griesheim, Jan Salzberger
Finanzen und Controlling Finance and Controlling: Susanne Teuber (Leitung HoD), Laila Ayyache, Kerstin Böhme, Dagmar Petzold, Nexhmi Skarra
Personalservice Human Resources: Christian Monschke (Leitung HoD), Angela Göring, Cindy Jacob
Besucher*innenbetreuung Visitor Services: Martin von Piechowski (Leitung HoD), Lutz Roßburg, Reza Soltani (Organisation), Christiane Boese, Daniela Lamprecht, Vilma Mosteikiene, Katarina Roters, Olaf Schümann
Museumsshop Museum Shop: Friederike von Born-Fallois, Carsten Fedderke, Dr. Eva-Maria Kaufmann, Dirk Schäfer
Technik Technical Department: Robert Frank (Leitung HoD), Wojciech Barlasch, Ralf Geelhaar, Andreas Kamprath, Ron Knape, Frank Rohrbeck

Kunstvermittler*innen (freiberuflich) Art Educators (freelance)

Atelier Bunter Jakob / Jugend im Museum e. V.: Beate Gorges (Künstlerische Leitung Artistic Director), Josephine Garbe, Marcos Garcia Pérez, Alexis Hyman Wolff, Atefeh Kheirabadi, Laura Pearsall, Marta Stanisława Sala; Museumsdienst Berlin: Veronika Kranzpiller, Markus Strieder, Kiersten Thamm, Sophie Vidal; Projekt Project »Museum im Sucher«: Ricarda Heliová, Kolja Kohlhof

Medienpartner Partner

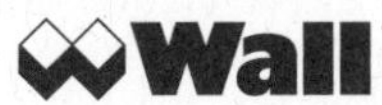